别 开 生 面 的
阅读与写作

中国人民大学出版社
· 北京 ·

图书在版编目（CIP）数据

别开生面的阅读与写作/张超著．—北京：中国人民大学出版社，2017.6
ISBN 978-7-300-24314-6

Ⅰ.①别… Ⅱ.①张… Ⅲ.①阅读课-教学研究-中小学 ②作文课-教学研究-中小学
Ⅳ.①G633.302

中国版本图书馆 CIP 数据核字（2017）第 065968 号

别开生面的阅读与写作
张　超　著
Biekaishengmian de Yuedu yu Xiezuo

出版发行	中国人民大学出版社		
社　　址	北京中关村大街 31 号	**邮政编码**	100080
电　　话	010－62511242（总编室）		010－62511770（质管部）
	010－82501766（邮购部）		010－62514148（门市部）
	010－62515195（发行公司）		010－62515275（盗版举报）
网　　址	http://www.crup.com.cn		
	http://www.ttrnet.com(人大教研网)		
经　　销	新华书店		
印　　刷	北京昌联印刷有限公司		
规　　格	185 mm×260 mm　16 开本	**版　　次**	2017 年 6 月第 1 版
印　　张	18	**印　　次**	2017 年 6 月第 1 次印刷
字　　数	355 000	**定　　价**	39.00 元

序

于漪

广东从化朱华勇先生来电，嘱我为张超老师的新著《别开生面的阅读与写作》作序。朱先生推荐的新著必有充实的内容、独特的见解，作者必为语文教学的高手。尽管我已是耄耋之年，思路滞塞，文字衰败，但为了赞赏和弘扬教师的功力，不揣鄙陋，欣然应允。

《别开生面的阅读与写作》的价值与意义，张超老师在后记《读写人生》中已阐述得清楚明白，再唠叨几句就有架床叠屋之嫌。著作的后记给我以甚多启发，简言其中一二，与语文教师同行共勉。

过去老百姓称教师是“读书人”“先生”，读书是教师的标志，因读书明理而受到尊敬，称为“先生”。奇怪的是当今的教师以读书为精神的成长少而又少，语文教师也不例外。局囿于教学参考书与电脑下载资料，徘徊于为考而教的刷题浪潮，求知阅读的意识与愿望日益淡薄，教书不读书、少读书成为教学生涯中的痼疾，不下功夫治愈，将影响教师的学术素养、专业素养，影响教育质量的提升。前年我们曾在全市中小学教师中采样作阅读情况的调查研究，样本还是比较大的，六成以上的教师每年阅读纸质图书低于 4 本，八成以上的教师每天阅读时间低于 1 小时。与许多国家和地区比，差距很大。比如以色列人年图书阅读量为 65 本左右，差不多是我们的 14 倍。作一比较，着实令人担忧、揪心。

教师知识长流水，才可能较好地对学生心灵进行灌溉。教得好首

于漪，全国著名特级教师、享受国务院特殊津贴教育专家、教育部全国中小学教材审查委员会会员，首都师范大学、华东师范大学、上海大学、上海师范大学兼职教授，全国中语会副理事长、全国三八红旗手、全国先进工作者、上海市第二师范学校校长、上海杨浦高级中学名誉校长、上海市人大常委会委员。

先是学得好，读书是最好的学习。张超老师以自身阅读的亲身经历，体会到“阅读是吸纳、积累，是语文学习的生命之源，在人生成长、文化积淀、素养形成等方面有基础意义”，这虽不是“至理名言”，但这种认识、这种经验有比较普遍的意义。要身体力行地做到，既要养成每日阅读的习惯，又要锲而不舍地坚持，还要精选与博览，更要深入其中，学会吸取精华，滋养心灵成长。习惯的养成，既靠兴趣，又靠理性。接触佳作，如入山阴道中，美景目不暇接，兴趣会油然而生；读书与做事一样，不可能一切从兴趣出发，须思考其必要性、重要性，“三日不读书，面目可憎”，理性为习惯形成助力。习惯一旦养成，以书为伴，就成为生活、生命的常态，乐在其中。读书的成效绝非一蹴而就的，须坚持不懈，日积月累。许多事的成败关键就在于能否坚持，坚持是意志力的表现，读书要达到明做人之理、明报效国家之理的高度，须坚忍不拔地努力。阅读并不都是随便翻翻，休闲怡情。兴之所至，可广泛阅读，开阔视野，增长见识，但总要精选几本经典，认真啃嚼。经典活在时间的深处，其智慧结晶哺育了一代代人，成为立身处世的良好基因。故而，读书要真正读进去，吮吸其中精华，修身养性，增加人生的厚度。读书不是装点门面，而是照镜子，吸取至圣先贤的思想精髓，又与同时代的人沟通、交流，择善而从。汉目录学家刘向说：“书犹药也，善读之可以医愚。”我以此为座右铭，不断以书来治自己的愚昧、愚蠢、愚笨。

教师，尤其是语文教师，应该有一支灵魂的笔，表达自己的教学得失、育人经验、探究教学规律的追求。正如张超老师所说：“写作是输出、创造，是在阅读基础上的发展提高，对思维认识的深化、语文能力的提高作用巨大，一个真正语文素养较高的人，应该是有较强的驾驭运用语言文字能力的人。”确实如此，语文教师要不断提升自己的专业能力、教学能力，书面表达的尝试与训练必不可少。人的认识一般说来常常是碎片化、浅表化的，要用文字清晰地表述出来，就得分析、综合，判断正误，梳理提升。思维的过程实际上是由此及彼、由表及里、去粗取精、去伪存真的过程，这对自己提高理性思考的能力、认识教育教学本质的能力、理解汉语言文字本真的魅力有极其重要的作用。教师能用文字正确表达、经常表达，不仅做到文从字顺，而且说理能鞭辟入里，描述则神采飞扬，教学生写作就不会空洞说教、心虚神慌。因为自己在写作中甘苦备尝，指导时就会成竹在胸、具体生动，讲到关节点，点在要害处，学生的写作欲就会被唤醒，写作的积极性也被激发出来。

人是有用语言来发表的欲望的。《春秋穀梁传·僖公二十二年》有：“人之所以为人者，言也。人而不能言，何以为人?”我们的老祖宗早就发现“言”是人的特性，将言语视为“人”与“非人”的根本区别。德国语言学家洪堡特也有类似的判断：“唯有言说使人成为人的生命存在。作为言说者的人是人。”显然，言语与生命同在。在生命历程中对人、事、景、物发表自己的看法、见解，应该是顺理成章的事。见诸文字，即是文章及著作。动笔，才能体会文章不是无情物，其中奥妙无穷、美妙无比。不动笔，难以有这种精神的享受。把动笔看作沉重的负担，往往是因对写作的价值意义缺乏深层次的理解，再加上习惯惰性，文思越来越枯竭，“怕”字当头了。其实，每个教师都有丰富的写作资源，学生的千差万别，教学的千变万化，育人方法的千种万种，只要做有心人，思考思考再思考，必有所得，诉之于文字，久而久之，笔下就会行云流水，汩汩滔滔。

张超老师在阅读与写作方面为我们做出了榜样，我作为一名草根老教师，向他致以深深的敬意。

别 开 生 面 的 阅 读 与 写 作

1 阅读篇

147 写作篇

阅读篇
别开生面的阅读与写作

阅读和写作，是语文教育和学习的核心目的

一、语文教育和学习的目的

语文教育和学习的目的有两个：一个是“显性目的”——培养“理解能力”（听与读，以读为重）和“表达能力”（说与写，以写为重）；另一个是“隐性目的”——培养人文素质，主要表现为知识文化的积淀和对学生精神世界的影响，培养学生健康的人格情感、正确的价值观和高尚的审美情趣等。“显性目的”与“隐性目的”虽然相辅相成，互为依托，但有主与次、显与隐、本质与非本质之别。“显性目的”是语文教育和学习的核心——简单地说，就是“阅读和写作”，亦即《语文教学大纲》所提出的使学生具有“正确理解和运用祖国的语言文字”的能力。在“阅读和写作”能力的培养过程中，“人文素养”自然会得到提高。

在语文教育和学习的两个目的中，“显性目的”——理解能力和表达能力的培养，才真正体现了语文学科不同于其他学科的本质特征，也即所谓的“工具性”。而“人文性”是一个内涵不太确定的概念，并非语文课所独有，其他社会学科如政治学、历史学等，也具有人文性。当然语文课的人文性有自己的特点，是在学生掌握语文工具的过程中，通过读、写等具体语文实践活动自然呈现的，重在熏陶感染、潜移默化。

窃以为，语文教育和学习不必过多纠缠什么“性”，如工具性、人文性等。故弄玄虚，将简单问题复杂化、明白问题陌生化，没多少意义。一般教师也对这“性”、那“性”不甚了然，不感“性”趣。严格地说，“工具性与人文性的统一”这个说法本身就欠严谨：一则“工具性与人文性”的内涵一直没有一个明确的界说；二则“工具性与人文性”本不是同一范畴的概念，不能构成对立关系，也就不存在所谓“统一”。逻辑上“工具”与“目的”对应，“人文”与“科学”对应。把“工具”与“人文”对应，颇有点“关公战秦琼”的味道，所谓“天道崇简”，过于繁难、纠缠不清的问题，其本身可能就是个“伪命题”。

以前从未听语文教育界“三老”（叶圣陶、吕叔湘、张志公）谈论语文的性质，叶圣陶也仅是说过“语文是工具”，并未上升到“性质”高度——真理再多往前走一

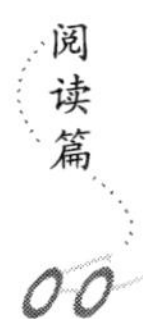

步就可能成为谬误。语文教学就应该像钱梦龙老师说的那样："简简单单教语文。"国外和我国台湾等地极少讨论语文学科的性质，只是明确语文教学的目标。明确语文的"性质"，不能说完全没有必要，但关键的是，明确语文教育和学习的核心目的和主要任务就是阅读和写作即可。过多纠缠语文的性质，就像让蜈蚣研究走路先迈哪条腿一样，反而让蜈蚣不会走路了。

"头上安头不足传，跳出少陵窠臼外。"语文教育和学习的核心目的这个问题，语文教育先贤叶圣陶早在1942年的《略谈学习国文》中就强调过："从国文科，咱们将得到什么知识、养成什么习惯呢？简括地说，只有两项，一项是阅读，又一项是写作。……这两项的知识和习惯，他种学科是不负授予和训练的责任的，这是国文科的专责。"① 作家郑义在《回忆我们的语文课》中说道："语文学习的最终目的无非是阅读和写作，并非解词、分析段落大意。最好是手段'模糊'一些，目的'清晰'一些。"② 而我们语文教学的痼疾却是长期"目的模糊"（老师们明确的是高考说明，而非语文教育的核心目的）、"手段清晰"（偏重于研讨和学习各种教法、技巧），这正是造成语文教学长期效率低下，被人讥笑为"最热闹也最悲哀"的学科的根源——"热闹"的是手段花哨，"悲哀"的是核心目的未达到。

明确了总目的，有了大方向，才有助于寻求一条最便捷的实现目的的途径，也才有高效率可言，从而研究提高效率的方法、措施才更有意义。否则就会误入歧途，南辕北辙，产生负效应。

明确了总目的，有了大方向，才可以心无旁骛地用最大精力努力实现提高"阅读和写作"能力这个总目的，才能多快好省，避免少慢差费。

明确了总目的，有了大方向，评价教学效果和效率才有科学、公正的依据（以目的达成的程度来衡量），否则教育评价就会盲目，甚至造成误导。

二、"语文素养"的核心要素是阅读和写作

"语文素养五要素"包括：（1）对民族语言的情感态度；（2）语文能力（读、写、听、说）；（3）语文知识；（4）文学审美趣味和能力；（5）文化视野。在"语文素养五要素"中，语文能力是核心，而"阅读和写作"能力又是核心的核心。

阅读和写作密不可分，如鸿之双翼、车之两轮，互为依存，各有作用："阅读"是吸纳和积累，是语文学习的生命之源，在人生成长、文化积淀、素养形成等方面有基础意义；"写作"是输出与创造，是在阅读基础上的发展提高，对思维认识的深化、

---

① 全国中语会．叶圣陶、吕叔湘、张志公语文教育论文选．北京：开明出版社，1995：14.

② 陈涛等．专家作家谈语文学习．北京：语文出版社，1985：265.

语文能力的提升作用巨大。一个真正语文素养较高的人，应该是有较强的驾驭语言文字能力的人。社会上反映语文教学效果差、效率低，恐怕也主要是不满意学生的“要写写不来，要说说不来”（张志公）。

南宋的史豪卿说过：“读书如销铜，聚铜入炉，大鞴（音 bèi：古代皮制的鼓风吹火器）扇之，不销不止，极用费力。作文如铸器，铜既销矣，随模铸器，一冶即成，只要识模，全不费力。所谓劳于读书，逸于作文者也。”这段比喻，非常形象地说明了读书和写作的关系：读书就像熔化铜铁，费时耗力；写作就像铸造器物，熔化的铜水按照模具浇铸器皿，一下就成功了，根本不费力气。这就叫在读书上多用功付出，在作文时就轻松省力。

语文从本质上讲是一种能力，而不仅仅是知识，如阅读能力、写作能力等。但学好语文的前提和基础却是掌握必要的知识。知识之于能力不是“充分条件”，而是“必要条件”——有知识才有能力，没知识就没能力；但有了知识，也未必有能力。知识是手段，能力是目的，训练是桥梁——通过训练，把知识转化为能力。所以学好语文的前提是有一个好记性，多积累，也即古人所谓的“博闻强志”，但仅有好记性还不够，还要有“韧性、悟性和能力”。

成功者都有一个共性：平时最喜欢的事情都是读书和写作。读书使人智慧。在美国加州一所小学的图书馆里，有这样一幅标语：“你读得越多，知道得就越多；你知道越多，就会变得越聪明；你越聪明，你表达思想或作出选择的时候，你的声音就越有力。”苏霍姆林斯基说：“阅读是对‘学习困难的’学生进行智育的重要手段。学生学习越感到困难、在脑力劳动中遇到的困难越多，他就越需要更多地阅读。……要靠阅读，阅读，再阅读——正是这一点在‘学习困难的’学生的脑力劳动中起着决定性的作用。……学生读书越多，他的思维就越清晰，他的智慧力量就越活跃。”（《给教师的建议》）

所以，读书是养心的智慧。种桃、种李、种春风；养花、养草、养心灵——学校是文化场所，如果能培养孩子读书和写作的好习惯，那将会让他们受用终身。

有人问一位哲学家：“如果今天是你生命中的最后一天，你选择干什么？”哲学家回答：“阅读。”又问：“如果你被囚禁在牢房里，你想干什么？”哲学家回答：“阅读。”又问：“如果已经到了世界末日，你今天打算干什么？”哲学家还是回答：“阅读！”

有人问美国一个著名的成功学家：“如果我的事业失败了，我该干什么？”成功学家说：“你阅读吧。”又问他：“如果我失业了，我该干什么？”成功学家说：“你要提升自己，你阅读吧。”又请教他：“如果我失恋了，我怎么办？”成功学家说：“你阅读吧。”

三、阅读和写作是权威测试必考和国外名校必修的内容

目前高考语文改用“全国新课标卷”，其内容就分为两大部分：第Ⅰ卷“阅读题”（共70分）和第Ⅱ卷“表达题”（共80分）——这就明确告知广大教师和学生，语文能力考察的核心就是“阅读”和“表达”，而且“表达”略重于“阅读”。

俗称“美国高考”的ACT和SAT考试，由美国大学委员会主办，其成绩是世界各国高中生申请美国大学入学资格及奖学金的重要参考。其考试内容只有阅读、写作和数学三部分，这三点也是美国所有学校最重视的基础训练。

1983年，美国“国家高质量教育委员会”提出了《国家在危急之中：教育改革势在必行》的报告，建议“中学英语的教学应该使毕业生能够：（1）理解。解释评价和使用他们阅读过的东西。（2）写作结构严谨、有力度的文章。（3）顺利地倾听并颇有见解地讨论一些观念。（4）了解我们的文学遗产，以及这种遗产如何增强想象力和对伦理的理解，它怎样与今天生活和文化中的风俗习惯、观念和价值发生关系。”① 其中“阅读和写作”被置于重中之重的前两位。

美国常春藤盟校的教授们都明确反馈：写作课是中国学生的噩梦。在美国大学里，无论你选择什么学科，学术写作都是你绕不过去的一道门槛。学术写作能力低下或缺失，直接导致中国学生学术能力表现较差，这是中国留学生进入美国大学后水土不服甚至被退学的主要原因之一。一位SAT取得高分的中国留学生，在进入美国大学第一个学期，就被“做不出论文、无法融入小组讨论、学期演讲失败”这三件事彻底打败，被学校以“学习能力与SAT成绩不符”为由劝退。

中国基础教育和高等教育，都不如国外重视学生的写作。国内对阅读和写作的要求太低，导致很多学生赴外留学后，其阅读速度、理解能力和写作能力完全跟不上国外大学的节奏，只能选择留级。有些在美国发展较好的中国留学生，也是到了国外大学才学会基础教育阶段就应该学会的基本能力——阅读和写作。②

在美国大学的学术写作中，有三个非常重要的“关键词”：文本细读（close reading），批判性思维（审辩式思维 critical thinking），探索性写作（exploratory writing）。文本细读、批判性思维与探索性写作，这些能力不仅构建了美国大学生的基础，而且也是中国留美学生最应吸取的教育之精髓。③

美国学生从中学开始就接触学术论文的写作，所以美国学生进入高校后对学术论

---

① 王丽．高考语文丢失了什么．中国青年报，2006-06-21.

② 马用雷．北大学生，为什么在耶鲁才学会读书和写作？．（微信号）2016-09-24.

③ 吴微．一篇谈写作的文章阅读量居然过百万，因为抓住了中国学生这个命门．（2016-09-19）［2016-12-12］．http：//www.360doc.com/content/16/0919/08/5315_591911326.shtml.

文并不陌生，能够比较快地适应高校的学习要求。美国高校论文写作成绩在期末成绩中占30%。而中国的中学教育很少接触或从未接触学术论文的写作，所以很多中国学生尽管以高分考入美国名牌大学，但却连论文方向如何定都不知道，看着图书馆里浩繁的资料，无从下手。美国常青藤盟校公布的数据显示：由于不会写论文，完成不了学业，进入哈佛、耶鲁、康奈尔、哥伦比亚等14所名牌大学的中国留学生的退学率高达25%。

写作课在美国是贯穿大学教育始终的“博雅教育”的基础课程，也是本科生在深入学习专业领域之前必不可少的批判性思维和逻辑表达训练课，主要是对阅读、写作、演讲、辩论等能力的训练。美国顶尖高校基本都会要求学生在刚入学时就选修一些与写作相关的课程，学术写作也是众多课程的主要考核形式之一。

写作课是哈佛大学所有学生进校后唯一的必修课。哈佛这样的顶尖学府，为何将写作课放在如此重要的位置？哈佛大学认为，写作训练是培养学生批判性思维的最佳手段。哈佛教育的目的并不是让学生掌握机械的知识，而是让学生用明辨的头脑去思考问题，具有理性精神的批判思维能力。写作成为文科教育的精髓，在于它将思辨、学术、道德、社会等问题融为一体。哈佛大学认为，写作课教给了学生两种能力：第一是论证（思辨）；第二是写作。[①]

学术写作不仅仅指学术论文写作，它是博雅教育体系中的核心部分之一。美国大学写作课程是被学生作为一种“特权”来享受的。它培养的不仅仅是学生的写作能力、科研能力，还包括学生批判性看待整个社会的能力。

美国大学写作课教给学生一套完整的写作方法，其中包括如何选题、如何收集资料、如何确定论点、如何组织语言、如何写开头结尾等，目的是让学生学会如何有条理、胸有成竹地写出一篇好文章。写作课首先规范了学生思考问题的方式，令学生思维方式更严谨、更基于事实、更具有批判性，之后学生再选择一门具体的学科。[②]

耶鲁大学写作课教授艾米丽·乌尔里希认为：“读写能力是所有教育的基础，也是最难的一种抽象批判性思维。”[③] 剑桥大学一学者认为：“语言和写作决定人生发展的潜力。”克林肯博格说：“写作，没有人找得到一种为这种能力定价的方法……但每一个拥有它的人——不论如何，何时获得——都知道，这是一种稀有而珍贵的财富。”写作不仅是一种怡情的创造性活动，写作，以及口头表达，也是每一个人日常都会用到的一项基本技能。世界著名华人数学家丘成桐说：“语言、数学和写作，这三点是

① 吴微．哈佛所有学生唯一必修课写作课是怎么上的？．（2015-06-09）[2016-12-12]．http：//edu. sina. com. cn/a/2015-06-09/1056260682. shtml.

② 爹妈真棒．一门来自耶鲁的英语写作课，其实教的是最基本能力．（2016-09-24）[2016-12-12]．http://learning. sohu. com/20160924/n469087645. shtml.

③ 吴妍娇．中国学生写作习惯恰恰美国大学最忌讳．（2016-07-15）[2016-12-12]．http：//learning. sohu. com/20160715/n459412868. shtml.

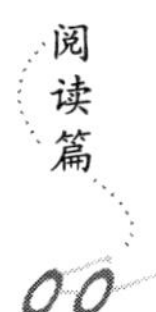

美国所有名学校最重视的训练。”

阅读、写作能力是事业成功的关键因素，写作让一个人变得精确、简洁、条理。有调查表明，事业的发展、收入的多少与人的词汇量有很大关系。很多人常常抱怨自己的付出没有得到相应的回报，或者自己的能力没有得到对等的认可，造成这种情况的原因很多，但语言使用能力的薄弱，往往是一个重要因素。

教育的本质，向内是发展思维，向外是完善表达，两种能力均衡发展，才能使一个人真正成功。人的教育最根本的是读写能力，因为在现代社会中几乎所有的知识都存在于语言之中，即便是口头传授的经验，其内容本身也会受到语言表达的影响。国外众多名校强调“博雅教育”，并非让学生在知识上多么学贯古今，而是教给学生最基本的立足于社会的素养和能力。而写作，便是这些能力最综合的体现。

提高写作能力，需要大量的阅读、训练和专业指导。对学生来说，学习学术写作需要很长一段时间的训练，这也是美国顶尖大学都要求学生选修写作课的原因之一。阅读和写作的深远意义在于，一旦开始真正的写作，学生和世界的关系就改变了——每个作者都要考虑读者的问题，这就是所谓的“读者意识”。

一言以蔽之，语文教育和学习的核心目的，就是“阅读和写作”。

阅读教学，从真实阅读开始

阅读教学历来是语文教学的重点和难点，在诸多阅读理论中，“真实阅读”不失为一种朴素而本真的阅读理念，对培养学生的阅读兴趣和习惯，提高其阅读效率和读写能力，并改进教师的教学方式，提升阅读教学水平，都将产生积极作用。

一、真实阅读的内涵和层次

“真实阅读”近于生活中的自然阅读，包括消遣阅读和理性阅读，是读者凭兴趣需要，主动独立地阅读；读自己喜爱的、适合自己年龄段的书；是以关注文章内容、满足实际需求（娱乐审美、获取信息、学术研究等）为目的阅读；读者与读物间存在“信息落差”，是读者不知道而又想知道的、负载信息量的阅读；阅读过程是放松惬意、兴味盎然的，而非紧张、有很大压力的；阅读范围是开放丰富大语文的，而非封闭狭窄小语文的；阅读方式尊重文本的真实内涵和师生的思维本色，重视读者的个性阅读和多元解读。真实阅读要求把说明文当说明文来读——获取新知；把议论文当议论文来读——学习新思想；把文学作品当文学作品来读——娱乐审美。

从阅读心理和阅读内容上来看，真实阅读循序渐进，分几个层次：

第一层，纯娱乐小说。这是阅读的起点，是继幼儿时代的童书而持续的，功效在于培养孩子的文字敏感性。这个层次思维幼稚、以自我为中心。

第二层：传统经典小说。有了文字的敏感，就不再满足于简单的人物结构，就要阅读些智力含量较高的作品。这个层次思维功利，以周边为中心。

第三层：进入史哲领域。经典小说中，大量涉及、频繁出现史哲领域的概念，如古希腊神话，西方历史典故，最终形成阅读敏感点。这个层次大脑开始体系化，能从社会角度看问题。

第四层，进入思想领域。有了史哲的基础，就会阅读大量的思想典籍。阅读到了这个层次，才算是个有一定思维深度的读书人，能从人性角度看问题。

第五层，形成自己的思想体系，并以此构建新的阅读书目。

到这个层次，成为游刃有余的思想者，全景式的思维深度和自由型的思维广度，

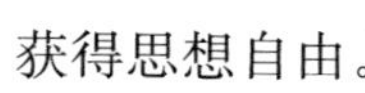

获得思想自由。

这五个阅读层次，环环相扣，循序渐进。没有前一个层次的铺垫，不能跃升到后一个层次。中国学生在本应该大量真实阅读的时代，为应付中高考，真实阅读基本荒废，到了大学才弥补第一层，连第二层“经典”都很难达到。这就是为什么中国大学生阅读类型排第一位的多是娱乐类小说，因为这是阅读的起点。这个层次的缺失，使阅读视野不能跃升到经典和思维力、文化含量更高的史哲、思想类、有国际视野的综合类书籍等。

二、真实阅读的价值

真实阅读的最大价值就是可以使学生由“阅读”到“悦读”，再到“越读”。学生在阅读中享受读书乐趣，培养读书兴趣和习惯，最后达到跨界阅读，在积极主动的思维和情感活动中，习得书面言语经验，提升语文读写能力。

（一）真实阅读可以使学生享受读书的乐趣

真实阅读要求不要让孩子阅读高于他们认知水平和年龄的书，不要从成人视角去为孩子选择读物，成人喜欢的不等于孩子喜欢。要给不同年龄的学生选择他们喜爱的、适合他们的图书。小学生喜欢的多是故事、历险记和童话之类。一些所谓不喜欢读书的孩子，其实是不喜欢大人给他们选的书。成人要降低对孩子阅读起始的期望，不要让阅读带上任何附加条件。只有这样才能让孩子充分享受读书的乐趣，养成读书习惯。卢梭说：“儿童有他们特有的看法、想法和感情。如果用我们的看法、想法和感情去代替他们的看法、想法和感情，那简直是最愚蠢的。”（《爱弥儿》）鲁迅先生1927年在广州知用中学作《读书杂谈》演讲：“嗜好的读书罢，那是出于自愿，全不勉强，离开了利害关系的……我想，凡嗜好的读书，能够手不释卷的原因也就是这样。他在每一叶每一叶里，都得着深厚的趣味。自然，也可以扩大精神，增加智识的……嗜好的读书……随随便便去，因为随随便便，所以不吃力，因为不吃力，所以会觉得有趣。如果一本书拿到手，就满心想道，‘我在读书了！’‘我在用功了！’那就容易疲劳，因而减掉兴味，或者变成苦事了。”林语堂在《读书的艺术》一文中说：“什么才叫做真正的读书呢？这个问题很简单，一句话说，兴味到时，拿起书本来就读，这才叫做真正的读书，这才是不失读书之本意。……一个人读书必须出其自然，才能够彻底享受读书的乐趣。”

美国学者艾德勒和范多伦所著《如何阅读一本书》中所说的“检视阅读”，又称“粗浅阅读”，要求初读时精神集中、系统地略读或粗读，在一定时间之内，抓住一本书的重点。遇到不懂的地方不要停下，不要过早将注意力集中在难解的词语或段落上，否则会破坏阅读趣味，降低阅读质量，到最后很可能“只见树木不见森林”，对该书的总体内容一无所知。书中还指出“这个规则也适用于论说性的作品”，“我们大多数人所受的教育，都说是要去注意那些我们不懂的地方。我们被教导说，碰到生字，就去查字典。我们被教导说，读到一些不明白的隐喻或论说，就去查百科全书或其他相关资料。我们被教导说，要去查注脚、学者的注释或其他的二手资料以获得帮助。但是如果时候不到就做这些事，却只会妨碍我们的阅读，而非帮助。譬如，阅读莎士比亚的戏剧，会获得极大的快乐。但是一代代的高中生被逼着要一幕一幕地念、一个生字接一个生字地查、一个学者注脚接一个注脚地读《裘利斯·恺撒》《皆大欢喜》或《哈姆雷特》，这种快乐就被破坏了。造成的结果是他们从来没有真正读过莎士比亚的剧本。等他们读到最后的时候，已经忘了开始是什么，也无法洞察全剧的意义了。”① 不仅仅是文学作品，其他文体在真实阅读中也可以使读者享受读书的乐趣。胡适说，他在青少年时期，除了小说，还爱看史书、杂书。朱光潜谈到他少年时代读《史记》《战国策》乃至读八股文时都沉迷其中，感到趣味无穷。

（二）真实阅读可以培养学生的读书兴趣和习惯

只有真实阅读，学生才会对阅读产生兴趣，感到阅读是惬意美妙的，是发自人内心的一种高层次需求。真实阅读是阅读的本质，是一个人读书生涯和精神发育的真正开始，让人在专心致志乃至如痴如醉地阅读原汁原味的作品时，养成读书习惯。陶渊明说：“好读书，不求甚解；每有会意，便欣然忘食。”宋代女词人李清照在《金石录后序》中叙述他们夫妇读书的乐趣：“甘心老是乡矣！故虽外忧患困穷而志不屈……于是几案罗列，枕席枕藉，意会心谋，目往神授，乐在声色狗马之上。”美国作家海明威告诫人们：“阅读名著，你只需要去感受它，而不需要去解释它。”在真实阅读中，不断体验、感受阅读乐趣，提升境界，久而久之，自然会养成“好读书”的兴趣和习惯。“要养成习惯，除了不断地运作练习之外，别无他法。”

许多学生可能对课堂上的语文不感兴趣，但对课外阅读却表现出极大的热情。2006 年《中国教育报》所载的《病假条换来的课外阅读》一文报道了一个极端的案例：一个小学二年级的学生，由于生病请假而在家里读书，结果让她感到比在学校里上语文课更加快乐，这种阅读的愉快体验促使她不断请假、不断旷课，以这种极端的方式换取课外阅读。从小学二年级到初中一年级，她交了一百多张病假条，换来四百多部名著的阅读量和突出的语文成绩。

国外阅读学研究中有一种有趣的“杰克现象”：一名叫杰克的学生常常抱怨课文太没味道，不精彩。老师们都认为他缺乏阅读兴趣。然而在家中，父母却埋怨他过分

① 艾德勒，范多伦．如何阅读一本书．北京：商务印书馆，2014：34，35，11，18～21，270.

迷恋阅读，以至一份杂志、一张旧报纸，甚至一页广告，他都百看不厌。有人发现，即使同一作者的同一部作品，课外，学生可能读得津津有味、爱不释手，一入选教材，到了课堂上，学生就觉得精彩非昔、兴味索然了。一位叫卡罗尔的阅读学家把这种现象形象地概括为："课内的海明威没有课外的海明威精彩。"为什么课外阅读会更精彩呢？因为它更多地反映了真实阅读，是负载信息量的阅读，有着较好的阅读氛围和阅读情境，没有过多负担和压力，读者为娱乐审美、获取信息、提升思想等实际需求而去阅读，自然而然养成读书习惯。

（三）真实阅读可以提升学生的读写能力

美国著名语言教育家斯蒂芬·克拉申，一生致力于第二语言（书面语言）获得的研究，其研究成果《阅读的力量》一书中特别推荐了一种阅读方法"随意自愿阅读"（free voluntary reading，简称 FVR）：无压力阅读，为兴趣而阅读，读自己喜爱的书，不用写读书报告，不要求在每章阅读后做思考题，也不要求查阅生词，碰到不爱读的书就放下，去找另一本。他认为，如果能坚持这样做，"阅读和写作水平就会得到提高"，"阅读是唯一的办法，唯一能同时使人乐于阅读、培养写作风格、建立足够词汇、增进语法能力以及正确拼写的方法"。①

《阅读的力量》阐释的是"真实阅读的力量"，向我们提供了一种全新的、有力而权威的研究结论：真实阅读是生命灵动的原动力，是生命力量的自然呼吸，是提高语文能力最有效的手段，不论阅读的是通俗小说、青少年浪漫文学、报纸，还是经典文学著作，阅读这种行为本身都会对提高语言能力起到关键性的作用。作者通过研究大量资料，揭示了一个残酷的事实——直接教学对提高学生的语文能力没有多少功效。也就是说，大部分老师花了大量时间，在课堂上教字词句、语法规则、语文知识等，基本上是浪费时间，远不如让孩子自由阅读成绩更突出。这一理论得到普遍认可和赞誉，被认为是阅读理念的一次革命。

某学校做了一个调查：在学校期间，对你帮助最大、印象最深的语文学习事情是什么？学生的回答有：登上讲台讲了一节语文课，做校刊的编辑，积累了 300 多首诗词，看完了《家》《春》《秋》，坚持看《读者》，收集文章做剪报、写周记，迎奥运征文获奖的鼓舞，利用图书角读书，等等。在所有的答案里，没有一个提到语文老师讲得好。在历届文科高考状元谈语文学习经验的文章中，无不是谈大量阅读和写作，也没有一句提及受益于语文老师的教学——这确实是个让所有语文教师尴尬而又耐人寻味的问题。

无论是学有所成的作家、学者还是政治家、科学家，甚至中学生语文尖子，大都

---

① 斯蒂芬·克拉申．阅读的力量．乌鲁木齐：新疆青少年出版社，2012.

有过大量真实阅读的经历。可以说，是真实阅读铺就了他们的成才之路。叶圣陶，由小学教师，靠真实阅读成为作家、教育家；钱钟书，学生时期即因“读书破万卷”而闻名；毛泽东，曾在北大图书馆自修；华罗庚，靠真实阅读成为数学泰斗，且文学功底颇深，诗文俱佳。

从“语言学”角度看，真实阅读不属于“语言学习”，而属于“语言习得”，是母语的第二次习得——书面语习得，阅读过程便是语言习得过程。“语言习得论”认为，学生的语文阅读能力，主要是靠在大量阅读实践中习得的，而不是靠教师对教材的精密剖析习得的。“阅读转注说”认为，阅读过程是个全息性辗转相注的过程，学生在阅读一篇篇文章的时候，字与字、词与词、句与句、篇与篇之间自动相互参注、相互补充、相互激发，使学生对语言文字和各种理法的认识，由少到多，由浅而深，由朦胧到清晰，各种知识信息、文化因子在头脑里积淀、碰撞、升华，其语文能力、人文素养、文化品位乃至整个精神世界，都会在不知不觉中得到提升。这一理论发现了语文学习的“内在机制”——自动转注、自然习得，而只有在真实阅读中，这种“内在机制”才能有效启动和运转。

三、如何开展真实阅读

真实阅读的开展包括课外、课内两个层面。

（一）大力倡导课外阅读

课外阅读能更多更好地体现真实阅读，学生可以读自己喜爱的、适合自己的书。吕叔湘在《当前语文教学中两个迫切问题》中说：“少数语文水平较好的学生，你要问他的经验，异口同声说是得益于课外看书。”[①] “只有一种方式是真正地在阅读。没有任何外力的帮助，你就是要读这本书。你什么都没有，只凭着内心的力量，玩味着眼前的字句，慢慢地提升自己，从只有模糊的概念到更清楚地理解为止。这样的一种提升，是在阅读时的一种脑力活动，也是更高的阅读技巧。”[②]

1. 组建各种读书社团，开展各种读书活动

师生应尽力克服阅读的功利色彩，营造读书氛围，形成以“读书”为核心的学校环境。如组建“文学社”“读写乐园”“阅读兴趣小组”；开展朗读比赛、读书知识竞赛、专题讨论会；开辟“阅读互动吧”，拟写书评，交流阅读心得等，构建“阅读型校园”。使阅读像呼吸一样，成为学生的基本需求和技能。我国台湾和新加坡的学校，

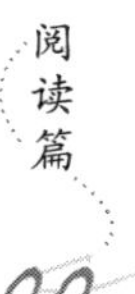

① 全国中语会．叶圣陶、吕叔湘、张志公语文教育论文选．北京：开明出版社，1995：153.

② 艾德勒，范多伦．如何阅读一本书．北京：商务印书馆，2014.

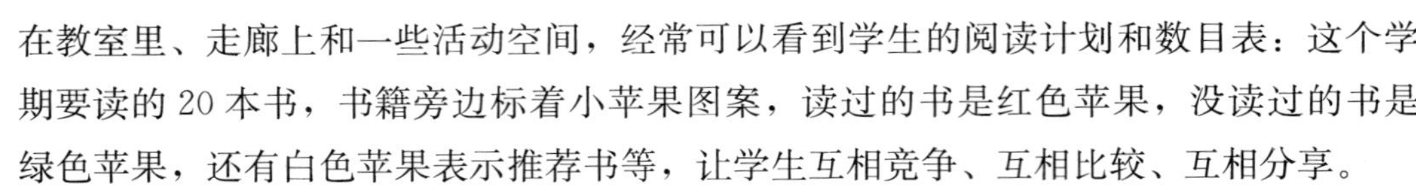
在教室里、走廊上和一些活动空间，经常可以看到学生的阅读计划和数目表：这个学期要读的 20 本书，书籍旁边标着小苹果图案，读过的书是红色苹果，没读过的书是绿色苹果，还有白色苹果表示推荐书等，让学生互相竞争、互相比较、互相分享。

2. 将课外阅读的源头活水引入课堂

《中国教育报》2013 年 5 月 8 日报道：山东潍坊北海学校韩兴娥老师，大胆从教科书中“突围”，把一册语文教材在两周内教完，剩下的时间带领学生实现了“课内海量阅读”。学生的读写能力、考试成绩大幅度提高。教师们可以在语文课时间将学生带入图书馆、阅览室，拓展学生真实阅读的时间和空间；引导学生在课外阅读的基础上寻找“美文佳作”，文体不限，在课堂上推荐给大家——“奇文共欣赏”；组织学生畅谈读书体会，点评佳作，鼓励新颖、独到、有创意的见解。这些举措不仅为学生提供了展示阅读成果和才干的平台，还充分调动了学生的读书热情，形成读书、荐书、谈书、评书的浓郁校园读书风气，使阅读之旅成为“无法预约的精彩”。

（二）大力提升课内真实阅读的含量

真实阅读并非只停留于“粗浅阅读”层面而不做深入研探，而是要把深入探究、细读甚解放在第二、第三步。美国学者艾德勒和范多伦所著《如何阅读一本书》中，将阅读分为四个层次：基础阅读（学龄前到十年级的阅读），检视阅读（有系统的略读或粗浅阅读），分析阅读（无限时间内完整的阅读、系统的提问，直到咀嚼与消化），主题阅读（为了一个目标而进行的研究比较阅读）。后两个层次都强调后续阅读的深入细致。阅读的层次是渐进的，后一个层次建立在前一个层次的基础上，也包含前一个层次的内容。最后一个层次包含、超越前面所有层次。

真实阅读要求第一步的阅读不要干扰读物吸引力所形成的阅读快乐，在此基础上，再深入探究，细读甚解，文学鉴赏尤其如此。“鼓励他们一次读完全剧，然后讨论他们在第一次快速阅读中所获得的东西。只有这样，他们才算是做好接下来仔细又专心研究这个剧本的准备。因为他们已经有了相当的了解，可以准备再学一点新的东西了。”①

真实阅读遵循从感知到认知、从感性到理性、由宏观到微观、由浅入深、由表及里的渐进认知规律。如果人为地缩短、加快学生的阅读感知过程，一开始就把他人阅读得出的最高、最深的理性结论，强加给学生，使学生的思维被迫跳跃、攀爬，突兀地被放置到一个极高的层面上，会犹如“空中楼阁”，缺乏感知基础的支撑，学生被动接受教师的结论，时间一过，烟消云散，“空中楼阁”变成“海市蜃楼”，又如邯郸学步，别人的没掌握，自己的阅读心得也丢失了。

---

① 艾德勒，范多伦．如何阅读一本书．北京：商务印书馆，2014.

1. 鼓励学生提问质疑

真实阅读是学生的阅读，阅读中的发现首先应该是学生的发现。珍视学生独特的感受、体验和理解，鼓励学生在自主阅读基础上提问质疑，能更好地体现真实阅读。让学生树立“提出问题比解决问题更重要”和“没有问题的学生就是阅读存在问题的学生”的阅读理念。亚里士多德说：“思维自惊奇和疑问开始。”美国的布鲁巴克认为：“最精湛的教学艺术，遵循的最高准则，就是让学生自己提问。”胡佛说：“整个教学的最终目标，是培养学生正确提出问题和回答问题的能力。任何时候都应鼓励学生提问。遗憾的是，课堂中常常是按照教师问学生答的反应模式进行。”

鼓励学生提问质疑，可以促使学生自觉深入阅读，更能突出学生的主体地位，使课堂更富有探究性、针对性、生成性和灵活性；同时对教师的业务素养和应变机制也提出了更高的要求。

2. 课内让真实阅读占主导地位

注重阅读的整体美感和文气文脉，尽量多给学生独立读书、体悟、品味、背诵的时间。教师应积极发挥组织、引导、激励作用，不排斥必要的讲析、点拨。讲解时先宏观再微观，先以全局性问题带动学生对教材的整体理解、把握，精彩细节处，精要点拨，恰到好处。讲解要对学生确有指导启迪作用，而非空泛枯燥的条分缕析和烦琐的技术性操练，也不一味追求讲深、讲透，更不能把学生讲腻。

3. 教师提问设计巧妙，富有启发性和思维力度

如《田忌赛马》一课，一般设问是：“田忌是怎样赢得赛马的?”这样的设问，对于引导学生一般性理解课文是可以的，但对于引导学生探究阅读就不够了。因为这一问题很难引发学生的认知冲突，激发学生的探究热情。不妨“迂回设问”：（1）孙膑通过变换赛马的顺序就一定能获胜吗？（2）假如再进行第三场比赛，田忌还能取胜吗？(3）孙膑的赛马策略是智慧的表现，还是破坏游戏规则的弄虚作假?

这三个问题学生都不能直接从课文中得出答案，必须经过深入探究阅读才能回答：一是孙膑变换赛马的顺序不一定获胜，他获胜的前提是齐威王不会变换赛马的顺序。二是如果再进行第三场比赛，胜负就要具体分析了。至于第三问，则值得商榷，传统上被看作有智慧，以现代的价值观衡量，孙膑的胜利是以葬送诚信、守规、公平等人类最基本的善行为代价的，其破坏规则和契约的投机行为，长期以来对中国人的影响是极其负面的。

4. 注重诵读涵咏

仅靠“沉思力索”有时也能理解作品的意思，但多有隔靴搔痒之感，通过吟诵可以做到从音韵、节奏领会到神气相通，与作者的性灵沟通融合。书读到烂熟，诵读者就好像成了作者，也即朱熹所说：“先需熟读，使其言皆若出于我之口；继以精思，使其意皆若出于吾之心。”

俞平伯认为，诗有一种难以解释的神秘性，诗的本身与人们用语言对它的解释中间有相当的距离。要想补救缩短距离，唯有诵读，能够背诵就更好。诵读的方法因文、因人而异。短文可以全文读，长文可以重点语段着重读，可以教师范读、领读，可以学生齐读、散读、分角色表演读、男女配合读、一人领读多人和读、分组接力读、竞赛读等，不一而足。

譬如欣赏余光中的诗歌《乡愁四韵》“给我一张海棠红啊海棠红”，为什么不写成“红海棠”？结合语境，反复吟诵、品味：“给我一张海棠红啊海棠红/血一样的海棠红/沸血的烧痛/是乡愁的烧痛/给我一张海棠红啊海棠红。”就会发现，除了押韵的因素外（这只是表象），后文的“血一样”“沸血”等与“红”呼应，海棠红的颜色正是沸血的颜色。一想起故乡啊，就热血沸腾。而且，随着时间的推移，故乡留在诗人心中的印象，主要不是具体的红海棠，而是那一片片艳丽的红色。如此写，诗句才会显得更飘逸、轻灵，更富有诗意。通过诵读，结合语境，才让我们品出那一点点意境。

5. 关注留意细节

作品中一些看似无足轻重的细节，可能是作者匠心独具、寓意深刻之处，要引导学生关注留意，不可掉以轻心。如《项链》写玛蒂尔德夫妇深夜从舞会出来，在路边搭乘了一辆“只在夜里做生意的旧马车，这种马车在巴黎只有在天黑了以后才出现，仿佛在白天它们自惭形秽，不出来”。此处细节看似闲笔，实则大有深意，表面上写旧马车主人自卑，白天不好意思出门，实际上是侧面表现巴黎广大市民的虚荣——大庭广众、光天化日之下，乘坐旧马车丢面子、跌份子，遭人耻笑；旧马车主人也深知乘客的心理，白天没人敢坐，没生意，所以只好夜晚出来拉活儿。

透过这一细节，莫泊桑为我们描绘了一幅巴黎社会的虚荣众生相：从罗瓦塞尔这样的小职员，到佛来思节夫人这样的贵妇人，再到遍布大街小巷的普通百姓，无不遭受虚荣心恶劣风气的侵蚀。“性格是环境的产物”（马克思语），玛蒂尔德生活在这样的环境中，怎能不被侵染毒化？通过这些细节，作者深刻地揭示了玛蒂尔德那近乎变态的虚荣心产生的土壤和温床，她的悲剧不仅是“性格悲剧”，更是“社会悲剧”。

6. 咀嚼品味语言

同样是文本世界，语文学科与其他学科的根本区别在于，其他学科始终关注“说的内容”，唯有语文学科在关注“内容”的同时，也关注“说的形式”，也就是怎么表达的——为什么这样说而不那样说？为什么用这个词语或句式而不用那个词语或句式？真实阅读的探究，要善于发现“语言”这道亮丽风景的绝妙之处。如《天上的街市》：“远远的街灯明了，好像闪着无数的明星。天上的明星现了，好像点着无数的街灯。”其中“明了”“闪着”“现了”“点着”四个词能否相互调换搭配？显然不能。“街灯”是人为控制的，要么亮，要么灭，不存在由暗到亮的过程，只能说“明了”“点着”，不能说“现了”“闪着”。“明星”是自然地由隐到显，而且闪烁不定，可以说“现了”“闪着”，不能说“明了”“点着”，而且既称“明星”，再说“明了”就语意重复了。

再如鲁迅的《藤野先生》，和《项链》的开篇一样都用了“也”字（“东京也无非是这样”“她也是个美丽动人的姑娘”），看似突兀（“也”一般用于承接前一句，强调与某种情形一样），实则大有深意。《藤野先生》中的“也”字突出了鲁迅对那些不思进取、浑浑噩噩的清朝留学生的极度不满和失望，与在国内没有什么两样。《项链》的“也”字，凸显了“天生丽质难自弃”的玛蒂尔德对不公命运的愤愤不平，深感有负自己花容月貌的幽怨，为后文情节开展做好了铺垫。

只要我们进行的是真实的阅读，“课内海明威”也可以像“课外海明威”一样精彩，甚至更精彩。

阅读鉴赏，需要细读甚解

一、对“不求甚解”的甚解

陶渊明的《五柳先生传》里有一段人们耳熟能详的关于读书的名言：“好读书，不求甚解；每有会意，便欣然忘食。”《三国演义》中介绍诸葛亮的读书方法，说别人是“务于精纯，惟孔明独观其大略”。

许多读书人据此把“不求甚解”“观其大略”奉为读书的箴言、圭臬。还有人根据“不求甚解”几个字，认为陶渊明的读书态度方法有问题，认为“不求甚解”就是粗解、浅解。殊不知陶渊明、诸葛亮的读书方式是特殊历史背景下的产物，是针对两汉以来不良的读书方法而言的。明代学者杨慎说：“《晋书》云陶渊明读书‘不求甚解’，此语俗世之见，后世不晓。余思其故，自两汉以来，训诂甚行，说五字之文至于两三万言。陶心知厌之，故超然真见，独契古初，而晚废训诂。俗士不达，便谓其不求甚解矣。”冯钝吟的《杂录》也说：“世人读书，正苦大意未通耳，乃云吾师渊明，不惟自误，更以误人。”①

在汉晋时代，儒生们有一种很不好的读书习惯，就是对经书苛求“微言大义”以至于“穿凿附会”。具体表现为：一是脱离文本整体语境，用训诂法孤立地解释每个字词的意义；二是把每首诗的解释都生扯到历史事件中去。脱离文本实际，片面强调微言大义、深文周纳，甚至用离题万里的两三万字的道德、政治说教，来解释五个字的诗句，十分烦琐，既无理也无趣，学习者常没有这样的耐心听完解释。陶渊明所说的“甚解”针对的就是汉代儒生们钻牛角尖式的烦琐比附，解读得越是深入细致，距文本的原意、本旨越远，越让读者觉得味同嚼蜡。这样的“甚解”不是真正意义上的甚解，而是“歪解、曲解、烦琐解”，这难道也值得去“求”吗？陶渊明、诸葛亮当然不屑为之。后人望文生义，误解了他们的话，对其本意就没有“甚解”“真解”。看来对陶渊明的“不求甚解”有必要作一番甚解。

---

① 陶渊明研究资料汇编．北京：中华书局，1962：139.

从上下文小语境看，陶渊明的“不求甚解”，是以“好读书”为前提的，“闲静少言”，读书时全身心投入，丝毫没有随便马虎、粗疏轻狂之意。目的是“会意”“有得”，强调用整个心灵感受作品，意会神摄，求得与作者的心灵相通共鸣。这是一种很高的目标和境界追求，难道不熟读精思就能轻易达到吗？即便对“不求甚解”作传统意义理解，也并非概指一切书籍，对其喜爱的书，陶渊明是读得很深入细致、以求甚解的。他在《移居》一诗中描述自己的读书之乐：“邻曲时时来，抗言谈在昔；奇文共欣赏，疑义相与析。”对于“奇文”，他不但自己读，还要与邻居一同欣赏玩味，相互切磋分析疑难，这难道不是一种深入阅读的“甚解”吗？

从历史背景大语境看，他的“不求甚解”，是不拘泥于两汉以来对经书中章句的烦琐考证，保持自己的独立见解，主张读书要以心相交，适己会意。这种唤醒读者主体意识的读法，实际上是对两汉魏晋以来烦琐解经训诂之风的反叛和纠弊，是对单一精读方式的补充和发展，开精读与略读两相宜的先风。

二、“细读甚解”是古今中外众多学者的共识和成功之道

古人称道某些人才华出众，读书“一目十行”，如《南史》说萧纲“读书十行俱下，经目必记”，《梁书》说萧统“读书数行并下，过目皆记”。其实这些都不过是溢美之词，极言某人天资过人罢了，当不得真的，更不能以此作为阅读鉴赏的典范。

郑板桥就说：“读书以过目成诵为能，最是不济事。”速读当然也有其实用价值，但阅读鉴赏，特别是要读出味道和真知灼见，还是要坐下来，读进去，深入地细读精思，以求甚解。这早已被古今中外无数学者、鉴赏家所认可并成功实践：孔子读《周易》以至“韦编三绝”。杜甫名言：“读书破万卷，下笔如有神。”把书读得“透辟以至残破不堪”，不深入把玩、反复细读能行吗？大文学家苏东坡说：“旧书不厌百回读，熟读深思子自知。”宋代大儒朱熹说：“读书譬如饮食，从容咀嚼，其味必长；大嚼大咀，终不知味也。”“读书之法，在循序而渐进，熟读而精思。”程颐也说：“读书之味，愈久愈深。”金代诗人元好问说：“文需字字作，也要字字读。咀嚼有余味，百过良味足。”

明清大评点家金圣叹（评点《水浒传》《西厢记》《杜甫诗》）、毛宗岗（评点《三国演义》）、张竹坡（评点《金瓶梅》）、脂砚斋（评点《红楼梦》）等都极力主张熟读精思，以求甚解，而且都用成功的评点实践做出了细读精思的表率。金圣叹在《西厢记》的评点中说：“今人不会看书，往往将书容易混账过去。于是古人书中所有得意处、不得意处……无数方法、无数筋节，悉付之于茫然不知，而仅仅粗记前后事迹。”在《读第五才子书法》中说：“吾最恨人家弟子，凡遇读书，都不理会文字，只记的若干事迹，便算读过一部书了。”叶圣陶在其《语文教学二十韵》中说：“陶不求甚

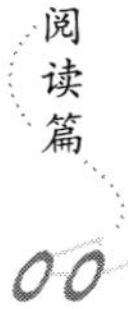

解，疏狂不可循。甚解岂难致？潜心会本文。”[①]

鲁迅幼时就读的“三味书屋”，其含义就有“诗书滋味长”之意，所谓“把卷沉吟过二更，依然有味是青灯”，就是要从诗书中认真体会并获得深长滋味。读书需要深入细读品味，以求“甚解”有味，而不能像猪八戒吃人参果那样“囫囵吞书”。据说毛泽东每年都要把《鲁迅全集》读一遍。毛泽东阅读的众多历史典籍和文学名著中，很多都是写满眉批和旁批的，可见毛泽东读书的细致和思考的深入。能得到一部写有毛泽东批注的著作，那真是三生有幸，无比珍贵的。

国外学者也有对细读甚解的论述，德国作家歌德说：“我每年都要读几部莫里哀的作品，正如我经常翻阅版刻的意大利大画师的作品一样。因为我们这些小人物不能把这类作品的伟大之处铭刻在心里，所以需要经常温习，以便使原来的印象不断更新。”[②] 美国的约翰·米德马所著《慢阅读》一书，反对一味快餐式的阅读，提倡像慢饮食一样“慢阅读”，拉近读者与所读信息之间的距离。目前“慢阅读”运动正日益发展壮大，美国新罕布尔大学的托马斯·纽柯克教授也认为，“慢阅读”更重要，是从文字中发现更多意义和乐趣的一种方式，提倡大声诵读和背诵的方法。（《参考消息》，2010－06－23）慢阅读是诉诸心灵的惬意的阅读：清风朗月，一卷在手，心与书从容相对、融为一体，今夕何夕，宠辱皆忘；或书在枕旁，情感随书中人物的命运起伏，喜怒笑哭，无法自已。这样的阅读会使世界在眼前开阔起来，这样的阅读会在心田种下爱与善的种子，这样的阅读能使人找到自己。有一种教育叫熏陶，有一种成长叫积淀，有一种阅读叫品味。正像美好的风景让人放慢脚步，细细欣赏，读完之后还会留下长长的记忆和回味。

古今中外的众多有识之士，尚且倡导并身体力行细读甚解，何况我辈常人。阅读鉴赏需要对文本独立地感受、领会、理解、判断。一切精彩的见解、高深的理论，从根本上说，主要是从大量的深入阅读中概括出来的，最终又能够解释各种各样的文本。任何阅读理论批评流派，要取得杰出的成果，都离不开深入阅读、钻研。我们所提倡的“细读甚解”，是以文本为中心的，重视语境对语义分析的影响，强调文本的内部组织结构。也就是不脱离文本，把细节与整体相联系，从实际出发，以“会意”本旨、真意为目标的“甚解”，完全不同于汉晋时期穿凿附会式的“甚解”。

三、引导学生细读甚解的教学策略

（一）倡导学生提问质疑

过去人们较多地关注研究教师怎样提问，而对学生提问质疑的这种提问方式研究

---

① 全国中语会．叶圣陶、吕叔湘、张志公语文教育论文选．北京：开明出版社，1995：49.

② 歌德谈话录．朱光潜，译．北京：人民文学出版社，1978：88.

较少。高效的现代课堂应该倡导、鼓励学生在细读探究的基础上多提问，让学生树立“提出问题比解决问题更重要”和“没有问题的学生是学习存在问题的学生”的学习理念。美国的布鲁巴克认为：“最精湛的教学艺术，遵循的最高准则，就是让学生自己提问。”哈佛大学的名言：“教育的真正目的就是让人不断提出问题，思索问题。”

一堂语文教读课应该鼓励学生先根据自己的阅读体验、理解困惑提出问题，原则上什么问题都可以提，但鼓励学生多提有独到发现、有一定深广度和更大思维价值的问题。当学生一时无从提问时，教师可以适当“抛砖引玉”，启发提问。然后教师根据学生所提问题，组织、引导学生讨论、解答，教师从中点拨，归纳总结。最后再以“教师提问”补充之。

课堂倡导学生多提问质疑，对教师和学生都更有意义：对学生，更能促进其自主探究思考，突出其主体地位，让课堂更富有针对性、探究性、生成性和灵活性；对教师，无论是备课，还是文化素养、应变机制，都提出了更高的要求。

譬如学习闻一多的《死水》时，有学生提出：“作者对‘死水’的态度为什么不是净化、拯救，而是雪上加霜地‘不如多扔些破铜烂铁，爽性泼你的剩菜残羹’，使死水变得更脏?”此问有一定难度，教师可以引导思维：世界上的“水”有多种，人们相应地也有不同的情感和态度：第一种是极为清澈纯美的水，如九寨沟的水，人们的情感是爱惜，态度是保护；第二种是有一定污染的水，如珠江，人的情感是惋惜，态度是拯救净化；第三种是极度肮脏腐臭的水，如死水，拯救净化既无可能，也没必要，人的情感是憎恶绝望，态度是诅咒鄙弃——既然“死水”般的旧中国如此黑暗丑恶，让人绝望，倒不如让它更加腐烂发臭，加速它的灭亡，新事物也许能更快地出现生长。

又如阅读卢纶的《塞下曲》：“月黑雁飞高，单于夜遁逃。欲将轻骑逐，大雪满弓刀。”对这样一首脍炙人口的佳作，数学家华罗庚却认为有瑕疵，发表诗文质疑：“北方大雪时，群雁早南归。月黑天高处，怎得见雁飞?”华罗庚的问题质疑当然是细读所致。有一位中学生对华罗庚的“质疑”也写诗提出了质疑：“胡天八月雪，大雁未必归。月黑不见影，寻声知高飞。”该学生认为月黑虽然见不到大雁的身影，但可以通过“寻声”推知大雁在“高飞”，这当然也是细读质疑的结果，更为可贵。

教学中我谈及此例，有学生在细读中，变换思维角度提出：如果不把“月黑雁飞高”看作单于逃跑的那个夜晚的实况描写，而是理解为“比兴”手法，看作对“单于夜遁逃”的比喻、渲染，是否可以这样解读：就像月黑之夜大雁高飞一样，单于逃跑了。这样“月黑雁飞高”作为一种比兴手法，和“大雪满弓刀”就脱开了具体的时空关系，“大雁”和“大雪”不就没有时间季节的矛盾了吗？这种细读的独到发现就更加难能可贵了。

（二）注重诵读涵咏

古人“吟诵”，通过视觉和听觉的结合，感受语言文字的音位层级、语言音节组合、节奏韵律之美。默读固然可以细读，但也可以一目十行地速读。而诵读是必须细致精准到每一句、每一字、每一音节，甚至每一个标点符号。现在很多人年龄越小越能大声朗读，随着年龄的增长，却越少高声诵读。在高年级学生或成年人那里，那种“风声、雨声、读书声，声声入耳”的情景已很少见到了，这并不利于深入细读鉴赏。

仅靠“沉思力索”有时也能理解作品的意思，但多有隔靴搔痒之感，通过吟诵可以做到从音韵、节奏领会到神气相通，与作者的性灵沟通融合。书读到烂熟，诵读者就好像成了作者，也即朱熹所说：“先需熟读，使其言皆若出于我之口；继以精思，使其意皆若出于吾之心。”现代许多大家提倡诵读，俞平伯认为，诗有一种难以解释的神秘性，诗的本身与人们用语言对它的解释中间有相当的距离。要想补救缩短距离，唯有诵读，能够背诵就更好。“耳治胜于目治……诗词于空里传神处，吟诵有时比解释更为切用。”① 叶圣陶强调：“美读得其法，不但了解了作者说些什么，而且与作者的心灵相感通，无论兴味方面或是受用方面都有莫大的收获。”②

譬如学习朱自清的散文《荷塘月色》，其中有一句：“虽然是满月，天上却有一层淡淡的云，所以不能朗照；但我以为这恰是到了好处——酣眠固不可少，小睡也别有风味的。”对于这样一句看似平常的语句，有学生提出：“作者一直在描写荷塘和月色，为什么破折号后突然来了一句描写睡眠的语句：‘酣眠固不可少，小睡也别有风味的’？破折号前后语句什么关系？”对这样一个问题，教师不必直接解答，可以让学生反复诵读此文段，学生自然就会领悟这是一种“暗喻”：将“满月的朗照”比喻为痛快淋漓的“酣眠”，固然使人享受；又将“有一层淡淡的云”遮掩的月光，比喻为“别有风味的小睡”，也使人喜爱。此处也同时使用了“通感”——将欣赏月光的视觉转化为睡眠的感觉体验，形象生动，使读者感同身受。

诵读的方法因文、因人而异。短文可以全文读，长文可以重点语段着重读，可以教师范读、领读，可以学生齐读、散读、分角色表演读、男女配合读、一人领读多人和读、分组接力读、竞赛读等，不一而足。

（三）关注留意细节

作品中的一些看似平淡无奇的细节，可能是作者匠心独具之处，寓意深刻。要关注留意，不可掉以轻心，大意放过。如《项链》中罗瓦塞尔“积攒下这样一笔款子，

---

① 王湜华．俞平伯的后半生．石家庄：华山文艺出版社，2001：250.

② 叶圣陶教育论文集．北京：教育科学出版社，1980：262.

打算买一支枪，好在夏季的星期天，和几个朋友到南泰尔平原去打云雀”——猎枪的价格实在不菲（400法郎），生活中用途却不大。生活还很拮据的罗瓦塞尔为何存款来买如此高级的猎枪呢？虚荣心使然。因为用高级猎枪打云雀，在当时是一种“有钱和有闲阶级”从事的时髦、高雅的贵族活动。罗瓦塞尔先生费尽周折弄到请柬，又肯用买猎枪的钱为妻子置办舞衣，都不单纯是为了妻子痛快玩玩，而是为了满足虚荣心，抓住这一机会，结识巴结上流人士。

（四）咀嚼品味语言

细读要求带着强烈的“语文意识”去读。所谓“语文意识”，即在阅读时对读本的遣词造句、表现技巧等语文因素方面的关注与揣摩。这样做将事半功倍，效果显著；否则事倍功半，阅读虽多，却效率低下。常见一些人似乎也看了不少书，但是语言文字水平并不佳，写文章总显得词不达意，文句粗糙，用语随意，逻辑混乱，技法平庸。究其原因，就是在看书时，关注的仅仅是表达的内容，即文章“写了什么”，却忽视了表达的形式，即文章是“如何写的”，这便是缺乏自觉的“语文意识”，缺少对布局谋篇和语言文字运用等表达形式留心的缘故。

朱光潜先生在《谈文学》一书中，有这样的一段话：“从前我看文学作品，摄引注意的是一般人所说的内容。如果它所写的思想或情感本身引人入胜，我便觉得它好，根本不注意它的语言文字如何。反正语文是过河的桥，过了河，桥的好坏就不用管了。近年来，我的习惯已完全改过。一篇文学作品到了手，我第一步就留心它的语文。如果它在这方面有毛病，我对它的情感就冷淡了好些。我并非要求美丽的辞藻，存心装饰的文章令我嫌恶；我所要求的是语文的精彩妥帖，心里所要说的与手里所写出来的完全一致，不含糊也不夸张，最适当的字句安排在最适当的位置。那一句话只有那一个说法，稍加增减更动，便不是那么一回事……这种精确妥帖的语文颇不是易事，它需要尖锐的敏感、极端的谨严和极艰苦的挣扎。一般人只是得过且过，到大致不差时便不再苛求。”

同样是文本世界，语文学科与其他学科的根本区别在于，其他学科只关注“说的内容”，也即“说了些什么”；唯有语文学科最终关注的是“说的形式”，也即怎么表达的——为何如此布局谋篇？为何这样表达？为何用这个词语或句式而不用那个词语或句式？只有把对文本“内容”的关注和语言表达形式的重视结合起来，用心关注“怎么说”，才能更准确地把握“说了什么”，透彻领悟内容。这种细读并不是漫无目的、不分主次重点的逐字逐句地读。处处精细也就没有了精细，扼杀了精细——这需要练就敏锐独到的鉴赏眼光。

1. 善于发现关键词语，咀嚼品味

文章中一些“文眼”式的关键词语，往往起到纲举目张、提纲挈领的作用，要注

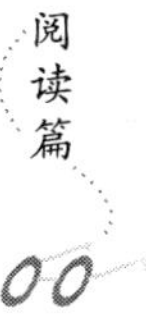

意发现和把握。如闻一多的《死水》中："这是一沟绝望的死水，清风吹不起半点漪沦。"其中"绝望"一词很关键，在整首诗中出现了三次，是"诗眼"。正因为诗人对"死水"一般黑暗陈腐、肮脏腥臭的旧中国极度失望，进而悲愤绝望，所以才会说出"不如多扔些破铜烂铁，爽性泼你的剩菜残羹"的激愤、诅咒之语。既然现实如此黑暗、丑恶、让人绝望，倒不如让它彻底腐烂发臭，烂得更快更透，加速它的灭亡，也许会出现转机，所谓物极必反，新事物才会更快地出现成长。"绝望"一词，既包含着诗人对旧中国的极度厌恶愤恨，也包含着诗人迫切改变现实的强烈意愿，包含着对新社会的热切期盼和向往。

《促织》中说成名"操童子业，久不售"。教材注释"售"，"原意为买物出手，这里指考取"。为什么不说"久不中""久不第"而说"久不售"呢？这"售"字把封建时代读书人与统治者的买卖关系的本质揭示得入木三分。所谓"学好文武艺，货与帝王家"，把成名读书一生、长久不第的心酸表现了出来，就像一件东西叫卖好久，却无人问津一样尴尬、无奈。

2. 善于发现看似寻常的语言，细读品味

任何语言都只是一种表象的存在，作者要表达的思想情感往往隐藏在语言面纱之后。阅读教学中，要善于发现"语言"这道亮丽风景的绝妙之处，见前人所未见，发别人所未发。

如曹禺的《雷雨》中有这么一处对白。周朴园问："三十年前你在无锡吗?"鲁侍萍答："是的，三十多年前呢，那时候我记得我们还没有用洋火呢。"这一问一答，初读似乎合情合理，但细究起来，则不禁令人生疑。按周朴园的问题流向，鲁只需回答"是的"就行了，后半句的回答——"三十多年前呢，那时候我记得我们还没有用洋火呢。"——完全是多余的，那么，把后半句去掉，行吗？另外，她为什么不提别的，而单单提"洋火"？显然，去掉后半句，剧情就无法发展下去。鲁不提别的生活细节，是因为三十年前和"洋火"有关的生活情景在她心中印象特别深刻：(1) 鲁生孩子受了病总要关窗户，所以室内经常点灯，周在灯下照顾鲁。(2) 周的衬衣被火烧了个窟窿，鲁在灯下为周缝衣服（衬衣上的梅花的由来）。总之，"洋火"是鲁周二人美好生活的见证，有了它，就能引发二人对往事的回忆，推动剧情向前发展，并充分展现周朴园对于鲁侍萍的复杂感情，让周朴园这个人物成为复杂多面的"圆形"人物。

3. 善于抓住看似不合情理的语言，细读品味

矛盾是引起认知冲突、激发思维的导火索，课文中有很多表面看矛盾的地方，通过设问激发思维，效果非常好。例如鲁迅的《秋夜》开篇："在我的后园，可以看见墙外有两株树，一株是枣树，还有一株也是枣树。"鲁迅为什么不简洁地说：在我的后园的墙外有两株枣树呢？细细品味，鲁迅这看似不合情理的笔法，实则很有情趣：不但写出看的结果——发现两株枣树；而且细腻真切地写出看的过程——夜色朦胧

中，粗略看远处墙外有两株树，仔细看其中一棵，是枣树，视线移动，再仔细看另一棵，发现也是枣树。

又如鲁迅的《孔乙己》中最后一句："我到现在终于没有见——大约孔乙己的确死了。""大约"是估计，"的确"是肯定，放在一起看似矛盾，实则意蕴深厚：孔乙己是个微不足道的小人物，谁去关心他的死活，没人看到，无人提起，不能确切，所以只能估计；孔乙己又本是一个贪杯的人，只要活着就会到酒店喝酒，两年多没见到他，身残体废又无谋生手段的孔乙己，在那个比冰冷的冬季还要冷酷的社会里，结局必然只有一个：死亡。

再如鲁迅的《马上日记》写清晨外出："走到丰盛胡同中段，被军警驱入一条小胡同中。少顷，看见大路上黄尘滚滚，一辆摩托车驰过；少顷，又是一辆；少顷，又是一辆；又是一辆；又是一辆……又少顷，摩托车没有了。"作者为什么不用"几十辆摩托飞驰而过"这样简洁的语言概括之，而是不厌其烦地一一数来？一向崇尚简洁的鲁迅，这里为何如此啰嗦？看似不合情理，其实如此写，既有细节的真实（在胡同中视野受限，不可能一览无余，确是一辆辆闪过），又真切地描绘出军警摩托车队风驰电掣、飞扬跋扈，令人眼花缭乱、目不暇接的强烈主观感受，语言风趣，极具感染力，是一种"精致的啰嗦"。

4. 比较揣摩相近类似的词语

有比较才有鉴别，对近义词语的比较鉴别，可让学生养成细读品味的习惯。如《故乡》中闰土称"我""老爷"，豆腐西施夸"我""贵人"，称呼的不同表现出他们对"我"的心态感情的差异：一个是敬畏，另一个是奉承。

又如《梦游天姥吟留别》中有诗句"仙之人兮列如麻"，这个"如麻"与"雨脚如麻未断绝"的"如麻"、"心乱如麻"的"如麻"有无差别？"仙之人兮列如麻"是说仙人站立排列，就像生长在地上的成排的麻，写出了仙人的众多、整齐。"雨脚如麻未断绝"是说雨脚（雨丝）就像挂在墙上的一条条的麻，写出雨脚的绵密。"心乱如麻"是说心乱得就像一团乱蓬蓬的麻，写出心绪的繁乱。同是"如麻"，语境不同，对象不同，表现的情态也不同。

再如《口技》中将"几欲先走"改为"夺门先走"如何？这不是更能反映口技的效果逼真惊人吗？"几欲"，几乎想，尚没有"先走"。尽管口技惟妙惟肖，效果逼真，但毕竟是看演出，观众尚未失去理智，"几欲"用词准确，夸张适度。若改为"夺门先走"，夸张就失度、失真了，过犹不及。

5. 变化文中句式、词语或手法，比较品味

譬如泰戈尔的《金色花》中："你到哪里去了，你这坏孩子？"引导学生变换句式："你这坏孩子，你到哪里去了！"同时将问号"？"改为感叹号"！"。比较两句表意的微妙差异：原句表现妈妈焦急担忧孩子的去向，所以先问"你到哪里去了"，再

说："你这坏孩子?"原文的问号"?"，表明母亲不认为真是坏孩子，嗔怪中更多的是关爱。变换句首先是责骂"你这坏孩子"，语气严厉，真成了坏孩子。再说："你到哪里去了!"感叹号"!"使关爱变成了严厉的责骂。

孩子的回答："我不告诉你，妈妈。"如果句式变换为："妈妈，我不告诉你!"同时将句末的"。"改为"!"。原句重心落在"妈妈"以及"。"上，表现孩子天真顽皮中更多的是对妈妈的昵顽。变换句重心落在"我不告诉你"上，孩子的天真得意成分减弱了，感叹号"!"使得孩子亲昵顽皮的语气变得粗野蛮横了。

还有一个"坏"字，单从字面看，是负面、责骂的语言，但从上下文看却很精彩，比"好"字还好。这是一种修辞上的"倒词"，类似于汉语中情人互骂"冤家"。不妨用替换法来比较体悟："你到哪里去了，你这好孩子!""乖孩子!""可爱的孩子!""宝贝孩子!"等；或者"你到哪里去了，你这调皮孩子!""淘气孩子!""傻孩子!"等。显然都不如"坏孩子"细腻、传神、够味和内涵丰富。这里有关心、疼爱、亲昵、欣赏、惊喜、嗔怪、佯责等丰富的情感，恰如其分地表达了母子之间的特殊的亲密默契，这一切尽在语言品味之中。

又如《那树》原文："电锯从树的踝骨咬下去，嚼碎，撒了一圈白森森的骨粉。那树仅仅在倒地时呻吟了一声。"改文："锋利的电锯一下子把树锯为两截，碎枝、碎叶、碎皮撒了一地，还有那四处飞溅的木屑。"原文："两星期后，根也被挖走了，为了割下这颗生满虬须的大头颅，刽子手贴近它做了个陷阱，切断所有的动脉静脉。"改文："为了把这庞大的根彻底铲除掉，伐木工人把土地上的所有根须斩断。"让学生比较原文和改文手法和效果的不同。原文运用了"踝骨、白森森的骨粉、呻吟、生满虬须的大头颅、动脉静脉、刽子手"等拟人手法，饱含感情色彩，表达出对人类滥砍滥伐的悲愤和对痛苦树木的悲悯。而改文只是客观冷静地在叙述事件，缺乏感情色彩。

引导学生细读甚解的内容和方法远不止以上这些，其他诸如文学作品的表达技巧、体裁不同，鉴赏的重点和方法也有差异，以及阅读一些鉴赏类的文章等，都需要大家进一步总结完善。

文本解读的目的、边界和原则

一、文本解读的目的

“文本解读的目的”与“解读方法”密切相关——有什么样的解读目的，就产生什么样的解读方法。譬如在汉晋时代，儒生们解读经书重在领会圣人的微言大义，而非实际用于解决社会问题，而同时代的陶渊明和诸葛亮，与众儒生的读书目的和方法截然不同。陶渊明的读书目的是文化陶冶、审美愉悦，所以陶渊明的解读方法是“好读书，不求甚解；每有会意，便欣然忘食”的“会意法”——不纠缠、甚解个别词句的含义，而是整体把握语境，融会贯通，用整个身心感受作品，意会神摄，求得与作者心灵相通，达到修身养性的审美效果。诸葛亮的读书目的是经邦济世，所以其解读法不是“务于精熟，而是观其大略”——专找对治国济世有实用价值的内容学习掌握，不求学术上的“精熟”。正如在《三国演义》“舌战群儒”一场中，当东吴名流严畯质问孔明“治何经典”时，孔明嘲讽道：“寻章摘句，世之腐儒也，何能兴邦立事？……区区于笔砚之间，数黑论黄，舞文弄墨而已乎?”——这都是对两汉魏晋以来烦琐解经训诂之风的反叛和纠弊。

明代学者杨慎说：“《晋书》云陶渊明读书‘不求甚解’，此语俗世之见，后世不晓。余思其故。自两汉以来，训诂甚行，说五字之文至于两三万言。陶心知厌之，故超然真见，独契古初，而晚废训诂。俗士不达，便谓其不求甚解矣。”冯钝吟的《杂录》也说：“世人读书，正苦大意未通耳，乃云吾师渊明，不惟自误，更以误人。”

我们今天文本解读的目的是什么呢？我认为，是帮助自己或他人（学生）理解把握文本的思想内容和表现手法，提高语文能力（特别是读写能力）、阅读鉴赏水平、审美能力和审美趣味，扩展语文知识、文化视野等。这样的解读目的，就要求解读者深入研究文本及相关资料，把握文本，解读既要深刻独到，给人启发，又要实事求是，客观真实。

二、文本解读的边界

文本解读需要边界，既不能肤浅不到位，也不能漫无边际——所谓“过犹不及”。“解读的边界”应该在哪里？不能一概而论，没有绝对统一、明晰的解读边界——解读边界因文而异，各人不同。这要靠读者根据自身的文化素养、鉴赏水平，心领神会——运用之妙，存乎于心。

但如果非要给“解读”划定一个相对合理的、能被多数人认可的“边界”，我觉得应该包括以下几点：

（1）不同文体，有不同的解读目的。说明文为获取新知识；议论文为学习新思想；文学作品为审美鉴赏。为达到不同的目的，应采用不同的方法，遵守适宜的边界。

（2）解读合乎文本实际，是从文本中自然得出，而非牵强附会。

（3）解读应总体把握文本，把文本看作一个有机的整体构造，考虑整体对局部的制约关系，而不是以偏概全、挂一漏万、只见树木不见森林。

（4）解读应围绕文本的主要内容展开，而不是剑走偏锋，过分关注、放大枝节末叶，甚至喧宾夺主。

（5）解读应该为大部分民众所认可、接受、信服，感觉言之有理，有所启悟受益——我们把这种解读称为“真实解读”或“合法解读”。

“真实解读”就是解读真实反映文本，源自文本，不脱离文本，有案可稽。既有一定新度、深度和广度，又客观公正，真实可信，对学生确有启发和帮助。

譬如《林黛玉进贾府》中有一段：“于是又引黛玉出来，到了东廊三间小正房内……靠东壁面西设着半旧的青缎背引枕。王夫人却坐在西边下首，亦是半旧的青缎靠背坐褥……因见挨炕一溜三张椅子上，也搭着半旧的弹墨椅袱，黛玉便向椅上坐了。”对“半旧的”三个字，脂评本有旁批曰：“三字有神。”一般读者（学生）容易忽视“半旧的”三个字。这就需要教师精要到位的“解读点拨”，启发学生领悟此三字的妙处：全新是暴发户形象，全旧则是破落户光景，唯独“半旧的”显露出贾府富贵的源远流长、底蕴深厚，也暗示贾府“百足之虫死而不僵”、盛极而衰的征兆——这种解读，就真实可信，对学生确有启悟帮助作用。

“合法解读”，是我仿照“合法性”一词而造。合法性的定义是：“在政治学中指政府与法律的权威为民众所认可的程度。”“民众所认可的程度”，包括“量和质”两个方面——有一定的民众数量和精英质量的认可。

由此，“合法解读”可理解为：解读能被大部分读者认可，觉得合情入理，令人信服，有所启悟。解读尤其是不能仅有论点，更要有令人信服的论据和论证，有严密的逻辑分析，不是主观臆断。其实提出一个标新立异的“观点”并不太难，但要通过充分的论据论证，令人“信服”其观点，就不那么容易了——而这恰恰最能体现解读者的功力和边界所在。符号美学认为：艺术中所凝聚的应该是一种人类能普遍体会、理解、感受的情感，即人类的普遍情感。

譬如有人把《西游记》解读为一部隐喻人生修为、启迪人们战胜各种心魔的伟大的成功学。悟空、唐僧、八戒、沙僧、白龙马，这师徒五人原本就是一个人——悟空是心，唐僧是身，八戒是欲望，沙僧是本性，白龙马是意志，所谓“心猿意马”。

在《西游记》第一回“心性修持大道生”中说，孙悟空是“灵台方寸山，斜月三星洞”（寓意“心”）中菩提祖师的弟子——心的弟子也是心。《楞严经》上说心有七十二相，世人心善变，瞬间七十二变，所以悟空也就有七十二变。炼心能使人心明眼亮，所以八卦炉里的悟空炼成火眼金睛。悟空被五行山压住，象征“金、木、水、火、土”（或“贪、嗔、痴、慢、疑”五毒心念）的强大，压住了那颗骚动不安的心，即便是孙悟空，依旧逃不出世俗这五个字。“定心真言”的“紧箍咒”能约束心，过程免不了痛苦，让心疼了又疼。“紧箍咒”代表戒，有了戒律，心才会皈依正途，才肯走上修行之路。

孙悟空一个筋斗十万八千里，正好是灵山的距离：灵山再远也就是心头一念——善恶只在一念之间，真正的灵山，就在心中。悟空常对唐僧说：“只要你见性志成，念念回首处，即是灵山！”乌巢禅师传授唐僧一部《心经》，说：“佛在灵山莫远求，灵山只在汝心头。”

悟空化斋前常在地上给师徒划一个圈，这是心给人划定的界限，但人的身（唐僧）总是会被欲望（八戒）牵着走！于是人（师徒几个）就容易走出内心（悟空）设定的圈，一出界限就会遇上种种心魔（妖怪）。

取经路上遇到的每一个妖怪都象征暗示一种心魔，代表世间某种牵绊人的东西。师徒五人一路上降妖除怪，代表人生路上不断战胜各种心魔、降伏习气，取经就是一个修心的过程。譬如金角、银角大王的幌金绳和紫金葫芦、黄眉怪的金铙等象征金钱，金钱能把悟空（心）捆住；七个蜘蛛精象征人的七情六欲，世人因思（丝）生情，因情被困，陷入罗网；火焰山是孙悟空为泄心头之火，踢倒八卦炉所致，所以发火（嗔）就是自己跟自己过不去，到头来烧伤的是自己。真假美猴王，象征真假二心，必须除掉二心，一心一意，才能取得成功！

最后佛祖给师徒“无字经”，无字经才是真经——是人生最宝贵的“经历”。作者在开篇写道：“欲知造化会元功，须看西游释厄传。”意思就是：“要想知道人生的真谛，那就必须看《西游记》！”吴承恩通过西天取经的神话故事，引领我们在人生路上不断地去克服内心的不良习气，战胜心魔，最终取得真经，成就人生。[①]

这种把《西游记》解读为一部伟大的成功学的解读方式，是多元解读中的一种，既新颖独到、别开生面，又令人信服、启人心智，有其合理性，不失为一种“合法解读”。

在文本解读方面，要相信群众的智慧和眼光，不可迷信某一专家（当然专家也是读者，其解读一般较常人高深、到位、专业，也要予以尊重）。大部分读者认可的解读，当然就是“合法解读”，否则就是“非法解读”。

有些专家对某些文本的解读就不一定“真实”“合法”，超出了人们容许的“边界”。比如某专家解读朱自清的《背影》主旨：“是生与死，是喟叹生命、泪祭生命的脆弱、虚幻、短暂!”[②] 这个解读很独特，很有个性，新则新矣，但大部分读者不认可，不赞成，觉得“莫名其妙”“疑惑重重”——因为阅读《背影》文本和写作背景，大部分人从中难以看出“喟叹生命的脆弱、虚幻、短暂”的意旨。这种解读空而泛，不着边际，也就失去了具体文本解读的意义。这不是总体把握文本语境得出的结论，而是剑走偏锋，放大细枝末节，甚至节外生枝，以偏概全，脱离文本主要内容的无中生有，与文本主旨风马牛不相及。类似魏晋时期的脱离整体语境的“微言大义、穿凿附会”解读法，缺乏严密的令人信服的逻辑论证，超出了“合法”解读的边界。作为一种“个性化解读”的一家之言，可以存在，但难以得到大家的认同，也就算不得“真实合法的解读”。倒是“赞叹父慈子爱，表现人伦之爱”的题旨，大家都能看明白。

又如有教师教授《愚公移山》，用大量的时间精力探究“移山与搬家”的利弊优劣，以及对环境的影响等，这都超出了该文解读的边界。因为《愚公移山》的文体是寓言故事，寓言的特点就是“虚托其事，以明其理”——不能用现实主义的思维方法来解读寓言类作品，不能用世俗常识来衡量寓言，更不能把“移山”当作一个具体的现实行为来看待，而忽略了“移山”的“象征性”。否则，就会像“智叟”一样，考虑很多“现实”问题，诸如移山的必要性、可能性、代价、利弊，甚至产生移山不如搬家，移山破坏生态环境等许多“越界”的问题。要根据寓言的文体特点来解读，不能对现实细节太较真，要着重把握理解总体寓意——赞叹人的精神的伟大，坚韧顽强，矢志不渝，人定胜天。

三、文本解读的原则是“多元而有界”

多元解读，是指学生在阅读过程中对文本内涵进行不同的情感体验的方式及结

---

① 可惜！看懂《西游记》的人实在太少．(2016－03－14)［2016－11－20］．http：//ru. qq. com/a/20160314/038154. htm.

② 刘永康，林润之．回到语文教学的正确轨道上来——就《背影》的教学与韩军老师商榷．语文教学通讯（初中B），2014（11）．

果。“多元”是指理解的多角度、多层面、多背景、多文化差异，还包括对不同个体的不同解读，以及同一个体在不同时期、不同环境对文本的不同体会等。

文本解读的“多元性”，是文学鉴赏的规律和普遍现象，所谓“形象大于思维”。后人对有些文本的解读，与作者的原意甚至大相径庭。如《庖丁解牛》，出自《庄子》中的《养生主》——养生保健的关键诀窍。庄子的原意是通过“庖丁解牛”的寓言，告诉人们：要养生保健，就要像庖丁解牛一样，避开牛的筋骨交错聚结等生硬处（各种矛盾）。今人把《庖丁解牛》解读为“做事掌握规律，熟能生巧，达到得心应手的神妙境界”，也无不可。因为这种解读也是“真实”“合法”的——大多数读者认可、首肯，觉得有道理。这体现了文本解读的多样性、创造性。

传统的阅读教学，对文本解读过于绝对、单一，而这违背了文学作品的接受规律。文学的本性决定了对它的解读、阐释必然是多元的（甚至是无穷尽的），而且会随着阅读对象、时空的变化而不断发展。法国莫泊桑研究会主席雅克·边沃女曾说：“莫泊桑留给我们一座富矿，有待大家进一步发掘；他的著作的含义绝不止我们看到的用文字表现的那些，因为莫泊桑一贯给读者设圈套。”而文学阅读的美丽恰恰也在于此：真正的文学作品总是常读常新，并且给阅读者带来真正创造性的发现和喜悦。在这个意义上，中学语文阅读教学，对于启发正处于成长期的青年学生的创造性思维与艺术想象力，有一种不可替代的特殊作用。正如数学教学应鼓励学生“一题多解”一样，语文阅读鉴赏也应鼓励“一文多解、旧文新解”。

作为语文教师，应及时了解吸收学术界的新见解、新成果，不断更新教学内容，保持阅读教学的科学性、时代性、先进性，但又不囿于前人、权威的先入之见，创造性地解读鉴赏，读出自己的感悟、个性和味道。

“多元解读”特别要处理好与“阅读导向和阅读边界”的关系。多元并非无界，真理再向前多走一步就会变成谬误。“多元而有界”的文本解读的原则，是矛盾的统一体。鲁迅在多篇文章中多次说过：“文学有普遍性，但有界限。”虽然说有一千个读者就有一千个林黛玉，但“那性格、言动，一定有些类似，大致不差”。——瘦弱忧郁、聪明婀娜的病态美，应是所有读者心目中林黛玉的共性。《淮南子》中的“佳人不同体，美人不同面，而皆说于目；梨橘枣栗不同味，而皆调于口”是对“解读多元而有界”的形象表述。

尊重学生的阅读体验，绝不意味着放弃教师的必要指导。多元解读，并不是每一种解读都是对的，即使对，也不是都达到了同样的深度和高度。学生由于阅读能力、理解水平有高低、浅深、正误之分，所以教师要引导学生做出既富有创造性又合乎文本实际的解读，把学生向当代学术水准的最高处引导。教师既不越俎代庖，也不能放任自流，否则就会由“一切由教师说了算”的话语霸权主义的极端，滑向另一个“一切由学生说了算”的民主虚无主义的极端。在多元解读中，允许“见仁见智”，但对

于不“真实”、不“合法”的解读要大胆否定。教学是科学，科学就要实事求是；教学又是艺术，艺术就要创新求异。创新虽然超常，但不反常；虽然求异，但不求谬；虽然奇特，但不奇怪——创新不是无原则地标新立异。多元解读的目的是追求真理，所以，在语文教学中，教师一定要理直气壮地引导学生肯定正确元、发现错误元、纠正偏差元、揭露虚假元。不能无原则、不加取舍地“包圆儿”。否则，主流观念和标准的缺乏，将可能使教学中的探究对话，沦为无谓的辩驳与争吵——一千个学生说了都算，其结果就是谁说了也不算，也就失去了教师教学的主导性。

譬如学习鲁迅的《祝福》，有学生提出“祥林嫂应该独身”，这种解读很“奇葩”，虽然反映了学生思维的灵活多样，有值得肯定的一面，但脱离了时代背景和文本主旨，用现代的价值观和行为方式，衡量、要求旧时代的妇女，自然是“解读过界”了。教师如果就此和学生大谈祥林嫂如何“独身”和“独身”的种种好处等，那就更谬以千里。

教师应该及时纠偏扶正、因势利导：祥林嫂懂得“独身”这个概念吗？她有“独身”的权利吗？即便“独身”，她能幸福吗？怎样才能让祥林嫂这样的广大穷苦妇女获得幸福？（推翻封建的旧社会，建立男女平等的新社会）——这样一步一步地把学生“跑偏越界”的解读，引导到《祝福》反封建主旨的正途上来。

又如学习朱自清的《背影》，有学生认为“父亲买橘子过铁路、爬站台，违反交通规则”“形象又很不雅观”。面对这种解读，教师就应该从“审美情感价值”和“实用功利价值”的辩证关系上加以引导：一般来说，审美价值往往超越实用价值，二者成反比，即实用价值越低，情感价值就越高，反差越大，艺术感染力就越强。从实用价值上说，父亲为儿子买橘子完全是多余的，父亲亲自去买并没有提高橘子的实用价值。如果让儿子买，又快又安全，还不违反交通规则。但父亲越是执意亲自去买，越是不顾交通规则、自身安全和体态的臃肿笨拙，就越显示出父亲对儿子深沉的爱，“情感价值”就越高。像这类学生把《背影》的精华当糟粕的解读出现时，就超出了边界，需要教师有信服力的剖析和高屋建瓴的理论引导。我们既要积极地鼓励支持学生的个性多元解读，又要认真及时地对那些“越界”解读纠偏扶正，以体现教师“平等中的首席”这一新理念——“平等”是就师生关系、人格而言；“首席”是就教师的认知水平、能力而言，应该高于学生，不能降低、混同于一般学生。

再举几个“实用价值”和“情感价值”成反比的事例。

欧·亨利的小说《麦琪的礼物》，写彼此深爱着的小夫妻，都牺牲了自己的最爱去换取对方的最爱——妻子卖掉了引以为傲的长长的秀发，为丈夫买了白金表链；丈夫卖掉了珍爱的祖传金表，为妻子买了心仪已久的装饰发梳——虽然两人的珍贵礼物都失去了“实用价值”，无用武之地，却因此拥有了更感人无价的“情感价值”。双方的行为都深深地感动了对方——他们获得了比“礼物”更宝贵、更美好的“爱情”。

夫妻双方因相互关爱而造成的遗憾，使他们的感情更深厚、更牢不可破。越是不强调实用价值，就越富有情感价值。如果夫妻任何一方没有牺牲自己的最爱，“礼物”的实用价值提高了，而作品的情感价值就会降低。

莫泊桑的《项链》中的项链是赝品，其“实用价值”是很低的，所以主人公为此付出的十年辛劳和青春代价的“情感价值”才显得那么高——一个人苦有所得还不算苦，苦得冤枉才苦不堪言。如果是真货，“实用价值”提升了，“情感价值”就降低了。同样，小说最后不写把真项链讨回换钱，弥补损失，而是戛然而止。再写下去就完全是“实用价值”了，对读者的“情感价值”就会降低，在艺术上就大煞风景了。

契诃夫的小说《万卡》，由于万卡信的地址写得太笼统——乡下爷爷收——信是不可能被爷爷收到的。可是小万卡却做着爷爷一定能收到信并救他出苦海的美梦。寄希望于一封完全不可能有回音的信，希望越大，失望越大。信的“实用价值”等于零，而“情感价值”却非常高，对读者的心灵触动非常大。如果信被爷爷顺利地收到了，实用价值提高了，情感价值就降低了。

茹志鹃的小说《百合花》中，小通讯员生前向新媳妇借被子遭到拒绝。而当小通讯员牺牲后，新媳妇却不顾“我”的劝阻，执意把被子铺入小通讯员的棺材底。这时的被子对小通讯员已没有“实用价值”，但却富有极浓厚的“情感价值”，在读者心中掀起了巨大的情感波澜。

刘心武的微型小说《等待散场》，因为只有一张票，小伙子在雨中等待看戏散场的女友；他的女友也没有专心看戏，而是躲在剧院大厅的一角，透过玻璃暗中观察等待自己的男友。有人说他们的初衷（等待和看戏）都没能实现，他们的付出都失去了实际意义。如果情节改为小伙子等待散场，他的女友专心看戏，遗憾是否会少一些？

其实，虽然两人的最初目的都没有达到，但他们却收获到了比初衷更甜美的爱情，这就是“得与失”的辩证关系，他们的行为虽都失去了“实用价值”，但却获得了丰厚的“情感价值”，他们的爱情因此而更深厚、更牢固。有位名人说：“爱情是平等的互动。”这样的爱情才恒久、感人，而不是“剃头挑子一头热”。如果改为仅是小伙子等待散场，而女郎正常看戏。表面看，遗憾、损失好像是少了些，但却只能表现小伙子对女郎爱的炽热、执着，女郎对小伙子的情感却显得淡漠。爱情变为单向主动，缺少互动的爱情不可能持久，更不能感人和成功——“情感价值”就降低了。

“审美情感价值”和“实用功利价值”成反比，实用价值越低，情感价值就越高，反差越大，艺术感染力就越强。

多元解读，包括“深度解读”，课堂应该是“热度与深度的最佳结合”。仅有热度而无深度，课堂就肤浅，漂浮于表层的喧闹。深度解读应该是源自文本自身的深入挖掘，发现独到、深邃；应该是透过文本的语言现象看到文本的精神实质，紧扣文本发掘出深藏于语言文字背后的意趣和技法。不是牵强附会，故弄玄虚，晦涩冷僻，把简

单问题复杂化，把浅显问题深奥化，把明白问题模糊化。

譬如解读安徒生的童话《皇帝的新衣》，在审丑中体味其蕴含的深意——那种具有超越故事本身的某种普遍性的象征意味。文中“皇帝”与“新衣”已浑然一体，“皇帝”已经异化为“新衣”了。“新衣”已经具有某种象征意义——虚假、欺骗。岂止这位“皇帝”，古今中外，又有多少人不在给自己（现实）穿上种种名目的“美丽的新衣”？将自己“美化”，或者将现实“理想化”，从而把“真相”掩饰起来，这是“美饰”，更是“伪饰”。因此，当两个“骗子”，把这“美丽的布”“理想的衣服”还原为“实无一物”，即“什么东西也没有”时，正是还原了“真实、真相”。更彻底地说，只有当皇帝“把他所有的衣服都脱下来”，赤裸裸地暴露于大庭广众、光天化日之下时，他才真正地显露了“真相”——一切“真相”都是丑陋的。而“皇帝的新衣”就成了一切掩盖（回避）真实（真相）的“美饰（伪饰）”的象征。

唯有保持生命本真状态、纯洁天真的儿童，才能无私无畏地直面“真实”，说出“真相”。这正是安徒生的“小儿崇拜”“儿童本位主义”文学价值观的体现。安徒生在生命的最后日子说：“除非你变成小孩儿，否则你进不了天堂。”安徒生安排一个小孩来最后戳穿谎言也寓有深意：首先，谎言并不难识破，只要具备普通人的基本感觉就足以认清。其次，谎言并不拥有特殊力量，只要小孩喊一声它就彻底完蛋了。再次，百姓并不顽冥不化，只要有人哪怕是一个小孩，带头振臂一呼，就觉醒了。最后，皇帝对真理也没有特别的抵御能力，他立即得知真相，并且“有点发抖”。这就揭示了一个朴素的真理：谎言虽可被盲从，但毕竟是脆弱的，是只不堪一击的“纸老虎”，这比仅揭示盲从和谎言更为深刻。至此，安徒生赋予这个民间故事所蕴含的深意，就得到淋漓尽致的表现。

禅宗感悟与语文学习

一、自然科学与语文学习的思维差异

自然科学偏重于理性的逻辑思维（或曰“线性思维”），而语文学习似乎更需要灵活、直接、模糊、整合的“直觉感悟思维”（或曰“立体思维”）。所谓直觉感悟思维，是指从思维对象到思维结果，无需逻辑中介，经过瞬间跳跃，大幅度联想，不规则想象，然后归于统一。它不局限于“显意识”，更涉及“潜意识”，是一种自由内在的、网络多层次的“立体思维”。传统语文教学中所倡导的通过涵咏、品味、吟诵、揣摩等手段，求得“心领神会”的方法，即体现了直觉感悟思维的特色。这种充满东方智慧的奇妙的思维方式，与融合老庄哲学及魏晋玄学的具有中国特色的“禅宗思维”颇为相通。

苏联学者在《在科学的直觉的世界》一书中，总结了直觉感悟思维的特征：“可获取仅仅依赖于感性认识所不可能得到的思维结果；可获取仅仅依靠逻辑推理所得不到的思维结果；思维过程具有非同寻常的灵活性和不可思议的瞬间性；所获取的思维结果是突如其来的，出乎意料的；思维主体对思维结果的真理性，有一种说不清所以然的本能的自信……”

日文版《通向禅学之路》“序”中也说：“东方的思想大体从直觉出发，西方则与此相反，是从逻辑出发深入地分析，因此不太注重直觉，即使在承认直觉的时候，也只是把直觉置于逻辑的手术台上去进行逻辑解剖。东方人却不然，而是努力地把直觉能力发挥得越加深邃玄妙，并成功地形成了它独特的方法论，公案禅就是这样的，这也就是所谓的‘由定生慧’。”

但是当前的语文学习与研究，有过于强化逻辑分析的理性化、精确化、烦琐化的不良倾向，而缺乏运用直觉综合感悟思维的自觉性。而语文学习在很大程度上需要这种“直指人心”的直觉综合感悟思维，因此借鉴禅宗感悟原理来指导语文学习，不失为一种返璞归真、舍末求本的好方法。

其实，古人早就认识到禅宗感悟与语文学习之间的内在关联。许多大文豪、大学者皆长于“参禅悟道”，并写下了许多借禅理谈诗文、犀角独觉的精言妙论。苏轼诗云：“暂借好诗消永夜，每逢佳处辄参禅。”元好问说：“禅是诗家切玉刀。”戴复古言：“欲参诗律似参禅，妙趣不由文字传。”而将诗文学习中的“参”“悟”之道阐发得最为透彻的是严羽《沧浪诗话》中的“妙悟说”：“大抵禅道惟在妙悟，诗道也在妙悟。”

那么，禅宗感悟与语文学习之间有哪些相通可借鉴之处呢？

二、“悟”具有个体差异性

严羽在《沧浪诗话·诗辩》中说：“然悟有浅深、有分限。有透彻之悟，有但得一知半解之悟。”这种“悟”的个体差异性与感悟主体的认知水平（悟性）、生活体验、身世阅历、文化素养、审美情趣等因素亦即古人所言“才、识、胆、知”有着密切关系。

（一）“悟”与认知水平（悟性）有关

禅宗五祖弘忍选嗣法弟子，曾命寺僧各作一偈，阐述对“悟”的理解。神秀偈云：“身是菩提树，心如明镜台，时时勤拂拭，莫使惹尘埃。”慧能偈云：“菩提本无树，明镜亦非台，本来无一物，何处惹尘埃？”弘忍认为慧能的“悟性”较神秀高一筹，乃密授法衣。语文学习中也存在“悟性”问题，范温在《潜溪诗眼》中说：“识文章者，当如禅家有悟门，夫法门百千差别，要须自一转语悟入。”

尽管“悟性”有一定先天因素，但在很大程度上得益于后天的语文读写实践。禅宗主张“悟”的前提是“广见熟参”：广见，即博观广识；熟参，即深入地思考。语文学习也讲究“博学之，审问之，慎思之，明辨之，笃行之”，所谓“读万卷书，行万里路”“深思而慎取”，在读写实践中提高认知、感悟水平。陶渊明在《五柳先生传》中道：“好读书，不求甚解，每有会意，便欣然忘食。”他的“不求甚解，每有会意”即整体领会，常有感悟，与他的“好读书”以至“欣然忘食”不无关系。

（二）“悟”与人的生活体验、身世阅历有关

生活体验不同，在语文学习中的理解感悟也往往不同。这是生活经历的心理积淀压入了接受美学所说的“期待视界”而形成的，它是学习者全部人生体验与感悟的一种积淀。《红楼梦》第二十三回《西厢记妙词通戏语　牡丹亭艳曲警芳心》中，淋漓尽致地展现了林黛玉听戏文唱词时感悟的全过程。那缠绵悱恻的曲词之所以能“警芳心”，使林黛玉感悟到比别人深刻丰富的东西，是与她的阅读记忆、情绪感受以及坎坷的身世、悲苦的命运、多愁善感的性格、抑郁的心境等生活体验密切相关的。同样

是生活在大观园里的薛宝钗、史湘云等人，由于生活经历和体验不同，即使听到了同样的唱词，也不会有如此深切独到的感受。一部《红楼梦》，读者的身份、阅历的不同，就造成了鲁迅所说的“单是命意，就因读者的眼光而有种种：经学家看见《易》，道学家看见淫，才子看见缠绵，革命家看见排满，流言家看见宫闱秘事”。黑格尔说：“正像一句格言，在完全正确理解了它的青年人口中，总没有阅世很深的老年人的精神中那样的意义和范围。要在老年人那里，这句格言所包含的内容的全部力量才会表达出来。”

（三）“悟”与人的审美情趣、文化素养有关

“审美情趣”是一种由遗传因素、社会熏陶、风俗习惯、文化模式、文化素养、个人经历、审美教育等多种因素组合而构成的高级心理能力，对人的感悟影响也很大。刘勰在《文心雕龙·知音》中说：“夫篇章杂沓，质文交加，知多偏好，人莫圆该。慷慨者逆声而击节，酝藉者见密而高蹈，浮慧者观绮而跃心，爱奇者闻诡而惊听。会己则嗟讽，异我则沮弃。”（文章各种各样，思想和形式变化多样，每个欣赏者又多有偏好，不可能全面具备品评一部作品的能力。因此，性情激昂的人听到激昂的文字就会击节赞赏，性情含蓄的人读到思路细密的文章就会不自觉地跟着文章的思路走，有些小聪明的人看见绮丽的文字就动心，爱好新奇的人听见怪异的事就非常有兴趣。凡是合自己口味的作品就感叹称赞，不合口味的就沮丧放弃。）情趣不同，感悟有异，高下有别。

知识水平、文化素养的高低对理解感悟影响颇大。知识浅薄的人在语文学习中的感悟，就像《儒林外史》中的腐儒马二先生游西湖一样，除了跟在一群女娘后面乱走一通，什么佳处也看不出来。同样一首诗或一篇文，在不同文化层次的人眼里也会有不同的领悟。譬如欣赏柳宗元的《江雪》一诗：“千山鸟飞绝，万径人踪灭，孤舟蓑笠翁，独钓寒江雪。”一般人乍一看，此诗描绘了一幅清冷孤寂的“风雪垂钓图”，形似一幅山水淡墨画。有一定知识基础的人，往深里一想，似觉此诗反映了渔人（可泛指劳动人民）的辛苦、生活的艰难。但当我们了解了这首诗的写作背景及有关诗歌的“意境”知识以后，认识就会更深入一层：“永贞革新”失败后，诗人被贬永州，“千山鸟飞绝，万径人踪灭”，正是严酷的政治气候下，诗人身处冷峻逆境的写照；“孤舟蓑笠翁，独钓寒江雪”，则又隐现着诗人“性又倨野，不能摧折”的孤傲身影，寄寓着诗人“虽万受摈斥，不更乎其内”的倔强性格。整首诗空灵圣洁，神韵独举，意境精妙。通过形象画面，表达了诗人孤傲清高、超尘拔俗、不甘与恶势力同流合污的激烈情怀，具有强烈的感染力。在这里，知识的多少、文化素养的高低，对诗的深刻寓意的理解感知起着至关重要的作用。

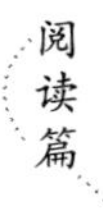

三、“悟”具有阶段性

禅宗认为“悟”由浅入深，渐修渐悟，具有层次性、阶段性，而“彻悟”为最高境界。《楞伽经》中佛对大慧菩萨阐述“悟”的渐进性时说：“……如阉罗果渐熟非顿……如陶家造作诸器渐成非顿……如大地渐生万物非顿生也……如来清除一切众生自心现流亦复如是，渐净非顿。”语文学习与禅宗的这一特性也很相似，也有渐悟的阶段性。唐代青原惟信禅师有偈语：“老僧三十年前未参禅时，见山是山，见水是水。及至后来，亲见知识，有个入处，见山不是山，见水不是水。而今得个休歇处，依前见山只是山，见水只是水。”然后他问：“这三般见解，是同是别?”（《五灯会元·惟信》）这里的“三般见解”就是三个阶段。

第一阶段，参禅前“见山是山，见水是水”。这是“肉眼”所见境界，是习禅之前“未悟”时的见解。参禅者以朴素唯物之心观照自然，不介入主体情感和意志，所见是自然的本来面目。此时的山水就是平常人眼中的山水，有着各自的“客观规定性”，观察者与山水之间是主客体分离、对立的。类似《庄子·养生主》中“以目视不以神遇”阶段，所见“无非牛者”。在语文学习中，这一阶段仅是对语言材料的粗浅的整体把握和客观的认知，不介入审美情感，即使有所介入也未能超越语言材料所界定的审美知识范畴，不带有主体情感的创造色彩，属识记阶段。

第二阶段，参禅中“见山不是山，见水不是水”。这是“慧眼”所见境界，是习禅若干年有所契会“初悟”时的见解。参禅者由于主体理智思维的介入而使客体发生变化，失去自然原始本性。超越了肉眼所见之相，而见到了诸法本性——“空”。所见山水不是事物的本来面目，只是一种虚假幻象，所谓“郁郁黄花无非般若，青青翠竹尽是法身”，这就是禅悟的“入处”。这一阶段颇似《庄子·养生主》中“目无全牛”的情形，庖丁从“无非全牛”到“目无全牛”，那是由“目视”到“神遇”的结果，并非对客体的歪曲，是主体介入而对客体认识的深化。语文学习中，没有读者的理智思维的介入，作品还只是独立于读者以外的事物，对作品深层意蕴的理解和阐释便不能实现，更不会有充实、填补等创造性阅读。只有真正“身在此山中”，最大限度地介入审美主体，才能有所发现，有所感悟，甚至质疑问难，大胆否定，达至“横看成岭侧成峰，远近高低各不同”的境界，产生由于客体变形而一时“不识庐山真面目”的情形，禅宗所谓“见山不是山，见水不是水”。

第三阶段，参禅后“依前见山只是山，见水只是水”。这是“法眼”所见境界，是禅师“彻悟”时的见解。发现第二阶段以“空”的眼光看待山水仍然是没有彻悟的表现，应该连这个念头也去掉，这就是找到了“休歇处”，就是达到了“悟”的境界。参禅者经过长期求索、苦修，克服了常人以功利态度观照自然的思维方式，还自然本来面目，但这已远非第一阶段纯客观的山和水，也不是第二阶段有浓厚主观色彩的山和水，而是主客体高度和谐统一、理解和认识更为深层化的山和水。这种仿佛是回归到原本状态的心理运动，每回归一次都使禅悟提高到一个新的境界。这个阶段又类似“庄周梦蝶”的境界——“物我两忘，齐物等观”，也即王国维所说“无我之境……不知何者为我，何者为物”“与物俱化，物即我，我即物”。语文学习中，此时经过长期的含英咀华，潜心涵泳揣摩，深入地研读而使文章“与我为化，不知是人之文，我之文也”（唐彪《读书作文谱》），从而有透彻的理解感悟和重大的收获。

四、“悟”具有静中思想、长期求索的突发性

禅宗初祖达摩在菩提树下“面壁而坐，终日默然”，沉潜在冥想的心境里，苦修九年，连小鸟在肩上筑巢都茫然无觉，甚至连呼吸都感觉不到了，最终“顿悟”佛法。由此可知，禅宗所言“顿悟”，带有突发性，突如其来，让人喜出望外。虽然“顿悟”不可预测，非意志力所能完全支配掌控，但“悟”的途径有二：一是“静思求悟”，二是“渐修求悟”。禅宗这一理论切合人们对事物的认知规律和创造规律。

（一）“悟”是静思的

“禅”原是佛教音译词，其本意就是静坐默念的修行方法，意谓将散乱的心念集中定于一处（鼻端或丹田）。禅宗主张静思求悟，这里的“静”更侧重内在心田超尘拔俗的清净——“心如朗月连天静，性似寒潭彻底清”“以定发慧”，意无杂尘，心无旁骛，就会“万象自心出”，百感互生，在静思默念中以求达到潜然贯通、豁然开朗的境地。道家老子也主张“致虚极，守静笃”。

刘勰在《文心雕龙·神思》中说：“是以陶钧文思，贵在虚静，疏沦五藏，澡雪精神。”“寂然凝虑，思接千载；悄然动容，视通万里。”虚即空，就是作者要抛开一切思虑欲念，使心胸犹如冰壶一般澄澈空明；静即寂，使精神不受外界干扰，凝聚专注于一，这是语文学习及创作构思的重要前提。现代心理学研究也证实：人在静思冥想状态时，大脑接受外界的信息渠道变少，全神贯注，潜意识活跃，众多意识域外的隐性储存讯息，如江河奔流，似车轮翻转，若旋风过境，往往在无逻辑程序必要中介的情况下，豁然贯通，表现为思维过程中的整体性、笼统性、直接性、突发性、瞬间性。

近代词人况周颐在《蕙风词话》中非常生动地描绘了他撰文静思时的情景：“人静帘垂，灯昏香直。窗外芙蓉残叶，飒飒作秋声，与砌虫相和答。据梧独坐，湛怀息机……乃至万缘俱寂，吾心忽莹然开朗如满月，肌骨清凉，不知斯世何世也。斯时若有无端哀怨枨触（chéng chù）于万不得已……此词境也。”

（二）“悟”是“渐修”的

长期修持，一朝顿悟，“犹如伐木，片片渐砍，一时顿倒；又如远赴都城，步步渐行，一日顿到”①。语文学习也有与禅宗相似的长期积累探索而一朝豁然贯通的心理现象。只有具备一定的“习”和“数”，方能达到“透”之高度、“悟”之境界，实现由“量”到“质”的飞跃。所谓“操千曲而后晓声，观千剑而后识器”。常言道“踏破铁鞋无觅处，得来全不费功夫”，又说“书读百遍，其义自见”“读书破万卷，下笔如有神”等，谈的都是“悟”的偶然性、突发性，但其背后都有长期探求、积累的必然性、艰巨性。证据就是为“觅”而“踏破铁鞋”和“读百遍”“破万卷”。积累越多，追求越努力不懈，感悟贯通的机会就越多。吴可的《学诗诗》道出了“长期积累，偶然得之”的切身感受：“学诗浑似学参禅，竹榻蒲团不计年，直待自家都了得，等闲拈出便超然。”

王国维在《人间词话》中提出了“境界说”，指出能达到“有境界”者，“以其所见者真，所知者深”，并借用古诗词形象地概述了“治学”中由长期求索到突然感悟的“三种境界”：

“古今之成大事业、大学问者，罔不经过三种境界：‘昨夜西风凋碧树，独上高楼，望断天涯路’此第一境也”——志存高远，认准目标，禅宗所谓“专注一境”。

“‘衣带渐宽终不悔，为伊消得人憔悴’此第二境也”——为达目的，矢志不渝，坚定不移，禅宗所谓“以定发慧”。“定”，即不散乱的精神状态。清人陆世仪说：“人性中皆有悟，必工夫不断，悟头乃出；如石中皆有火，必敲击不已，火光始现。”这是一个考验意志与毅力的阶段，是一个为达感悟的彼岸而“以韧作舟”的艰难困苦的探索过程。

“‘众里寻他千百度，蓦然回首，那人却在灯火阑珊处’此第三境也”——经过“望断天涯路”的专注，“终不悔”“千百度”的苦思、探求，有朝一日，茅塞顿开，恍然大悟，实现了语文学习中对某个问题或总体认识上的飞跃，获得了深刻独到的领悟，正所谓“应感之会，通塞之纪”“思如风发，言若泉涌”（陆机《文赋》），达到了“大自在”的“至境”。

钱梦龙的《从 30 年到 30 秒——“三主”教学观的酝酿》一文，详述了其“三主”教学观从酝酿到诞生的全过程，生动地显示了“悟”的突发性与长期性之间的辩证关系：“这时，多少年教学探索中逐渐形成的许多看似各不相关的想法、观念，突然全部在脑中活跃起来，互相碰撞，重新组合，终于三句话一下子‘蹦’了出来……真像电流突然接通似的，我的教学观的‘提炼’竟在‘一转念’的瞬间就完成了，时

---

① 陈文新．禅宗的人生哲学．兰州：敦煌文艺出版社，1999.

间只用了大约半分钟——30 秒。”“说短，很短很短……说长，却很长很长，为了期待这瞬间的到来，我准备了整整 30 年。”

没有专注、苦思的“30 年”，就不会有顿悟、自在的“30 秒”。不能设想，一个心浮气躁、用心不恒、凡事浅尝辄止、期冀一蹴而就的人，会有所顿悟和收获。黑格尔在《美学》中说：“最大的天才，尽管朝朝暮暮躺在青草地上，让微风吹过，眼望着天空……灵感也始终不去光顾他。”

五、“悟”能爆发非凡的理解力和创造力

“悟”的结果是禅宗所谓“大自在”的“至境”，常能爆发出非凡的理解力和创造力。顿悟的美妙境界，有些类似美国心理学家马斯洛所说的“高峰体验”：在情感上，触及灵魂，心醉神迷，产生战栗、兴奋、欣快、满足、超然的情绪体验，物我同一，高度自由，感受到人生的最高幸福；在认知上，获得对人生或事物本质的深入认知和领悟，精神和能力处于最佳状态，产生超乎寻常的理解力和创造力；在人格上，表现出强烈的自我价值实现感和自我高度认同感；在方式上，瞬间随机，来去匆匆，不可捉摸，难以言表，却又刻骨铭心，永生难忘，极具个性魅力。所谓“羚羊挂角，无迹可求。故其妙处，透彻玲珑，不可凑泊，如空中之音，相中之色，水中之月，镜中之象，言有尽而意无穷”（严羽《沧浪诗话·诗辩》）。正如苏轼所云：“作诗火急追亡逋，清景一失后难摹。”

灵感具有明显的特点。一是突发性，事先难以预料和控制。二是亢奋性，往往伴有激情。三是独创性，一个人产生一个精神的新生命，不可能类同，其异如面。四是短暂性，稍纵即逝。灵感是建立在思维势态和大量信息的必然性上的偶然性，联结力非常神妙、空明、薄弱，正如梦一般难以再现，必须在灵感出现时，快速地记录下来。

总之，这是一种带有些“神秘色彩”的人生彻悟，是一种人生难得的“目的体验”“存在体验”和“终极体验”。

在语文学习，特别是文学创作中，这种“悟”的结果同样具有非凡的功效。一位演员谈她读曹禺的《北京人》剧本后对愫芳形象的感悟时说：“我用什么来描绘我读《北京人》以后愫芳的意向来临呢？——那太难说了。哦，那有点像我刚听罢一节哀怨而寂寞的小提琴的独奏，我在不知不觉中迷失在一种凄寂的暮霭中，那氤氲的气流似乎在散布着一种心灵的味觉——辛酸，和粘在舌尖上的一点点微甜。……我开始看见一个模糊的黑色的身影在眼前掠过，接着也许是一瞥幽柔的眸光，也许是一丝隐默的微笑，也许是耳边依稀听见的一声悠然的叹息，也许是心头流过的一股凄寂。”[①] 显

① 庄志民．审美心理的奥秘．上海：上海人民出版社，1983.

然，这位女演员强烈的感悟穿透力，让她调动起视觉、听觉甚至味觉的各种意象，帮助她体味到了人物形象的审美内蕴。

在文学创作中，这种刻骨铭心的“悟”，常使作家进入“精骛八极，心游万仞”的精神高度自由以致物我两忘的巅峰创作状态，心潮起伏，产生不可遏制的创作冲动，造就不朽的杰作。唐代李商隐看到古原夕阳后，陡然联想到大唐帝国的没落，吟出了“夕阳无限好，只是近黄昏”的意象雄浑的诗句。郭沫若谈创作《地球，我的母亲》《凤凰涅槃》等诗歌的感受时说：当诗兴来袭时简直有点发狂，“把木屐脱下，赤着脚踱来踱去，时而又索性倒在路上睡着，想真切地和‘地球母亲’亲昵，去感触她的皮肤，受她的拥抱……伏在枕上用铅笔只是火速地写，全身都有点作寒作冷，连牙关都在打战”。柯岩一直想写一首怀念周总理的诗，但却苦于构思平常，“突然，我想到我们的民族有一个为逝者喊魂的习俗”，于是，《周总理，你在哪里?》这一反映全国人民心声的绝唱诞生了。

歌德谈写诗的情景时说：“事先毫无印象或预感，诗意突然来袭，我感到一种压力，仿佛非马上把它写出来不可，这种压力就像一种本能的梦境的冲动。在这种梦行症的状态中，我往往面前斜放着一张稿纸而没有注意到，等我注意到时，上面已写满了字，没有空白可以再写什么了。”果戈理在旅途中构思《死魂灵》，突然产生创作冲动，马上下车，走进路边一家小饭馆，迫不及待地向伙计要来纸笔，在门口一张小桌子上，在嘈杂喧闹声中，一口气写完整整一章。古希腊哲学家德谟克利特认为：“没有一种心灵的火焰，没有一种疯狂的灵感，就不能成为大诗人。”论文、哲理诗的写作往往更多地出现这一类信息，造成顿悟。

总之，禅宗作为一门博大精深的哲学体系，其“感悟说”对语文学习有着极其有价值的启发和借鉴意义。

不要错过孩子的“阅读黄金期”

一个人从浅阅读到深度阅读，有一个循序渐进的过程。一般来说，这种能力的基础阶段是在3～4岁的反复阅读中逐渐形成的，如果在反复阅读阶段，家长能稍微引导和鼓励孩子去注意书中的各种细节，使孩子养成专心研究和经常重温一本书的习惯，这个习惯就可以让孩子在小学阶段十分自然地踏进深度阅读的大门。

一、何时是“阅读黄金期”

研究发现：0～6岁（学龄前）是孩子的阅读黄金阶段；6～12岁（小学阶段）是阅读白银阶段；12～15岁（初中阶段）是阅读青铜阶段；15～18岁（高中阶段）及以上就是阅读的生铁阶段了。

脑与认知科学的研究成果以及早期教育的成功案例证明：中国儿童应在6岁前识字，进而自主读书，这是为孩子的一生奠基。中国科学家研究发现，大脑处理中文和英文的方式存在显著差异。学英语主要用左脑（逻辑），学中文主要用右脑（形象）。所以，如果要尊重儿童，那么西方儿童应在6岁后识字，而中国儿童应在6岁前识字，两三岁认识两三千汉字，是那些早期教育成功案例的共同之处。这项发表在美国《国家科学院学报》上的成果，为认识人类大脑的语言功能提供了重要的新见解。汉字作为记录汉语的文字系统，是我们中国人的杰作，也是审美与实用的结合体，每个字几乎都是美的造型。

但是有两种不好的识字倾向需要注意：一是识字被异化为孤立识字，过分强调识字量，而忽视了识字只是手段和工具，读书才是目的；二是有的家长拼命教孩子汉语拼音，而汉语拼音更是识字工具的工具。

在“阅读黄金期”孩子能自主读书，有何益处？

第一，书读多了，当同学还在集中精力学习生字时，识字早的孩子已经一本接一本阅读作品甚至长篇小说了。小学二年级后，阅读能力就相当于中学生的水平。

第二，读得多了，许多“白字”自然就解决了。如果仅是孤立识字，不大量广泛阅读，识字也就是识字，不能化为孩子的读书习惯。所以，读书是最好的识字方法，读得多了，“白字”自然就解决了。

第三，书读多了，一好百好。各门功课都会很优秀，学习会始终很轻松。且做事的成熟度及认识问题的水平，都会比实际年龄大几岁。

第四，书读多了，最大的好处就是，通过阅读，很好地促进了大脑神经元的生长、发育与联结，人越来越聪明，理解、感悟、归纳、推理等各种能力都得到极大的提升。

如果应该打基础的时候却没有做好亲子阅读的引导工作，到孩子上小学了才发现这个浅阅读的问题越来越严重，那么，在孩子已经形成不良阅读习惯的情况下，阅读引导的难度就会很大。

在阅读白银阶段，想要改变一个孩子的浅阅读状态，其实要改变的是他阅读的素材。如果一直只给他看故事类的课外读物，同时还想要他改变只看故事情节、不关心人物的阅读习惯，基本上是不可能的。

二、阅读黄金期给孩子读什么

首先，应该读故事、诗歌和散文等语言类读物。在阅读这类读物之初，建议家长和孩子一起以“朗诵”的形式进行大声朗读，或是边放音乐边一起读，让孩子通过朗读的过程，从音律中领略语言之美，培养对母语的语感，而这种能力其实也是深度阅读的基础之一。

中国古代教育儿童识字，主要是诵读、背诵蒙学《百家姓》《三字经》《弟子规》《千字文》《千家诗》，兼以儿歌，进而诵读《声律启蒙》《大学》《古文观止》等。这一方法现代人也可参考。

其次，可以根据孩子的兴趣爱好，选择一些科普类或是手工类的书籍，再结合现实生活进行一些延伸活动。比如，孩子喜欢昆虫，就给他买一本《昆虫记》，再带孩子去可以观察昆虫的地方，结合书本中的文字描写进行观察，再自己做一些记录等。这种结合现实生活和爱好的阅读，会让孩子发现，除了阅读情节之外，阅读书中的细节其实也可以给自己带来快乐和享受，这样，他自然会更多地专注于阅读细节了。

最后，如果错过了阅读黄金期，在阅读的“白银期”，孩子即使能通过引导进入深度阅读，在一到两年的短期内，也不可能达到在黄金期就已经打下反复阅读基础的孩子的阅读水平，这一点是父母必须做好的思想准备。白银期的阅读引导是一场攻坚战，只有坚持下去才会看到效果，并且必须因势利导，如果不能顺着孩子自身的兴趣来做引导，那么这场攻坚战是很难打赢的。

三、阅读黄金期有哪些技巧

(1) 重复朗读可预测情节发展的书时，偶尔在关键的词或句子上停下来，让孩子自己说出关键的内容。在第一次读一本书时，可以与孩子讨论一下封面上的图："你认为这张图在说些什么?"朗读时，有时问孩子："你认为接下来会发生什么?"以增强孩子的参与感。从当下的角度看是增强了参与感，提高了阅读兴趣，但更深远的，是对思考能力和注意力的锻炼，有助于对深度阅读习惯的培养。但应注意适度，就像精读和泛读一样，篇篇精读就倒胃口了，过犹不及啊。

(2) 一本书可以启发思想，点燃希望，带来发现。在读完一个故事后，匀出时间与孩子讨论。让孩子去探索，帮助他通过口头表达、写作或其他艺术表现形式，来表达感受，但关键是用孩子自己愿意的方式。不要把讨论变成随堂测验，也切不可盘问孩子对故事的解释。讨论话题的设计，可以随意，当然也可以精心做准备。可简易，也可费许多心思和工夫。

(3) 在朗读时大量运用表情。如果可能，改变自己的声调，来扮演对话的人物。根据故事情节调整语速。在有悬疑时，慢下来，降低声音。适当的时候压低声音，可以让孩子全神贯注。朗读最常犯的错误是：读得太快。慢慢念可以让孩子将听到的内容在脑海中勾勒出图像，有助于孩子去注意书中的各种细节，或在脑海中勾勒出图像，不仅加深了印象，还激发想象力。放慢速度可以让孩子仔细观看书中的图画，快速朗读会使朗读者没时间运用表达技术。

(4) 一定要提一下书名、作者与图画作者。在朗读前或朗读后，向孩子介绍作者的情况。让他们知道书是人写出来，不是机器制造的。你还可以鼓励个别孩子写信给作者，分享阅读心得。把作家还原成一个活生生的人，就像让他的故事活灵活现一样。孩子慢慢地就会熟悉某些喜爱的作家的风格，看到他的作品，不看作者名字也能猜到作者是谁，这是一种心领神会的乐趣。

了解优秀童书背后的故事，作家的性格、创作历程……无关学习和考试，仅仅是一种人文需求。但当你越津津有味地品读书籍时，你就会越多地产生这样的想法。

这是一种由书到人（作家），到历史、社会、人文（作家所处的时代背景、地理环境背景、家族背景等），到思想性格（创作历程、风格）的过程。这不是一蹴而就的事情，也无须极刻意地去搜罗，读得多了，自然会对作家有印象，印象越来越深时，孩子会去关注和琢磨，慢慢了解和思考。

(5) 不妨手中拿着铅笔阅读。当你与孩子读到值得背下来的或发人深省的美文佳句时，在旁边做个小记号，画个小星星。孩子应该与书有所互动，方式之一就是在书上的精彩之处留下漂亮的笔迹。这也是一种参与感和选择能力的练习，也为回顾打下

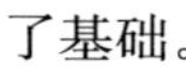

了基础。

（6）可以在读完一本书后带孩子观看由书改编的电影或电视剧。这种方法能让孩子体会到文字比影像表达得更丰富。这也是一项对比和不同的情感体验，孩子会很乐意谈论书和电影的差别。

（7）偶尔读一些内容较艰深的书，挑战孩子的头脑。听的理解能力一般比孩子自身的阅读能力强。

（8）尽早给孩子朗读。你越早开始，做起来越容易，效果越好。常常听到有妈妈念叨："我家孩子咋就不爱看书呢？现在这么大咋办呢？"但请还是不要放弃，从孩子的兴趣喜好出发，挑有趣的好书培养和引发兴趣，慢慢引导，必见成效。

“读图”与“读文”优劣辨析

有人说现在已进入“读图时代”：影视、广告、绘本、杂志乃至电脑上都被图占据了。大量的“图”充斥视野，吸引、刺激着人们的眼球，让人目不暇接。而传统的“读文”（读字）日渐被弱化、被边缘化。不可否认，“读图”的增加是科技与时代进步的产物，自然有其合理性和存在的价值。但“读图”不等于“读文”，更不能代替“读文”。

一、“图”的优势和劣势

（一）“图”的优势

“图”的优势是传达信息简明形象、快捷生动，使接收信息者轻松省力。图所包含的横向画面类描述性信息量大。譬如“寻人启事”中一幅人物头像所反映出的相貌信息量，是多少语言文字的“肖像描写”也替代不了的。对于一个场面、一个景观，如果用语言文字进行描述，即使再详尽，比起图片所包含的信息量也显得苍白。有些只可意会不能言传的信息，用“文”无法加以完美展现时，读者可以通过“图”更好地多方面解读作者的意思。随着社会与科技的发展，“读图”可能会与日俱增。

（二）“图”的劣势

“图”的劣势是较为肤浅表象，难以反映深刻多元的思想内涵，不利于培养人的深刻的思维力和丰富的想象力，而且制作成本较高。现在漫画、连环画等“读图文化”的流行，使得阅读幼稚化。虽然它从一定程度上满足了速食时代人们的阅读需求，因为对不少人来说，阅读已不再是获取知识的方式，而是放松精神、缓解压力的途径，但是这种阅读让文字的魅力消失了。有学者感叹道：“有多少人还会有挑灯夜读、酣畅淋漓、不能罢手的体验？汉语言文字的魅力是无法从图画书中体会到的。”还有西方学者指出，当今的幼稚化阅读和读图时代会导致“词语钝化”。西方美学家阿莱斯·艾尔雅维茨在一本叫《图像时代》的书中指出：“欲以图画形式‘表现普遍思想’的企图，只能产生各种怪诞的寓言形式。”

二、“文”的优势和劣势

（一）“文”的优势

“文”的优势是丰富深刻，能够反映较复杂丰富的思想内容，易于培养人的思维深度和多元想象，所包含的纵向叙述性信息量大。譬如叙述一个故事，交代一个过程、一个梗概，语言文字的信息量远胜过图画。

当下人们的生活节奏加快，“读文”似乎已跟不上时代的节奏，于是“读图时代”来临。作为一种新出现的传递信息的方式，“图本”较之传统的“文本”确有诸多便利之处，如更加形象快捷、信息更丰富等。但从另一方面来讲，大量“读图”又会使人的文字阅读水平下降，容易流于浅表，很难摆脱那种被动的阅读状态，不利于思维的深化发展。读文，不被图像支配，读者掌握着主动，在读中思想，在思想中成长。择其精者而铭之，取其美者而怀之。读与择相偕，读与思相伴。

（二）“文”的劣势

“文”的劣势是文字不如图像形象便捷，较枯燥繁难抽象，需要更大的阅读毅力和更多的精力，翻阅、筛选、提取信息等，要付出更多的阅读时间成本，不太适应现代快速的生活节奏。

三、“读图”不能代替“读文”

（一）一味“读图”不是高品位的主流阅读方式

我们反对一味“读图”而不“读文”，因为到任何时候“读图”都不可能成为真正高品位的“主流阅读方式”。“读图”仅是一种大众化、低层面、快餐式的阅读。“文”的深度是“图”无法达到的，作为几千年来人类一直使用的主要信息传递工具，文字所具有的优势是图像所不具有的，“文”是“图”的深化和透视。比如，如果用图画来表现李白的《静夜思》，可能看到的只是一幅“游子思乡图”，而无法透彻地表现这首诗的深层意境。

（二）“读文”更有利于思维培养

文字是一种抽象的语言符号，并且这种符号与儿童未来学习中所使用的符号是一致的。他们在阅读中接触得多了，到课程学习中对这种符号的使用就会感到熟悉亲切，运用起来更为自如。而且文字当中严密的逻辑思维和深广的想象空间，是一种良好的思维锻炼，若一味读图，可能会使这种能力退化。当然不是说“图”中没有逻辑思维和想象空间，但毕竟不如文字逻辑严密和想象空间深广。研究表明，“读图”主要使用主管形象思维的右脑，“读字”主要使用主管听觉和逻辑思维的左脑。而汉字是音、形、意结合的方块体，是左右脑共同使用的“复脑阅读法”，可以更好地刺激儿童大脑特别是语言中枢的发展。

汉字是世界文明古国所产生的“原发性文字”中目前唯一还在使用的文字，是世界上唯一高度发达的表意文字体系。了解汉字的形意起源和内涵也是十分有趣而有意义的事。香港中文大学心理系教授张学新的研究小组最近发布了两大研究成果：

第一个是第一次指出汉字是世界上独有的“拼义视觉文字”，同西方“拼音听觉文字”一起，构成人类文字最高发展阶段仅有的两个类型——第一次把汉字提升到与拼音文字平起平坐的地位。根据这一理论，西方“拼音听觉文字”与汉字“拼义视觉文字”切合不同的科学规律。两者本质不同，汉字具有高度的科学性，完全不可能拼音化，也根本没有必要拼音化——“汉字作为华夏文明的瑰宝，将永远伴随着中国人”。

第二个是发现了一个阅读中文汉字时特有的脑电波——N200，它只在中国人阅读汉字的时候出现，而西方人阅读字母文字的时候根本没有。N200 的发现，找到了区分两种文字不同加工过程的一个关键的科学指标。这个指标清楚表明，汉字是拼义视觉文字，其识别过程很早就涉及非常深入的视觉加工。而字母文字，作为听觉文字，不注重视觉加工，也就不会出现 N200 这个现象，这就从科学的高度和深度上找到了“阅读汉字”可以让一个孩子变得更聪明的原理。

张学新教授及其团队从理论和实验两方面论证了中国文字的独特性，其论文《古老文字的最新来电——心理学揭开争鸣百年的汉字之谜》，被教育部的《高校文科学术文摘》全文转载。N200 的研究结果，于 2012 年 2 月 20 日在我国自然科学类顶尖杂志《科学通报》作为封面文章发表。这两个成果分别登上了国内文科和自然科学的顶级杂志，得到了学术界的认可。(《教育文摘周报》，2012-05-09)

汉字作为记录汉语的文字系统，是我们中国人的杰作，也是审美与实用的结合体，每个字几乎都是美的造型。鲁迅说：“我国文字有三美，意美以感心，音美以感耳，形美以感目。”“东方的明珠瑰宝。它不是诗，却有诗的韵味；它不是画，却有画的美感；它不是舞，却有舞的节奏；它不是歌，却有歌的旋律。”

人类几千年的文明史，主要是“读文”而非“读图”，依然创造了灿烂的人类文明。一个主要“读图”长大的人，很可能存在思维浅薄等成长缺陷，而一个主要“读文”长大的人，却不可能存在阅读缺陷。由此可见，“读图”永远代替不了“读文”，而“读文”在某种程度上却可以代替“读图”。

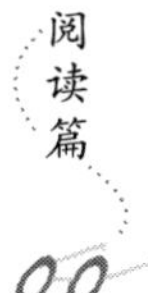

那些从小到大把大部分时间用来“读图”而不是“读文”的孩子，他的阅读其实

仍停留在初期阶段，阅读所带来的一系列智力成长也不可能实现。这种损失源于早年生活中“读文”活动没有及时出现。作为教育和科研工作者，有责任为家长、教师、社会提供科学有效的阅读理论和方法策略的指导。

儿童的天性都喜欢阅读，凡那些表现出不喜欢阅读的孩子，都是家长没有在适当的时机给他们适当的读物和创造适当的阅读环境所致：或者是家中很少买书；或者是买的书不适合孩子的年龄段；或者懒得给孩子讲和看；或者是用电视、电脑等“读图”大量挤占孩子的“读文”时间……总之，孩子从小与“读文”的关系不密切。

儿童最早的阅读一般是听家长讲故事或看图画，从父母给孩子讲慢慢过渡到孩子自己看，从形象生动的“读图”，慢慢过渡到抽象深刻的“读文”，从浅显有趣的童话寓言，过渡到意蕴深厚的名篇等。只要去做，这些过渡都会自然而然地实现。

四、“读文”“读图”相辅相成

（一）“读文”“读图”相互弥补

“文”与“图”的优劣、利弊是互补的——文的优势恰是图的劣势，而图的优势又恰是文的劣势。读文意蕴丰厚，深而欠久，如果要吸纳经典、培养思维就读文。读图形象生动，久而欠深，若要快速获取信息就读图。

最好是图文并茂，这很适合学生的认知形式。尤其是对一些较枯燥的文字内容，有效地利用“图”，能增强阅读趣味和效率。“读图”解放了我们的视野，而“读文”乃是读精神、读思想、读灵魂。因此，为适应不同的年龄段和阅读需求，“读图”与“读文”可以有效结合，取长补短。随着年龄的增长，合理过渡取舍。不可盲目排斥某一种阅读方式，更不能以“读图”代替“读文”。

（二）“读文”“读图”相互转换

“文”可以转为“图”，如把“踏花归来马蹄香”“深山藏古寺”“蛙声十里出山泉”等诗句及一些文学名著，用图画表现出来。“图”也可以转为“文”，像一些“题画诗”，如王维的《画》：“远看山有色，近听水无声。春去花还在，人来鸟不惊。”苏轼的《惠崇〈春江晚景〉》：“竹外桃花三两枝，春江水暖鸭先知。蒌蒿满地芦芽短，正是河豚欲上时。”所谓“诗中有画，画中有诗”，这些转换也都需要较高的文化修养、想象力和文字表现能力。

某些“图”的文化含量也很高。如一些图标、徽标、标识、图表等所含信息量大，对其构图要素和寓意的理解也不太容易，特别是夸张变形的图，看懂并用语言描述这类图的构成要素及寓意，也需要较高的文化修养和语言文字表达能力。近年来高考全国语文试卷中，在“表达题”中就出现了“图文转换”的题型，要求学生看

“图”说明其构图要素和寓意，有一定难度，所以“读懂图并表述图”也是很有必要的。

探索“读图”与“读文”的利弊优劣和关系原理，可以引导学生健康阅读，养成良好的阅读习惯和性格，发展思维，促进成长，并为家长、学校、社会提供科学高效的阅读理论和策略，为建设阅读型社会，培养高素质、高品位的学生和公民，出谋划策，贡献力量。

鉴赏文学作品的表达技巧

一、什么是文学作品的表达技巧

文学作品的表达技巧是指作者为了更好地表现内容，凸显主旨，增强表达效果和感染力，在写作时有意识地运用的某些写作原理、规律和方法。鉴赏文学作品（小说、散文、诗歌、戏剧）的表达技巧，首先要明确什么是文学作品的表达技巧，都有哪些表达技巧，某种技巧的表达作用、艺术效果怎样。

二、文学作品表达技巧的分类

（一）从“表达方式”角度分类

从表达方式上可分为叙述、描写、抒情、议论、说明等。

1. 叙述

（1）直接叙述。

1）倒叙。即不按事件发展的自然顺序叙述，而是将事件的结局或高潮提前的叙述方法。作用是造成悬念，引人入胜，使结构紧凑，凸显主题等。

将结局提前的例子如鲁迅的《祝福》，行文次序是：结局—开端—发展—高潮。开篇先写祥林嫂的去世，然后再回叙她年轻守寡，初来鲁镇、被迫再嫁、丧夫丧子、被赶出门，直至穷困潦倒、倒毙街头等一系列事件，几乎包括了祥林嫂的一生。如果按顺叙来写，一个短篇势必跨越十几年的时间，结构松散拖沓。用倒叙手法将漫长的十几年压缩在两天之内，结构紧凑和内容凝重是显而易见的。倒叙还为对比、衬托提供了条件：去世前的祥林嫂在“我”所见到的鲁镇的人们中，变化之大莫过于她，与“我”记忆中的祥林嫂形象迥异，不能不引起“我”的震惊，这是对比；在鲁镇一派欢乐祥和的祝福声中，祥林嫂却倒毙街头，满怀悲愤，走完了她受尽侮辱与伤害的一生，以乐衬哀，凸显反封建礼教的主题。

倒叙还有一种形式，就是将高潮提前，行文次序是：高潮—开端—发展—结局。

如《为了六十一个阶级弟兄》，开头写北京特种药店将要下班时，突然响起了急促的电话铃声：山西平陆县六十一位民工食物中毒，生命垂危，急需解毒特效药。这就给读者造成莫大的悬念，急于了解事情的来龙去脉和结果。

2）插叙。即在叙述中心事件的过程中，暂时中断叙述主线，插入一段与主要情节有关的内容的叙述方法，一般表现为回忆。插叙的作用是补充交代，推动情节，刻画人物，形成对比，使文章结构紧凑凝练等，如鲁迅的《故乡》中"我"对儿时与少年闰土交往的回忆。如果不用插叙，而用顺叙，少年闰土与中年闰土，时间跨越几十年，对一篇几千字的短篇来说，势必导致结构松散。

倒叙和插叙的区别：倒叙和插叙前后都有过渡语段衔接照应，这是它们的相同点。不同点是：插叙是片断式的，不是文章的主要部分，是在文章顺叙过程中插入一个相关事件。而倒叙部分一般是文章的主要部分，且一般放在文章的开头。

3）补叙。即用少量文字对人物或事件作简短的补充说明的叙述方法。作用是使读者明白来龙去脉及文意。如《祝福》中对鲁镇的"祝福"习俗的补充介绍：

> 家中却一律忙，都在准备着"祝福"。这是鲁镇年终的大典，致敬尽礼，迎接福神，拜求来年一年中的好运气的。杀鸡，宰鹅，买猪肉，用心细细的洗，女人的臂膊都在水里浸得通红，有的还带着绞丝银镯子。煮熟之后，横七竖八的插些筷子在这类东西上，可就称为"福礼"了，五更天陈列起来，并且点上香烛，恭请福神们来享用；拜的却只限于男人，拜完自然仍然是放爆竹。年年如此，家家如此，——只要买得起福礼和爆竹之类的，——今年自然也如此。

又如《水浒传》中"智取生辰纲"一段最后用补叙的方式揭示吴用一伙如何下药智取的谜底。《风波》中对九斤老太的口头禅"一代不如一代"的补叙，使读者明白了这句口头禅的来由和用意。

补叙和插叙的区别：补叙和插叙都较简短，但补叙一般没有情节，其前后也不需要过渡文字。如果删去补叙，上下文仍能衔接，不影响原文的脉络。插叙一般有情节，前后一般有过渡性文字，删去插叙，会影响原文脉络。

4）平叙。即分别叙述两件或多件发生在同一时间不同地点的事的叙述方法。它可使头绪清楚，照应得体，所谓"花开两朵，各表一枝"，是中国传统的叙述技法，古典小说中常见。如《为了六十一个阶级弟兄》中使用平叙，分别叙述发生在北京、平陆县、黄河渡口等各地的事件。

（2）间接叙述。

美国作家亨利·詹姆斯最先提出"间接叙述"这一概念，就是不由作者直接陈述，而通过作品中某一个或几个人物的独特视角叙述描写。钱钟书在《管锥编》中称道《左传》和《荷马史诗》擅长采用"间接叙述"的方法："不直书甲之运为，而假

乙眼中舌端出之。”这实际上是侧面描写的一种。我国古代批评家也注意到了这一点，清代二知道人说：“雅爱左丘氏叙鄢陵之战，晋之军容，从楚子目中望之；楚之军制，从楚人苗贲皇口中叙之，如两镜对照，实处皆虚，所以为文章鼻祖也。”

这种间接叙述法在具体运用中，按侧重点不同可分为三种：

1）通过文中某个人物的眼光叙述，但表现重点不在于看的人，而在于被看的对象。譬如《红楼梦》开头介绍荣国府，曹雪芹没有采用直接叙述法，而是在第二回通过冷子兴之口演说荣国府，让读者大体了解贾府的来历概况；又在第三回通过林黛玉初进荣国府时的视角，描写介绍贾府的布局和女眷。因为女眷占《红楼梦》人物画廊的多半，有必要先集中介绍。贾母率一家老小迎见黛玉，自然就让一排女性出场，好集中介绍。其中王熙凤的出场，更是通过黛玉的耳听目视，表现出王熙凤在贾府中显赫的地位和张扬权变的性格，给读者深刻的印象。第六回中再次通过刘姥姥的眼睛——一个乡下村妇的视角，表现贾府的侯门气派、富贵奢华。

三处介绍，作者要读者注意的不是冷子兴、林黛玉和刘姥姥，而是他们眼中的贾府。通过文中人物之目来写，比作家直接出面要好，这样既达到了介绍环境、人物的目的，又进一步渲染出贾府非同一般的“鲜花着锦”之盛。

2）通过文中人物眼光叙述，表现重点是看的人物，而不在被看的事物。这与第一种情况相反。作家不是要读者关注人物看到的景象，而是要读者关注看的人物，关注人物的动作、心理、反应等。比如《子夜》的开头，乡下吴老太爷初到上海，手捧着《太上感应篇》，坐在汽车上看大上海：

> 汽车发疯似的向前飞跑。吴老太爷向前看。天哪！几百个亮着灯光的窗洞像几百只怪眼睛，高耸碧霄的摩天建筑，排山倒海般的扑到吴老太爷眼前，忽地又没有了；光秃秃的平地拔立的路灯杆，无穷无尽地，一杆接一杆地，向吴老太爷脸前打来，忽地又没有了；长蛇阵似的一串黑怪物，头上都有一对大眼睛放射出叫人目眩的强光，啵——啵——地吼着，闪电似的冲将过来，准对着吴老太爷坐的小箱子冲将过来！近了！近了！吴老太爷闭了眼睛，全身都抖了。他觉得他的头颅仿佛是在颈脖子上旋转；他眼前是红的，黄的，绿的，黑的，发光的，立方体的，圆锥形的，——混杂的一团，在那里跳，在那里转；他耳朵里灌满了轰，轰，轰！轧，轧，轧！啵，啵，啵！猛烈嘈杂的声浪会叫人心跳出腔子似的。

读者被引导关注的是吴老太爷惊惧的神情，而不是上海的市容市貌。吴老太爷眼中的上海是变了形的，对读者了解上海没有帮助。城里人习以为常的高楼大厦、汽车路灯，在吴老太爷看来，都成了可怕的怪物。《子夜》开头用间接叙述颇有寓意，作家要表现的是现代化都市文化对僵化的乡下腐儒的冲击，暗示旧文化的木乃伊一遇到新文化的空气就风化瓦解了。

3）把以上两种写法结合起来，既表现看的人，又表现被看的事物，还表现两者以外更多的意味。如《红楼梦》中写黛玉的肖像，是通过宝玉的眼光审视：

两弯似蹙非蹙罥烟眉，一双似喜非喜含情目。态生两靥之愁，娇袭一身之病。泪光点点，娇喘微微。闲静时如姣花照水，行动处似弱柳扶风。心较比干多一窍，病如西子胜三分。

写黛玉这样“与众各别”的人物，须有与众不同的手法。作者通过宝玉之目，抓住黛玉最生动典型的气韵神情：“罥烟眉”，清、淡、秀；“含情目”，性灵之光；“愁、娇、泪”，暗示其悲剧命运，并寄寓深切的同情，使人顿生爱怜。如此笔法写黛玉不仅是表现人物独具特色的美，也是情理的需要。因为此处的黛玉是宝玉眼中的黛玉，作为锦衣玉食的贵家公子，且“最喜在内帏厮混”，见惯了腻红肥绿、华衣艳饰，兼其与生俱来的“怪癖”，他怎会去留意黛玉的穿戴而不被其“与众各别”的“形容”所吸引呢？还是脂砚斋见得透僻：“不写衣裙装饰，正是宝玉眼中不屑之物，故不曾看见。黛玉之举止容貌，亦是宝玉眼中看，心中评。若不是宝玉，断不能知黛玉终是何等品貌。”脂砚斋不愧是曹雪芹的知音。

透过宝玉眼睛写黛玉肖像，由一个特定的视角完成，这样用他人的感受写人的外貌，不仅富有情感色彩，而且有利于观察者和被观察者双方性格的表现——在表现黛玉性格的同时，不忘展示宝玉的性情，笔墨经济，一石二鸟，一击两鸣。

2. 描写

描写是指用形象化的语言对事物的特征、形态所作的具体生动的描绘和刻画。

描写从不同角度有不同的分类：

第一，从描写对象分有：人物描写和环境描写。人物描写包括：概括介绍、心理描写、语言描写、细节描写、行动描写、肖像描写等。环境描写包括：自然环境描写和社会环境描写。社会环境描写又分为生活场景描写和场面描写。

第二，从描写角度分有：直接描写（正面描写）和间接描写（侧面描写）。

第三，从描写手法分有：白描简笔和细描工笔。

下面重点介绍几种。

(1) 概括介绍。作者对人物的家庭、历史、性格、心理等方面的特点，做直接全面的简要介绍。通常在人物出场前后，先安排综合介绍，使读者对人物有一个总体印象。如赵树理的《小二黑结婚》开头写道：

刘家峧有两个神仙，邻近各村无人不晓：一个是前庄上的二诸葛，一个是后庄上的三仙姑。二诸葛原来叫刘修德，当年做过生意，抬脚动手都要论一论阴阳八卦，看一看黄道黑道。三仙姑是后庄于福的老婆，每月初一十五都要顶着红布摇摇摆摆装扮天神。

概括介绍可以由作者介绍，也可以借助文中某一人物之口进行。如《红楼梦》第二回，借冷子兴之口介绍贾府及宝玉叛逆的性格：

> 子兴冷笑道："万人皆如此说，因而乃祖母便先爱如珍宝。那年周岁时，政老爹便要试他将来的志向，便将那世上所有之物摆了无数，与他抓取。谁知他一概不取，伸手只把些脂粉钗环抓来。政老爹便大怒了，说：'将来酒色之徒耳！'因此便大不喜悦。独那史老太君还是命根一样。说来又奇，如今长了七八岁，虽然淘气异常，但其聪明乖觉处，百个不及他一个。说起孩子话来也奇怪，他说：'女儿是水作的骨肉，男人是泥作的骨肉。我见了女儿，我便清爽；见了男子，便觉浊臭逼人。'你道好笑不好笑？将来色鬼无疑了！"

一般来说，概括介绍不宜太多，作品中的人物形象主要还是靠人物本身的言行来表现。也不宜对次要人物多作介绍，以免喧宾夺主。

（2）心理描写。即对人物的思想活动、内心世界的描写。常见的有以下几种类型：

1）心理概述。又称"心理剖析"，由作者直接叙述描写，是最常见的一种心理描写方式。如《红楼梦》中第二十三回《西厢记妙词通戏语　牡丹亭艳曲警芳心》中描写黛玉听了《牡丹亭》《西厢记》那缠绵悱恻的戏文后，触景生情、心帜摇荡、百感交集的复杂微妙心理：

> 林黛玉听了，倒也十分感慨缠绵，便止住步侧耳细听，又听唱道是："良辰美景奈何天，赏心乐事谁家院。"听了这两句，不觉点头自叹，心下自思道："原来戏上也有好文章。可惜世人只知看戏，未必能领略这其中的趣味。"想毕，又后悔不该胡想，耽误了听曲子。又侧耳时，只听唱道："则为你如花美眷，似水流年……"林黛玉听了这两句，不觉心动神摇。又听道"你在幽闺自怜"等句，亦发如醉如痴，站立不住，便一蹲身坐在一块山子石上，细嚼"如花美眷，似水流年"八个字的滋味。

2）内心独白。由文中人物自己道出，譬如莎士比亚的悲剧《哈姆雷特》中著名的"哈姆雷特独白"：

> 生存还是毁灭？这是个问题。究竟哪样更高贵，去忍受那狂暴的命运无情的摧残，还是挺身去反抗那无边的烦恼，把它扫一个干净。去死、去睡就结束了，如果睡眠能结束我们心灵的创伤和肉体所承受的千百种痛苦，那真是生存求之不得的天大的好事……

内心独白犹如电影中的人物画外音，把人物思想和盘托出，呈现在读者面前，可以写得极为细腻真切。

还有《红楼梦》第三十二回《诉肺腑心迷活宝玉　含耻辱情烈死金钏》中，当林黛玉无意中听到宝玉背地里夸她："林妹妹不说这样混帐话，若说这话，我也和他生分了。"心中激起了强烈的感情涟漪，"喜惊悲叹"描写得细腻传神，给人以强烈的艺术感染力。

3）通过动作、表情、语言、比喻等侧面表现心理。我国古典小说中多用此法，如《儒林外史》中写范进闻听自己中举后的言行、心理：

> 范进三两步进屋里来，见中间报帖已经升挂起来……看了一遍，又念一遍，自己把两手拍了一下，笑了一声道："噫！好了！我中了！"说著，往后一跤跌倒，牙关咬紧，不醒人事。

这一段通过人物的一系列动作、语言、表情等，生动深刻地揭示出人物疑惑、坚信、震颤、狂喜、晕厥等复杂多变的心理活动。

《荷花淀》中当水生嫂突然听说水生"明天要到部队去"时，"手指震动了一下，想是叫苇眉子划破了手"。用"手指震动"传达出水生嫂闻讯后心灵的震颤。《杜十娘怒沉百宝箱》用比喻"鲤鱼脱去金钩钓，摇头摆尾不再来"，表现脱离苦海的杜十娘无比喜悦的心情。

莫泊桑也善于通过人物的动作、语言等表现人物的内心世界，如《我的叔叔于勒》中，当菲利普发现卖牡蛎的穷水手是于勒时，一系列的动作、表情、言语，细腻而富有层次地揭示出人物震惊慌乱、失神落魄的复杂心态。

4）通过景物描写衬托反映人物心理。如鲁迅《故乡》的开头，用阴晦、寒冷、萧索的景象，衬托"我"的悲凉心情。《高老夫子》中通过描写在高而础眼中的听课学生的迷幻古怪的景象，反映出不学无术的高而础面对学生在讲堂上窘迫、紧张、慌乱的心情。

5）通过梦境、醉态、幻觉表现心理。这是比较特殊的心理描写，有较强的抒情性和浪漫色彩。所谓"日有所思，夜有所梦"，梦境、幻觉与人物的生活经历、内心活动密切相关，是人物在不自觉状态下的心理活动。《红楼梦》中多处写梦境和幻觉，如王熙凤梦见已死的秦可卿前来告知"立万年永久之基"的话，其实，这正是凤姐对家道破败的预感和忧虑的心理反应。鲁迅的《白光》写陈士诚产生幻觉，看到"白光"，正是其渴望挖到银子以致走火入魔的心理的折射。

（3）语言描写。通过人物语言，刻画人物性格，反映人物心理，促进故事情节发展等。也可描摹人物的语态，收到一种特殊的效果。鲁迅《看书琐记》中曾说："高尔基很惊服巴尔扎克小说里写对话的巧妙，以为并不描写人物的模样，却能使读者看了对话便好像目睹了说话的那些人。"如《红楼梦》第八回《比通灵金莺微露意　探宝钗黛玉半含酸》写宝玉、黛玉、宝钗三人在薛姨妈家吃酒一段，对话极为精彩：

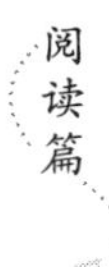

这里宝玉又说："不必温暖了，我只爱吃冷的。"薛姨妈忙道："这可使不得，吃了冷酒，写字手打颤儿。"宝钗笑道："宝兄弟，亏你每日家杂学旁收的，难道就不知道酒性最热，若热吃下去，发散的就快；若冷吃下去，便凝结在内，以五脏去暖他，岂不受害？从此还不快不要吃那冷的了。"宝玉听这话有情理，便放下冷酒，命了暖来方饮。

黛玉磕着瓜子儿，只抿着嘴笑。可巧黛玉的小丫鬟雪雁走来与黛玉送小手炉，黛玉因含笑问他："谁叫你送来的？难为他费心，那里就冷死了我！"雪雁道："紫鹃姐姐怕姑娘冷，使我送来的。"黛玉一面接了，抱在怀中，笑道："也亏你倒听他的话。我平日和你说的，全当耳旁风；怎么他说了你就依，比圣旨还快些！"宝玉听这话，知是黛玉借此奚落他，也无回复之词，只嘻嘻的笑了两阵罢了。宝钗素知黛玉是如此惯了的，也不去睬他。薛姨妈因道："你素日身子弱，禁不得冷的，他们记挂着你倒不好？"黛玉笑道："姨妈不知道。幸亏是姨妈这里，倘或在别人家，人家岂不恼？好说就看的人家连个手炉也没有，巴巴的从家里送个来。不说丫鬟们太小心过余，还只当我素日是这等轻狂惯了呢。"薛姨妈道："你这个多心的，有这样想，我就没这样心。"

这一段对话精彩之极，语言极具个性，各有各的措辞、声口、语调，尽显不同人的性格、身份、心智等，如薛姨妈的长者风范、宝钗的关怀体贴、黛玉的含酸调侃。黛玉借机奚落，旁敲侧击，指桑骂槐又含而不露，机智又尖刻，巧妙地表达对宝钗的醋意讥诮，对宝玉的嗔怪不满。面对薛姨妈的质疑，黛玉又诡词巧辩，掩饰自然。宝玉、宝钗心知肚明，心照不宣。薛姨妈、雪雁等人莫名其妙，不知所云，一头雾水，都一一表现了出来。

（4）细节描写。细节有两个含义：一是指有关人物的具体细微描写（语言、动作、心理、表情等）；二是指一个细小情节。细节是记叙类文章的生命细胞，记叙类文章要力求写得细腻生动，不能仅是粗略概述。好的细节描写有三个特征：一是真实。细节失真会动摇整个作品大厦的根基，造成致命伤害，所谓"细节决定成败"。二是典型。要有代表性，以小见大，以一当十，窥一斑而知全豹，以一目尽传精神。三是新颖。要有创造性，不能邯郸学步、机械模仿。

如鲁迅的《故乡》中写闰土从"我"家拣东西，特意要了"一副香炉和烛台"。这一细节深刻地反映出旧中国农民不满现实而又找不到正确的反抗道路，把希望寄托于神灵的愚昧无知的精神状态。

《项链》的细节描写极为传神生动。譬如，当玛蒂尔德在福雷斯蒂埃夫人的首饰匣前挑选首饰时，那种眼花缭乱、手足无措、激动万分，通过一系列细节表现出来："她戴着这些首饰对着境子左试右试，犹豫不定，拿走也不是，放下又舍不得，嘴里还老是问：'再没有别的了吗？'"当她在一个黑缎子盒里发现那挂炫目的钻石项链时，

"一种过分强烈的欲望使她的心都快跳出来了。她拿起项链，手也直抖。她把它戴在高高的衣领外面，对着镜子中的自己看得出了神。然后，焦急而迟疑地问：'你可以把这个借给我吗？我只借这一件。''当然可以！'她一把搂住了朋友的脖子，亲亲热热地吻了她一下，带着宝贝很快就跑了。"作者通过心理、动作、语言等细节描写，极为传神地将一个涉世未深、天真单纯、急于赴会、爱慕虚荣的小妇人形象活脱脱勾勒出来。

再如《项链》中的一个细节：玛蒂尔德舞会后回到家中，"褪下披在肩上的衣服，站在镜子前边，为的是趁这荣耀的打扮还在身上，再端详一下自己"，就在此时，发现脖子上的项链不见了。这一细节，设计巧妙，一举多得，既推动了情节的发展，完成了人物命运的重大转折，又不失时机地再一次表现了女主人公被膨胀的虚荣心刺激得依然漂浮在云雾中，余兴未尽，趁没有卸妆前想再一次顾影自怜、自我欣赏一番的虚荣无聊的性格，充分揭示了人物性格与悲剧命运之间的内在联系。若改为其他"发现"方式，譬如用手触摸或通过丈夫的眼睛发现项链丢失，虽然也能推动情节发展，但失去对人物性格的渲染强化，作用单一。也与情理不合，试想，疲惫不堪、睡意蒙眬的罗瓦塞尔，岂有兴致去欣赏余兴未尽的娇妻，留意项链的"存亡"？

描写一个细小情节，譬如下面一篇微型小说：

惹事了

儿子：爸爸，今天惹事了，我把老师都气哭了。

爸爸：你个小兔崽子，把老师怎么了？

儿子：我上课玩吸铁石，被老师发现，没收了。

爸爸：这不算啥事啊！

儿子：但老师一拿，就吸在她的大金镯子上，她当场就哭了，还跑去找校长打了一架……好一顿挠啊，把校长脸都挠出血了！我也不知为啥……

爸爸：好了，没事了，你去玩吧。以后拿吸铁石离你妈远点……

微型小说《惹事了》，情节很简单，就是描写了一个细节——父子的几句对话。通过对话，侧面表现出丰富的内涵和弦外之音，令人联想丰富，忍俊不禁。其中既有校长与女教师的暧昧关系，又有父亲对母亲的狡黠和担忧，还有孩童的懵懂天真……通过一个细节和孩子独特的视角，反映出现实社会生活的错综复杂。

（5）生活场景描写。除了自然环境外，作品中还会出现人物生活其中的场景描写，包括院落、卧室、书房、客厅、办公室等，其特色的描写有助于表现人物的性格、趣味、身份、职业、阶层等。如鲁迅的《祝福》描写鲁四老爷的书房：

我回到四叔的书房里时，瓦楞上已经雪白，房里也映得较光明，极分明的显出壁上挂着的朱拓的大"壽"字，陈抟老祖写的；一边的对联已经脱落，松松的

卷了放在长桌上，一边的还在，道是“事理通达心气和平”。我又无聊赖的到窗下的案头去一翻，只见一堆似乎未必完全的《康熙字典》，一部《近思录集注》和一部《四书衬》。无论如何，我明天决计要走了。

蛰居在这种环境中的人物，肯定是一个腐朽反动、没落守旧的封建卫道士，与具有进步思想的“我”格格难入，所以“我明天决计要走了”。

《红楼梦》中，宝玉住的“怡红院”、黛玉住的“潇湘馆”、李纨住的“稻香村”、探春住的“秋爽斋”等，无不与人物的性格、身份等息息相关。

（6）场面描写。即对在一定场合内众多人物共同活动的情景的描述。场面描写与自然环境和生活场景描写不同，它们各有侧重。自然、生活场景描写可以衬托人物，也可以有人物活动其中，但直接描写的重点对象是自然环境或生活场景。场面描写的重点是众多人物的活动。如杜鹏程的小说《在和平的日子里》第六章写大桥工地的场面：

从部队门口前到大便桥跟前，非常热闹：树荫下，崖底下，凡是阴凉的地方，就有山区老乡出卖柴禾、蔬菜、木耳、核桃、酸枣……还有钉鞋的、卖杂货的、卖凉粉的、算卦的、耍猴的……下了工的人，熙熙攘攘挤到这里买东西，上工的职工们，豁开人，经过大便桥到工地上去。工人的老婆背着工地出生的小孩，提着饭盒到工地上送饭。建筑生活按它的内在规律有节奏地运行着。

这个场面写了乡亲、商贩、工人、家属等众多人物的活动，人物多而不乱，叙述有条不紊。又如《药》中对华老栓茶馆的场面描写，《孔乙己》《阿Q正传》中对酒馆的场面描写，《风波》中对麦场的场面描写等。

场面描写要求有三：一是有条不紊，杂而不乱，如《挥手之间》写主席登机群众送行的场面。二是写出特定场合气氛，如《十里长街送总理》中为周总理灵车送行的场面。三是运用多种方法、技巧。场面描写可以是千军万马的浴血鏖战，可以是三五知己的炉边谈话，背景可以是崇山峻岭，可以是池边柳下。单一描写或叙述不足以应付，要调动各种方法、技巧。

（7）白描和工笔。后文专讲阐述。

（8）侧面描写。后文专讲阐述。

3. 抒情

（1）直接抒情。即直抒胸臆，通过议论、感叹的方式直接表明对事物爱憎态度的抒情方式。如杜甫的《闻官军收河南河北》，诗人听到“安史之乱”被平定后，在极度兴奋中，直抒了万分激动、惊喜若狂的心情，一扫沉郁苍凉的诗风，被誉为杜甫“生平第一首快诗”。李白《梦游天姥吟留别》的最后两句：“安能摧眉折腰事权贵，使我不得开心颜。”直抒火山喷发般的激情。

（2）间接抒情。又称“借景抒情”，可分两种：先景后情和情景交融。

1）先景后情。如黄巢的《题菊花》：“飒飒西风满院栽，蕊寒香冷蝶难来。他年我若为青帝，报与桃花一处开。”作者用比兴手法，先写秋菊之景，后抒不满现实、立志主宰天地之情。

2）情景交融。如李白的《黄鹤楼送孟浩然之广陵》：“故人西辞黄鹤楼，烟花三月下扬州。孤帆远影碧空尽，唯见长江天际流。”全诗四句都是叙事写景，没有一字正面说惜别伤怀，但景中却蕴含着无限的离情别绪：故人的身影越来越远，最后在视野中消失；而对故人的思念，却像悠悠东流水，绵绵不绝。

（二）从“艺术表现手法”角度分类

按照艺术表现手法，可分为衬托（正衬、反衬、渲染、烘托）、象征（托物言志）、类比、对比、想象（联想、幻想）、抑扬、意境、比兴、景情、虚实、动静等。

下面着重阐述几种常见的艺术表现手法。

1. 衬托

衬托，即为了突出主要事物，用次要的类似事物或反面事物作陪衬的手法，又称“渲染”“烘托”“烘云托月”等。衬托分为正衬和反衬。

（1）正衬。即利用事物的近似条件衬托。如《三国演义》中“三顾茅庐”部分，作者意欲表现孔明超人的智慧和才华，先有徐庶、司马徽的推荐介绍，后有崔州平、石广元、黄承彦、诸葛均等人的出场，这些人均仙风道骨，才气不凡，多次让刘备误认为是诸葛亮，但所有人都自言比诸葛亮逊色得多。这样孔明尚未出场，其过人的才貌，通过其他人物的比较衬托，“烘云托月”“水涨船高”地从侧面表现出来，给读者留下深刻印象。

（2）反衬。即利用事物的对立条件来作陪衬，或曰“水落石出”之法。鲁迅说：“优良人物，有时候是要靠别种人来比较衬托的，例如上等与下等、好与坏、雅与俗、小气与大度之类。没有别人即无以显出这一面之优，所谓‘相反而实相成’者。”如《荆轲刺秦王》中，“年十二杀人”“人不敢与忤视”的秦武阳，见到秦王时，竟吓得“色变振恐”，而荆轲泰然自若“顾笑武阳”，巧妙地掩饰秦武阳的失态。用秦武阳的色厉内荏、徒有虚名，有力地反衬了荆轲超人的胆略和非凡的气质。

衬托不同于“对比”，对比的两事物不分主次，相得益彰；“衬托”的两事物分主次，以次衬主。

2. 象征

象征，即用具体形象的事物，暗示抽象的事物的艺术手法或修辞手法。象征的特点是委婉曲折含蓄地表达情感，也即常说的“托物言志”。在具体使用中常见的有三种情况：

（1）用象征构思全文。如周敦颐的名篇《爱莲说》，采用托物言志的象征手法，借荷花这一形象表达了自己洁身自好、保持高尚节操的人生追求。又如龚自珍的《病梅馆记》、巴金的《灯》等。

（2）用象征刻画主要形象。如茅盾的《白杨礼赞》，以白杨象征坚强、质朴、上进的华北农民。高尔基的《海燕》用海燕象征勇敢无畏的革命斗士。鲁迅的《论雷峰塔的倒掉》，用雷峰塔象征封建势力。

（3）用象征含蓄地表达某种情感。如柳宗元的《江雪》："千山鸟飞绝，万径人踪灭，孤舟蓑笠翁，独钓寒江雪。""永贞革新"失败后，诗人被贬永州，"千山鸟飞绝，万径人踪灭"，象征严酷的政治气候和诗人身处冷峻逆境；"孤舟蓑笠翁，独钓寒江雪"，象征着诗人"性又倨野，不能摧折"的孤傲身影和"虽万受摈斥，不更乎其内"的倔强性格。全诗表达了诗人孤傲清高、超尘拔俗、不甘与恶势力同流合污的激烈情怀。又如杜甫的《绝句》："两个黄鹂鸣翠柳，一行白鹭上青天。窗含西岭千秋雪，门泊东吴万里船。""两个黄鹂鸣翠柳"象征春回大地；"一行白鹭上青天"象征脱离逃难生活；"窗含西岭千秋雪"象征久滞客中的绝望；"门泊东吴万里船"象征希望终于到来。

在象征中，本体和征体之间是一种外在的联系，就是说征体和本体在心理感觉上必须相关联，必须合乎传统习惯，全凭读者智慧的桥梁把征体和本体联系在一起。从词语加工方面来看，象征是一种修辞手法；从文章艺术构思看，象征又是一种艺术表现手法。

3. 类比

类比作为一种表现手法，过去人们没有给予足够的重视。其实类比在作品中的运用相当广泛，应予以足够的关注。

（1）类比的内涵。

类比是一种逻辑推理方式，两个同类事物相比，根据两种事物在某些特征上的相似，做出它们在其他特征上也可能相似的结论。（《现代汉语词典》）直观表示为：

甲事物有特征： A、B、C　　又有特征→D

乙事物也有特征：A、B、C

所以，乙事物也可能有特征→D

（2）类比范例。

类比作为一种推理论证方法，在文学作品中运用得也很普遍，应给予足够的关注。如《邹忌讽齐王纳谏》中邹忌将自己与齐王类比，含蓄地讽谏齐王像自己一样，由于别人的"私、畏、求"而导致"受蒙蔽"的结果。直观表示为：

邹忌：私、畏、求→蔽

齐王：私、畏、求

所以齐王：→蔽（由此观之，王之蔽甚矣！）

类比在具体运用中很灵活，有时并不把类比的结论和盘托出，而是让读者（人物）自己去推导领悟，这样更含蓄隽永。

又如刘禹锡的《陋室铭》中："山不在高，有仙则名；水不在深，有龙则灵；斯是陋室，唯吾德馨。"其结论应该是：室不在陋，士雅则馨。

山：不在高　有仙→则名

水：不在深　有龙→则灵

室：不在陋　士雅→则馨

又如《孟子·梁惠王下》中："孟子谓齐宣王曰：'王之臣有托其妻子于其友而之楚游者，比其反也，则冻馁其妻子，则如之何？'王曰：'弃之。'（绝交）曰：'士师不能治士，则如之何？'王曰：'已之。'（罢免）曰：'四境之内不治，则如之何？'王顾左右而言他。"根据齐宣王的逻辑，"四境之内不治"，作为"四境"主要责任人的齐王，也应该"已之"（罢免），这是由类比推理自然得出的"结论"。可文中并没有明白说出这一"结论"，而是由齐王和读者自己去推导领悟——"结论"尽在不言之中。正是因为结论的必然和尖锐，导致"王顾左右而言他"的尴尬，这也正是孟子想要的结果。

王之臣：冻馁其妻子（失职）→弃之（绝交）

士师：不能治士（失职）→已之（罢免）

齐宣王：四境之内不治（失职）：→已之（罢免）

类比有时也不把类比的事物罗列全面，而是让读者自己联想类比，如《陋室铭》中"南阳诸葛庐，西蜀子云亭，孔子云：'何陋之有？'"，作者意在将"南阳诸葛庐，西蜀子云亭"与"和州禹锡之陋室"类比，结论文中已有："何陋之有？"

（3）类比和比喻的区别。

类比和比喻的相同点都是两个事物相比。不同点是：类比是逻辑推理方式，比喻是修辞手法。类比是两个同类事物相比，目的是推出结论；比喻是两个不同类事物相比，目的是形象生动。

类比和比喻之所以容易被混淆，是因为两者都是两个事物相比，这是它们的共同点。但两者的不同点也是明显的："比喻是两种不同类的事物有相似之处，用其中的一种来描写或说明另一种的修辞手法"（《修辞与逻辑》，广播出版社）。只有相似，才能构成比喻；只有不同类，比喻才有意义："相似"和"不同类"是构成比喻的基础。比喻的目的是生动形象，深入浅出，把不知或难知的事物变得能知或易知。如齐威王

初当朝，不理朝政，谋士淳于髡讽谏曰：“国中有大鸟，止于王之庭，三年不飞又不鸣，王知此鸟何也?”齐威王曰：“此鸟不飞则已，一飞冲天；不鸣则已，一鸣惊人。”“鸟”与“齐王”显然属不同类事物，此讽谏用了比喻手法。

同类事物的比较是不能构成比喻的，如“他像他父亲一样坚强”“他的眼光还像先前那样明亮”等。

类比的基础是同类事物，类比的目的是推出（或使人悟出）一个结论。这也是科学发现或发明的重要方法。

4. 虚实

虚与实是相对的，类型众多：有者为实，无者为虚；有据为实，假托为虚；客观为实，主观为虚；具体为实，抽象为虚；有行为实，徒言为虚；当前为实，想象是虚；已知为实，未知为虚；正面为实，侧面为虚；等等。相互映衬，促生意境。凡艺术如绘画、音乐、舞蹈、建筑、文学、影视等，莫不如此。老子云：“大音希声，大象无形。”在老子看来，相对于“有声”和“有形”，“无声”恰是完美的声音，“无形”方是完美的形象。李戏鱼在《中国画论·神韵说》中道：“诗在有字句处，诗之妙在无字句处。”综观各艺术门类，无不是以有意或无意地追求这种“以无示有、以虚显实”的艺术效应为最高境界的。

比如白居易笔下的《琵琶行》：正面表现琵琶乐是“实”，“此时无声胜有声”是“虚”。当人们沉浸在众音繁会、激越昂扬的乐曲中时，忽然转为“凝绝不通声暂歇”，这种“无声胜有声”的美感效应，就体现了“虚实相生”的魅力。再如中国画中的“计白当黑”“无画处皆成妙境”之说，这“白”与“无画”也是一种空间的“虚”；其他艺术诸如书法中的“飞白”，雕塑中的“残缺”，戏剧中的“静场”，电影中的“定格”，舞蹈中的“造型”，园林建筑中的“断隔”……无不是借助“虚实”的原理，来追求摄魄追魂的艺术魅力。

余秋雨的《三峡》与刘白羽的《长江三峡》相比，没有几笔实写三峡的自然景观，全用“想象”的虚笔，书写、抒发和三峡有关的文化和情感。今天的人们与刘白羽年代的人已大不相同，即使没有亲历三峡，也早从各种媒体上感受了三峡的风采，再穷形尽相地实写三峡，一无必要，二也雷同。余秋雨避实就虚，写出了他心中独一无二的三峡，写得神采飞扬，荡气回肠，写出了三峡的魂魄。

“虚”还是一种“不写之写”的艺术，在作品中一般表现为“暗线”或“侧面描写”，如《药》中对夏瑜的表现多为“虚笔”，对华家的表现多为“实笔”。《水浒传》“智取生辰纲”一段对晁盖、吴用等人一路跟随，伺机智取生辰纲，也是采用暗写虚笔。

曹操的《观沧海》先描写实景“水何澹澹，山岛竦峙，树木丛生，百草丰茂”，继而用神奇瑰丽的想象写“日月之行，若出其中；星汉灿烂，若出其里”就是“虚笔”，表现大海的雄浑浩瀚。全诗写景由近及远，由实而虚，显示了景物的层次感和意境的深邃。

更多的范例可参见本书《古诗词鉴赏策略综述》一文中有关“虚实”的阐述。

5．动静

动静可分为“视觉”与“听觉”的两类“动静结合”。

如陶弘景的《答谢中书书》：“高峰入云，清流见底。两岸石壁，五色交晖；青林翠竹，四时俱备。晓雾将歇，猿鸟乱鸣；夕日欲颓，沉鳞竞跃。”具有典型的多种动静相衬之美：一是客观景物的动与静，高峰为静，流水为动。二是光色的动与静，林青竹翠为静，五色交辉为动。三是声响的动与静，日出雾歇为静，猿鸟乱鸣为动；日落山暝为静，游鱼跃水为动。各种景物交相辉映，互为影响，构成了一幅怡神悦性的山水画。

更多的范例可参见本书《古诗词鉴赏策略综述》一文中有关“动静”的阐述。

（三）从“行文结构”角度分类

从行文结构，可分为文眼、线索、伏笔（铺垫）、照应（呼应）、悬念、过渡、开头、结尾、波澜等。

1．文眼

文眼也称“诗眼”“词眼”等，是作品中最能集中体现主旨的词句。如李白《将进酒》中的“悲”，吴均《与朱元思书》中的“奇山异水”，郁达夫《故都的秋》中的“清、静、悲凉”，毛泽东《沁园春·长沙》中的“谁主沉浮”、《沁园春·雪》中的“风流人物”，马致远的《秋思》中的“断肠人”三字。文眼除了在篇首、篇中、篇末外，还表现在标题上，如《邹忌讽齐王纳谏》中的“讽”，王安石《伤仲永》的“伤”等。

2．线索

线索就是把文章的全部材料贯穿成一个有机整体的脉络。线索一般出现在叙事类作品（小说、散文）中，是统摄全篇的“脉络筋骨”，也是文章的思路，常是多次强调出现的某个事件、人物、事物或感情发展、时间发展、空间转移等。记叙散文，常以时间发展为线索；游记散文，常以空间转移为线索——走到哪里写到哪里；小说常以围绕主要人物的情节为线索。如《故乡》以故乡搬家、见闻为线索：回故乡—在故乡—离故乡。莫泊桑的《项链》绕着“项链”线索，展开情节：想项链—借项链—丢项链—赔项链—知项链。朱自清的《背影》以“背影”为线索，串起所写内容。曹靖华《小米的回忆》以古今中外的小米为线索；杨朔的《荔枝蜜》和鲁迅的《为了忘却的纪念》以感情的变化发展为线索。

有的作品采用双线结构，有两条（或更多）的线索，或明或暗，或主或次。如

《药》以华家的活动为主线、明线；以夏家的活动为副线、暗线。这是由作品主题的主、次两个方面决定的。鲁迅的好友孙伏园认为《药》的主题："描写群众的愚昧和革命者的悲哀；或者说，因群众的愚昧而带来的革命者的悲哀。""群众的愚昧"是主要方面，故而以华家的活动为明线来表现；"革命者的悲哀"是次要方面，所以用夏家的活动为暗线表现。如果华夏两家都采用明线，则主题的两个方面平分秋色，难分主次；如果华夏两家明暗线倒置，则主题的主次两方面颠倒，不符合作者意图。《水浒传》"智取生辰纲"一段也是采用了杨志押送生辰纲和晁盖等人智取生辰纲的明暗两线。

3. 伏笔（铺垫）、照应

伏笔（铺垫），指对将要在作品中出现的人或事所做的暗示，或为主要情节和故事高潮的到来，从各个方面、各个角度所做的准备等。照应，即文章中对前面所写的作必要的回应，在布局谋篇上统筹兼顾，不要顾此失彼。一般有伏笔就有照应，伏笔是对后文而言，照应是对前文而言。契诃夫说："如果你在前面写墙上挂了一支枪，后面就要把枪打出去。"对伏笔（铺垫）、照应表现得最典型的莫过于莫泊桑的《项链》，由于作者精心构思，巧于伏笔铺垫，结尾照应，最后点明项链真相，平地惊雷，读者掩卷回思，恍然大悟，合情入理。

茹志鹃的小说《百合花》，针对标题"百合花"，后面也有三处照应：第一处是小通讯员带"我"来到新媳妇家时看到的那被子："被面是洋缎的，枣红底，上面洒满白色百合花。"第二处是新媳妇来到包扎所："把自己那条白百合花的新被，铺在外面屋檐下的一块门板上。"第三处在小说最后，小通讯员牺牲了，别人要拿走被子，新媳妇"劈手夺过被子，狠狠地瞪了他们一眼。自己动手把半条被子平展展地铺在棺材底……那条枣红底色上洒满白色百合花的被子，这象征纯洁与感情的花，盖上了这位平常的、拖毛竹的青年人的脸"。

4. 悬念、释念

悬念是作品中能引起读者对人物命运、情节发展急切期待心理的艺术手段，是结构的重要技巧之一。如《雷雨》中写鲁妈（梅侍萍）与周朴园的对话，引起读者对梅侍萍命运的关切之情；《药》开篇写华老栓深夜神秘外出，令人疑窦丛生；《威尼斯商人》中夏洛克的执意割肉报复能否如愿，安东尼奥能否摆脱厄运，怎样转危为安？对这一切的关切，即为"悬念"。"文如看山不喜平"，悬念使文章波澜起伏，引人入胜。

释念是对悬念的释放、解除。悬念一经提出就要集中力量解决，不易拖沓枝蔓，使读者疲惫厌烦，从而失去悬念的作用。

5. 开头、结尾

古人有"凤头、豹尾"之说，开篇先声夺人，精彩亮相。结尾或强劲有力，或意味深长，或出人意料之外又在情理之中的"欧·亨利式结尾"，如《项链》《麦琪的礼物》等。

有时首尾呼应，产生对应、对比、强化等效果。如林嗣环的《口技》，开头写："口技人坐屏障中，一桌、一椅、一扇、一抚尺而已。"结尾又呼应强调："忽然抚尺一下，群响毕绝。撤屏视之，一人、一桌、一椅、一扇、一抚尺而已。"突出了"口技"艺人道具的简单、技艺的高超，全凭一张口，营造出众音繁会的神奇音响效果。

（四）从"人称"角度分类

从人称角度，可分为第一人称、第二人称、第三人称。

1. 第一人称

以"我""我们"的口吻叙述所见、所闻、所感，特点是真切自然，能自由地表达思想感情，给读者以真实生动之感，如《谁是最可爱的人》《祝福》。不足是叙述易受第一人称的时空局限，不够灵活，难以自由洒脱。

2. 第二人称

以"你""你们"的口吻叙述，特点是便于抒发强烈情感，增强亲和力，引发交流共鸣，比较适用于现代诗歌或散文诗。如《黄河大合唱》的开场白："朋友，你到过黄河吗？你见过黄河的惊涛骇浪吗？你看到过黄河上的船夫们和激流涌浪搏斗的情景吗？如果没有，那么，朋友，就请去读一读《黄河的主人》，听一听《黄河船夫曲》吧！"还有《祭十二郎文》《与妻书》等。不足是容易受人称角度的束缚，叙述不能随意开合舒展。

3. 第三人称

以"他""他们"的口吻叙述，是最为常见的一种人称方式，能灵活自如地展现生活，万知万能，不受时空、心灵局限，灵活自由，纵横捭阖。不足是不便抒发情感，真实感、亲切感逊色。如《红楼梦》《阿Q正传》。

（五）从"写作视角或选材"角度分类

从写作视角或选材，可分为新颖、独特、典型、真实、详略、主次、繁简等。

有些作品"写作视角"新颖独特，别具匠心，富有浓郁的情感色彩，给读者强烈的艺术感染力，留下深刻印象。譬如台湾女作家林海音的小说《城南旧事》，全书透过六岁的小姑娘林英子童稚纯真的双眼，观看大人世界的喜怒哀乐、悲欢离合，展示了20世纪20年代老北京的社会风貌，带领人们重温那段笼罩着愁云惨雾的生活，洋溢着淡淡的哀愁与沉沉的相思，感染了一代又一代读者。

有些作品甚至通过婴儿或动物的视角，描写人世社会的错综复杂、尔虞我诈的险恶，别具风味。

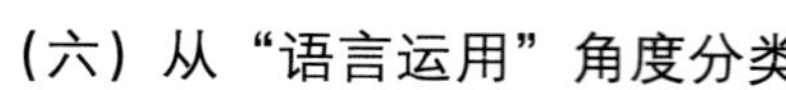

（六）从“语言运用”角度分类

从语言运用角度，可分为语言准确、简练、形象、生动；语言风格：幽默、辛辣、质朴、雅致、优美、简明、含蓄、整散等；修辞手法：比喻、比拟、通感、排比、对偶、夸张、反复、反语、借代、设问、反问、引用等。

诗歌、小说、散文、戏剧的阅读鉴赏

文学理论对文学的体裁、种类、样式有不同的划分法。三分法把文学分为：叙事类、抒情类和戏剧类。分类标准严谨一致，但划分较宽疏，不易把握。四分法把文学分为：诗歌、小说、散文、戏剧。分类标准不太严谨统一，但方便实用。人们一般习惯于四分法。体裁不同，阅读鉴赏方法和重点有所不同。

一、诗歌鉴赏

（一）鉴赏诗歌的重要性

诗歌是一个民族最早的文学样式，是文学家族的长子。在世界各国文学史上，开辟鸿蒙的都是原始歌谣，诗歌在文学发展史上占有举足轻重的地位。诗歌鉴赏在文学鉴赏中也占有特别的地位，是高层次文学欣赏的基础——一个不喜欢诗、不懂得读诗的人，很难说他懂得文学。美学家朱光潜先生在《谈读诗与趣味的培养》中说："一个人不喜欢诗，何以文学趣味就低下呢？……诗比别类文学较谨严，较纯粹，较精致。如果对于诗没有兴趣，对于小说、戏剧、散文等的佳妙处也终不免有些隔膜。……要养成纯正的文学趣味，我们最好从读诗入手。能欣赏诗，自然能欣赏小说、戏剧及其他种类文学。"诗歌，最富激情与浪漫，最能展示想象力，滋养情感与灵性。一个富有"诗心"的人，是永不消沉衰老的；一个富有"诗心"的民族，是永葆青春活力的。孔子给予《诗经》以极高的评价，说："小子何莫学夫《诗》？《诗》可以兴，可以观，可以群，可以怨。迩之事父，远之事君，多识于鸟兽草木之名。"（《论语·阳货》）又说："不学诗，无以言。""温柔敦厚，诗教也。"孔子认为，一个人不学诗简直无法与人沟通交流，并把一个地方良好的民众素养看作诗教的结果。

（二）鉴赏诗歌的技巧

诗歌鉴赏，在内容上主要是领会诗味、意境、情感、志趣，形式上主要是鉴赏诗法技巧、品味炼字和对诗词格律的剖析，方法主要是诵读、想象、品味、体悟以及必要的技术层面的剖析。英国女作家玛卓丽·布尔顿在《诗歌解剖》一书中说："能够

在‘诗歌解剖’中分析的经验多半是有关形式美的经验，本书旨在分析那些可以分析的东西，而对那些妙不可言的东西都将不置喙。”她认为诗中有可分析的和只可意会不可言传的。我们认为所谓“妙不可言”主要指“诗味”，不是不能言，而是难以言得全面、精确、到位。如果能表达出来，那最好；如果不能，就要靠个人的悟性了。读诗就要从这种看似容易而实则不容易的地方下功夫，就要学会了解这种地方的佳妙。对于这种佳妙的了解和爱好就是所谓“趣味”。

俞平伯在北大讲李清照的词《醉花阴》时，高声朗读一遍，然后连连赞叹“写得好，写得实在是好!”就下课了。梁启超讲李商隐的《锦瑟》也有类似的情况。他们都是用诵读来启发学生体悟诗味。离开诗味讲诗律、诗法，反而会损害、破坏诗的美。

关于古诗词鉴赏，请参见本书《古诗词鉴赏策略综述》。

二、小说鉴赏

(一) 小说鉴赏的重要性

小说是文学家族中的宠儿，是文学进入成熟期的产物。小说最受欢迎，阅读群最广大，也是最容易被粗读、泛读的。小说的细读需要更大的耐心和敏锐的眼光。一般人爱好小说，是被小说里的故事吸引，只专注于情节故事，而忽视人物、技巧、诗情画意等因素，实为舍本逐末，买椟还珠。金圣叹在《读第五才子书法》中说：“吾最恨人家弟子，凡遇读书都不理会文字，只记得若干事迹，便算读过一部书了。虽《国策》《史记》都做事迹搬过去，何况《水浒传》。”他在《水浒传》评点中说：“今人不会读书，往往将书容易混账过去。于是古人书中所有得意之处、不得意之处……无数方法，无数筋节，悉付之于茫然不知，而仅记前后事迹……吾特悲读者之精神不生，将作者意思尽没，不知心苦，实负良工，故不辞不敏，而有此批也。”金圣叹希望读者读小说，不是粗读只知故事，而是细读甚解作者之文心。

(二) 小说鉴赏的技巧

鉴赏小说的着重点是人物、技法和诗情画意。

1. 人物塑造是否丰满是衡量小说成败的重要尺度

鲁迅说：“写小说，说到底，就是写人物。小说艺术的精髓就是创造人物的艺术。”英国小说家福斯特在《小说面面观》中有“圆形人物”和“扁平人物”之说。所谓“圆形人物”，就是性格多面合理，形象丰满立体、有血有肉的人物，如王熙凤、贾宝玉。而“扁平人物”就是性格单一，缺少发展变化，读者用一两句话就能概括其性格的人物，如关羽、张飞等。“圆形人物”比“扁平人物”一般来说有更高的艺术价值，中外文学史上成功的文学典型，往往是“圆形人物”。

2. 人物塑造传神重于写形

这方面《红楼梦》做得最为出色。《红楼梦》里塑造了众多才貌出众的女性形象，但作者在写法上采取的是工笔和写意相结合的手法，经常把具象抽象化，把形体灵动化，把相貌神韵化，把环境意象化，给读者留下充分的想象的余地。一些主要人物更是“虚多实少，绝去形摹”。譬如黛玉的相貌自然是相当出众的，但与王熙凤、贾宝玉的肖像描写所用工笔重彩不同的是，翻遍全书，竟找不到关于黛玉相貌长得如何的具体描写，脸蛋儿是长是圆，眼睛是大是小，身材是高是矮，皮肤是白是黑，都未涉及。只在第三回进贾府时，通过宝玉的眼睛，用了“虚笔”写其气韵神情，说她“形容特别”：“两弯似蹙非蹙罥烟眉，一双似喜非喜含情目。态生两靥之愁，娇袭一身之病。泪光点点，娇喘微微。闲静时如姣花照水，行动处似弱柳扶风。心较比干多一窍，病如西子胜三分。”眼睛虽写到了，但只说是一双“含情目”，作“似喜非喜”状，绝口不提形状大小及眸子光暗深浅的程度。眉毛则像一抹轻烟，粗细、长短没有说明。作者越是这样写，越让人感到黛玉的美丽，美到难以落实的地步。只有通过每个读者的想象，塑造自己心目中的林妹妹。这就是艺术表现上的虚实结合、以无胜有，更有利于调动起读者的心理参与，与作者一起创造丰满人物。

“罥烟眉”：清、淡、秀；“含情目”：愁、娇、泪。全书都很少写其服饰，此处更是“穿戴竟无一字提及”，这是为什么呢？想黛玉身为大家闺秀，又是远离家乡，来到“钟鸣鼎食”“与别家不同”的贾府，以她自尊的性格，行动言语尚恐被人耻笑了去，其衣着肯定也不凡。但真要像写王熙凤那样，重彩详绘其服饰，势必喧宾夺主，减少人物寄人篱下的辛酸感，削弱其凄凉的悲剧色彩。因此，写黛玉衣饰不仅是次要的，甚至是不必要的。当然，人们可以根据作者对其形象的塑造，想象着给黛玉着装，那须也是类似“翠竹临风的潇湘馆”的环境之于林黛玉，应是淡而不俗，清丽高雅，合其“潇湘妃子”自然洒脱的“风流态度”，而决非王熙凤式的珠光宝气。再者，作者用“虚笔写意”展示黛玉的肖像，还为突出其才情女子超尘拔俗的空灵感：那种脉脉之情，袅娜之态，那种欲说还休的柔媚，“娇羞默默同谁诉”的眉目，那种聪明灵慧的谈吐，都从这传神的肖像描写中显示出来。黛玉是集中国三千年文化于一身的理想化身，她的美不仅在外貌，更在精神气质——书卷气、灵秀气、孤傲气。她有的是“才”，而绝非世俗的所谓“德”；她是一位“才女”，而非“淑女”。显其神而略其形，正是为免落俗臼，使这一形象更加美好理想，更浪漫富有魅力。

曹雪芹写的前八十回，凡林黛玉出场，都极少描写她的穿着服饰，她“来如春梦不多时，去似朝云无觅处”——忽然来了，又忽然走了，似花非雾，梦幻一般。因为她是活在心灵幻境中的“仙妹”，是“天上掉下个林妹妹”。而王熙凤一出场，作者不

惜浓墨重彩描写她的服饰装扮，因为她是活在现世里的“俗人”。

高鹗续写的后四十回，林黛玉的衣服有颜色了，佩戴也有交代了。林黛玉从一种心灵性的寄托，变成了一个实体性的存在——显然后四十回作者的审美境界和层次低了很多。

3. 要善于发现小说中的诗情画意

好小说不仅注重叙事和塑造人物，还很注重文笔美、意境美，注重文外韵味。《红楼梦》是最充满诗情画意的小说，如果要讲故事，《红楼梦》中没有多少故事可讲，无非家长里短、日常琐事。但《红楼梦》中一些意境优美、充满诗情画意的意境，却被人们津津乐道，经久不忘，成为绘画、戏剧等艺术形式的经典题材，如“黛玉葬花”“宝钗扑蝶”“湘云醉卧”“惜春作画”“隔花窥人”“结社赛诗”“群芳夜宴”“晴雪折梅”等都充满诗情画意，脍炙人口。《红楼梦》不仅许多地方的描写充满诗情画意，而且把中国古代绘画美学的精髓自然地运用到了小说中。脂砚斋批语说：“余所谓此书之妙，皆从诗词句中泛出者，皆系此等笔墨也。”“此书最好看如此等处，系画家山水树头丘壑具备，未用浓淡墨点苔法。”

朱光潜说：“一切纯文学都要有诗的特质。一部好小说或是一部好戏剧都要当做一首诗看……不爱好诗而爱好小说戏剧的人们，大半在小说和戏剧中只能见到最粗浅的一部分，就是故事。所以他们看小说和戏剧，不问它们的艺术技巧，只求它们里面有有趣的故事……爱好故事本来不是一件坏事，但是如果要真能欣赏文学，我们一定要超过原始的童稚的好奇心，要超过对于《福尔摩斯侦探案》的爱好，去求艺术家对于人生的深刻的观照以及他们传达这种观照的技巧。第一流小说家不尽是会讲故事的人，第一流小说中的故事大半只像枯树搭成的花架，用处只在撑持住一园锦绣灿烂生气蓬勃的葛藤花卉。这些故事以外的东西就是小说中的诗。读小说只见到故事而没有见到它的诗，就像看到花架而忘记架上的花。”

三、散文鉴赏

（一）散文鉴赏的重要性

1. 散文量大面广

散文是人们生活中最常接触到、受众面较广的一种体裁，是阅读鉴赏的重点和难点。散文是对人类真我的袒露，是人类自在生命的一个精神家园。解读散文，就是解读、品味人类自身。

2. 散文的定义

散文在几种文学体裁中是最难精确定义的。“散文”最早是区别于“韵文”而提出的一个概念，押韵的是韵文，包括诗、辞、歌、赋、词、曲等；不押韵的都算散文，范围较宽泛。刘勰的《文心雕龙》中有“论文叙笔”说，“文”是有韵的，“笔”是无韵的，即散文，包括“史传”“诸子”等。现在说散文，是指区别于小说、诗歌、戏剧的一种文体，也较宽泛。

3. 散文的分类

散文按内容可分为记叙散文、抒情散文、议论散文（杂文）、说明散文等；按作者可分为作家散文、学者散文；按时代可分为古典散文、现当代散文等。

（二）散文鉴赏的技巧

1. 把握散文的“气脉”

“气脉”包括“气势和脉络”两层含义，两者密切相关。王夫之使用过与“气脉”相近的“文脉”的概念，他认为文脉绝不能像傀儡戏中牵动的细线那种外在的牵强的东西，而应像人身上的脉络，藏在肌肉血液中，从头顶到脚跟脚趾，贯穿全身，使文章成为有机的整体。

古代文论对“气”的论述较多，“气”即作家创作时的心理状态、活跃的思维和充沛的情感，或曰文本中运动着的、把其中所有要素串联起来的精神之流，也就是文中的气势。所谓“议论波澜阔，文章气脉长”。古代的散文大家庄子、孟子、韩愈、杜牧、欧阳修、苏轼等都很讲究气势。孟子说：“我善养吾浩然之气。”论想象奔放奇幻，没人能超过庄子。李白在《大鹏赋》中说庄子的文章：“吐峥嵘之高论，开浩荡之奇言。”鲁迅评价庄子的文章说：“其文汪洋辟阖，仪态万方，晚周诸子之作，莫能先也。”讲辩论的气势、严密的逻辑和真挚的情感，韩愈是百代宗师，苏洵说韩愈文章：“如长江大河，浑浩流转。”杜牧说：“凡为文以意为主，以气为辅，以辞采章句为之兵卫。”（《答庄充书》）欧阳修的文章“往复百折，而条达疏畅，无所间断”。至于舒卷自如，如行云流水，行于所当行而至于不可不止，苏轼可谓古今第一，所以有“韩潮苏海”之说。

散文的“脉络”主要指散文的结构，一篇散文成败的决定因素，除了气势，就是脉络结构。散文的“散”绝不是随意的松散、散漫，而应有完美严谨的结构美。有了结构美，一篇散文才成为完整的艺术品。散文词句的修饰虽然重要，但那是“战术性”的微观调整，而结构却是关乎全局的“战略性”的宏观谋划。结构是一切文章的组织法则。人们常把主题比作文章的灵魂，把材料比作文章的血肉，那么结构也就是文章的骨架了。一篇散文的内容必须依靠结构固定并显示出来，结构是作品思想内容的形式体现。鉴赏散文，对其结构进行剖析，也就好比是对散文进行人体解剖一样，这对于我们了解散文的内部构成与联系，深入到散文的骨子里头仔细体会其奥妙所在，有着重要的意义。对散文结构的剖析一直是个难点，它需要鉴赏者有较好的散文艺术修养。

散文结构脉络上讲究“起承转合”。“起”——开头；“承转”——承接、展开、转折、伏笔、照应等；“合”——收尾。都要考虑周全，才好动笔。

文章的“起”——开头很重要，怎样“起”，没有一定之规，但开头的好坏关乎全文的成败。苏轼的《韩文公庙碑》是应潮州知府的请求而作，苏轼对这篇碑文很重视，与那位知府书信往来数次。在起笔处颇为斟酌，拟了多种方案都不满意。最后突然想起两句“匹夫而为百世师，一言而为天下法”，接下去全篇一挥而就，一气呵成。欧阳修的《醉翁亭记》，据朱熹说，也是很费了一番心思，开头改过多次，最后确定为“环滁皆山也”。这样的起笔，看似一般，而且不符合当地的实情：滁州的四周并非被山环绕，只是在西南角有一些山。清代何绍基就曾质疑：“如何陵谷多迁变，今日滁州竟少山。”可能有人会说，文学描写不必过分拘泥于实际。但问题是欧阳修为何要这样描写呢？欧阳修当时因朝廷争斗受挫，从京城被贬到滁州，心怀郁闷又不便明言，皇城里生活久了的人初到偏远地区，对地形的感知与当地人会有所不同：乡下人看作通途的，城里人认为是小道；乡里人认为小山的，城里人看作峻岭。欧阳修的《醉翁亭记》如此“起”，更主要的是因为作者被贬到偏远之处，心情郁闷，自然觉得滁州闭塞，与世隔绝，“环滁皆山也”更像主观心理的感知反应——虎落平阳、龙游浅滩的忧思、愤懑。所以看似平淡、普通的起笔，实则蕴含着很深的情思。

散文的“承”与“转”（承接、转折、展开、伏笔、照应等）是体现文脉思路的主体部分。对于某些散文，理清其思路脉络是正确深入解读的前提，否则可能南辕北辙，徒劳无功。譬如我在解读巴金的《灯》时发现，旧教参将《灯》的文脉归结为：“眼前（灯）→回忆（灯）→联想（灯）→眼前（灯）”，这种“平面循环”的脉络结构分析没能从“本质”上揭示《灯》的情感脉络，不符合《灯》的实际行文顺序和逻辑思路。而且在谈及《灯》的艺术特色时，也仅是笼统地指出“运用了象征手法”，但到底是怎样由“具象”到“抽象”实现象征的，其情感脉络究竟是如何发展变化的，则语焉不详。

我认为《灯》的整体文脉思路是“纵式递进”的：实现了两次由“具象物质的灯”向“抽象精神的灯”的象征性升华：第一次由给“身体”指路的灯，升华为给“心灵”指路的灯；第二次由给“渔人”导航的灯，升华为给“人生”导航的灯。在两次升华中从两个角度——无意受惠和有意施惠——逐层深入地写了“三类灯”——无意中使人受惠的灯；有意施惠但仅为亲人弟弟和情人而点的灯；不仅有意施惠，而且完全是为救助陌生落水人而点的灯——就如同三个里程碑或三级跳，将作者的思想感情逐步推向高峰。

我的《〈灯〉教学设计》最早发表于《中学语文教学参考》1997 年 8～9 期合刊。人教社编写新《高中语文第三册教师教学用书》时，从“整体感知”“思路分析”“鉴赏要点”“解题指导”“教学建议”“过程要点”“导语设计”“板书设计”等，均采用了我的研究新成果。后来我又把《灯》的赏析，改写为《步步升华，渐入佳境——巴金〈灯〉脉络思路探幽》和《〈灯〉的三次情感升华》的鉴赏文章，分别发表在《名作欣赏》2002 年第 2 期和《语文学习》2004 年第 4 期。我对《灯》的结构思路所做出的全新解读和创造性突破，对广大教师的备课教学，提供了新的思路和参考。

散文的“合”——收尾，与“起”一样也很重要，优秀散文作家都很注重结尾，因为它关乎读者对全文主旨的把握。“合”的方法很多，或首尾呼应，或画龙点睛，或议论升华，或卒章显志，或余韵悠长，或留下想象，不一而足。有时候散文的结尾意思非常隐晦，需要读者细心体悟。譬如杨朔的《荔枝蜜》，开头说自己“总不大喜欢”蜜蜂，结尾却说：“这天夜里，我做了个奇怪的梦，梦见自己变成一只小蜜蜂。”这既是首尾呼应，又是境界的升华，表现出作者对蜜蜂情感的变化升华：由怕恨，到喜爱，到敬仰，到渴望成为蜜蜂，很富有匠心。

2. 进入文境，感受体悟

古人认为，读书要善“入”善“出”。所谓“入”，即能入于作品之内，进入作品的境界，与作品中的人物同喜共悲，与作品中描述的情景同情共意；还要入于作家内心世界，通过咀嚼字句，揣摩作者的良苦用心，发现其深曲隐衷。所谓“出”，则是指鉴赏者决不能完全沉浸在作者所创造的情景境界中而失去自我，必须跳出书外，冷静客观地对作品进行实事求是的鉴赏评价。

“诗境尚虚，文境征实。”诗歌鉴赏需要虚的想象，而散文鉴赏需要“征实”——感受体悟，这才可能将散文里真实的具体的东西准确充分地复现在我们面前，从而体味其意境之美。一个人的散文鉴赏水平，至少一半取决于他对散文意境的感受力。所谓感受力。即指读者对散文艺术形象的一种领悟能力，指读者对作者所描写的形形色色的生活图画，可以在自己的心目中毫不费力地复现出来，能从中获得某种称心适意的共鸣美感。然而，真正能够设身处地、感同身受地去涵咏玩索的人并不是很多。一个人对散文形象的感受力是在长期实践中培养起来的，或者说是由于反复的经验获取而形成的一种敏捷性。这里说的经验，应是一个含义十分丰富的概念，包括生活经验、艺术经验和知识积累等，诸方面结合在一起，也就具体构成了我们说的对艺术形象的感受力。

3. 理清把握线索

散文之所以姓“散”，就是因为作者“精骛八级，心游万仞”，如风行水上，纵横驰骋，洒脱不羁。行文开合自如，飘逸无碍。刘熙载《文概》中说：“文如云龙雾豹，出没隐见，变化无穷。”又云：“文之神妙，莫过于能飞。庄子之言鹏曰‘怒而飞’，今观其文，无端而来，无端而去，殆得‘飞’之机者。”散文这种飘逸之美，鉴赏者就要善于明察草蛇灰线一样标明来龙去脉的“线索”。如果我们把作者行文的线索牵住了，然后再披文入情，沿波讨源，依源整派，也就犹如按图索骥一样容易得多。此

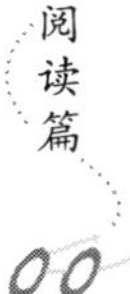

时，其文章无论怎样“出没隐见，变化无穷”地飞来飞去，读者都能够驾驭其主旨，达到纲举目张，循干理枝，因枝振叶，牵一线而明全篇之目的。

线索之于散文是不可须臾离开的东西。因为越是无拘无羁的体裁，就越需要维系其艺术生命的线索，使生活的珍珠串连在一起。散文线索归纳起来有三大类型：纵式、横式和纵横交错式。

（1）纵式线索，就是以事物本身发生发展的进程为线索，纵深地组织材料。最为常见的形式是以时间次第为线；也有以空间转移为线的，如写景一类的散文；还有以情节为线的，常见于叙事散文。

（2）横式线索，就是以内在的思想感情或外在的某个物件来连缀各种互不关联的“画面”“片段”，按事物的性质归类，并列地组织材料。横式线索在具体运用中又有种种不同。诸如以情感为线、以事理为线、以物件为线等，这在横式线索中运用得最普遍，也是最能表现散文文体特征的形式。比较来说，纵式线索更符合事物发生发展的自然顺序或进程，也更符合人们循序渐进的普遍认识规律。横式线索则带有某种哲学的抽象，行文中时有跳脱，因为被线索连缀在一起的是一些各不相干的材料。这样，就从形式上拉开了创作者与鉴赏者之间的距离，给鉴赏者造成了一定的理解难度。而名家名作特别善于处理与鉴赏者之间的矛盾，精于明为跳脱（断）暗为联结（续）。善断善续，能够把明断与暗续辩证地统一起来。

（3）纵横交错式线索，是对以上两种方式的综合运用。这种情况，在一些游记散文里颇为常见。游记如果单用一条游踪的纵线，文章就很可能像记流水账一样，写得散漫，故往往在游踪的线索之外再加一条横式线索来约束。当然，这种线索在一般叙事散文中有时也可以碰到。如曹靖华的《小米的回忆》，既以时间次第来展开回忆，又以横式线索“小米”（物）来贯通。

其他各种形式的线索，无论怎样变化，都不过是纵式、横式和纵横交错式这三大类型的变式。

4. 由表及里，探索主旨

主旨是一篇散文的灵魂。鉴赏散文，将散文的“灵魂”——主旨探索到了，也就等于抓住了散文作品的本质，这同样是散文鉴赏的一个重要的决定性的步骤，特别是有些散文的主旨隐晦含蓄，如韩愈的《进学解》、龚自珍的《病梅馆记》、丰子恺的《口中剿匪记》、高尔基的《海燕》等。《史记》中将散文主旨称为“谈言微中”：“谈”即说话或写文章；“言”即表达方式和技巧；“微”即委婉含蓄；“中”即切中事理、寓意深刻。探索散文主旨的途径与方法主要有五种：

第一，从作品的写作背景探索主旨。

主旨的表现不可能离开一定的写作背景和作者的世界观，弄清写作背景和作者的写作心情，是探索散文主旨的重要途径。例如向秀的《思旧赋》，言不尽意，欲言又止，那是在司马氏的高压背景下写的，其主旨就是哀悼嵇康之死，控诉司马氏滥杀无辜的残暴。

第二，从作品的“文眼”探索主题。

文眼，是指那些最能集中反映主旨的特别精炼警策的词句，也即散文主题的凝聚点、点睛之笔，正是我们探索散文主题的关键。刘熙载在《文概》中说：“余谓眼乃神光所聚，故有通体之眼，有数句之眼，前前后后无不待眼光照映。”所谓“神光”，即散文的主旨；所谓“照映”，即主旨对散文的统摄作用。如柳宗元《捕蛇者说》中的“苛政猛于虎”，杜牧《阿房宫赋》中的“后人哀之而不鉴之，亦使后人而复哀后人也”，萧伯纳《贝多芬百年祭》中的“贝多芬的音乐是使你清醒的音乐，而当你想独自一个静一会儿的时候，你就怕听他的音乐”，都是“神光”闪烁之处，透过它们即可以窥探文章的奥秘。

第三，从作品的重点段落探索主旨。

一篇散文的大部分段落与主题的关系并不是直接的，有的甚至完全是出于结构上的考虑，与主题全无关系。一篇散文的主旨，常常是通过作品中的某一两个重点段落来表现的，它好像是支撑一篇散文的“着力点”，是我们探索主旨应着重关注的地方。

第四，从作品的内部联系探索主旨。

大部分散文，表面看来的确是“散”的，但它的内部却极有条理。循章求旨，在作品的内部联系中掌握行文的来龙去脉，分析主题，这也是一个有效的办法。

第五，从作品的总体倾向上探索主题。

探索散文主题要从作品的全局着眼，不能以偏概全，断章取义。

5. 关注语言、技巧等形式美

散文的形式美，是散文鉴赏不可或缺的重要内容，包括语言文辞、表达技艺和营构艺术等。

散文的语言是最具个性色彩的，也是最富有创造性的。察言观色，感知文辞的魅力特色，是鉴赏散文的重要一步。文辞是作者最先给予鉴赏者的一种情感的明示或者暗示，鉴赏者获得这样的示意以后，自然会产生一种情绪上的反应，然后便能直接快速地进入文本的情感氛围，由浅而深，由弱而强，走进文本的情意深处。不同的个性风格有不同的用语方式和用语习惯，因而形成不同的文辞美质。无论是本色天然，自由率真，还是浓墨重彩，金声玉振，抑或是标新立异，活跃灵动，“言文体性”，依时而变，各具风采，也各具魅力。解读者要领略其语言艺术的魅力，就要从语言的构成——文辞入手。而体察文辞，则包括文辞的色彩、词性和词语组合的形式、方式及其形成的声韵、气韵效果等。

散文的表达技巧尤其丰富多彩，本书《鉴赏文学作品的表达技巧》一文中有专门阐述。

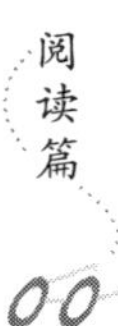

四、戏剧鉴赏

戏剧，是一门融合文学、音乐、舞蹈、美术等多种艺术因素的综合艺术。其中为演出而创作的“剧本”也叫“戏剧文学”。剧本是供舞台演出所用的，也可以拿来阅读欣赏。

戏剧文学鉴赏需要把握戏剧的下述特点。

1. 人物、事件、时间、地点的高度集中

因为写剧本必须时刻考虑到要搬上舞台，这就使剧本带有明显的“舞台性”。由于戏剧演出受时间（演出时间不能太长，一般在2～3小时）、空间（有三面墙框住的舞台，且不能太大）的限制，所以戏剧文学一般篇幅不能太长，人物不能太多，情节不宜太复杂，场景变换不能太频繁。要求在有限的时间、空间和容量里，迅速展开矛盾冲突，反映社会生活，塑造人物形象。欧洲古典主义曾提出戏剧创作的“三一律”原则：要求写一天之内在一个地点发生的一件事。尽管这一戒律因把戏剧的“集中性”强调到“束缚人”的程度而被后来的剧作家打破，但戏剧要求“人、时、景”的高度集中这一点始终未变。譬如曹禺的《雷雨》，反映周、鲁两家的矛盾斗争长达30年之久，实际生活涉及的事件、人物、时间、地点都很多，而剧本却把剧情集中在一个夏天的上午到半夜两点这段短暂的时间内，只选择周公馆和鲁家两个地点，主要人物只选取了周、鲁两家8个人。又如郭沫若的《屈原》，用屈原的一天经历，表现其一生的精神，都充分体现了戏剧高度集中的原则。

2. 尖锐、强烈的戏剧冲突

所谓戏剧冲突，就是指社会生活中的矛盾斗争经剧作家选择、提炼、加工后在戏剧中的集中反映，它表现为具有不同意志和性格的人之间的尖锐而激烈的冲突状态（或称“危机状态”）。戏剧冲突是构成戏剧的根本要素，“没有冲突就没有戏剧”。人们评论戏剧常说“有戏”“没戏”，指的就是有没有“戏剧冲突”。戏剧冲突越是尖锐，戏剧性也就越强。小说、散文、诗歌可以反映生活中的矛盾冲突，也可以不反映，但戏剧一定要反映矛盾冲突，而且反映的矛盾斗争要特别尖锐、强烈、集中，才能吸引观众。

之所以叫“戏剧冲突”，而不叫“戏剧矛盾”，就是因为戏剧作品要在两三个小时达到长篇小说的效果，必须写出关键性情节，写出生活中最富戏剧性的时刻，围绕一个中心，一步步将矛盾推向高潮（包括每场的“小高潮”和全剧的“总高潮”），达到“危机”顶点，到矛盾非解决不可的程度——这样才能使剧情强烈地吸引观众，具有扣人心弦的艺术力量。有人说：“戏剧是危机的艺术，而小说是逐步发展的艺术。”譬如《雷雨》中，集中写了周朴园与梅侍萍、鲁大海的冲突，繁漪与周朴园、周萍的冲突，周萍与周朴园、四凤、鲁贵、鲁大海的冲突等。这些冲突迅速发展、激化，最后在雷雨之夜总爆发，家毁人亡，形成大悲剧。

一出戏表现的是冲突的发生、发展和解决的过程。剧作家把戏剧冲突摆出来，引起读者（观众）的期待、好奇，为冲突的某一方或几方担心，并急于知道冲突的结果，所以在情节设置上就着重设置矛盾和解决矛盾，也就是系结和解结。剧本创作的技巧在很大程度上就是表现冲突的技巧。英国戏剧理论家威廉·阿契尔在《剧作法》中说："戏剧建筑的最大秘密的最大部分在于一个词——紧张。而剧作家技巧的主要内容就是在于产生、维持、悬置、加剧和解除紧张。"

3. 人物语言的口语化、个性化、动作化及潜台词

戏剧文学是靠人物语言塑造形象、展开矛盾、反映生活的。除了少量的处于辅助地位的舞台说明外，全都由人物语言——台词（包括对白、独白、唱词等）组成，这就对人物语言有更高的特殊要求，即口语化、个性化、动作化和意蕴丰富的"潜台词"。

（1）**口语化**。因为戏剧语言主要是用来"说"给观众"听"的，而且舞台上只说一遍，不像剧本看不懂可以反复看，加之观众的文化水平参差有别，所以台词要通俗明白，不能艰深晦涩，要"口语化"。

（2）**个性化**。戏剧语言又要反映不同人的个性特征，什么人说什么话，使台词成为特定情景下特定人物的特定语言，而不是可以相互代替的公式化、一般化语言，要"个性化"，从而塑造出栩栩如生的典型人物。

（3）**动作化**。动作化是戏剧文学的专业术语，又称"动作性"，要求台词有明确的行动目的，足以推动动作（包括外部动作和心理活动），能引起对方强烈反映，产生冲突，展示丰富的内心世界，不断推动剧情向前发展。别林斯基说："戏剧性不在于对话，而在于对话者彼此生动的动作。譬如说，如果两个人争论某个问题，那么这里不但没有戏，而且也没有戏的因素；但是，如果争论的双方彼此都想占上风，努力刺痛对方性格的某个方面，或者触伤对方脆弱的心弦，如果通过这个，在争论中暴露了他们的性格，争论的结果又使他们产生了新关系，这就已经是一种戏了。"丁西林的《三块钱国币》的对话，很好地体现了这一点。

（4）**潜台词**。戏剧语言中还有大量寓意丰富含蓄的"潜台词"。所谓"潜台词"，是指人物语言的深层含义或言外之意。由于剧中特有的规定情景，人物通常都不需要把自己的思想感情和盘托出，或言少而意多，或言尽而意余，或言此而意彼，或言意恰相反。优秀剧作中，"潜台词"是组成作品内容的重要因素，阅读时要认真体会揣摩。

中学课本所选的《雷雨》《茶馆》，是戏剧文学的代表，很好地体现了戏剧文学的特点，特别是语言特点，可阅读品味。

古诗词鉴赏策略综述

古诗词鉴赏主要是鉴赏古诗词的形象之美、语言之美、技巧之美和情感之美四个方面。鉴赏的核心是审美，即挖掘作品中的美感因素，达到某种美感享受。鉴赏的目的是评价，通过理性思考，评价诗词的优劣高下。古诗词鉴赏能力，涉及古诗词阅读理解、文化常识、审美赏析、艺术技巧、语言修辞、背景材料、作者生平等多方面知识的容量和能力的积淀，决非一蹴而就的事。但并不因此说古诗词鉴赏没有规律、方法可循。要提高古诗词鉴赏能力，可以从以下几个方面入手。

一、了解古诗词的体裁、风格、流派

古典诗词有庞大而严密的体系，子体系下又有不同的分支。鉴赏古典诗词，首先要弄清其体裁特点，“诗、词、曲”体裁、类别不同，形式、韵味也就不同，鉴赏方法、侧重点自然也就不同。

（一）诗

诗较正统、典雅、严谨。出现的最早，是诗歌的主流。唐以前的都是诗，至唐代达到高峰。唐以后的宋诗也很有特色，也有大家，如苏轼、陆游等，但总体上比唐诗逊色一些。明清的诗，就更逊色一些。

1. 诗的分类

诗就内容分为叙事诗（如《孔雀东南飞》《木兰诗》）和抒情诗（如李商隐《无题》）。诗就形式体裁分为古体诗（又称“古风”）和近体诗（又称“格律诗”）。“古体诗”“近体诗”之名始于唐代。唐人把当时新出现的格律诗称为“近体诗”，而把唐以前格律限制较少的诗称为“古体诗”。

唐以前的诗都是“古体诗”，包括：《诗经》，《楚辞》，乐府诗（如《古诗十九首》《孔雀东南飞》《木兰诗》和乐府诗的一类“歌行体”——标题中含有“歌、行、曲、吟”的诗，如《陇头歌》《蒿里行》《西洲曲》《白头吟》等），曹氏父子为代表的建安诗人写的诗，魏晋南北朝的陶渊明、谢灵运的诗。唐代以后许多文人仿照古体诗的体式写的诗，如杜甫的《三吏》《三别》《兵车行》，李白的《蜀道难》《梦游天姥吟留别》，白居易的《长恨歌》《琵琶行》等，也可纳入此类。“古体诗”由民歌发展而来，形式比较活泼自由，三言、四言、五言、六言、七言、杂言都有，押韵、对仗、平仄等格律限制较少。

“近体诗”自唐代才出现，主要分为两大类：律诗和绝句。

律诗的主要特征是八句、四联。一、二句称“首联”；三、四句称“颔联”；五、六句称“颈联”；七、八句称“尾联”。要求“颔联”（三、四句）、“颈联”（五、六句）必须对仗，其他联可对可不对。偶数句（二、四、六、八句）必须押韵，而且是押平声韵（即阴平和阳平），其他句可押可不押。五言称五律，七言称七律。

绝句的主要特征是四句，偶数句（二、四句）必须押韵，其他句可押可不押，对仗较灵活，可全首对仗或不对仗，也可前联或后联对仗。绝句其实是律诗的一半，古代文人有各吟四句合成一篇的喜好，有时无人联吟，四句独立成篇，故而也称“截句”“断句”“短句”。五言称五绝，七言称七绝。

总之，古体诗形式较灵活，近体诗形式较严谨。体式不同，鉴赏的方法、侧重点有异。唐以前的都是古体诗，唐以后也有古体诗。唐以前没有近体诗，唐以后才有近体诗。

2. 诗的风格流派

诗有两大传统风格：

一是以《诗经》为代表的“现实主义传统”，为汉乐府、建安诗人、陶渊明、杜甫、白居易，直至宋元明清一代代诗人发扬光大。其特征是：真实反映现实生活，反映人民疾苦，揭露现实深刻而尖锐。

二是以屈原的《离骚》为代表的“浪漫主义传统”，为李白、李贺、苏轼、陆游、龚自珍等发扬光大。特征是：想象丰富奇特，大胆夸张，重在抒发主观感情等。

每个成熟的诗人都有自己的风格：风格是指诗人在选材、思想感情、塑造形象和语言运用等方面形成的创作特色。如陶渊明的厌恶官场，向往田园，语言平实；李白的飘逸狂放，愤懑不平；杜甫的沉郁顿挫，忧国忧民；李贺的想象新奇，意境瑰丽；王维的诗情画意，意境优美等。把握住诗人的主要风格，就为鉴赏打下了基础，把握了基调。

几个风格相似的诗人就形成“流派”，唐诗较著名、影响较大的有两大流派：

其一是以高适、岑参、王昌龄、王之涣等为代表的“边塞诗派”。特征是描写壮丽辽阔的边疆景象，表现驰骋沙场、建功立业的壮志豪情，抒发慷慨从戎、抗敌御侮的爱国思想，或反映征夫思妇的忧怨、艰苦生活、唐帝国内部的各种矛盾等。边塞诗人的作品气势奔放，慷慨激昂，给人一种奋发向上的力量。

其二是以孟浩然、王维为代表的“山水田园诗派”，他们继承魏晋南北朝以来陶渊明、谢灵运、谢朓等人的田园、山水诗的创作传统，形成了具有共同题材内容和相近艺术风格的诗歌流派。他们的诗歌描绘自然山水和田园风光，表现返璞归真、怡情养性的情趣，抒写隐逸生活的闲情逸致。风格清新自然，意境淡远闲适，写景状物工致传神。

（二）词

1. 词的含义

词是隋唐时起源于民间的一种合乐可歌、句式长短不齐的诗体，至宋代达到高峰。词较律诗通俗、活泼，受格律束缚较少，故而词也称“诗余”“长短句”“乐府”等。

2. 词的要素

词有“词牌”和“词题”，如《念奴娇·赤壁怀古》中，“念奴娇”是词牌，“赤壁怀古”是词题。“词牌”原是曲调、曲谱名称，表示一首词的唱腔、唱调，后曲谱失传，“词牌”便仅用来标志一首词的形式格律（词的句数、字数等）。相同词牌的词的句数、字数基本相同。所以，写词也叫“填词”——往固定格式里填入字句。词一首叫一阕（音乐术语），分上下阕（片）。

3. 词的分类

词按字数分为小令（58字以内）、中调（59～90字）、长调（慢词，91字以上）。

4. 词的风格流派

词分为以苏轼、辛弃疾为代表的“豪放派”和以柳永、秦观、李清照等为代表的“婉约派”。豪放派作品气势豪放，意境雄浑，苍凉博大，志趣高远，雄劲粗犷，深沉悲壮，充满豪情壮志，多给人一种积极向上的力量。婉约派作品委婉含蓄，缠绵蕴藉，清丽淡雅，格调或凄清孤寂，或轻松活泼，或离愁别绪，或深沉幽怨，题材较狭窄，多是写个人遭遇，男女恋情，也间有写山水，融情于景的。

（三）曲

1. 曲的含义

曲是继诗、词后起源于民间的一种配乐歌唱的诗歌体裁，元代时达到高峰。因此有“唐诗、宋词、元曲”之说。

2. 曲的分类

曲又分剧曲和散曲：剧曲就是元杂剧，散曲又包括套数（同一宫调的曲子连成一体）和小令（曲中的小令是独立一支曲子，如马致远的《秋思》，与词的“小令”概念不同）。

3. 曲的要素

曲有“宫调”“曲牌”和“曲题”，如马致远的《越调·天净沙·秋思》，“越调”是宫调；“天净沙”是曲牌；“秋思”是曲题。宫调，是乐曲的调式，标志乐曲的音的高低、强弱和声情，类似于现代的G调、F调等。曲牌，又叫曲调，标志一支曲子的谱式，类似词牌，规定曲子的句数、字数、平仄押韵格式。每个宫调都包含若干曲牌，每个曲牌都隶属于一个宫调。曲较词更活泼自由、口语化，甚至有衬字，故而曲也称“词余”。

二、古诗词的鉴赏方法

鉴赏古诗词可从形象、语言、技巧和情感四个方面入手。

（一）鉴赏古诗词的形象之美

1. 掌握古诗词中常见的意象（典故）

所谓“意象”，就是古诗词中渗透了作者主观感情的艺术形象。“意”就是情感，“像”就是物象、形象。一切客观外物只有渗透浸润了诗人的情感，才能获得灵气与生命。月亮不是意象，但“我寄愁心与明月，随君直到夜郎西”中的“明月”就是意象，因为此时的“明月”已经成为寄托诗人思念和祝福的拟人化的使者。花、鸟不是意象，但“感时花溅泪，恨别鸟惊心”中的“花、鸟”是意象，因为它们渗透了作者“感时、恨别”的深情血泪。

古诗词中一些特定“意象”往往表达特定的含义和情感，具有象征性和含义的相对稳定性，人们称之为“传统性意象”“象征性意象”“公共意象”。鉴赏时，如果能挖掘出这些“意象”的内蕴，就不难把握作品的思想情感基调了。

（1）**植物类**。如折柳（柳絮、柳岸）——伤别、挽留、思乡、缠绵等；松、竹、梅、菊、兰芷——品格高洁、超尘拔俗等；梧桐、芭蕉——孤独忧愁、离情别恨等；落红——衰残、惋惜、无奈等；红豆——相思、情谊；红叶——以诗传情；黄叶（落木）——凋零失意、美人迟暮；折桂——科举及第；征蓬——思念、思乡；采薇、五柳、三径——隐者、隐居地；牡丹——富贵；桃花——美貌；怀橘——孝顺；咏絮——女子有诗才；黍离——昔盛今衰、痛惜伤感。

（2）**动物类**。如杜鹃（子规、杜宇、望帝）——悲苦哀怨、离别思念、志士忠诚等；猿鸣——旅途伤感；鹧鸪——远行思念、惆怅伤痛等；鸿雁（雁书、雁足、鱼雁、双鲤）——书信、游子思乡、闺妇思人等；青鸟（青鸾）——情人信使；沙鸥——忧愁、白发等；哀鸿——流离哀痛的百姓；白衣（云）苍狗——世事变幻；归雁——思念、思乡；莼鲈——思乡；蝙蝠——幸福；寒蝉（暮蝉）——别离、惜时、

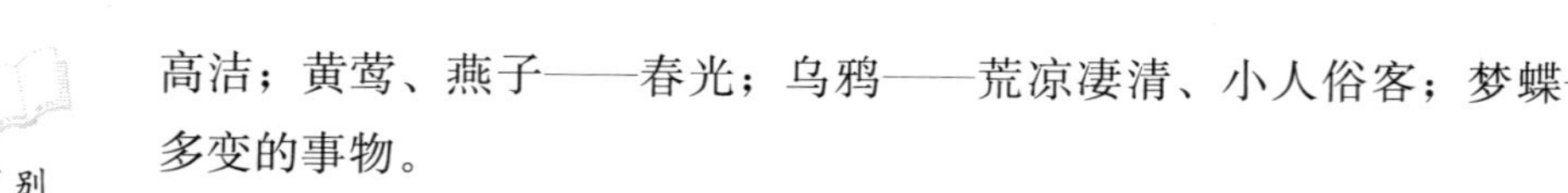

高洁；黄莺、燕子——春光；乌鸦——荒凉凄清、小人俗客；梦蝶——迷幻的梦境、多变的事物。

（3）**器物类**。如羌笛——幽怨、凄凉、别意、乡情等；尺素——书信；锦字——女性书信；绿窗——温馨的家庭、闺阁情调；征衣——远行、边塞、征战、思人等；吴钩、金络脑——建功立业的抱负等；击楫——报效国家、收复失地等；昆山玉——杰出的人才；雕虫——微小技术；南冠——囚犯；投笔——弃文从武。

（4）**景物类**。如明月——离愁别绪、思乡怀人、理想缺憾；东篱——归隐田园、闲情雅致等；残阳（夕阳、黄昏）——孤独感伤、伤古吊昔、珍惜光阴；浮云——游子飘荡、邪恶蒙蔽等；西楼——孤寂、伤感等；关山——遥远、思乡、念人等；长亭、阳关、南浦（别浦）——送别之地、伤感等；劳歌——送别之歌；绿云——浓密乌亮的女性美发、美丽的云彩、茂密的树叶、翠竹等；绿绮——美琴、美云、美丝等；新亭——怆怀故国、忧国伤时等；春风——得意、皇恩；流水——岁月流逝、绵长愁苦；古迹——怀古伤今；化碧（碧血）——冤死、忠诚、正义；长城——守边大将；楼兰——边境之敌；破（斩）楼兰——建功立业；折腰——屈身事人。

以上意象的含义是就其一般情况而言，具体到一首诗中，还要具体分析。古诗词中还有许多意象，需要在长期的鉴赏实践活动不断积累掌握。

2. 体悟诗词的意境

（1）**意境的含义**。意境，是诗词所描绘的生活情境（或自然景物）与作者强烈的思想感情融合一致而形成的一种艺术境界。意象与意象的组合，就升华为意境。所谓“意”，即情意，作者的主观感情，就是作品抒发的思想感情；所谓“境”，就是生活情境、客观景物，就是诗中所描绘的艺术画面。

（2）**意象与意境的关系**。意象与意境，犹如水珠之于云霞，砖瓦之于建筑，是个体与整体的关系。意境是诗词鉴赏的重要元素，是品评诗歌优劣高下的重要标准。古人云：“诗的品评在意境的高下。”

在诗词中，“意”不能赤裸裸说出来，而需借助生活情境来表现；“境”不能是纯客观的物象，需要包含思想情感，所谓“诗言志”。“意”与“境”不是机械相加，而是有机融合。正如钱钟书所言：“理之在诗，如水中盐，蜜中花，体匿性存，无痕有味。”因此，“意境”说白了就是“情景交融”的别名，就是作者的主观感情和客观事物相互交融而形成的艺术境界。

如张继的《枫桥夜泊》通过对“月落、乌啼、霜满天，江枫、渔火、寒山寺，夜半、钟声、客船”等意象的描写，抒发了诗人科举落第之后的惆怅、苦闷之情，形成了羁旅思乡、夜不能寐的凄苦的艺术境界。再如叶绍翁的《游园不值》，诗人春游，不料园门不开，正欲扫兴而归，却看到一枝红杏探出墙外。写景叙事中，流露出作者淡淡的遗憾和意外的惊喜，水乳一般交融起来，这就是意境。

某些诗词读来无味，美感韵味不足，原因可能是多方面的，仅就“意境”角度而言，有以下几种情况：

1）**乏境**。如“年轻朋友们，四化高潮到来了！让我们团结起来，并肩战斗，振兴中华!”的“标语口号体”，有意，但乏境，缺少生动感人的形象。

2）**缺意**。像《红楼梦》中呆霸王薛蟠的“一个蚊子哼哼哼，两个苍蝇嗡嗡嗡……”的“薛蟠体”，没有什么思想意义。

3）**意境不统一**。如孟浩然的《临洞庭上张丞相》：“八月湖水平，涵虚混太清。气蒸云梦泽，波撼岳阳城。欲济无舟楫，端居耻圣明。坐观垂钓者，徒有羡鱼情。”就“境”来看，浩渺阔大；就“意”来说，仅是希望得到权贵的推荐提携。“境”大“意”小，不相统一，使读者难以得到更多的美感享受。相比杜甫的《登岳阳楼》：“昔闻洞庭水，今上岳阳楼。吴楚东南坼，乾坤日夜浮。亲朋无一字，老病有孤舟。戎马关山北，凭轩涕泗流。”境象壮博，情意深沉，忧国忧民，意境协调，感人至深。

4）**意境浅谈**。如某些“打油诗”：“江上一笼统，井上一窟窿。黄狗身上白，白狗身上肿。”虽然通过一定形象表达了一定的生活情趣，有“意”但失之浅薄，有“境”但过于平淡，相比柳宗元的《江雪》一诗，意境浅淡得多，所以并不动人。

“意象”重在把握“象”，“意境”重在把握“意”。需要特别指出的是，“意境”不是现成的，不是读者被动接受就可以领略其中奥妙的。诗歌的形象只是提供了引导读者进入意境的桥梁，读者只有了解古诗词鉴赏的有关知识以及诗作的背景资料等，再发挥自己的联想和想象，进行再创造，抓住景物特征，入境、入情、入理，才能领悟到古诗词中丰富的内涵情感。

（二）鉴赏古诗词的语言之美

鉴赏古诗词的语言，可以从不同的角度进行。

1. 从语义角度

应关注象征语言、情感语言等。

（1）象征语言：主要是有特定含义的意象、典故等，可通过“意象语言”了解作者的思想感情，前面已有论述。还包括诗词中临时的象征、比喻语言，如朱熹的《观书有感》以“方塘”喻书籍；以“天光云影”喻书中万千气象；以“活水”喻鲜活知识等。

（2）情感语言：诗词中能表现“喜、怒、哀、乐”情感的语言。如《春夜喜雨》的“喜”；“万里悲秋常作客”的“悲”；“孤灯燃客梦，寒杵捣乡愁”的“孤、寒、愁”；“断肠人在天涯”的“断肠人”；“最爱湖东行不足”的“爱”；“怒发冲冠，凭栏处，潇潇雨歇”的“怒”；“这次第，怎一个愁字了得”的“愁”等。

2. 从炼字角度

要关注一些洗练生动、表现力强的关键性字眼，即古人所谓“炼字”说。古人写诗词，特别讲究斟酌、推敲字句，进行创造性搭配和艺术加工。这方面的诗文佳话不胜枚举：“为人性僻耽佳句，语不惊人死不休”的杜甫；“吟安一个字，拈断数茎须”的卢延让；“吟安五个字，用破一生心”的方干；“为求一字稳，耐得半宵寒”的顾文炜；“二句三年得，一吟泪双流”的贾岛等。苏轼云“诗赋以一字见工拙”，所谓的“诗眼”“词眼”“文眼”都是对炼字的体现和概括。其实，“炼字”的本质是“炼意”，也就是为了更好地表达诗歌的意境，只有炼出最切合表达思想情感的字句，诗歌才准确生动，富有感染力。沈德潜说：“古人不废炼字法，然以意胜而不以字胜，故能平字见奇，常字见险，陈字见新，朴字见色。”可重点关注下列词类中的“炼字”：

（1）**名词**。如王勃《滕王阁序》中的“落霞与孤鹜齐飞，秋水共长天一色”，化自庾信《马射赋》中的“落花与芝盖齐飞，杨柳共春旗一色”。庾信将“落花、芝盖、杨柳、春旗”四种互不相干的物象强凑在一起，联想欠自然，不能构成一幅艺术画面。而王勃借用其句式，另选“落霞、孤鹜、秋水、长天”四个自然界有密切联系的意象名词，动静结合，和谐映衬，组成一幅色彩明丽的画卷，给人秋高气爽、天广水阔的美感。仅换用几个名词，就使庾信原句脱胎换骨，成千古名句，真乃青出于蓝而胜于蓝。还有用“列锦”手法将名词组合成的意境等，如陆游的《书愤》中“楼船夜雪瓜洲渡，铁马秋风大散关”六个名词排列组合，以高度浓缩的笔墨，勾勒出一幅壮观的战争图画。

（2）**动词**。炼字主要是炼动词，一个好的动词，能够点燃整个诗句，构成鲜明意象，传达丰富神韵，鉴赏时当格外留神。这样的例子不胜枚举。王国维《人间词话》中评价“云破月来花弄影”，著一“弄”字境界全出。词人把云、月、花都拟人化了，赋予它们丰富的情感和鲜活的生命；同时，“弄”字化静为动，使宁静的画面有了灵动之势，构成了一幅朦胧幽美的画面，充满生机与情趣。

苏小妹的“轻风扶细柳，淡月失梅花”中的“扶、失”之所以比苏轼的“摇、舞”“映、隐”皆佳，是因为唯有“扶”字才与“轻”字相宜，而且把风人格化了，恰到好处地写出了微风拂动、柳条依依的柔美之态；“摇、舞”动态过大，和“轻风”不符。“映”字太一般，月光朦胧，梅花不像白天那样艳丽醒目，有些黯然“失”色，但也不是一点看不见，故而“隐”字太过，“失”字恰好，准确表现出月光下梅花朦胧失色的风韵。

王之涣《凉州词》中的“羌笛何须怨杨柳”，一“怨”字既写曲中之“怨”，又是吹笛人之“怨”春风（皇恩）不度，一语双关。唐代苦吟诗人孟郊《秋怀十五首》中有“冷露滴梦破，峭风梳骨寒”的句子，其中“滴”和“梳”尤为传神，与寺庙楹联“晨钟敲迷梦，暮鼓擂法音”异曲同工。滴落的露珠在“敲”梦，凛冽的寒风在“梳”

骨，诗人敏锐地听到了，感觉到了，生理的敏感中包含着对人生的感慨，表达了诗人人生之梦的幻灭。

（3）**形容词**。宋代林逋《山园小梅》中“疏影横斜水清浅，暗香浮动月黄昏”的名句，原化自南唐江为的“竹影横斜水清浅，桂香浮动月黄昏”。林逋改“竹”为“疏”，易“桂”为“暗”，变名词为形容词，点石成金，化平凡为神奇，准确写出“梅”疏秀淡雅的特点，成咏梅经典佳句，“疏影”“暗香”也成为梅花特征性的语言。“横斜”用于竹，失去了挺拔的姿态，不是断干，便是残枝；桂香是馥郁温馨的，不适合在清冷的月光下，又何来“暗香”？而梅枝恰是斜出疏朗的，梅香才是清幽淡远的，月光下“暗香浮动”，正合乎梅花神清骨秀的神韵。

被王国维赞为“千古壮观”的王维名句“大漠孤烟直，长河落日圆”中的“直”字，展现孤烟的劲拔坚毅之美；“圆”字，表现落日在大漠长河衬托下的苍茫之感。二字将直线之美与浑圆之美融为一体，画面壮观，意境雄浑，它字难以为替。

形容词活用，也使炼字出新，如蒋捷《一剪梅》中的“红了樱桃，绿了芭蕉”，“红、绿”看似普通，这里活用作使动词，类似王安石的“春风又绿江南岸”，特别生动。如果改成“樱桃红了，芭蕉绿了”就味同嚼蜡。

（4）**数量词**。古诗词中的数量词，有时实指，有时虚指，但都讲究寓意，不可忽视。如王安石的“浓绿万枝红一点，动人春色不须多”，“万”和“一”，很好地起到了衬托对比的作用。齐己的《早梅》：“前村深雪里，昨夜数枝开。”郑谷将“数枝”改为“一枝”，与“早”呼应，齐己深为佩服，拜郑谷为“一字师”。

（5）**虚词**。如王勃的名句：“落霞与孤鹜齐飞，秋水共长天一色。”如果少了“与、共”两虚词，在节奏音乐美上就大为逊色。杜甫的《蜀相》中：“映阶碧草自春色，隔叶黄鹂空好音。”“自、空”两虚词，写出了祠堂的空寂冷落和自己报国无门的苦闷。陆游的“遗民泪尽胡尘里，南望王师又一年”，一个“又”字写尽人民的期盼、失望和愤懑之情。

3. 从语言风格角度

唐司空图的《诗品》把诗歌的语言风格归为24种：（1）雄浑；（2）冲淡；（3）纤秾；（4）沉着；（5）高古；（6）典雅；（7）洗练；（8）劲健；（9）绮丽；（10）自然；（11）含蓄；（12）豪放；（13）精神；（14）缜密；（15）疏野；（16）清奇；（17）委曲；（18）实境；（19）悲慨；（20）形容；（21）超诣；（22）飘逸；（23）旷达；（24）流动。

现在常见的语言风格归类如下：

（1）**平淡**：如陶渊明的“种豆南山下，草茂豆苗稀”“羁鸟恋旧林，池鱼思故渊”，语言平淡质朴，意蕴丰足。

（2）**工丽**：对仗工整，词藻华丽。如柳宗元的“惊风乱飐芙蓉水，密雨斜侵薜荔墙”；崔颢的“晴川历历汉阳树，芳草萋萋鹦鹉洲”。

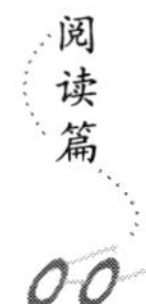

（3）**含蓄**：曲折委婉地叙事抒情，如李商隐的《锦瑟》（“沧海月明珠有泪，蓝田日暖玉生烟”）《无题》诗及婉约派的词。

（4）**自然**：语言虽经锤炼，但不留雕凿痕迹，不做作。如李白的诗“月下飞天镜，云生结海楼”。李清照的词“新来瘦，非干病酒，不是悲秋”。

（5）**清幽**：清静幽深，意味深远。以王维的“田园山水诗”为代表。如《鸟鸣涧》：“月出惊山鸟，时鸣春涧中。”以声衬静，更显清幽。

（6）**雄奇**：气象雄伟，意境奇谲。如李贺的《梦天》：“黄尘清水三山下，更变千年如走马。遥望齐州九点烟，一泓海水杯中泻。”诗人梦中飞天，自天上下往人间，感觉九州大地小得如九点“烟尘”，汪洋大海似杯中倾倒下一汪水。

（7）**奔放**：直率而有气势。如李白的《行路难》：“长风破浪会有时，直挂云帆济沧海！”

（8）**悲慨**：悲壮慷慨，寂寥苍劲，或怀才不遇，或感时伤怀，或忧国悯人。如陈子昂的《登幽州台歌》：“前不见古人，后不见来者。念天地之悠悠，独怆然而涕下。”

（9）**洗练**：语言千锤百炼达到干净、简练、质朴、畅达。如李清照的词《声声慢》：“寻寻觅觅，冷冷清清，凄凄惨惨戚戚。”语近俗白，却字字珠玑，匠意深而不见斧痕。

（10）**沉郁**：笔调苍老遒劲，反映生活广阔深刻，笼罩着凝重深沉的忧郁悲剧色彩，格律严谨，音韵铿锵。以杜甫的诗为代表，如《登高》：“风急天高猿啸哀，渚清沙白鸟飞回。无边落木萧萧下，不尽长江滚滚来。”

每个成熟的诗人都有自己的语言风格，但风格也是相对而言的，一个诗人可能有多种语言风格。要熟悉一些诗人的语言风格，并掌握这些术语。

4. 从语音角度

有音乐、节奏、格律之美等。

（三）鉴赏古诗词的技巧之美

古诗词的表达技巧丰富多彩，大体包括修辞格式、表达方式和艺术手法三个方面。

1. 古诗词常用的修辞格式

古体诗常用修辞格式有赋、比、兴、复沓、互文、双关、渲染、烘托、夸张、叠句、排比等。近体诗、词、曲常用对偶、衬托、象征、炼字、炼句、叠字、对比、移情、列锦、通感、比喻、拟人、借代、设问、反问、反语、用典、抑扬、联想、想象、反复、倒装、映衬、反衬、化用等。

着重强调古诗词中特有的几种修辞格：

（1）**列锦**：用排列的精美名词，形成生动可感的画面，引发想象，烘托气氛，创造意境的修辞手法。如马致远《天净沙·秋思》：“枯藤老树昏鸦，小桥流水人家，古道西风瘦马。”

列锦的修辞效果：1）凝练美。高度概括凝练，辞约意丰。如岳飞的《满江红》：“三十功名尘与土，八千里路云和月”，既有回顾过去，又有展望未来，字里行间饱含着忧愤、失望、感喟等复杂凝重的思想感情。又如黄庭坚的《寄黄几复》：“桃李春风一杯酒，江湖夜雨十年灯。”2）含蓄美。表意委婉含蓄。如柳永的《雨霖铃》：“杨柳岸，晓风残月。”不直言离愁别恨，而是选择凄清的画面，抒发相思伤感之情。3）形象美。画面感强，富有广阔的想象空间。如陆游的《书愤》：“楼船夜雪瓜洲渡，铁马秋风大散关。”温庭筠的《商山早行》：“鸡声茅店月，人迹板桥霜。”

（2）**移情**：将人的情感转移到事物上，使外物与人同喜同悲以强化情感的修辞手法。如“蜡烛有心还惜别，替人垂泪到天明”（杜牧《赠别》），诗人没有说自己怎样惜别，而把这种感情转移到蜡烛上，蜡烛无情尚替人“惜别”“垂泪”，何况人乎？“行宫见月伤心色，夜雨闻铃肠断声”（白居易《长恨歌》），诗人将主观感情赋予客观外物，所以月亮呈现“伤心色”，雨铃发出“断肠声”，正如王国维所说：“以我观物，故物皆著我之色彩。”

（3）**互文**：“互文见义”的略说，多句诗相互拼合，共同表达一个完整意思的修辞手法。如《古诗十九首》：“迢迢牵牛星，皎皎河汉女。”意为：迢迢皎皎牵牛星、河汉女。杜甫《江南逢李龟年》：“岐王宅里寻常见，崔九堂前几度闻。”其意为：岐王宅里、崔九堂前寻常几度见闻。《木兰诗》：“当窗理云鬓，对镜贴花黄。”其意为：当窗对镜理云鬓、贴花黄。《孔雀东南飞》：“东西植松柏，左右种梧桐。”其意为：东西左右（四周）植松柏、种梧桐。毛泽东《送瘟神》：“千村薜荔人遗矢，万户萧疏鬼唱歌。”意为：千村万户薜荔人遗矢，萧疏鬼唱歌。

2. 古诗词的表达方式

古诗词的表达方式包括叙述、议论、描写、抒情。这里主要介绍描写和抒情。

（1）描写。

1）**细节描写**：中国古典诗词一般篇幅短小精悍，即便如此，也同样不能忽视其中的细节描写。如赵师秀《约客》：“有约不来过夜半，闲敲棋子落灯花。”用“闲敲棋子”一个细节，表现诗人因客人迟迟不到，而百无聊赖、焦躁不安的情态。再如元稹的《行宫》：“寥落古行宫，宫花寂寞红。白头宫女在，闲坐说玄宗。”《唐诗别裁》感叹此诗：诗人只是选取了白头宫女“闲坐说玄宗”的细节组成全篇，突出了宫女的寂寞和对虚耗青春的叹惋。

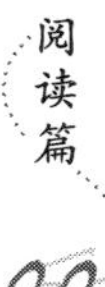

2）**侧面描写**：表面写甲事物，实则写乙事物，借甲物映衬乙物。如杜甫的《月夜》：“今夜鄜中月，闺中只独看。遥怜小儿女，未解忆长安。香雾云鬟湿，清辉玉臂寒。何时倚虚幌，双照泪痕干。”诗人不正面描写自己思念对方，而是想象描写对方如何思念自己，把设想中的对方的相思之苦写得越深重，就越能浓烈地侧面渲染出自己的一往情深。杜牧的《泊秦淮》：“烟笼寒水月笼沙，夜泊秦淮近酒家。商女不知亡国恨，隔江犹唱后庭花。”表面看似批评不知亡国恨的歌女，实际上是旁敲侧击谴责正在酒楼上点歌买笑、寻欢作乐的达官贵人，是他们“不知亡国恨”，歌女所唱，正是他们所求，表达了诗人的伤感愤懑之情。（参见专题《别具魅力的侧面描写》）

3）**白描和工笔**：白描用笔简练传神，是中国古典诗文传统的描写手法。如聂夷中的《田家》：“父耕原上田，子斫山下荒。六月禾未秀，官家已修藏。”寥寥数语，揭示出百姓辛勤劳作、官家坐享其成的阶级矛盾。白描还表现为意象排列，如温庭筠《商山早行》中的“鸡声茅店月，人迹板桥霜”，用列锦修辞，简洁明快。

工笔的描画细致入微，如白居易的《琵琶行》：“大弦嘈嘈如急雨，小弦切切如私语。嘈嘈切切错杂弹，大珠小珠落玉盘。”对音乐的细腻出色描写，把人们带入一个五光十色、美不胜收的音乐世界。

4）**色彩渲染**：王安石的“春风又绿江南岸”的“绿”，之所以比“到、过、入、满”等字眼生动，除了形容词活用作使动外，另一个重要原因就是“绿”字色彩渲染了春意盎然，其他字眼却没有这一作用。王维的《山中》：“蓝溪白石出，玉川红叶稀，山路元无雨，空翠湿人衣。”二十个字的五言绝句中嵌入了“蓝、白、玉、红、翠”五个颜色字，使全诗一下子变得色彩缤纷。又如杜甫的《绝句》：“两个黄鹂鸣翠柳，一行白鹭上青天。窗含西岭千秋雪，门泊东吴万里船。”前两句的“动景”与后两句的“静景”对比中，“翠柳”“黄鹂”“白鹭”“青天”“积雪”，多种鲜明的色彩，构成了明丽绚烂的图景，传达出希望来临的愉快的情感。

色彩也可以反衬感伤，如白朴《天净沙·秋思》：“孤村落日残霞，轻烟老树寒鸦。一点飞鸿影下。青山绿水，白草红叶黄花。”用“残霞、青山、绿水，白草、红叶、黄花”这样一些明丽的景象色彩，反衬心情的孤苦。

5）**视角变化**。如杜牧的《山行》：“远上寒山石径斜，白云生处有人家。停车坐爱枫林晚，霜叶红于二月花。”一二句描绘了秋山远景，三四句描绘了秋山近景。其中“人家”“霜叶”又是特写。描写富有层次性，由远到近或由上而下。毛泽东的《沁园春·长沙》：“看万山红遍，层林尽染；漫江碧透，百舸争流。鹰击长空，鱼翔浅底，万类霜天竞自由。”“看万山红遍，层林尽染”的远眺，“漫江碧透，百舸争流”的近观，“鹰击长空”的仰视，“鱼翔浅底”的俯察——真是“远近高低各不同”，从不同角度描写，会使读者对所描写的景物产生更加全面的认识，获得更完美的感受。

（2）抒情。

主要有直接抒情和间接抒情。在本书《鉴赏文学作品的表达技巧》一文中已作专门阐述。

3. 古诗词的艺术手法

古诗词中使用的艺术手法，常见的有虚实结合、动静结合、点面结合、抑扬结合、叙议结合、借古讽今、托物言志、抽象形象、侧面曲笔、平中见奇、以小见大、以少总多、开门见山、卒章显志等。

（1）**虚实结合**。虚实是中国传统艺术的一个范畴和特色。古诗词中的“虚”的手法主要通过回忆、想象、梦境、醉态、遥想5种方式表现。

1）**回忆**。如李清照的《如梦令·常记溪亭日暮》：“常记溪亭日暮，沉醉不知归路。兴尽晚回舟，误入藕花深处。争渡，争渡，惊起一滩鸥鹭。”起笔“常记”，引领全词，表明是回忆，用“虚”笔把读者自然地引入一个令人向往的优美、朦胧、欢快、迷醉的意境，表明词人对少年时期愉快、优雅、无忧无虑生活的怀恋、追忆。又如毛泽东《沁园春·长沙》的上阕一“看”字，实写眼前秋色；下阕一“忆”字，回忆虚写“风华正茂”的少年往事。

2）**想象**。如杜甫的《月夜》，起笔不实写自己想念妻子，而是想象虚写“今夜鄜中月，闺中只独看”的妻子思念自己，则自己望月忆鄜州已包含其中，巧妙新颖。高适《塞上听吹笛》：“雪净胡天牧马还，月明羌笛戍楼间。借问梅花何处落，风吹一夜满天山。”一二句写实景；三四句想象虚写景：将乐曲“梅花落”拆用，想象风吹的不是笛声而是四处飘落的梅花，一夜之间洒满天山。由听曲而想到故乡的梅花（胡地没有梅花），抒发了将士们浓浓的思乡之情。

3）**梦境、醉态**。也是一种特殊的想象，诗人往往借助这类虚境反衬现实。如唐温如《题龙阳县青草湖》：“西风吹老洞庭波，一夜湘君白发多。醉后不知天在水，满船清梦压星河。”除第一句实笔，其余三句均虚写醉态和梦中情景。又如辛弃疾的《破阵子》：“醉里挑灯看剑，梦回吹角连营……”以“醉、梦”虚的手法，写壮志未酬的感慨。苏轼《江城子·乙卯正月二十日夜记梦》中，上片先实写思念：“十年生死两茫茫。不思量，自难忘。千里孤坟，无处话凄凉。纵使相逢应不识，尘满面，鬓如霜。”下片虚写梦中与妻子相见的情景：“夜来幽梦忽还乡，小轩窗，正梳妆，相顾无言，惟有泪千行。”虚实结合，充分表达了词人对亡妻的思念之深之苦。金圣叹说：“文到入妙处，纯是虚中有实，实中有虚。”

4）**遥想**。遥想过去或未来发生过的景象。例如苏轼的《念奴娇·赤壁怀古》中：“遥想公瑾当年……”即为遥想过去之境。“未来之境”这类虚境是尚未发生的。如刘禹锡《夜雨寄北》：“何当共剪西窗烛，却话巴山夜雨时。”遥想未来与妻子会面后，西窗下共剪花烛，向亲人忆说今夜的思念之情，那该多美好啊！又如杜甫的《闻官军收河南河北》最后两句“即从巴峡穿巫峡，便下襄阳向洛阳”，诗人遥想在鸟语花香、明媚绚丽的春光中，穿三峡、下襄阳，回到久别的洛阳故乡的喜悦之情。

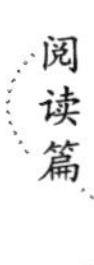

（2）**动静结合**。可分为“视觉”与“听觉”的两类“动静结合”。前者如《敕勒

歌》，前六句是“静景”的描写，最后一句“风吹草低见牛羊”是“动景”的描写，使整个画面像被赋予了生命一般顿时活跃起来。后者如王维的《鹿砦》：“空山不见人，但闻人语响。”空山传来人语，反而更显得山林幽静，以声衬静。又如王籍的《入若邪溪》中“蝉噪林愈静，鸟鸣山更幽”的以声衬静。

（3）**点面结合**。如柳宗元的《江雪》，在“鸟飞绝”“人踪灭”面的铺陈下，突出“孤舟蓑笠翁”点的描绘，显示人物坚忍不拔的品格。杜甫的《蜀相》，其颈联“三顾频烦天下计，两朝开济老臣心”之所以显得格外厚重，就是因为以点概面，内容丰富：前一句隐括一篇《隆中对》，后一句囊括两篇《出师表》，指出一点，隐括全面。

（4）**抑扬结合**。包括欲扬先抑、欲抑先扬、明抑暗扬、明扬暗抑等。

欲扬先抑，如韩愈的《春雪》：“新年都未有芳华，二月初惊见草芽。白雪都嫌春色晚，故穿庭树作飞花。”欲扬春雪，先抑芳华、草芽。

欲抑先扬，如赵希璐的《次萧冰崖梅花韵》：“冰姿琼骨净无瑕，竹外溪边处士家。若使牡丹开得早，有谁风雪看梅花。”以牡丹比衬，先扬后抑梅花。又如辛弃疾的《破阵子》：“醉里挑灯看剑，梦回吹角连营。八百里分回下炙，五十弦翻塞外声。沙场秋点兵。马作的卢飞快，弓如霹雳弦惊。了却君王天下事，赢得生前身后名。可怜白发生。”先以浪漫手法写醉梦中驰骋疆场、杀敌复国的豪迈昂扬，最后一句陡转现实，情感猛跌，揭示理想与现实的尖锐对立——空有一腔报国之志，无奈只能发出一声“可怜白发生”的长叹，尽吐请缨无路、壮志难酬的一腔悲愤。又如李商隐的《贾生》：“宣室求贤访逐臣，贾生才调更无伦。可怜夜半虚前席，不问苍生问鬼神。”汉文帝求贤若渴——先扬；原来关心的不是苍生是鬼神——后抑，讽刺意味深远。

明抑暗扬，如《红楼梦》中关于评说宝玉的两首《西江月》：“无故寻愁觅恨，有时似傻如狂。纵然生得好皮囊，腹内原来草莽。潦倒不通世务，愚顽怕读文章。行为偏僻性乖张，那管世人诽谤！”“富贵不知乐业，贫穷难耐凄凉。可怜辜负好韶光，于国于家无望。天下无能第一，古今不肖无双。寄言纨绔与膏粱：莫效此儿形状！”诗词模拟封建正统人物的口吻，明抑暗扬，表面上对贾宝玉的叛逆性格嘲讽、否定，实际上是赞颂、肯定。

（5）**借古讽今**。杜甫的《蜀相》：“丞相祠堂何处寻，锦官城外柏森森。映阶碧草自春色，隔叶黄鹂空好音。三顾频烦天下计，两朝开济老臣心。出师未捷身先死，长使英雄泪满襟。”借诸葛亮的故事，抒发作者怀才不遇、壮志难酬的悲愤心情。再如刘禹锡的《台城》：“台城六代竞豪华，结绮临春事最奢。万户千门成野草，只缘一曲后庭花。”诗人表面讽刺六朝帝王奢侈荒淫，实则讽喻当朝统治者如果也纵情歌乐奢华无度，那么下场将和六朝一样“万户千门成野草”。

（6）**托物言志**。托物言志也叫象征。如郑思肖的《画菊》：“花开不并百花丛，独立疏篱趣无穷。宁可枝头抱香死，何曾吹落北风中。”郑思肖是宋末爱国诗人，以菊花自比，表达了宁愿枝头“抱香”（守节）而死，也决不吹落北风——不降北方元朝的崇高民族气节。明高启的《梅花诗》：“琼姿只合在瑶台，谁向江南处处栽？雪满山中高士卧，月明林下美人来。寒依疏影萧萧竹，春掩残香漠漠苔。自去何郎无好咏，东风愁寂几回开。”以梅花象征品格高洁之人。

托物言志和借景抒情不同：借景抒情是通过对景物的描写，抒发喜、怒、哀、乐的情感，而非表达思想志向。托物言志则常常借助于某物的特性，表明思想志向，是对人生的态度和感悟。

（7）**化抽象为形象**。利用比喻、比拟等修辞，将抽象的事物形象化，使之具体可感。如李煜的《虞美人》：“问君能有几多愁？恰似一江春水向东流。”将抽象的愁苦比作形象可感的“一江春水”，滔滔不绝，无休无止。又如贺铸的《青玉案》：“试问闲愁都几许？一川烟草，满城飞絮，梅子黄时雨。”将“闲愁”博喻为具体可感的“一川烟草，满城飞絮，梅子黄时雨”，新奇有趣。再如李清照的《武陵春》：“只恐双溪舴艋舟，载不动许多愁。”利用比拟，把抽象无形的愁苦，比作固体的货物，让人感知到愁的沉重。

（8）**化形象为抽象**。利用比喻、比拟等修辞，将形象的事物抽象化，增强可感性。如秦观的《浣溪沙》：“自在飞花轻似梦，无边丝雨细如愁。”将“飞花”比作“梦”，将“丝雨”比作“愁”，一具体，一抽象，原本邈不相涉，但词人却发现它们之间有“轻”与“细”的特点，构成两个新鲜的比喻，空灵缥缈，妙不可言。无怪乎梁启超称之为“奇语”，别具一种音乐美、诗意美和画境美。

（9）**侧面曲笔**。如白居易的《邯郸冬至夜思家》：“邯郸驿里逢冬至，抱膝灯前影伴身。想得家中夜深坐，还应说着远行人。”此种不直写甲想念乙，而写乙想念甲，侧面表现甲想念乙的背面傅粉之法，“如镜取形，如灯取影”，别具魅力。

又如苏轼的《南乡子·梅花词和杨元素》：“寒雀满疏篱，争抱寒柯看玉蕤。忽见客来花下坐，惊飞，蹋散芳英落酒卮。痛饮又能诗，座客无毡醉不知。花谢酒阑春到也，离离，一点微酸已著枝。”标题“梅花词”，全诗竟不见一个“梅”字，又未尝一笔不写梅，可谓不即不离，妙合无垠。词人不正面描写梅花的姿态、神韵与品格，而采用侧面曲笔烘托的办法表现，显示了词人高超的艺术技巧，正所谓“不着一字尽现风流”。

（10）**以小见大**。以小景象传大境界，以小事反映大主题。如唐金昌绪的《春怨》：“打起黄莺儿，莫教枝上啼。啼时惊妾梦，不得到辽西。”诗中摄取少妇生活中的一个动作细节——“打起黄莺儿”。为何“打起黄莺儿”？是因为不让黄莺在枝间啼叫。为何“莫教枝上啼”？是因为黄莺的歌声惊扰了佳人的好梦。为何特别恼怒黄莺“惊妾梦”？是因为它把佳人在梦中到辽西与丈夫会面这一虚幻可怜的希望也给打破了。四句小诗，层层倒叙，句句设疑，句句作答，如撕蕉剥笋，曲尽其妙。题目是

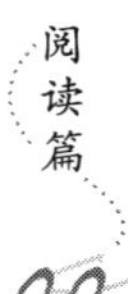

《春怨》，到底怨什么？难道怨的只是黄莺惊破了她的晓梦吗？看似一首抒写儿女之情的小诗，却含蓄深刻地反映了唐王朝穷兵黩武的政策给人民带来痛苦哀怨这一重大社会主题。由此这样这首小诗就不仅在篇内见曲折，而且在篇外还见深度。又如杜牧《赤壁》"东风不与周郎便，铜雀春深锁二乔"，"二乔"命运小事，却反映东吴霸业、三国之争的大事。

（11）**平中见奇**。如顾况的《过山农家》："板桥人渡泉声，茅檐日午鸡鸣。莫嗔焙茶烟暗，却喜晒谷天晴。"诗句似不经意叙述平常小事，而农家气息、山农形象却跃然纸上。

（12）**以少总多**。以一当十，以局部见全体。如王安石的《咏石榴花》："浓绿万枝红一点，动人春色不须多。"张炎的《清平乐》："只有一枝梧叶，不知多少秋声。"

（13）**卒章显志**。诗人往往在诗歌的结尾表达自己的心志或情怀。如杜甫《茅屋为秋风所破歌》的最后："呜呼！何时眼前突兀见此屋，我庐独破受冻死亦足。"表达了舍己为人的高贵品质。又如李白的《行路难》尾句："长风破浪会有时，直挂云帆济沧海。"显示了理想定能实现的乐观自信。

（四）鉴赏古诗词的情感之美

一般地说，诗词都有一种主导感情，即诗词的基调。要把握诗的基调，须在反复朗诵的基础上，从情与景的关系入手，仔细揣摩诗中景物的色彩、特点及感情。有的沉痛，如《春望》《虞美人》；有的悲凉，如《潼关怀古》《秋思》；有的激昂，如《秋词》《观沧海》；有的旷达，如《定风波·莫听穿林打叶声》《水调歌头·明月几时有》等。

古诗词中常见的思想感情如下。

1. 忧国伤时

（1）揭露统治者的奢华腐朽生活，如杜牧的《过华清宫》；

（2）反映离乱痛苦，如杜甫的《春望》；

（3）反映民生疾苦，如杜甫的《茅屋为秋风所破歌》、白居易的《卖炭翁》；

（4）对国家民族前途命运的担忧，如杜甫的《登楼》。

2. 建功报国

（1）表达建功立业的渴望，如曹操的《龟虽寿》、陆游的《书愤》；

（2）表达保家卫国的决心，主要是"边塞诗派"，如王昌龄的《从军行》；

（3）表达报国无门的悲伤，如辛弃疾的《永遇乐·京口北固亭怀古》；

（4）表达山河沦丧的痛苦，如陆游的《示儿》、文天祥的《过零丁洋》；

（5）表达理想不为人知的愁苦，如屈原的《涉江》；

（6）表达年华消逝、壮志难酬的悲叹，如苏轼的《水调歌头·赤壁怀古》、辛弃疾的《破阵子》；

（7）揭露统治者穷兵黩武，如杜甫的《兵车行》。

3. 思乡怀人

（1）表达羁旅愁思，如孟浩然的《宿建德江》、温庭钧的《商山早行》；

（2）表达思念亲友，如王维的《九月九日忆山东兄弟》、苏轼的《江城子》；

（3）表达边关思乡，如范仲淹的《渔家傲》；

（4）表达闺中怀人，如王昌龄的《闺怨》、李白的《子夜吴歌》。

4. 友情送别

（1）有依依不舍的留念，如柳永的《雨霖铃》、王维的《渭城曲》；

（2）有情深意长的勉励，如王勃的《送杜少甫之任蜀州》；

（3）有坦陈心志的告白，如王昌龄的《芙蓉楼送辛渐》。

5. 写景咏物

写景咏物可分为两类：一是寄情山水田园的悠闲喜悦，如王维的《山居秋暝》、辛弃疾的《西江月》。二是托物寓意，或写仕途失意，如柳宗元的《江雪》；或写昔盛今衰，如姜夔的《扬州慢》；或借古讽今，如辛弃疾的《永遇乐·京口北固享怀古》；或写青春易逝的伤感，如李清照《如梦令》。

其他还有怀古咏史、孤独伤感、惆怅寂寞、恬淡闲适、昂扬激愤、迷恋思念等，要熟识并会挖掘分析这些思想感情。鉴赏古诗词，主要是鉴赏诗词的思想感情和表现手法。

三、怎样做古诗词鉴赏试题

（一）读懂诗词

1. “懂”首先是对诗词字面意义的准确理解

理解是鉴赏的前提和基础，鉴赏是理解的提高和升华，离开了理解就无从鉴赏诗词的思想感情和艺术技巧。所以在鉴赏古诗词之前，最好先把诗词翻译一遍，并注意题目、作者、注解等。

2. “懂”更指对诗词意境、深层意蕴的理解和把握

这就需要掌握与这首诗相关的时代背景、作者的生平经历、诗词鉴赏的相关知识等，即所谓知人论世，这一点在鉴赏古诗词中尤为重要。譬如“安史之乱”后，唐朝由盛转衰，于是有了“夕阳无限好，只是近黄昏”的回光返照的感叹，有了杜甫《春望》《登高》等充满忧国忧民之情的诗作。鉴赏古诗词还要结合作者的生平经历，如果不了解柳宗元“永贞革新”失败遭贬的背景，就不能很好地解读出《江雪》中寒冷空寂的景象乃严酷政治气氛的反映，孤舟垂钓的渔翁是诗人坚强不屈的影像。

3. 关注“题目”，是读懂诗词的第一条快速通道

“题者，额也；目者，眼也。”题目富含诸多信息，或揭示内容，如《观书有感》；或展示思路，如《望月怀远》；或流露情感，如《西宫春怨》；或表露神情，如《寻隐者不遇》；或托物言志，如《咏蝉》；或怀古咏史，如《石头城》等。

再如刘桢的《赠从弟》：“亭亭山上松，瑟瑟谷中风。风声一何盛，松枝一何劲。冰霜正惨凄，终岁常端正。岂不罹凝寒，松柏有本性。”整首诗从字面上看，只言松而不言人。如果不在题目“赠从弟”上下功夫，很难把握其主旨。由题目明白了诗是赠堂弟的，才可能领悟该诗托物言志的手法，理解借咏松树来勉励堂弟保持节操的主旨。

4. 寻找体现诗人情感的关键字词，是读懂诗词的第二条快速通道

诗人的情感往往通过三种方式来体现：一是直接使用感情方面的词，如喜怒哀乐、忧愁悲思之类；二是用意象体现，如雁、明月、秋雨、落花等；三是两种方式混合使用。

例如韦应物的《闻雁》：“故园渺何处？归思方悠哉。淮南秋夜雨，高斋闻雁来。”诗中的“故园”“渺”“归思”“悠”“夜雨”“雁”等关键词，体现了诗人浓浓的乡愁情感。

5. 借助考题提供的信息，是读懂诗词的第三条快速通道

出卷人必然围绕诗词的重点，如思想情感、艺术技巧、语言特色等设计考题。因此考题本身就是读懂诗词的重要提示和渠道。例如下面一题：

> 王安石《梅花》：“墙角数枝梅，凌寒独自开。遥知不是雪，为有暗香来。”陈焕《梅花》：“云里溪桥独树春，客来惊起晓妆匀。试从意外看风味，方信留侯似妇人。”王安石和陈焕的咏梅诗，都抓住了梅花的同一特征进行歌咏，这一特征是什么？两位诗人是怎样借此抒发他们的情感的？

从考题中可以获取三个重要信息：（1）两首诗中“梅”的特征一样。（2）“这一特征是什么”间接告诉我们理解的关键。（3）“怎样借此抒发他们的情感的”间接告诉我们用了托物言志的手法。这些信息大大减少了理解及答题的难度。考题中的信息为我们打开了理解诗歌主旨的又一条快速通道。

（二）答题方法的训练与规范

在读懂诗词的基础上，进入“鉴赏”。鉴赏基本上就是两个层面的任务：一是艺术手法；二是思想情感。简言之，只要说明诗词用了什么“艺术手法”，表达了什么“思想情感”，就基本完成了鉴赏。

1. 鉴赏术语的掌握

表达、做题是信息的输出，是理解鉴赏的外化。临场要能顺畅表达，心中不仅要有存货，而且还要会取货。鉴赏术语内容庞杂，要熟练掌握并正确运用：若要鉴赏描写方式，就搜索“动静结合、虚实结合、点面结合、细节描写、侧面描写”等。若要鉴赏艺术手法，就搜索“托物言志、抑扬结合、借古讽今、抽象形象、以小见大、卒章显志”等。若要鉴赏修辞手法，就搜索“衬托、对比、对偶、比喻、比拟、借代、夸张、列锦、互文”等。若要鉴赏内容感情，就搜索“建功报国、壮志未酬、忧国伤时、离愁别恨、思乡怀人、孤独寂寞、昔盛今衰、清净闲适、友情送别”等。

2. 答题方法的规范

（1）常见的答题模式。

考题如果明确要求鉴赏某种艺术手法，答题时需要恰当引用诗词并分析说明。如鉴赏对比手法，表达模式为：诗中将什么与什么进行对比，突出了什么；鉴赏情景交融，表达模式为：诗中写了何景，渲染了何气氛，寄托了何感情；鉴赏虚实结合，表达模式为：诗中何为虚景，何为实景，虚实结合有何作用；鉴赏衬托手法，表达模式为：用什么衬托（反衬）什么，突出了什么等。题干中如果没有明确提出鉴赏某种手法，应先准确找出来，然后按上述思路作答。

（2）先观点后理由式、先分后总式、先总后分式，分点作答式等。例如：

> 李白的《菩萨蛮》：“平林漠漠烟如织，寒山一带伤心碧。暝色入高楼，有人楼上愁。玉阶空伫立，宿鸟归飞急。何处是归程，长亭更短亭。”这首词的思想情感，有人说是“游子思归乡”，有人说是“思妇盼归人”，也有人说二者兼有。你的看法如何？请简要说明理由。

采取先观点后理由的格式答题：是写“游子思归乡”的。因为一、二句写游子眼前所见之景；三至六句写游子触景生情，设想家人盼望自己归去的情景；最后两句表现了游子感叹旅途漫漫、归乡无期的愁苦之情。

（3）“三句答题到位法”。

第一句引诗释义，第二句指明特殊性（包括艺术手法、词类活用等），第三句指出表情达意方面的作用。“三句答题到位法”的依据是：鉴赏不能脱离原诗，出题人拟题都要针对具有可考性的特殊现象，任何特殊现象都是为了更好地服务于主旨情感。例如：

> 宋诗寇准的《春日登楼怀归》：“高楼聊引望，杳杳一川平。野水无人渡，孤舟尽日横。荒村生断霭，古寺语流莺。旧业遥清渭，沉思忽自惊。”从首句的“聊”到末句的“惊”，反映了诗人怎样的感情变化？请联系全诗进行分析。

“三句答题到位法”：1）引诗释义。诗人登楼“引望”，看到“平川”“野水”“孤舟”“荒村”“古寺”等景物，想起家乡。2）指明特殊性。触景生情，并在“沉思”中产生了自己就在故乡的错觉，当从沉思中醒悟，发现自己身在异乡，心中不由一惊，前后感情急剧变化。3）说明在表情达意方面的作用。此诗突出作者深深的思乡之情。

古诗词鉴赏是一种能力，和写作同属于最高语文能力等级 E 级，属于创造性思维。既然是一种能力，就需要掌握知识，并训练培养，一要花时间，二要多实践。在大量的阅读鉴赏实践中，逐步提高自己的诗词鉴赏能力，这才是根本之路。

白描与工笔

一、描写的分类

描写是表达方式（叙述、描写、抒情、议论、说明）之一。描写从不同角度有不同的分类。

（1）从描写对象分有人物描写和环境描写。人物描写包括肖像描写、语言描写、行动描写、心理描写、概括介绍、细节描写等。环境描写包括自然环境描写和社会环境描写，社会环境又分为生活场景描写和场面描写。

（2）从描写角度、方式分有直接描写（正面描写）和间接描写（侧面描写）。

（3）从描写手法分有：白描简笔和细描工笔。

这里重点介绍白描和细描手法。

二、白描和工笔的含义

（1）**白描**，原是中国画技法之一，又称“单线平涂法”，指纯粹用墨线勾勒物象，不分浓淡层次，也不用色彩烘染。借用于文章写作，白描有三大特点：一是抓住事物的特点。二是用笔简练质朴，不加渲染烘托。三是生动传神。白描是中国文学的传统技法，中国古典小说，特别是《三国演义》《水浒传》，以及鲁迅的作品中多用白描。

（2）**工笔**，也叫“细描”，原来也是中国画技法之一，用笔工整细腻，注重细部的描绘。借用于文章写作，与白描相反，是指用铺陈细腻的手法，细致入微地描摹事物，精雕细刻，浓墨重彩。西方文学及中国现当代文学中多用工笔。

白描与工笔常用于肖像、景物等描写中。下面通过实例比较，了解两种描写手法的特点。

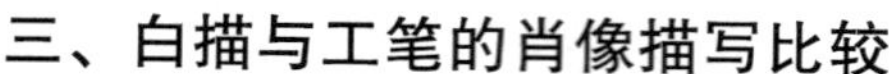

三、白描与工笔的肖像描写比较

《三国演义》中对人物的肖像描写多用白描。如写张飞：“身长八尺，豹头环眼，燕颔虎须，声若雷鸣，势若奔马。”抓住人物的外貌特征，廖廖数语，犹如刀削斧凿，勾勒出一个长相威武、性格粗直的猛张飞形象。写孙权仅用“方颐大口，碧眼紫髯”八个字，描绘出一个形貌奇伟、气质非凡的孙权肖像。

鲁迅的作品中多用白描，如对落魄文人孔乙己的肖像描写：“孔乙己是站着喝酒而穿长衫的唯一的人。他身材很高大；青白脸色，皱纹间时常夹些伤痕；一部乱蓬蓬的花白的胡子。穿的虽然是长衫，可是又脏又破，似乎十多年没有补，也没有洗。”描写因病重而形销骨立的华小栓，只抓住“两块肩胛骨高高凸出，印成一个阳文的‘八’字”。这些白描犹如几条墨线，简单几笔，人物特征显露，让人印象深刻。

《红楼梦》中对人物的肖像描写多处用工笔细描，这是曹雪芹对中国小说技法的一大发展，如王熙凤的肖像：

> 只见一群媳妇丫鬟围拥着一个人从后房门进来。这个人打扮与众姑娘不同，彩绣辉煌，恍若神妃仙子：头上戴着金丝八宝攒珠髻，绾着朝阳五凤挂珠钗；项上戴着赤金盘螭璎珞圈；裙边系着豆绿宫绦，双衡比目玫瑰佩；身上穿着缕金百蝶穿花大红洋缎窄褙袄，外罩五彩刻丝石青银鼠褂；下着翡翠撒花洋绉裙。一双丹凤三角眼，两弯柳叶吊梢眉，身量苗条，体格风骚，粉面含春威不露，丹唇未启笑先闻。

这是透过黛玉之目，让王熙凤第一次与读者照面。作者对其服饰、姿容进行了静态写生式的描绘，从头到脚，精细入微，直至“最后的纽扣”（易卜生语）。传统上，中国古典文学中的肖像描写，是以白描见长，不事渲染雕琢，用笔简练传神，是有别于西方文学的一大传统艺术特色。《红楼梦》继承这一传统，但又不囿于这一传统，更多的是创新。对王熙凤这等穷形尽相、至谨至细的肖像描写，在此之前的文学作品中实为罕见，无怪乎脂砚斋也慨叹：“试问诸公，从来小说中可有写形追象至此者？”可以说，这是曹雪芹的创举，是对中国文学表现手法的丰富和发展。何其芳说：“《红楼梦》与其他古典小说不同，具有一种近于油画的色彩。”鲁迅也说：“自有《红楼梦》出来以后，传统的思想和写法都被打破了。”我想这“打破”之中，也该包含肖像描写的手法吧！

西方文学中肖像描写多用工笔，如巴尔扎克的《欧也妮·葛朗台》中对葛朗台的肖像描写用了工笔细描：

> 至于体格，他身高五尺，臃肿，横阔，腿肚子的周围有一尺，多节的膝盖

骨，宽大的肩膀；脸是圆的，乌油油的，有痘瘢；下巴笔直，嘴唇没有一点曲线，牙齿雪白；冷静的眼睛好像要吃人，是一般所谓的蛇眼；脑门上布满褶皱，一块块隆起的肉颇有些奥妙；青年人不知轻重，背后开葛朗台的玩笑，把他黄黄而灰白的头发叫做金子里搀白银。鼻尖肥大，顶着一颗布满血筋的肉瘤，一般人不无理由地说，这颗肉瘤全是刁钻促狭的玩意儿。……他老是同样的装束，从一七九一年以来始终是那副模样。笨重的鞋子，鞋带也是皮做的；四季都穿一双呢袜，一条栗色的粗呢短裤，用银箍在膝盖下面扣紧，上身穿一件方襟的闪光丝绒背心，颜色一会儿黄一会儿古铜色，外面罩一件衣裾宽大的栗色外套，带一条黑领带，一顶宽边帽子。他的手套跟警察的一样结实，要用一年零八个月，为保持清洁起见，他有一个一定的手势，把手套放在帽子边沿上一定的地位。

工笔细腻入微，绘形绘色，形象生动，如见其人。契诃夫的《套中人》对别里科夫的肖像描写也用工笔。

四、白描与工笔的景物描写比较

同是描写“草原风光”，《敕勒歌》用白描手法：“敕勒川，阴山下，天似穹庐，笼盖四野。天苍苍，野茫茫，风吹草低见牛羊。”诗人抓住景物特点，寥寥几笔，就勾勒出广袤苍凉的北方大草原的景象，引人遐想。

而获得 1984 年全国优秀短篇小说的宋学武的《干草》，对记忆中大草甸子的描绘用了工笔手法，使人如临其境：

我常常躺在深深的草丛中，吸吮着草的芳香，仰望着浮动变幻的白云，想象着远处天地相接的地方。草甸上星星点点的几只羊，在绿色的波涛里时隐时现，像白色的云朵……；偶尔有一只兀鹰，静止不动地挂在天空，展开双翼，呆呆地注视着草地，仿佛随时准备猎取草丛中的青蛙或者田鼠；间或掠过云端的一群雁的叫声，不知道在多么遥远的天际激起回声，给这恬淡、静谧的草甸子带来无限生机；有时，绿色的气浪把打瓜鸟子从密草深处托起，飘逸多姿地浮游在空中。一会儿在高处消失踪影，只剩一个小黑点在闪动，一会儿又翻转双翼，在阳光下一明一暗地辉耀着。

同是写“园林景象”，鲁迅的《从百草园到三味书屋》用白描手法写百草园：

不必说碧绿的菜畦，光滑的石井栏，高大的皂荚树，紫红的桑葚；也不必说鸣蝉在树叶里长吟，肥胖的黄蜂伏在菜花上，轻捷的叫天子（云雀）忽然从草间直窜向云霄里去了。单是周围的短短的泥墙根一带，就有无限趣味。

菜畦是“碧绿的”，石井栏是“光滑的”，皂荚树是“高大的”，桑葚是“紫红

的”，黄蜂是“肥胖的”，叫天子是“轻捷的”。每个景物仅用一个形容词就精确地写出了其主要特征，笔墨何其简练传神，寥寥数语点染出百草园的物象特征，像一幅水墨丹青，这就是白描手法。

史铁生的散文《我与地坛》中用工笔写地坛公园：

> ……撅一杈树枝左右拍打，驱赶那些和我一样不明白为什么要来这世上的小昆虫。蜂儿如一朵小雾稳稳地停在半空；蚂蚁摇头晃脑捋着触须，猛然间想透了什么，转身疾行而去；瓢虫爬得不耐烦了，累了祈祷一回便支开翅膀，忽悠一下升空了；树干上留着一只蝉蜕，寂寞如一间空屋；露水在草叶上滚动，聚集，压弯了草叶轰然坠地摔开万道金光。满园子都是草木竞相生长弄出的响动，窸窸窣窣窸窸窣窣片刻不息，……园子荒芜但并不衰败。

同是对园子景色的描写，《从百草园到三味书屋》和《我与地坛》的笔法显然不同，前者用白描，后者用工笔精细地渲染描摹地坛公园的种种景象，如一幅油画，逼真在目。

五、白描与工笔的叙事比较

同是表现对钱财的“贪婪”，《儒林外史》中写利欲熏心、财迷心窍的成老爹见到抛到桌子上的三十锭大元宝，只简单一句白描：“那元宝在桌子上乱滚，成老爹的眼就跟着元宝滚。”这是典型的叙事白描，简洁明了，明晰传神。

而巴尔扎克的《欧也妮·葛朗台》中，写弥留之际的葛朗台对金钱近乎病态的痴迷，就用了铺陈、精细的工笔，惟妙惟肖，细腻传神：

> 欧也妮把金路易铺在桌子上，他几小时地用眼睛盯着，好像才知道观看的孩子呆望着同一件东西；也像孩子一般露出一点很吃力的笑意。有时他说一句：“这样好教我心里暖和！”脸上的表情仿佛进了极乐世界。

运用白描，要求慧眼独具，抓住事物的特征，用笔简洁传神，具有高度的概括性，给读者留下广阔的想象余地。鲁迅先生说：“要极省俭的画出一个人的特点，最好是画他的眼睛。……倘若画了全副的头发，即使画得逼真，也毫无意思。”鲁迅所说的“眼睛”，就是指事物的特点、重点，就是说要抓住最富有个性特点的东西去描写，并不是说只能描写眼睛，头发就是指次要的、不能表现事物特征的东西。

运用工笔，要求观察深入，描写细腻，渲染铺陈，往往涉及多个侧面、多个层次，综合运用多种表现手法、修辞手段，绘声绘色。

白描与工笔在描写中各具特色，各有千秋，无高下优劣之分，其艺术功能是不能相互代替的，优秀的作家往往将两种手法结合运用。

浓妆淡抹各相宜

——《红楼梦》“林黛玉进贾府”中王熙凤、林黛玉肖像描写比较谈

肖像描写是文学塑造人物形象、展示人物性格的重要手段，也是“小说中最困难的一部分”（马卡连柯语）。《红楼梦》中的肖像描写极富特色，绘形传神，富有创新意义。中学课本所选《林黛玉进贾府》一节，是众多主要人物亮相登场的重头戏。作者调动多种手段，进行大量精彩纷呈的肖像描写，或工笔雕琢，或虚笔写意，浓妆淡抹，各具佳妙，给文学画廊增添了光彩夺目的“群芳谱”。

王熙凤出场时的肖像描写，可谓工笔细描。作者浓墨重彩，为大管家琏二奶奶画“行乐图”：

> 只见一群媳妇丫鬟围拥着一个人从后房门进来。这个人打扮与众姑娘不同，彩绣辉煌，恍若神妃仙子：头上戴着金丝八宝攒珠髻，绾着朝阳五凤挂珠钗；项上戴着赤金盘螭璎珞圈；裙边系着豆绿宫绦，双衡比目玫瑰佩；身上穿着缕金百蝶穿花大红洋缎窄褃袄，外罩五彩刻丝石青银鼠褂；下着翡翠撒花洋绉裙。一双丹凤三角眼，两弯柳叶吊梢眉，身量苗条，体格风骚。粉面含春威不露，丹唇未启笑先闻。

这是透过黛玉之目，让王熙凤第一次与读者照面。作者对其服饰、姿容进行了静态写生式的描绘，从头到脚，精细入微，直至“最后的钮扣”（易卜生语）。中国古典文学中的肖像描写，以白描见长，不事渲染雕琢，用笔简练传神，是有别于西方文学的一大传统艺术特色。譬如《诗经》中对美女的描写“螓首蛾眉，巧笑倩兮，美目盼兮”，仅用三言两语；《聊斋》中对美女的描写，甚至简练得只须一个字——“美”。《红楼梦》继承这一传统，但又不囿于这一传统，更多的是创新。对王熙凤这等穷形尽象、至谨至细的肖像描写，在此之前的文学作品中实为罕见，无怪乎脂砚斋也慨叹：“试问诸公，从来小说中可有写形追象至此者？”可以说，这是曹雪芹的创举，是对中国文学表现手法的丰富和发展。何其芳说：“《红楼梦》与其他古典小说不同，具有一种近于油画的色彩。”鲁迅也说：“自有《红楼梦》出来以后，传统的思想和写法都被打破了。”我想这“打破”之中，也该包含肖像描写的手法吧！

此处作者不惜重墨，淋漓地铺陈王熙凤的装束衣饰，决非泛笔闲文，而是寓意颇深。作者写贾氏姊妹，只简笔勾勒，而对林黛玉这样的主角，却用了“虚笔”（黛玉之“虚笔”与次要人物之“简笔”，手法用意皆有所不同）。按说，像黛玉这样的萃曹公毕生心血凝铸而成的主角，本应不惜笔墨详写精绘，可果真那样，不仅与写凤姐的肖像（包括后文的宝玉肖像）手法雷同，也不会收到理想效果。写黛玉这样“与众各别”的人物，须有与众不同的手法。作者抓住其“形容”的气韵神情：

> 两弯似蹙非蹙罥烟眉，一双似喜非喜含情目。态生两靥之愁，娇袭一身之病。泪光点点，娇喘微微。闲静时如姣花照水，行动处似弱柳扶风。心较比干多一窍，病如西子胜三分。

此通行本中对黛玉肖像的描写，双目的“似喜非喜”与两眉的“似蹙非蹙”大不协调，与人物的精神面貌也不统一。试想髫年丧母、心中悲苦、郁郁寡欢、两眉若蹙被人称为“颦儿”的黛玉，怎会生就一双笑眯眯的弥勒佛似的眼睛呢？所以有人怀疑，“一双似喜非喜含情目”的描写并非曹雪芹原文，而是后人的补笔。甲戌本中此处的文字是“两弯似蹙非蹙罥烟眉，一双似□非□□□□目”，是一段留空待补的阙文。可见作者对黛玉眉目描写的重视，即便才大如雪芹，竟也为林黛玉的眉眼大费心思。在一时找不到满意的语言时，宁可付阙，也不肯贸然下笔。庚辰本此处的文字是：“两弯半蹙蛾眉，一对多情杏眼。”这可太俗气了，雪芹怎会出此败笔。藏于圣彼得堡的“古抄本”，此处的文字是：“两弯似蹙非蹙罥烟眉，一双似泣非泣含露目。”我们认为，这才最可能是曹雪芹原笔，才是一双属于黛玉的眼睛。

“罥烟眉”：清、淡、秀；“含情目”：愁、娇、泪，折射性灵之光，暗示其悲苦命运，并寄寓深切的同情，使人顿生爱怜。全书都很少写其服饰，对黛玉的肖像是“虚多实少，绝去形摹”，此处更是“穿戴竟无一字提及”，这是为什么呢？想黛玉身为大家闺秀，又是离乡远行，去“钟鸣鼎食”“与别家不同”的贾府，以她自尊的性格，行动言语尚恐被人耻笑了去，其衣着肯定也不凡。但真要像写王熙凤那样，重彩详绘其服饰，势必喧宾夺主，减少人物寄人篱下的辛酸感，削弱其凄凉命运的悲剧色彩。因此，写黛玉衣饰不仅仅是次要的，甚至是不必要的。当然，人们可以根据作者对其形象的塑造，想象着给黛玉着装，那须也是类似“翠竹临风的潇湘馆”的环境之于林黛玉，应是淡而不俗，清丽高雅，合其“潇湘妃子”自然洒脱的“风流态度”，而决非王熙凤式的珠光宝气。再者，作者用“虚笔”写意展示黛玉的肖像，还为突出其才情女子超尘拔俗的空灵感：那种脉脉之情、袅娜之态，那种欲说还休的柔媚，“娇羞默默同谁诉”的眉目，那聪明灵慧的谈吐，都从这独具匠心的肖像描写中显示出来。黛玉是集中国三千年文化于一身的理想化身，她的美不仅在外貌，更在精神气质——书卷气、灵秀气、孤傲气。她有的是“才”，而绝非世俗所谓的“德”；她是一位“才女”，而非“淑女”。显其神而略其形，正是为免落俗臼，使这一形象更加美好理想，更浪漫富有魅力。谁说“意态由来画不成”呢？在曹氏笔下，林黛玉的形象不是呼之欲出吗？

曹雪芹写的前八十回，凡林黛玉出场，都极少描写她的服饰，她“来如春梦不多时，去似朝云无觅处”——忽然来了，又忽然走了，似花非雾，梦幻一般。因为她是活在心灵幻境中的“仙姝”，是“天上掉下个林妹妹”。而王熙凤一出场，作者不惜浓墨重彩描写她的服饰装扮，因为她是活在现世里的“俗人”。

高鹗续写的后四十回，林黛玉的衣服有颜色了，佩戴也有交代了。林黛玉从一种心灵性的寄托，变成了一个实体性的存在——显然后四十回作者的审美境界和层次低了很多。

另外，如此笔法写黛玉不仅是为了表现人物独具特色的美，也是情理的需要。因为此处的黛玉是宝玉眼中的黛玉，作为锦衣玉食的贵家公子，且“最喜在内帏厮混”，见惯了腻红肥绿、华衣艳饰，兼其与生俱来的“怪癖”，他怎会去留意黛玉的穿戴而不被其“与众各别”的“形容”所吸引呢？在宝玉眼里，她那“弱柳扶风”的身姿就显得脱俗飘逸，“风露清愁”的眉目就显得崇高深刻，通身的“灵淑之气”能使他的灵魂清爽、净化，难怪他要发出“女儿是水做成的骨肉”之类的奇论。此处的肖像描写，在表现黛玉性格的同时，不忘展示宝玉的性情。细心的读者一定会发现，在《林黛玉进贾府》一节中，黛玉的肖像实际上是分三次描写来完成的：第一次通过众人之目，客观地介绍黛玉的不俗气质和病弱身体；第二次借熙凤之目，用对贾母的奉承心理去发现、感受黛玉的自然美；而第三次是通过与黛玉“心有灵犀一点通”的宝玉之目，方是最全面真切深刻的感受。还是脂砚斋见得透辟：“不写衣裙装饰，正是宝玉眼中不屑之物，故不曾看见。黛玉之举止容貌，亦是宝玉眼中看，心中评。若不是宝玉，断不能知黛玉终是何等品貌。”脂砚斋不愧是曹雪芹的知音。

相反，作者独让王熙凤浓妆艳饰，遍体锦绣，用当时关于美女的标准来衡量，此等笔墨明有微旨，与其说是褒赞，勿宁说是贬谪。清代言妇女美，在娇羞媚态，服饰“不贵精而贵洁，不贵丽而贵雅，不贵与家相称，而贵与貌相宜”（李渔语）。着极奢极丽之服，满头翡翠，环鬓金珠，过事修饰，过事刻画，是俗气，不是美丽。老舍先生说得好：“真正美丽的人，是绝不多施脂粉，不乱穿衣服的。”王熙凤把自己“包装”得如此妖艳凌人，气势如火如荼，不正是表明了她生性奢侈张扬，对荣华富贵无餍的追求吗？如此等精心设计的“与众姑娘不同”的装束，出见初来乍到的林黛玉，又何尝不是为了在黛玉面前表现自己特殊的身份和在贾府中显赫的地位，露骨地炫耀自己呢？应该说她的目的还是基本上达到了，就连并非少见多怪的大家闺秀黛玉，都对其衣饰惊诧不已，可见其辉煌华艳的程度。热烈的“色调”折射出凤姐志得意满的心态，又和处于鼎盛时期的贾府“烈火烹油，鲜花着锦”的气氛相协调，真是“物带世情”。不过，王熙凤的文化修养太低，虽然聪明能干，但缺乏文化情调的熏陶，除了能诌一句“一夜北风紧”之外，不谙高雅为何物。她除了衣食享受和权力之争外，并无多少精神生活可言，其风度气质，与出身书香、受过教育，特别是经古典文学陶冶的林黛玉的诗人气质相去甚远，因此，她的炫耀也是低品位的，显得俗不可耐。可见穿戴服饰与人格、志趣、情操、修养是密切相关的。曹雪芹深知这一点，他如此描写王熙凤的肖像，正是欲借此揭示这一角色风骚庸俗的性格和空虚贪婪的灵魂。

作者还一再着力描写王熙凤的眉形目态。此回中借黛玉所见告诉读者，王熙凤有“一双丹凤三角眼，两弯柳叶吊梢眉”。在后文王熙凤素服赚尤二姐入大观园时，又一次写到她的眉眼：“眉弯柳叶，高吊两梢，目横丹凤，神凝三角。”两次描写，同中见异。第二次不仅写其形，更写其神。丹凤眼、柳叶眉，原是很美的，而曹雪芹却偏偏把美丽的丹凤眼配以三角，让秀气的柳叶眉高吊两梢，这就不尽美了。作者并没有将这一形象脸谱化、简单化，把她的面目画成青面獠牙或丑陋可厌。她仍可算得上漂亮，但已决非和婉娴静、温柔敦厚之形象。翻阅我国古代流行的麻衣相法便会发现，“三角眼，吊梢眉”，乃为狡黠、狠毒、性巧、通变、邪淫之相。曹雪芹不一定真迷信相法，但他把王熙凤的眉目写成这般形状，似乎在依循这种普遍流行的认知，借以揭示王熙凤这一“胭脂虎”的性格为人：美艳的外表下包藏着一颗丑恶的灵魂，奸诈、冷酷、阴毒。正如王朝闻所说：“‘春’与‘威’是不相容的，但在凤姐身上却是相互依存的。她那如春的外貌里包含着不露的威势。”外表娇美，处事干练，心地却又阴狠险毒。“心较比干多一窍”的林黛玉，初与王熙凤相见，就一眼看穿了这一点。

值得强调的是，此二人的肖像，皆非由作者代为旁述，都是透过他人之目（宝玉或黛玉），由一个特定的视角完成的。这样用他人的感受写人的外貌，不仅富有感情色彩，而且有利于双方性格的表现——观察者和被观察者，笔墨经济，一击两响。写二人肖像，异中见同，手法巧妙。

果戈理说：“外形是理解人物的钥匙。”肖像描写之所以显得“重要”和“困难”，是因为它必须巧妙地传达人物的性格内涵，不是为外形而外形，须是为性格而外形。没有个性特色的公式化、概念化的肖像，是不能起“钥匙”作用的。曹雪芹依据这一原则，挥动巨如大椽、细似金针的妙笔，写熙凤侧重于“与众姑娘不同”的“打扮”；绘黛玉着眼于“与众各别”的“形容”。一实一虚，或浓妆或淡抹，巧施丹青，因人敷墨，描绘出个性鲜明的肖像。正如王朝闻先生所说：“曹雪芹是借肖像描写这一艺术手段，服从于情节的发展和人物性格的刻画。”

《红楼梦》博大精深，对其艺术匠心写多少分析文章也不足以道其万一。由此二人的肖像描写，可略微窥见天才艺术家曹雪芹丹青妙手的高明。

恶风袭园群芳残　大厦摇摇势危倾

——《红楼梦》“抄检大观园”探赏

《红楼梦》是中国文学史上空前的，迄今也是绝后的文学奇迹。毛泽东把《红楼梦》与中国古代“四大发明”相提并论，可见其地位的重要。《红楼梦》问世二百多年来，人们对其阅读、探究的热情经久不衰，甚至形成了一门专门的学问——“红学”。《红楼梦》第七十四回抄检大观园是全书中极其重要的一个章节，与第三十三回宝玉挨打一样，在情节发展中是一个大事件、大波澜，也是大观园、贾府及四大家族由盛而衰的转折点。“抄检大观园”与“宝玉挨打”堪称《红楼梦》情节中的“双峰”。曹雪芹借抄检事件，展示了众多人物的不同表现及性格特点，暴露了封建统治者的罪恶和封建社会的腐朽黑暗，预示着封建家族及封建社会大厦无可挽回的崩溃结局。

由于《红楼梦》的“网状结构”，前后关联，交错贯通，严密有机，没有哪一章节可以完全从书中独立出来而不牵连四周筋络（从这个意义上讲，《红楼梦》是难以节选的），所以赏读《红楼梦》第七十四回《惑奸谗抄检大观园　矢孤介杜绝宁国府》，自然要联系全书，尤其是第七十三回、第七十五回、第七十七回、第九十二回等与之有关的前后情节内容。

“大观园”是作者曹雪芹融中国南北园林艺术之大成，在书中精心设计、创造出的一座精美绝伦的园林艺术形象，是《红楼梦》里众多人物活动的典型环境，是一片寄寓作家美好理想、封建礼教较少束缚浸染的净土，是女孩子们（包括宝玉）栖息、成长的一方绿洲和乐园，是人间桃源仙境。

大观园遭抄检的起因要从第七十三回《痴丫头误拾绣春囊　懦小姐不问累金凤》说起：贾母房中的丫头傻大姐在大观园的山石背后拾得一个“五彩绣香囊”，华丽精致地绣着“两个人赤条条的盘踞相抱”，傻大姐误认为是“两个妖精打架”。邢夫人恰巧遇上，“接来一看，吓得连忙死紧攥住”“揣摩此物从何而至”——贾府内部，矛盾重重，错综复杂，正像探春所说：“一个个都象乌眼鸡似的，恨不得你吃了我，我吃了你。”以贾赦、邢夫人为代表的不当家的“在野派”，对以王夫人、王熙凤为代表的“当权派”之飞扬跋扈、有恃无恐，嫉恨已久，颇多不满。邢夫人认为绣春囊极有可

能是贾琏、王熙凤所遗之物，正好借此事件杀一杀王氏一党的威风，出一出她们的洋相。她将绣春囊很快转交王夫人手中，其用意明显是说——瞧瞧你们把这个家管成了什么样子！在公子、小姐住的大观园里，竟然出现了这样见不得人的下流东西，你们该当何罪？

王夫人接到绣春囊，立时“气色更变”“泪如雨下”：一是怕外人得知，致使贾府在上层贵族社会声名狼藉，无以立足——“有那小丫头们拣着，出去说是园内拣着的，外人知道，这性命脸面要也不要?”；更怕授邢氏一派攻击自己的把柄，她要迅速找出对策，摆脱这种被动挨打的局面。王夫人心急火燎地来责问凤姐，商讨对策。在王夫人盛怒之际，凤姐并不立即否认反驳，而是先说：“太太说的固然有理，我也不敢辩我并无这样的东西。”先让一步以顺其气，继而话语一转“求太太细详其理”，不慌不乱，侃侃而谈，一口气说出“五则”理由，证明不是自己的东西，冠冕堂皇，“大近情理”（凤姐是何等人物，无理尚能争三分）。不但洗清了自己，而且变被动为主动，提出了不扩大影响、不伤及无辜、不有损贾府和她这管家少奶奶脸面的“暗暗访察”的举措（约三四条），稳妥可行（可惜王夫人受王善保家的调唆并未采纳），反映出王熙凤能言善辩、讲究策略、杀伐决断、精明干练的性格特点。最后王夫人决定，连夜抄检大观园，用牺牲年轻女奴来开脱自己，变被动为主动。所以说，大观园中被抄检、遭殃的女儿们，实则是邢、王二夫人争权斗法的牺牲品。

由邢夫人幕后鼓动，王夫人坐镇指挥，王熙凤挂帅出征，狗腿子王善保家的出谋划策、推波助澜、充任急先锋的“抄检大军”，气势汹汹兵发大观园，展开了空前的大扫荡、大清剿。邢夫人的恶奴和打手王善保家的对“抄检”表现出他人少有的热情，妄图一箭双雕：既搞个满城风雨，出王氏一党的丑，又趁机整治那些桀骜不驯的婢女们。原本是统治集团内部的倾轧争斗，演变为一场对少女丫鬟们的残酷镇压和清洗，特别是那些平时未被驯服、不谄媚讨好者，更是首当其冲，在劫难逃。

随着抄检的进展、地点的转换，人物形象逐一鲜明地展现出来，特别是晴雯、探春的反应尤为强烈，性格极其鲜明。怡红院中的晴雯，是大观园中第一美丽丫鬟，王夫人据此妄断：“好好的宝玉，叫这蹄子勾引坏了。”又因晴雯个性鲜明全无媚骨，最反奴性，从不谄媚趋奉谁，遂成为恶奴王善保家的之流的眼中钉、肉中刺，遂暗下谗言，诋毁中伤，必欲除之而后快：“一个宝玉屋里的晴雯，那丫头仗着他生的模样儿比别人标致些．又生了一张巧嘴，天天打扮的象个西施的样子，在人跟前能说惯道，掐尖要强。一句话不投机，他就立起两个骚眼睛来骂人，妖妖娇娇，大不成个体统。”正像第五回中晴雯判词中所言“风流灵巧招人怨，寿夭多因毁谤生”。因此，她成为抄检的首要目标。尽管在这之前，她已受到王夫人的斥骂、警告，明知自己已身处危境，但面对无理抄检、凭空诬陷，依然表现出毫不妥协的反抗和蔑视，“只见晴雯挽着头发闯进来，豁一声将箱子掀开，两手捉着底子，朝天往地下尽情一倒，将所有之物尽都倒出”，给王善保家的一个大“没趣”。一个凌然傲骨、敢怒敢为的“勇晴雯”形象活现眼前。抄检的结果表明晴雯清白无辜，正像她在生离死别之际对宝玉所说：“我虽生的比别人略好些，并没有私情密意勾引你怎样。”以晴雯的高洁自尊，她是不屑干那些鬼祟下流勾当的。在第七十七回《俏丫鬟抱屈夭风流　美优伶斩情归水月》中，王夫人又亲临大观园，将连遭迫害、重病在身、“四五日水米不曾沾牙，恹恹弱息”的晴雯，残忍地命人“从炕上拖下来”，“架出去”，片刻不许停留，逐出大观园。可怜“心比天高，身为下贱”、孤苦无依的晴雯，不久即抱屈病死在外。宝玉忿恨不解地说：“我究竟不知道晴雯犯了何等滔天大罪！”晴雯是抄检一役的主要牺牲者之一。“晴雯之死”是我们有幸看到的曹雪芹亲笔写下的一个悲剧高潮（仅次于“黛玉之死”，但后者惜乎非雪芹亲笔），预示着宝、黛爱情的必将失败。正像袭人是宝钗的影像，晴雯也是黛玉的影像，从眉眼到性情都有与黛玉相似之处——岂有如此憎恶晴雯而能容忍黛玉之理哉？晴雯是寄寓了作家丰富情感的一个人物——“晴雯者，情文也”。可能在把“晴雯之死”写完不久，心力交悴、笔枯墨尽的作者，感到悲剧艺术再难往更高处表现了，感情的激荡使他悲愤欲绝、难以为继，就丢下笔来，“泪尽而亡”了。

在抄检中，写得最热闹精彩的当数三姑娘探春处。探春是一位严正清醒、目光深远、心怀忧患、颇有政治才干的女子。探春判词说她“才自精明志自高”，在黛玉进贾府时写其肖像：“俊眼修眉，顾盼神飞，文彩精华，见之忘俗。”当抄检大军来临时，唯有探春毫无畏惧惊慌，“秉烛开门而待”。面对抄检“丑态”，冷言讥讽，针锋相对，只许抄检自己，不许抄检下人：“我就是头一个窝主……我原比众人歹毒……只说我违背了太太，该怎么处治，我去自领。”关键时刻，挺身而出，保护下人。她对贾府的黑暗腐朽，危机四伏之趋于败亡，洞见先机，怀有特别的敏感和深重的忧患，发出了严重警告和预言：“你们别忙，自然连你们抄的日子有呢！……自己家里好好的抄家……可知这样大族人家，若从外头杀来，一时是杀不死的……必须先从家里自杀自灭起来，才能一败涂地！”探春声泪俱下地道出了“木先自腐然后虫生”的道理，表明她已极度悲愤。不料看不出眉眼高低、“心内没成算”又不自量力的王善保家的，欺探春是“庶出，他敢怎样”（这恰是探春内心深处的一个敏感痛点，这“先天的不足”使她时时有一种说不出的烦难，承受一种无名的压抑，也使她更敏感自尊），自恃是邢夫人陪房，狐假虎威地上前戏弄般掀了探春衣襟时，一下惹恼了探春，立即遭到猛烈回击——先是一记响亮的耳光，接着又是一顿痛快淋漓的大骂，义正词严，鞭辟入里。这是伸张正义、大快人心的一掌，是为人欲为而不敢为的一掌，不但打在为虎作伥的王善保家的脸上，也间接打在那些摧残少女的上层统治者脸上，替惨遭蹂躏、万马齐喑的大观园出了口恶气。尽管探春没能阻止继续抄检，也不能挽救多少女孩子惨遭厄运，更不能在封建家族崩溃之际挽狂澜于既倒、支大厦之将

倾——探春者，叹春一去不再返也！——但这足以杀了那些助纣为虐、猖狂行恶者的威风。探春确是个有胆有识、敢作敢为的奇女子，一朵红香带刺、令人敬畏的“玫瑰花”。

抄检的最大“收获”是从二小姐迎春的丫环司棋箱子里搜出了爱情证据——小厮潘又安写给她的情书。青年男女间相爱本是件很正常的事情，联系第七十一回中贾母的丫环鸳鸯夜里在山石背后无意间遇到司棋、潘又安约会的情节，绣春囊极有可能是他们遗失的。奴婢层的青年男女，被剥夺了受教育的权力，没有文化教养，不会像“才子佳人”那样“吟风弄月，托咏传情”，只能私赠绣春囊表情意、做信物。但他们也有恋爱的要求和权利，他们决不允许别人摧毁自己的恋爱自由。当秘密被发现后，司棋显得异常冷静，“低头不语，也并无畏惧惭愧之意”——光明磊落，早已做好用生命捍卫爱情和“人”之尊严的思想准备，最后与潘又安双双殉情。司棋是抄检一役的另一主要牺牲者。汉乐府中有《上邪》一诗：“上邪，我欲与君相知，长命无绝衰。山无陵，江水为竭，冬雷震震，夏雨雪，天地合，乃敢与君绝。”曹雪芹把这爱情的海誓山盟，化作一对感人的形象，在《红楼梦》中再现出来，令古今多少读者为之动容。原来贞烈的恋爱并不仅限于“才子佳人”，奴婢群中并不少真挚可贵的情操；许多可歌可泣的事迹，也并未写在节烈牌坊上，倒是存在于不被人重视的底层社会中。

贾府的主子们可以三妻四妾，老朽娶小，爬灰养小叔，淫乱无度，生活之糜烂、道德之败坏无出其右。那些爷儿哥儿们“今日会酒，明日观花，聚赌嫖娼，无所不至”，却被视为合情合法，理所当然。宝玉好友柳湘莲曾说：“东府里除了那两个石头狮子干净，只怕连猫儿狗儿都不干净。”贾母就曾为背妻偷情的贾琏开脱，轻描淡写地说：“什么要紧的事！……馋嘴猫儿似的，哪里保得住不这么着。从小儿世人都打这么过的。”言下之意，这是人之常情，再正常不过。而奴隶们正当纯洁的爱情，却被视为洪水猛兽、伤风败俗、大逆不道，严加阻禁，公理何在！

对待抄检，同是反抗或顺从，但因身份、地位、教养、性格的不同，又同中有异。晴雯身为奴婢，心高气傲、蔑视邪恶，但不具备探春那样的非凡的胆识和洞察力；司棋是外柔内刚，矢志不渝：她们“抗”中有异。袭人奴性十足，俯首帖耳；迎春，懦弱麻木，听之任之；惜春，胆小怕事，冷酷无情；李纨，“古井无波”，恬淡不惊；黛玉，对与宝玉的特殊关系毫不掩饰，孤傲泰然，冷眼旁观：她们都“顺”中有别。其他人，像王夫人的武断狠毒，王熙凤的精明干练、善玩权术，王善保家的小人得志、狗仗人势……无不性格鲜明，活灵活现。

在“抄检专案组”中，王熙凤虽名为挂帅，但整个过程中，一反常态，辣味全失，始终处于消极被动状态。她让王善保家的冲杀在前，做恶人，碰钉子，而自己隐在侧面唱配角，敲边鼓，看笑话，不时居间调停，做好好先生——因为凤姐从自身利害出发，固然要查清绣春囊的由来，好洗清自己，推卸责任，同时又不希望兴师动众，张扬露丑，也知道这种明火执仗的抄检易伤及无辜，是一种招惹众怒的轻举妄动，且有损她这大管家的脸面。但碍于王夫人的盛怒和邢夫人的淫威，她只好应承敷衍。待到王善保家的查出自己的亲外孙女司棋的情书，出乖露丑，搬起石头砸了自己的脚之后，王熙凤立时情绪兴奋活跃起来，她盼望反击邢夫人一党的时机终于到了，于是她与周瑞家的一唱一和，神气活现地将王善保家的尽情嘲笑拿捏了一番，竭尽嘲讽挖苦之能事，使王善保家的羞愤难当，自打自骂，“只恨没地缝儿钻进去”，演出了一场精彩的闹剧。

抄检的直接后果是逼死了晴雯、司棋，赶走了四儿、入画和所有唱戏的女孩子，促使芳官、蕊官、藕官一班少女选择了葬送青春的出家之路，宝钗也避嫌搬出了大观园……大观园欢乐美好的生活从此结束了。遭此浩劫，人间仙境大观园由盛转衰，情节直转急下，悲剧气氛越来越浓，以贾府为代表的四大家族也日渐衰败，灾难一个个接踵而至：异兆悲音，迎春误嫁，元妃薨逝，宝玉疯癫，黛玉魂归，直至贾府被抄……一时间风雨飘摇，群芳凋残，“悲凉之雾遍被华林”。最后“忽喇喇似大厦倾，昏惨惨似灯将尽”“好一似食尽鸟投林，落了片白茫茫大地真干净”。这是一个人人都不配有好命运的没落社会，更何况是生活在社会最底层、连身家性命都不能自主的婢女，她们的悲惨命运几乎是生来就注定了。但凡在意识和情感上稍微流露出一点非奴性的“人性”，必将遭受戕害。

其实“绣春囊事件”仅是抄检的导火索，看似与“男女私情”有关，其真正的原因和实质，是封建卫道反动势力与叛逆进步力量之间不可调和的矛盾冲突。封建宗法势力，不能容忍大观园中的青年们不合礼法的个性自由，更不允许有这样一片花好月圆的乐土长期存在，他们在感到封建家族积弊太多、中兴无望、日暮穷途之后，以最后的疯狂清除异己，摧毁青春生命之灵秀，是一次血腥的政治迫害。所以“抄检大观园”是牵动全书的一个大转折、大波澜，不但展示了众人物的鲜明性格，而且暴露了封建统治者的罪恶和封建社会的腐朽黑暗，预示着封建家族及封建社会无可挽回的崩溃结局。

断送，还是拯救？

——莫泊桑的《项链》新读

莫泊桑的《项链》以丰厚的意蕴和精巧的构思，深深打动着中外无数读者的心，让人回味无穷、爱不释手。有人说："《项链》即使再过一百年，那穿越时空的艺术力量，也照样震撼人心。"《项链》问世一百多年以来，解读、鉴赏它的篇章，可谓汗牛充栋。可《项链》丰富的内蕴，就像一座永不枯竭的宝藏和魅力永存的斯芬克斯之谜，吸引着人们兴味不减地去探挖，去破解。法国莫泊桑研究会主席雅克·边沃女曾说："莫泊桑留给我们一座富矿，有待大家进一步发掘；他的著作的含义绝不止我们看到的用文字表现的那些。"

熟悉《项链》的人们都对其中一段议论印象深刻：

> 罗瓦塞尔太太现在看上去像个老太婆了。……如果她没有弄丢那串项链，今天又该是什么样子？谁知道呢？谁知道呢？生活是多么奇怪！多么变幻无常啊！一件微不足道的小事可以把你断送，也可以把你拯救出来！

有人说这一段议论是作者对事件的看法和评论，反映了莫泊桑的阶级和时代的局限——用偶然因素和宿命论来解释玛蒂尔德的悲剧，没有认识到滋生酵发资产阶级虚荣心的拜金主义社会才是其悲剧的根源。

这是对莫泊桑莫大的误解，低估了大作家对问题的认识。马克思说："性格是环境的产物。"人离不开社会的影响。其实莫泊桑是把玛蒂尔德的悲剧命运放在广阔的社会背景下来观照的，作者通过一系列细节和人物刻画不断暗示读者：虚荣享乐、拜金主义的思想在整个法国社会都非常盛行，并非玛蒂尔德所独有，充分揭示了其悲剧的社会根源。譬如罗瓦塞尔"积攒下这样一笔款子，打算买一支枪，好在夏季的星期天，和几个朋友一道到南泰尔平原去打云雀"——猎枪的价格实在不菲（四百法郎），日常生活中用途却不大。生活还很拮据的罗瓦塞尔为何存钱来买如此高级的猎枪呢？虚荣心使然。因为用高级猎枪打云雀，在当时是一种"有闲"并且"有钱"阶级才有资格从事的时髦、高雅的贵族活动。罗瓦塞尔热衷于这种活动，无非是赶时髦、摆阔气、附庸风雅。又如罗瓦塞尔费尽周折弄到教育部舞会请柬，又肯用买猎枪的钱为妻子置办舞衣，都不单纯是为了妻子痛快玩一夜，而是为满足虚荣心，趋炎附势，结交巴结上流人士。至于佛来思节夫人为假钻石项链专门配一只精美的首饰盒，金玉其外，无疑更是虚荣心作怪。那芸芸大众呢？请看“夜里做生意的旧马车，这种马车在巴黎只有在天黑了以后才出现，仿佛在白天它们自惭形秽，不出来”。此处细节看似闲笔，实则大有深意，表面上是写旧马车主人自卑，白天不好意思出门，实际上是侧面表现巴黎广大市民的虚荣——大庭广众、光天化日之下，坐旧马车丢面子、跌份子，遭人耻笑；旧马车主人也深知乘客的心理，白天没人愿坐，没生意，所以只好夜晚出来拉活儿。

你看，莫泊桑为我们描绘了一幅巴黎社会的虚荣众生相：从罗瓦塞尔这样的小职员，到佛来思节夫人这样的贵妇人，再到遍布大街小巷的普通百姓，无不遭受着虚荣心的侵蚀。玛蒂尔德生活在这样一个环境中，怎么能不受影响，不被熏染毒化？她那近乎变态的虚荣享乐思想，其实有着相当深厚的社会基础和温床，她的悲剧既是“性格悲剧”，更是“社会悲剧”。过去把玛蒂尔德的悲剧仅仅归结为“性格悲剧”，是很不够的。

如此看来，那段议论文字，与其说是作者的看法和评论，不如说是主人公玛蒂尔德的心理感慨和独白，更多地反映了玛蒂尔德对事件的糊涂认识，把悲剧归结为“偶然的小事”所致。

玛蒂尔德时常设想“如果没有弄丢那串项链，今天又该是什么样子？”，那我们就不妨替她设想一下：如果不弄丢项链，她可能会有怎样的人生“际遇”，生活会不会幸福？

一种境况是，舞会后她把项链还给女友，事情就这样过去了，她还像原来那样生活。这样她当然无需受十年的磨难，但这样她会幸福吗？她的灵魂会安宁、平静吗？先看小说第二段的描写：

> 她没有钱打扮，所以穿着朴素，但是心里非常痛苦，好像这降低了她身份似的。因为女人原本就没有什么等级和门第之分，她们的美丽、娇艳、风韵就是她们的出身和门第；她们天生的敏感、温柔的性情和灵活的脑筋就是她们唯一的等级。

这一段文字集中反映了当时所有巴黎人特别是玛蒂尔德的人生观、价值观：女人们不分门第、出身、才华等，只凭脸蛋儿漂亮与否来判断是否有资格进入上流社会。这看上去似乎是一种公平竞争（实则反映了视女人为玩物的男女不平等社会）。而玛蒂尔德本来就“天生丽质难自弃”，深感凭自己的“娇艳、风韵”，有足够的“资格”进入上流社会，过高雅奢华的生活。而舞会的成功更进一步验证、强化了她这种感觉。可现实中，她的处境与那些贵妇们却有着天壤般的差别，“心比天高，命比纸薄”

的玛蒂尔德面对这样强烈的反差，心理会平衡吗？会甘心平凡吗？当然不会。众所周知，幸福是一种主观感受，舞会的成功使她更觉得有负自己的花容月貌，心理会更加失衡，更加想入非非，更加痛苦。可见即便是没有弄丢项链，她也会在郁郁寡欢中，在更加痛苦的煎熬中，在无休止的抱怨中，痛苦度日或夫妻离异，毫无幸福可言，这比弄丢项链更糟糕。十年的劳作使她在生活中成为一个堂堂正正、自食其力的人，辛劳而充实，比空虚、痛苦强得多。

若不丢项链，她也可能凭着一夜的成功和结识的上流人士，通过非常手段和特殊渠道（譬如做别人的情妇、离婚、私奔等），爬上上流社会。可这样她就会幸福吗？莫泊桑通过另一篇小说《珠宝》里的朗丹夫人的遭遇，给出了这种假设的答案：《珠宝》里的朗丹夫人，也是一个拥有美貌却嫁给了小职员的平民女子，也是不甘心过这种基层平民生活，整日和上流人士看戏调情，靠出卖色相换取珠宝，结果染病夭亡，下场可怜又可悲。玛蒂尔德如果步朗丹夫人的后尘，她就彻底丧失了人格和尊严，成了一个高级寄生虫和供人玩弄的花瓶，其境遇也绝谈不上幸福。

所以说，没有弄丢项链的玛蒂尔德，生活是可以预见的：要么是在更加痛苦的煎熬中郁郁度日，要么是堕落毁灭。

可以说弄丢项链不仅是玛蒂尔德人生命运的转折点，也是其性格的转折点，更是作者对其态度的转折点。弄丢项链之前，玛蒂尔德的性格主要表现为“追求享乐，爱慕虚荣”，作者对其态度主要是“讽刺和批判”。弄丢项链之后，特别是通过赔项链、还债务，表现了玛蒂尔德性格中“诚信而坚强”的美好一面：面对这不幸的灾难，他们没有逃债，一走了之；没有耍赖，抵死不还；没有弄一挂假项链欺瞒朋友，甚至想都没想过；更没有像《珠宝》里的朗丹夫人那样，堕落沉沦，出卖色相，换取珠宝——如果那样的话，她可以轻而易举地偿还项链和巨额债务。面对如此困境，她有这么多捷径可以选择，她都没有选，而偏偏选择了一条最艰难也最让人敬佩的路——借债买来一挂真正的钻石项链还上，并靠自己的劳动偿还巨额债务，用自己看似柔弱的肩膀承受意外的灾难、生活的重压。当她把花了三万六千法郎巨款买来的真钻石项链还给佛来思节夫人时，她还战战兢兢担心朋友把她当成一个掉包“贼”。这一方面反映了阶级地位和经济状况的悬殊所造成的弱势心理，另一方面也更多地反映了她纯正无私的品质。“贫贱夫妻百事哀”，十年艰辛，何等不易。从玛蒂尔德夫妇决定赔项链那一刻开始，作者便以赞美和同情的态度来描写玛蒂尔德夫妇。

玛德尔德的性格是多面立体的，她的虚荣享乐与诚信坚强是对立统一的，作者对她的讽刺和同情也是并存的。以弄丢项链作为分水岭，之前侧重讽刺其享乐虚荣的一面；之后侧重肯定其诚实坚强的一面，同情她的不幸遭遇。正像莫泊桑的恩师福楼拜所说：“讽刺并不妨碍同情，相反，如果分寸掌握得好，讽刺往往也加强了同情的一面。”

文中说："一件微不足道的小事可以把你断送，也可以把你拯救出来!"那么，"弄丢项链"对玛蒂尔德来说是"断送"，还是"拯救"？舞会前的玛蒂尔德和十年后的玛蒂尔德，哪一个更可爱呢？当十年后还清了债务、一身轻松的玛蒂尔德，在公园邂逅依然"年轻、美丽、动人"的佛来思节夫人时，如果按她以前虚荣自卑的性格，会避之唯恐不及。要知道十年前她年轻美丽的时候都不愿去看望佛来思节夫人，每次回来都要痛哭好几天。而此时玛蒂尔德地位更低，处境更糟，连引以为自豪和自信的青春美貌也消磨殆尽。如果她还是先前那个极为虚荣和自卑的玛蒂尔德，她绝不会主动和依然年轻美丽的佛来思节夫人打招呼，即便打招呼也不会告知实情，她也就永远不会知道真相。但是此时的玛蒂尔德却带着"激动"的心情、"自豪"的笑容，主动上前打招呼，心态平和坦然，这不仅是因为她还清了债务，心情轻松自豪，更主要的是她的性情发生了变化，变得真实、自信了，不那么虚荣、自卑了。十年的磨难，她的形象虽然苍老了，但精神却饱满了、健康了、自信了、乐观了，由一个外在形象美的女性转化为内在精神美的女性。对一个女人来说，拥有真心实意、始终如一爱自己的丈夫，比一个在物质上虽应有尽有，而丈夫极端自私虚伪、对其三心二意的女人，要幸福得多——可以说弄丢项链虽然断送了她的青春和美貌，但却拯救了她的性格和人生。

弄丢项链，使她获得了比项链更宝贵的东西——夫妻真情，他们的婚姻和家庭因此更牢固、更美满。罗瓦塞尔先生对她的体贴、疼爱，特别是在丢项链后的一系列表现让人感动敬佩：大祸临头，他没有对妻子责备、抱怨，而是积极行动解决问题；先是沿街寻找了一夜，接着拿出所有储蓄，四处借钱，买回真的钻石项链赔偿；之后努力工作，拼命挣钱，偿还债务。与妻子相濡以沫，共渡难关，无怨无悔，默默奉献。他所做的一切，一般人难以做到。他虽然平庸，没有什么过人的才干和丰功伟绩，但对妻子的理解、体贴和疼爱，终于使妻子懂得什么是人生最可宝贵的，懂得了她最初向往的那些东西，就像佛来思节太太的项链，每一颗都是假的，而用十年辛苦换来的夫妻真情，每个环节都是真的——所以说丢项链虽然断送了她安逸的小康生活，但却拯救了她的婚姻和家庭。

《项链》是一篇充满哲理、内蕴丰厚、意味隽永的小说。女主人公得到请柬、舞会成功，看似机遇，但背后却埋藏着陷阱；丢失项链，看似断送，却因此得到拯救——塞翁失马，焉知非福？也应了老子的那句话："祸兮，福之所倚，福兮，祸之所伏。"左拉在莫泊桑葬礼上说："读他的作品，可以笑，可以哭，但永远发人深思。"莫泊桑说："我进入文坛如一颗流星，出文坛则要响起一记惊雷。"毋庸置疑，《项链》恰如惊雷，穿越时空，在今天的世界文坛上空，依然余响不绝。

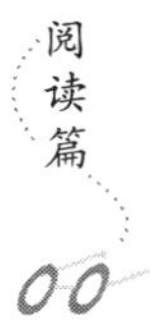

忧患开放的意识　跨越时空的主义

——鲁迅的《拿来主义》深度解读

《拿来主义》是中学课本的传统名篇，也是鲁迅杂文的典范之作。教读《拿来主义》需要抓住三个要点：（1）把握文章主旨；（2）理清文章思路；（3）学习比喻论证。

关于《拿来主义》的主旨，即“拿来”什么，因文中有一段“大宅子”的比喻论证，许多人据此认为《拿来主义》的主旨是谈如何对待“本国文化遗产”的。可联系当时的背景和通观全文来看，《拿来主义》的主旨应是谈如何对待“外国文化”的。对待外国文化，鲁迅的观点既非全盘否定，也非全部吸收，而是主张有选择地“拿来”为我所用——鲁迅的这一理念自然也适用于对待本国乃至一切文化遗产。

“拿来主义”这个命题，是鲁迅独创的。“拿来”是行动，“主义”是理论，理论和实践结合。标题就极富杂文特色——形象风趣。标题若改为“选择性或批判地学习外国文化”，虽然也切合文章内容和题旨，但已不像是杂文的标题，而像一篇政论文的标题了。

文章的思路可概括为四个问题：（1）什么是拿来主义？（2）为什么实行拿来主义？（3）怎样实行拿来主义？（4）实行拿来主义的结果如何？

首先，什么是拿来主义？第七段独句成段：“所以我们要运用脑髓，放出眼光，自己来拿！”这是全文的中心句，集中阐释了“拿来主义”的精神实质。

“运用脑髓”说明“拿来主义”首先要“思考”。不说“运用头脑、脑筋或脑袋”，而说“运用脑髓”，说明不是一般地简单地思考，而是认真、深入、严肃地思考。“放出眼光”强调拿来主义要有辨别力；“自己来拿”强调按自己的意愿和需要“主动”地拿，而不是被动地靠别人施舍。中心句的三个分句——运用脑髓，放出眼光，自己来拿——其顺序有很强的逻辑性，不能随意调换。

其次，为什么实行拿来主义？中心句劈头有一个关联词“所以”，说明这句话仅是个结果——有果就有因，这个“因”应该去中心句的前面寻找。鲁迅在第一段谈了“闭关主义”和“送去主义”。所谓“闭关主义”就是清政府奉行的闭关锁国的政策，“自己不去，别人也不许来”，这是一种夜郎自大、与世隔绝的政策。历史证明，这种政策给中国带来的恶果是落后挨打，丧权辱国，即文中所说的“给枪炮打破了大门之后，又碰了一串钉子”之类——一部中国近代史就是一部闭关锁国、落后挨打的屈辱史。这种“闭关主义”已被历史证明是一种自我封闭、自我扼杀窒息的愚蠢国策，不利于中华民族的发展壮大。在全球化的今天，更是不合时宜的自我孤立主义，自然不能再实行。

那么，当时的国民政府正在实行一种什么主义呢？“到现在，成了什么都是‘送去主义’了。”“送去主义”顾名思义，就是把自己的好东西一股脑地输送给别国，而且成了一种“主义”，一种国策。“什么都是”说明不限于某一领域，政治、经济、科学、文化、艺术等各个领域都在实行“送去主义”。鲁迅“别的且不说”，单举当时“学艺”上的表现，说明“学艺”上“送去主义”特别严重。而且当时贫穷落后的旧中国也只有“学艺”上还有那么一点可怜的东西可“送”、可炫耀，其他方面想“送”，却实在拿不出手。“学艺”上送去的也无非是“一批古董”“几张古画和新画”，还有京剧——“送梅兰芳博士到苏联去”。鲁迅用“捧着”这个极为虔诚庄重的动作去搭配微不足道的“几张古画和新画”，造成一种极大的失衡、不协调，辛辣地讽刺了送去者毕恭毕敬、媚外求荣的丑态。鲁迅不用“展览”这一书面雅语，而用“挂”字这一口语，语带奚落嘲讽——就那么几张可怜兮兮的画，还要煞有介事地一路“挂过去”，极力张扬，凸显了炫耀者的妄自尊大、滑稽荒唐。

这种“送去主义”绝不是国家间正常的“学艺”交流——交流是双向的——而这是单方面送去。“送去主义”者如此乐此不疲地“送去”，其背后隐藏的真实目的、动机是什么呢？是向外国人夸耀、讨好：锈迹斑斑的“古董”意在炫耀历史的悠久；“国画”“京剧”意在夸耀独有的文明——所有这一切都可以归结为一种心态，那就是自我陶醉、妄自尊大的阿Q心态——“我们先前比你阔的多啦！”鲁迅认为“自大与好古”是一对孪生物，这集中表现为“爱国的自大家们”的种种荒唐可笑的言论。当时常有些国人不正视中国贫困落后的现实，一味自欺欺人地吹嘘：“中国地大物博，开化最早，道德天下第一”，“外国物质文明虽高，中国精神文明更好”，“外国的东西，中国都已有过；某种科学，即某子所说的云云”（《热风·随感录三十八》），“中国精神文明冠于全球”等等，不一而足。这种貌似弘扬国粹的“送去”，实则是媚外求荣，妄自尊大。鲁迅及所有的有识之士对这种“合群的自大”极为反感厌恶。它是世界上文化竞争失败之后，一个民族不能振兴自强的重要病因。鲁迅说：“不满是向上的车轮，能够载着不自满的人类，向人道前进。多有不自满的人的种族，永远前进，永远有希望。多有只知责人不知反省的人的种族，祸哉祸哉！”（《热风·随感录六十一》）当时的世界已进入了工业化时代，科学技术突飞猛进，西方列强借助现代科技日益壮大。而曾经辉煌的中国落伍了，与先进国家的差距日益拉大。贫弱的中国急需“德先生”（Democracy，民主）和“赛先生”（Science，科学），需要新文化、新

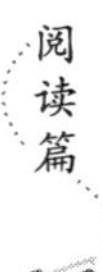

文明、新科技来启迪民智，富国强邦，促进民族振兴、国家进步，摆脱落后挨打的局面。鲁迅认为当时要做到这些，只有“别求新声于异邦”，甚至“屈尊学学枪击我们的洋鬼子，这才可能有新的希望的萌芽”。而“送去主义”者却依然沉湎于往日的辉煌，热衷于把一些缺乏新鲜活力的、鲁迅认为应该“全部放掉”的“华夏传统的小巧玩艺”，视为“国粹”，向洋人炫耀邀宠。这只能令本来就瞧不起中国文化的别有用心之人更加嗤之以鼻，让深感民族落后的有识之士更加羞愧痛心，让中国更加贫弱。鲁迅无情地嘲讽“国粹派”的荒唐可笑：“只要从来如此，便是宝贝。即使无名肿毒，倘若生在中国人身上，也便‘红肿之处，艳若桃花；溃烂之时，美如乳酪’。国粹所在，妙不可言。”（《热风·随感录三十九》）“中国的国粹，特别而且好；又何以现在糟到如此情形，新派摇头，旧派也叹气。……要我们保存国粹，也须国粹能保存我们。”（《热风·随感录三十五》）

以现在的眼光看，这些古董、新旧国画、京剧等民族艺术当然应该该保存并弘扬广大。但在当时一味地把玩、炫耀这些“小巧玩艺”是没有多少意思的，当时贫弱的中国更需要“拿来”的是现代文明。鲁迅极力抨击这种不肯放下文明古国的臭架子、以阿Q的“精神胜利法”来自欺自慰的行径。他在《摩罗诗力说》一文中沉痛地说：“故所谓古文明国者，悲凉之语耳，嘲讽之辞耳！中落之胄，故家荒矣，则喋喋语人，谓厥祖在时，其为智慧武怒者何似，尝有闳宇崇楼，珠玉犬马，尊显胜于凡人。有闻其言，孰不腾笑?”“漫夸耀以自悦，则长夜之始，即在斯时。”一味地夸耀祖先，实则是无奈和无能的表现——祖先为你留下了可资夸耀的东西，你又为后人留下点什么可资夸耀的东西呢？鲁迅大声疾呼：“我们目下的当务之急，是：一要生存，二要温饱，三要发展。苟有阻碍这前途者，无论是古是今，是人是鬼，是《三坟》《五典》，百宋千元，天球河图，金人玉佛，祖传丸散，秘制膏丹，全都踏倒他。”（《华盖集·忽然想到（六）》）“将先前一切自欺欺人的希望之谈全部扫除，将无论是谁的自欺欺人的假面全部撕掉，将无论是谁的自欺欺人的手段全部排斥”（《华盖集·忽然想到（十一）》）。鲁迅几十年间对国粹主义和民族自大心理分析批判的过程，就是“拿来主义”主张孕育形成的过程。他的这一思想在多篇文章中都有体现，而《拿来主义》是诸多文章中谈得最集中、完整、透彻、深刻的一篇。

不但精神层面上送去，有人还要物质上送去。无视中国积贫积弱的现状，动则以地大物博自诩，以丰富大度自夸：“掘起地下的煤来，就足够全世界几百年之用，但是，几百年之后呢?”，难道中华民族就不需要生存发展了吗？鲁迅针对某些国人的愚昧无知，以思想家独有的犀利，在《黄祸》一文中沉痛地教诲道：“倘是狮子，自夸怎样肥大是不妨事的，但如果是一口猪或一匹羊，肥大倒不是好兆头。”简单的比喻，寥寥数语，将国家“强而大”令人敬畏，如果“弱而大”，不仅引列强垂涎，还将任人宰割的道理，阐发得深入浅出、触目惊心。所谓“重量”不等于“力量”，“肥大”

不等于“强大”。

其实我们并不富裕，这种貌似大度无私的“送去主义”，实则是祸国殃民、贻害子孙的短视行为，是打肿脸充胖子的穷大度，使国家更加贫落。“不算坏事情”，乃激愤之反语，实则对本民族来说坏透了。鲁迅把自比太阳、只“给予”不“取得”最后发了疯的尼采，与一味“送去”不“拿来”的中国进行类比，意在警醒国人：中国如果一味只“送”不“拿”，其结果也只能像尼采一样发疯癫狂，亡国灭种。鲁迅认为我们应该多为本民族计，为子孙后代留下点东西，否则，几百年之后，子孙们“只好磕头贺喜，讨一点残羹冷炙做奖赏”，尚且只有“一点”——强作欢颜，摇尾乞怜，只能得到这样的“奖赏”，多么可怜可悲。这是对你先前穷大度的奖赏，是对你沦为奴隶乞丐、献媚讨好、精神上承受巨大屈辱的奖赏。不要认为这是鲁迅危言耸听，实是严酷的现实和历史的必然。看来“送去主义”也不能实行，它只能使我们更加贫弱。

“闭关主义”与“送去主义”看似两种不同的“主义”，其本质是一样的，都反映了某些中国人自满自大、不肯虚心向别国学习的心态，是由一个极端走向另一个极端。这里有两点需要澄清：第一，鲁迅说：“‘送去’之外，还得‘拿来’”，可见鲁迅不是一味反对送去，而是强调还得“拿来”，要礼尚往来，互通有无，不能光送不拿。其实“送去”和“送去主义”是不完全相同的两个概念。我们当时落伍了，特别是科学技术落后，我们并不高明，我们没有送去的资格和本钱，我们当时更需要的是“拿来”！第二，鲁迅也不是坚决反对把“古董、国画、京剧”等艺术送出去，不是反对中外学艺上的交流。鲁迅的本意不是针对这些具体行为，而是批判支撑这种行为的背后的思想。他是借题发挥，揭出隐藏在这种行为背后的病态心理和不良情绪——无视中国积贫积弱的现实，徒以文明古国自居，抱残守缺，拒绝新知；仍以地大物博自诩，奉行送去主义。这种自大自满的病态心理和情绪，不仅不能激发民族的自尊心、自豪感，反而容易助长一种不思进取的惰性，使国人沉迷于古昔的文明和疆土的辽阔，拒绝向别人学习一切于己有利的新知识、新观念，来创立新文化、新国度。结果落得个更加贫弱、任人欺凌宰割的地步。可见，这种自满自大的病态心理和不良情绪，才是鲁迅矛头真正所向和批判的根源，而不能浅显地理解为反对文化交流。鲁迅常说：“只有民族的才是世界的。”当然，不是民族的所有东西都可成为世界的，只有民族中优秀进步的文化才可成为世界的。现在不也时常讲“让中国文化走向世界”吗？不也时常看到去世界各国举办中国画展、影展、民俗展、音乐演出吗？今昔背景不同，目的动机也不同。现在是交流，相互学习，让世界了解中国，同时也了解世界。过去是单方面的送去、炫耀；现在有强大的国力、高科技作后盾，过去是只剩下这些“小巧玩艺”可送。所以对于鲁迅的文章和观点也要历史地看，离开具体的历史背景是不行的。在极端贫弱、缺乏现代科技的旧中国，鲁迅的这种观点意在矫枉过

正，促人猛醒。

“送去主义”要不得，那么“送来主义”怎样呢？鲁迅这里提出了三个概念：“抛来”“抛给”和“送来”。“抛来”与“抛给”都是“送来”，两者都是“抛”，说明这个东西对于“抛”的人来说是不重要的，没有多少价值的。而“抛给”的一个“给”字更强调了目的性、强迫性，甚至险恶用心。让我们具体看看都“抛给”我们些什么东西：“英国的鸦片”不仅掠走了我们大量的黄金白银，而且还藏有使我们亡国灭种的杀机；“德国的废枪炮”卖给封建军阀，一方面处理废旧军火，捞取外快，一方面使中国陷入混战，造成中国长期分裂割据的局面，列强坐收渔利，一举多得；“法国的香粉”于中国的国计民生毫无益处，只是骗取中国的钱财；“美国的色情电影”是毒害中国人民的精神鸦片，并借此倾销他们的价值观，进行文化侵略；“日本印有‘完全国货’的各种小东西”——中日文字一脉相承，大同小异——写有汉字“完全国货”的各种小东西投入中国市场，造成是中国产品的错觉假象，使中国人民放松警惕不加抵制，甚至争相采购，以此挤压中国民族产业，这更是一种手段狡诈的经济侵略。可见“送来主义”的结果是祸国殃民，国家、人民深受其害。

由于“送来”的洋货的泛滥和造成的恶果，“于是连清醒的青年们，也对于洋货发生了恐怖”，好像凡外国的东西皆可怕，皆可恶，皆应排斥。其实鲁迅认为外国文化并不可怕，关键是我们如何选择和利用，才能对中国的进步发展有益。可怕的是“那是‘送来’的，而不是‘拿来’的”，不是根据自己的需要主动选择、挑拣的。看来“送来主义”也不能实行。

这篇文章，标题是“拿来主义”，中心是论述“拿来主义”，可文章开篇却大谈“闭关主义”“送去主义”和“送来主义”的危害。看似文不对题，有点绕弯子，这恰是鲁迅构思行文上的独具匠心之处，论证方法上的一大特色——先批判“闭关主义”“送去主义”和“送来主义”的错误，然后引出正确的主张——“拿来主义”。先破——因为其他“种种主义”都是错误的，后立——所以只有“拿来主义”才是唯一正确的选择，体现了“因果论证”的力量。

这也是逻辑上的一种“淘汰法”：国家间的交往方式无非就是这四种：“闭关主义”——互不往来；“送去主义”——只出不进；“送来主义”——被动接受；“拿来主义”——择善而用。淘汰批判了错误的前三种，剩下的只有第四种——拿来主义，这就更充分有力地证明了“拿来主义”的正确性、必要性和唯一性。

再次，怎样实行拿来主义？鲁迅在具体论述时，也没有抽象地谈大道理，而是使用了比喻论证。鲁迅把外国文化比作“大宅子”，把对待外国文化的态度比作对待大宅子及其里面东西的态度：第一种态度是“怕给他的东西染污了，徘徊不敢走进门”——不敢接触，实则是“闭关主义”的翻版，鲁迅称之为“孱头”、懦弱无能的人；第二种态度是“放一把火烧光”——全盘否定，鲁迅斥之为“昏蛋”。注意，鲁迅这里用了“昏”，而不是“混”或“浑”，说明“放一把火烧光”的全盘否定者是头脑糊涂，神志不清。以上两种错误做法是鲁迅最为反对的。第三种态度是“欣欣然蹩进卧室，大吸剩下的鸦片”——全盘吸收，“更是废物”。“蹩”的动作，可能是绍兴方言，有人说是一瘸一拐走进去的样子；有人认为是一种躲躲闪闪的样子，有人说是种洋洋得意、趾高气扬的样子……总之应该是一种让人厌恶的丑态。鲁迅批判了对待外国文化的三种错误的态度，然后提出对待外国文化的正确态度：“占有和挑选”，即真正的拿来主义。鲁迅又一次运用了“淘汰法”，淘汰错误的，树立正确的，先破后立。

首先以主人翁的姿态“占有”——这较容易做到。接着是“挑选”——挑什么？怎样挑？大有学问：“鱼翅”比喻有益无害的东西，是精华，要吃掉，而且要为多数人服务，而不是为少数人服务——宴大宾；“鸦片”比喻有害也有益的东西，鸦片的害处人所共知，但也可做止痛药、镇静剂等，对这种利害兼备的东西要趋利避害，不可一概否定；“烟灯烟枪”比喻无益也无害的东西，因为有一点特色，可“送一点进博物馆”供后人观瞻、了解历史；“一群姨太太”比喻有害无益的东西，是糟粕，打发“走散为是”。要不然“拿来主义”就会变质，成了“包圆儿主义”，变得和旧主人一样腐朽。鲁迅的这段比喻论证精彩生动，把一个抽象的大道理——“批判地学习外国文化”阐述得既深入浅出，又妙趣横生，耐人寻味。题目虽大，道理虽深，但却能以小喻大，通俗易懂，让人在会心的微笑中接受他的观点，这就是杂文的优势和魅力——形象、幽默、风趣。

最后，拿来主义的结果是“创新”。“占有”是前提，“挑选”是关键，“创新”才是目的。但这种创新不是凭空产生，鲁迅说：“新的艺术没有一种是无根无蒂、突然发生的，总承受着先前的遗产。”“没有拿来的，人不能自成为新人，没有拿来的，文艺不能自成新文艺。”

“拿来主义”的真谛和精髓就在于唤起一种“忧患意识”，召唤国人不要再妄自尊大，自我陶醉，应该放下架子，虚心地向外国学习一切于己有利的东西，“即使那老师是我们的仇敌罢，我们也应该向他学习。”（《且介亭杂文·从孩子的照相说起》）。但这种学习不是盲目地兼收并蓄，蹄毛并吞，而是“汲取精华，剔除糟粕”。鲁迅的“拿来主义”精神和主张，是超越时空的真理，不但适宜于当时，也适宜于现在和未来；不但适用于文化，也适用于政治、经济等各领域。鲁迅深邃的思想和精辟的言论深深影响了中华民族，已融入民族血液，沉淀于民族的脊髓，成为民族文化和民族性格的优秀基因。虽然鲁迅离开我们已七十多年了，但今天用鲁迅思想观察现实的中国，依然洞若观火，这正说明鲁迅的思想具有时空的跨越性和其地位的不可颠覆性。

喜看秋绚烂　立志主沉浮

——《沁园春·长沙》探赏兼评毛泽东诗词

毛泽东，一个光辉、伟大的名字。作为革命家，其一生充满传奇色彩，令人敬仰；作为诗人，又独领风骚，令人感佩。毛泽东的一生与诗词结下了不解之缘，即使在戎马倥偬间，他也不辍吟哦挥毫。据其身边的工作人员统计，经毛泽东认真评点、圈画过的诗词总计 1 590 首以上，一般性地翻阅、欣赏在 2 000 首以上，凭记忆手书的有百余首，许多是长篇叙事诗。在日理万机之余，欣赏、品味古诗词，成了毛泽东文艺审美生活中不可或缺的一项重要内容。

毛泽东一生创作的诗词总量不算很多（管见所及，概计 70 余首），但思想性、艺术性却很高。古人有“不朽才消一句诗”和“做诗万首非诗人”之说，可见决定诗人在文学史上地位的，不是诗作的“量”，而是“质”。毛泽东的诗词，并非一般骚人墨客的闲情风雅之作，而是其波澜壮阔的革命斗争生涯的形象记录、艺术再现，反映了中国革命的辉煌进程，堪称“诗史”。1957 年 1 月，由臧克家等人主编的《诗刊》创刊号上，刊载了由毛泽东亲自审校的 18 首诗词，而排在第一位的即为《沁园春·长沙》，可见这首词在毛泽东心目中的地位。《沁园春·长沙》作于 1925 年，与作于 1936 年的《沁园春·雪》，从形式到内容都有相通之处，堪称“姊妹篇”。所以探赏《沁园春·长沙》不能不涉及《沁园春·雪》。

1925 年，毛泽东 32 岁，正是风华正茂的年代。当时革命形势蓬勃发展，湖南、广东等地的农民运动日益高涨，国共统一战线已经确立。这年秋天，毛泽东自湖南去广州主持农民运动讲习所，取道长沙，漫步湘江，重游橘子洲。望着万山红林，满江秋色，联想到日益高涨的革命形势，他激情满怀，吟成《沁园春·长沙》。当时军阀赵恒惕正通缉毛泽东，据《湖南全省第一次工农代表大会日刊》载：“毛先生泽东……曾于湘潭衡山一带，从事农民运动……后为赵恒惕所知，谋置先生于死地，先生闻讯，间道粤。”诗人“不以物喜，不以己悲”，临江“乐水”，坦荡无畏。“独立”一词，写出了诗人虽身处险境，但镇定从容、中流砥柱的气概。唐柳宗元有《江雪》一诗：“千山鸟飞绝，万径人踪灭。孤舟蓑笠翁，独钓寒江雪。”反映了柳宗元被贬之后，虽身处逆境，但孤傲不屈的性格。柳宗元是“独钓寒江”，毛泽东是“独立寒秋”，两者意境上有相似之处，但一孤傲冷峻，一坚定从容：封建士大夫与革命青年的胸襟境界毕竟不可同日而语。上阕一“看”字，控制七句至“万类霜天竞自由”。这在古诗词中叫“一字领起”，俗称“领字”，一般上下阕各有一个。（《沁园春·雪》的上阕领字为“望”，也是控制七句至“欲与天公试比高”——同词牌词的格式，包括词的字数、句数、相应句的字数等，都是相似的。）“看”以下的视角转换和写景顺序极富特色：“万山红遍，层林尽染”——远眺；“漫江碧透，百舸争流”——近观；“鹰击长空”——仰视；“鱼翔浅底”——俯察，真可谓“远近高低各不同”。立体摄影，广角观照，尽览无遗，爱秋之情，何等热切。“万山”指橘子洲（因盛产美橘而得名，又名水陆洲，唐代以来即为游览胜地）对面的岳麓山群峰，枫林最胜，深秋时节，霜叶胜花，云蒸霞蔚，异常壮观。上有“爱晚亭”，因杜牧《山行》中诗句“停车坐爱枫林晚”而得名。枫林随山势而上，重重叠叠，且颜色深浅不一，故谓之“层林”，刘禹锡有“山上层层桃李花”的诗句。一“染”字，神来之笔，化自《西厢记》中“晓来谁染霜林醉，总是离人泪”的名句，但一悲一喜，各具千秋。经霜的枫林，似天公挥运如椽巨笔点染着色而成，红艳欲滴；似燎原烈火，辉煌绚烂，令人激奋。“鱼翔浅底”非言水浅，而是清澈见底，显得水浅。郦道元的《水经注·湘水》说“湘川青照五六丈，下见底石如樗蒲矢，五色鲜明，白沙如霜雪”。用一“翔”字，尽显鱼儿在“天光云影共徘徊”的碧水中游动得灵巧自由，像在天空中飞翔一般，真切地描画出“鸟在天空中翱翔，像鱼；鱼在碧水里漫游，像鸟。蓝天和碧水一样的清澈，鸟和鱼一样的自由”的诗情画意，令人神往。据毛泽东身边的工作人员回忆，毛泽东作诗词，字斟句酌，可谓呕心沥血，“常在屋里踱来踱去，时而凝眉沉思，时而昂首吟哦，忽然，停住脚步，坐在桌前写几句，又摇摇头，把纸揉成一团……次日清晨，工作人员发现纸篓已装满大半”（蔡清富、李捷《新诗改罢自长吟——谈毛泽东对自己诗词的修改》）。毛泽东常说：“诗难，不易写，经历者如鱼饮水，冷暖自知，不足为外人道也。”（毛泽东《致胡乔木》）“好诗难得百回改”“新诗改罢自长吟”，一代伟人严谨负责的写作态度，令人感佩。

一句“万类霜天竞自由”，由眼前所见扩展到世间一切生物，进行哲理性感悟升华，揭示出自然界的奥秘与规律——万物都在斗争中获得生存与自由，作为万物之灵的人类，特别是被剥削、被压迫的劳苦大众，不是更应该“竞自由”吗？这与《国歌》中所唱“起来，不愿做奴隶的人们”异曲同工。“驱山走海置眼前”，毛泽东笔下的“湘江秋景图”是多么雄奇伟丽，溢光流彩，充满生机与活力。而这幅壮美的“山水画卷”，既是实写——确是秋令秋景；又是虚写——所写秋景不一定是同时同地所见，情感也不一定是一时一地的体验，而是经过高度的艺术概括，浓缩多时之体验，选取多地所见、富有代表性的特征景物组合而成。这是眼前之景和心中之景的高度统一，既是现实的“写境”，又是理想的“造境”，洋溢着浓郁的浪漫情怀。

自宋玉《九辩》有“悲哉，秋之为气也，萧瑟兮摇落而变衰”，首兴悲秋之叹，历代文人接声递响，落叶惊秋。曹丕感伤“秋风萧瑟天气凉，草木摇落露为霜”；杜甫哀唱“万里悲秋常作客”；刘禹锡慨言“自古逢秋悲寂寥”；欧阳修叹息“悲哉，此秋声也”；李清照感伤“满地黄花堆积……这次第怎一个愁字了得”；马致远的《秋思》吟出游子悲秋的绝唱“夕阳西下，断肠人在天涯”；《红楼梦》中《秋窗风雨夕》写秋凄风苦雨“已觉秋窗秋不尽，那堪风雨助凄凉”；近代革命家秋瑾悲秋欲死：“秋风秋雨愁煞人”——旧文人笔下的“秋”简直成了“寒、衰、愁、苦”的象征，“悲秋”成了诗词文赋的传统内容和基调。而毛泽东的《沁园春·长沙》，意境高妙，豪迈爽朗，一反前人萧索伤感的“悲秋”格调，而为绚丽蓬勃的“颂秋”——惊世骇俗，叹为观止。诗的品评在意境的高下，而意境的高下，又决定于人品格的高下。王国维说：“词以境界为上，有境界则自成高格。”毛泽东不是一介普通书生，不同于多愁善感的纤弱文人，作为青年革命家，他胸怀大志，才华横溢，胸襟博大，奋发向上，其“品格”和“境界”远非常人可比，所以他的诗词也不同凡响，洋溢着壮丽辉煌的崇高美，充满豪情壮志。作家冰心曾说：“毛主席写诗词，不像古人那样是‘填’的、‘做’的，而是他革命斗争生活的反映和情感的自然流露，大气磅礴，豪迈精深。”上阕结束时，诗人笔锋一转，由景生情，提出了一个巨大而严肃的社会问题：“怅寥廓，问苍茫大地，谁主沉浮？”——谁是中华大地的真正主人，谁来掌握革命领导权，主宰国家、民族的命运和前途？这是对现实不合理社会秩序的怀疑与挑战。毛泽东曾手书“诗言志”三个遒劲大字，这“谁主沉浮”，即为青年才俊毛泽东的远大志向，是全词的“词眼”——上阕以问题作结，悬而未答。

下阕以“忆往昔”照应上阕。长沙橘子洲，是青年毛泽东与同学战友常来登临吟赏的故地，风物景观非常熟悉，有着深厚的情感。据载，1918 年，毛泽东自湖南第一师范毕业，与蔡和森、何叔衡、张昆弟等一批“新民学会”会员，寄住在“岳麓书院半字斋”。他们拾柴挑水，自食其力，修业进德，畅谈人生国事，抨击时弊，探讨救国救民之道，慷慨激昂。这段生活给毛泽东留下了深刻印象，故有“百侣曾游”“峥嵘岁月”“指点江山”“激扬文字”之说。湘江，也是毛泽东等人时常畅泳之所。毛泽东曾回忆：“那时初学，盛夏水涨，几死者数，一群人终于坚持，直到隆冬，犹在江中。”“湘江浴后，盘沙对语，凉风暖解，水波助语，不知乐从何来。”青年毛泽东即有“自信人生二百年，会当击水三千里”的鸿鹄大志，故词中有“曾记否，到中流击水，浪遏飞舟？”的壮语。正所谓“少年心事当拿云”“自古英雄出少年”。毛泽东喜欢畅游大江大河，几乎逢河必游，这一习惯一直保持到老年。晚年他甚至想去国外游恒河，密西西比河……遗憾的是未能如愿以偿。1956 年他写了《水调歌头·游泳》一词，其中有“不管风吹浪打，胜似闲庭信步”的名句，抒发劈波斩浪的快意与豪情，展示他蔑视困难、战天斗地的斗争性格。一“恰”字，为下阕领字，控制七句至“粪士当年万户侯”。（《沁园春·雪》下阕领字为“惜”，也是控制七句至“只识弯弓射大雕”。）“恰同学少年”，出自杜甫《秋兴》“同学少年多不贱，王陵衣马自轻肥”；“挥斥方遒”化自《庄子》“夫至人者，上窥青天，下潜黄泉，挥斥八极，神气不变”；“万户侯”，为汉代最高封赏，《史记》有“万户侯何足道哉！”之语，毛泽东词中泛指袁世凯、张敬尧、赵恒惕等反动军阀。下阕虽多处用典，但却自然晓畅，不着痕迹，毫无生硬牵强之感。

下阕虽没有用“青年才俊担当大任，仁人志士主宰沉浮”之类的直白话语，正面回答“谁主沉浮”的疑问，但却通过“峥嵘岁月”的追忆、“同学少年”的风华、“指点江山”的抱负、“激扬文字”的文采、“中流击水”的气魄等艺术手段，含蓄巧妙地暗示人们：革命青年有志向，有思想，有才华，有能力，少年许国，心怀四海，是最有资格“主沉浮”的“风流人物”。毛泽东常说：“诗要用形象思维，不能如散文那样直说。”（毛泽东《致陈毅》）外国友人评价说：“在毛泽东诗词中没有教条、口号，每一行诗都是一个美的世界。”（费德林《毛泽东诗词 18 首·跋》）联系《沁园春·长沙》的“姊妹篇”《沁园春·雪》，更能明白青年毛泽东隐约显露的远大抱负：“秦皇汉武”“唐宗宋祖”“成吉思汗”都是历史上功业煊赫的英雄豪杰，立国开疆，功勋卓著，但诗人却独不尊奉，用一“惜”字将其全部否定，鄙其为“略输文采”“稍逊风骚”“只识弯弓射大雕”的赳赳武夫，文采思想差得远，不配称“风流人物”。“风流人物”一词，出自苏轼《念奴娇·赤壁怀古》中“浪淘尽，千古风流人物”一语，指有功业、有儒雅文采、英俊潇洒之人。毛泽东所言“风流人物”，在内涵上比苏东坡所言更为丰富。毛泽东早年所记《讲堂录》中有这样几段话：“有豪杰之士，有圣贤之士。有豪杰而不圣贤者，未有圣贤而不豪杰者也。圣贤，德业俱全者；豪杰，歉于品德，而有大功大名者。”（李锐《毛泽东早年读书生活——一个用心听讲的学生》）在毛泽东看来，“豪杰”与“圣贤”不同：“豪杰”指在具体事业上建立大功名，成为一代杰出的政治家、军事家，但缺乏思想理论体系和精神感召力的人；“圣贤”“乃最大思想家也”。毛泽东要做的是集有功业的“豪杰”（武）与有思想理论的“圣贤”（文）于一身的“风流人物”——这才是毛泽东的真正志向。《沁园春·长沙》中所言包括诗人自己在内的“同学少年”，皆为“风华正茂”的“意气书生”，其“指点江山，激扬文字”，文韬武略，大智大勇，以天下为己任，是真正能文能武的“风流人物”，天不降大任于“斯人”更于何人？当仁不让要“主沉浮”。毛泽东的老师杨昌济在病重之际，还向章士钊举荐毛泽东和蔡和森：“二子海内人才，君不言救国则已，救国必先重二子。”一位外国人曾感叹：“一个诗人赢得了一个新中国。”毛泽东用自己成功的革命实践，实现了青年时期立下的做“主沉浮”的“风流人物”的志愿。

诗歌，最富激情与浪漫，最能展示想象力，滋养情感与灵性。一个富有“诗心”的人，是永不消沉衰老的；一个富有“诗心”的民族，是永葆青春活力的。毛泽东诗

词是中国诗林中的奇葩，世界人民都为毛泽东诗词非凡的魅力所折服。读毛泽东诗词，常为其壮美的景象、豪迈的气魄、恢宏的意境所感染，所激动。诗人臧克家盛赞："毛泽东诗词是伟大的篇章。"所谓"善歌者使人继其声"，作为"善歌者"的毛泽东，使笔者不避"草堂赋诗"之嫌，作《诗人毛泽东》，以"继其声"，表仰慕之情：

诗人毛泽东

你用平平仄仄的枪声，
写诗，
二万五千里是最长的一行。

马背上吟哦，
清脆的马蹄，
锻打出千秋绝唱，
战地黄花，如血残阳，
成了最美的意象。

有时潇洒地吸烟，
抬头望断南飞雁，
宽阔的脑际却有大江流淌。

雪天更善畅想，
神思飞扬起来，
飘成梅花漫天的北国风光。

相信你是最严肃的诗人，
屈指数算，
一首气势磅礴的诗，
调动了半个世纪的酝酿。

轻易不朗诵，
天安门城楼上只那一句，
便站成了世界的诗眼，
嘹亮了东方！

山重水复　风光无限

——巴金的《灯》文脉两次升华、三次跃进

巴金是一位享誉海内外的伟大作家，他的主要文学成就是在小说上，但他一生也创作了大量的散文，他是杰出的小说家，也是优秀的散文家。半个世纪以来，“他常以充沛之感情，刚健之笔锋，为大时代之剧变勾勒轮廓，为青年人之觉醒奋起潮音，其行健不息，影响深远，令人曷胜钦佩”（香港大学马临校长语，载《语文学习》1989年第8期）。入选高中《语文》教材的《灯》即是很有代表性的一篇。《灯》不但是国内高中《语文》课本中的传统篇目，而且也被选入海外的《中国语文》《华文》《华语》等教材中。在巴金84岁寿辰时，有人向他提起《灯》这篇散文，巴金十分动情地说：“《灯》确实是我比较喜欢的一篇散文。”（《上海教育》1995年第2期）。巴金之所以特别喜爱《灯》这篇散文，我想除了其内蕴的丰厚深刻外，当与文章在构思谋篇上的匠心、文脉思路上的巧设不无关系：短短的两千余字的散文，笔走龙蛇，一波三折，盘旋升华，风光无限，极尽腾挪变化之能事。

传统上，特别是语文教学参考书将《灯》的文脉思路皮相地归结为：“眼前（灯）→回忆（灯）→联想（灯）→眼前（灯）。”这种“平面循环”的线索分析，没能从本质上揭示文章的情感脉络，不符合《灯》的实际行文顺序和逻辑思路。而且在谈及《灯》的艺术特色时，也仅是笼统地指出“运用了象征手法”（象征是用具体形象的事物来暗示抽象事物的一种方法），但到底是怎样由“具象”到“抽象”实现象征的，其情感脉络究竟是如何发展变化的，则语焉不详。本文拟就《灯》的文脉思路，尝试作一番新的探索阐释，以就教于大方。

我认为《灯》的整体结构思路不是“平面循环”的，而是“纵式递进”的，山重水复，柳暗花明，实现了两次由“具象物质的灯”向“抽象精神的灯”的象征性升华；而且从两个角度——无意受惠和有意施惠——逐层深入地写了“三类灯”——无意中使人受惠的灯；虽是有意施惠但仅为亲人弟弟和情人而点的灯；不仅有意施惠，而且完全是为救助陌生落水人而点的灯。将作者的思想感情逐步推向高潮，展现了认识的发展与深化。

《灯》写于太平洋战争爆发后1942年的国统区桂林，是时，日寇气焰嚣张，“亡

国”论调甚嚣尘上。巴金像许多国人一样，面对严峻的现实，对国家民族的前途感到迷茫、困惑、忧虑。但巴金经过思想的洗礼和升华后，坚定了抗战必胜的信念，坚信光明必将驱散黑暗，正义必将战胜邪恶。他说：“此时中国人民正蒙受着灾难，但希望之火点燃在人民心中，这是一个光明与黑暗决战的年代。”文章开篇的“窒闷”与收篇的“微笑”，前后呼应，从总体上反映出这种感情的发展变化。文题虽为“灯”，但开篇却未直接写灯，作家“眼前”的第一缕灯光至第三段才照射出来——“在右边，傍山建筑的几处平房里射出来几点灯光，它们给我扫淡了黑暗的颜色。”一、二段对“噩梦”“寒夜”的渲染，有力地衬托出灯光的作用，也是必要的情境铺垫、过渡和背景交代。

继之，作者写出了“这些深夜还燃着的灯”能使三种人受益——“我”“寒夜里不能睡眠的人”和“在黑暗中摸索的行路人”。而在这三种人中，作者又意在突出“在黑暗中摸索的行路人”最需要灯光的指引，为此作者特意写了眼前一个“急忙赶回家去的”夜行者，说“在这个人的眼里、心上，前面那些灯光会显得更明亮、更温暖罢”，“更”字强化、突出了这一点。

作者犹恐“在黑暗中摸索的行路人最需要灯光的指引”这层意思没能充分表达和被人理解，于是又另起一段，由人及己，写了“自己也有过这样的经验”，回忆自己在风雪中跋涉时看见灯光的感受，作者深有体会地说：“灯光，不管是哪个人家的灯光，都可以给行人——甚至像我这样的一个异乡人——指路。”至此，文章写出了灯光第一个“具象物质的作用”——给身体指路。这时的“灯”是实实在在的灯，不具有象征意味。

“这已经是许多年前的事了。”一句过渡，将思路由回忆风雪中的“过去”，拉回到“站在廊上望山脚的灯光”的“眼前”。但使作者大惑不解的是：此时的他正“安安静静地站在自己的楼房前面”，并没有迷路，为什么与从前“在雨中摸夜路”时看到灯光后的感觉是“同样的”，没有“一点区分”，一样地“感到安慰，得到鼓舞”——处境不同，感觉相似，原因何在？此乃文章的关键处、点睛处，作者不惜笔墨，浓彩渲染，制造悬念，然后意味深长地以揣度之语道出谜底，启人思考自悟：“难道是我的心在黑夜里徘徊，它被噩梦引入了迷阵，到这时才找到归路？”——此时作者的“身体”虽未在风雨中迷途，但其“心（灵魂）在黑夜里徘徊”，迷失了方向：迷途的“身体”尚需要灯光的指引，迷途的“灵魂”不是更需灯光的指引，才从迷阵中“找到归路”吗？看到灯光后当然倍感亲切和鼓舞。不过能给“灵魂”指路的灯已不完全是物质的灯，而是象征光明与希望的“精神”之灯。文章至此实现了灯光第一次由“具象物质的作用——给身体指路”，向“抽象精神的作用——给灵魂指路”的象征性升华，掀起情感涌流的第一道波澜。紧接着作者通过议论、抒情，酣畅淋漓地抒发了升华后的感慨，作了哲理性概括：“几盏灯甚或一盏灯的微光固然不能照彻黑暗，可是它也会给寒夜里一些不眠的人带来一点勇气，一点温暖。”“甚或”“固然”“照彻”等词语准确而精彩，“心渐渐安定了”“呼吸也畅快了许多”正是灵魂在希望之灯的照耀引导下，看到光明，精神有所依归和寄托的表现。诗人流沙河在《理想》一诗中也道出了同感：“理想是石，敲出星星之火；理想是火，点燃熄灭的灯；理想是灯，照亮夜行的路……”

到这里，文章似乎可以结束了：由“眼前的灯”到“回忆的灯”，再到“眼前的灯”，由“具象的灯”到“抽象的灯”，实现了思想的升华，完成了对灯光的象征意义的揭示和赞美，古人所谓的文章的“起承转合”已经具备。可作者并没有就此止笔，而是进一步指出以上灯光之不足：“他们点灯不是为我”，当然也不是为别人，而是为自家照明，只是客观上起到了为他人照亮指路的作用，是不自觉地恩泽于人，是从“无意受惠”的角度来写灯。如果就此止笔，尚不能充分表现灯光的无私和伟大，文气、文意也不够充沛和深入。于是作者展开联想，拓展开去，从中国写到外国，由现代写到古代，从“有意施惠”角度增写了海上灯塔及外国古代两个有关灯的传说故事。海上灯塔有意为渔人导航，它的有无和明灭直接关系到渔人的生命和安危，它不仅是导航的灯，更是生命的灯。而“哈里希岛上的姐姐为弟弟点在窗前的长夜孤灯”就起到了灯塔的作用，“不少捕鱼归来的邻人都得到了它的帮助”。这个故事在巴金的前期散文《爱尔克的灯光》中也曾写到，但取意与角度与《灯》有所不同，前者基调凄婉消沉，而《灯》却昂扬乐观。至此，文章写出了灯光的第二个“具象物质的作用——给渔人导航”。“给渔人导航的灯”虽也是物质的，但较之前面给“身体指路的灯”，文意上进了一层——有意施惠。接着作者另起一段写了第二个有关灯的传说：古希腊女教士希洛为情人利安得尔每夜泅渡海峡与已相会而点的灯。尽管希洛的火炬早已被暴风雨打灭了，一对追求美好人生的勇敢青年也殉情而死，但作者却说：“但是熊熊的火光至今还隐约地亮在我们的眼前，似乎那火炬并没有跟着殉情的古美人永沉海底。”这里的“火光”又带有了象征意味，它是勇敢精神和坚定信念的象征。“至今亮在眼前”是说这种“精神和信念之灯”千秋万代照耀鼓舞着人们，引导感召着人们去追求美好人生。这是文章的第二次升华，是情感涌流的第二道波澜，使灯光由“具象物质的作用——给渔人导航”，升华为“抽象精神的作用——给人生导航”。正因为文意上呈现这种由实而虚的象征性升华，所以“海上灯塔”与“哈里希岛上的长夜孤灯”共处一段，而“希洛的火炬”则另起一段。一前一后，虚实相映，铺垫层进。

第二次升华较之第一次升华更有意义、更进一层，写灯的角度由“无意受惠”转为“有意施惠”，是自觉地恩泽于人。接着作者又一次抒情、议论，与第一次升华后的抒情、议论遥相呼应。同样有警句性的哲理概括：“我们不是单靠吃米活着。”一“单”字强调了“生活”中不仅要有物质的食粮，更要有精神的寄托和信念的支撑。

失去了这种寄托和支撑，心灵就会枯萎绝望而“永沉海底”。在血雨腥风的抗日战争年代，巴金靠着这点精神和信念，不屈不挠，笑对人生，争取民族的解放和胜利；在是非颠倒的“文化大革命”期间，巴金还是靠着这点精神和信念，顽强地挺过来，活下去。巴金在给上海的一位因执教《灯》而向他讨教的教师回信中说：“‘文革’是一场空前的灾难，我当然感到苦闷，但心里也确实存有一点希望，一点亮光。有一次我在火车站的候车室里，无意中发现有一位女青年在看《家》，我心里是很激动的。我相信人民会对我有公正的评价，我决心活下去。我写作《灯》时的情况今天还记得的，它确实是我比较喜欢的一篇散文。”（《上海教育》1995 年第 2 期）

行文至此，巴金的《灯》好像又可结束了：第二次升华已经实现，对“灯”的象征意义作了更深一层的揭示和赞美——导航人生，作用巨大。但作者犹感不足，欲罢不能。灯塔及传说中的故事，虽是从“有意施惠”角度写灯，但施惠的对象及动机仍有局限和不足——仅是为亲人、情人而点的灯，还不是最博大无私的灯；而且国外传说中的灯，毕竟有些遥远虚幻，距中国的现实太久远，还不足以显示现实生活中伟大无私的灯对人生迷途的导航作用。于是作者又增举了一个发生在身边的活生生的事实：完全是为救助一个素不相识的陌生人而点燃起的灯，不但照亮了一双“悲观绝望”的眼睛，而且重新点燃了一个“出门求死的人”的生命之火，使之“改变了生活态度”“成为一个热爱生命的积极的人”。这就较两个传说中的灯，不但更亲切可信，而且把灯的象征意义推向了前所未有的至高境界——人世间的温暖真情及团结互助的无私奉献精神对导航人生的巨大作用。而这种精神正是我们中华民族御侮取胜、自强不息、发展壮大的根本保证。最后，作者怀着对未来充满希望的饱满情感，宣示了他对人类社会发展前途的美好信念，奏响了整首抒情乐章的最强音：“在这人间，灯光是不会灭的。”“灯光不灭”这高度的哲理性概括，显然不是指具象的灯，而是指整体意义的灯及由此而象征的人类前途与希望。

追求光明、热爱生活、执着信念、充满理想与希望，可以说是巴金散文的一贯主题。在其散文《日》中，他说：“为着追求光和热，人宁愿舍弃自己的生命。……没有了光和热，这人间不是会成为黑暗的寒冷世界么？倘使有一双翅膀，我甘愿做人间的飞蛾。我要飞向火热的日球……”在巴金晚年的散文集《随想录》中，他又一次抒发了这种情感：“看够了人间的苦难，我更加热爱生活，热爱光明，从伤痕里滴下来的血，一直给我点燃希望的火种。”

《灯》不愧是巴金散文中的精品，立意深远，结构精巧，步步升华，渐入佳境。它实现了两次由“具象物质的灯”向“抽象精神的灯”的象征性升华：第一次由给“身体”指路的物质的灯，升华为给“心灵”指路的精神的灯；第二次由给“渔人”导航的物质的灯，升华为给“人生”导航的精神的灯。在两次升华中，从两个角度（无意受惠和有意施惠），逐层深入地写了“三类灯”——无意中使人受惠的灯；有意施惠但仅为亲人弟弟和情人而点的灯；不仅有意施惠，而且完全是为救助陌生落水人而点的灯——就如同三个里程碑或三级跳，将作者的思想感情逐步推向高峰，实现了认识的发展与深化，给读者强烈的艺术感染力。解析《灯》的文脉思路，对我们构思为文有着很好的启发和借鉴意义。

寂寞圣贤才　醉发不平歌

——李白的《将进酒》深解

中国是诗的国度，也是酒的国度。诗与酒天生结缘，相伴而留香千古。酒给诗人们带来灵感和激情，创作出无数美文诗篇。“李白一斗诗百篇”，李白的名字总是和“诗与酒”联系在一起。李白一生诗酒相依，写下了大量的咏酒诗篇。《将进酒》是最能代表李白诗风的咏酒名篇，感情充沛，思想深沉，艺术成熟，传诵千古。李白的诗与其他人（如王维、杜甫等）的诗最大的不同是，其他人的诗可以默读或低吟，而李白的诗非高声诵读不可，不这样就不能很好地体悟、传达蕴含其中的情感和气势。王安石说李白的诗“词语迅快”，一语道出李白酣畅淋漓的诗风。

《将进酒》原是汉乐府曲调，“将”读 qiāng，意为“请”，“将进酒”即“请喝酒”，是古时的“劝酒歌”“祝酒词”。这首诗是李白离开长安后 52 岁那年，好友岑勋和元丹丘在嵩山宴请他时所作，此时距李白 42 岁奉召赴京已有 10 年之久。全诗借“酒”发挥，尽情宣泄，以强烈的感情变化为线索展开。

开篇用比兴：“君不见，黄河之水天上来，奔流到海不复回。”奔腾壮美的黄河令李白触景生情、激动不已，不止一次汹涌至笔端：“黄河西来决昆仑，咆哮万里触龙门。”（《公无渡河》）“黄河落天走东海，万里写入胸怀间。”（《赠裴十四》）“西岳峥嵘何壮哉，黄河如丝天际来。”（《西岳云台歌送丹丘子》）这其中尤以“黄河之水天上来”最为脍炙人口，成为赞美黄河的千古名句。别人多是在诗的开头或结尾偶然用一句“君不见”，如岑参的《走马川行奉送封大夫出师西征》开头：“君不见走马川，雪海边，平沙莽莽黄入天……”杜甫《兵车行》的结尾：“君不见青海头，古来白骨无人收……”而李白连用两句“君不见”是一种创新，后人评价：“此种格调，太白从心化出。”这就增强了诗的情感和气势，扩大了境界，先声夺人，令人震撼。

比兴的运用使语义重心显然在第二句：“君不见，高堂明镜悲白发，朝如青丝暮成雪。”而其中的“悲”又堪为“诗眼”，为全诗奠定了悲怆苍凉的基调。韶华如奔流之水，一去不返。诗人在大堂明镜前顾影搔首，满头青丝恍如一日之间苍发如雪，令人慨然生悲。用语夸张，极言人生短促，如“朝暮”间事——“白发三千丈，缘愁似个长。不知明镜里，何处得秋霜？”李白已至天命之年，尚未实现早年“申管晏之谈，谋帝王之术……使寰区大定，海县请一”的人生目标，而今满头白发，生命留给自己为理想而奋斗的时间无多——“对酒当歌，人生几何？譬如朝露，去日苦多。”抚今追昔，怎能不悲从中来，徒唤奈何！与伟大永恒的黄河相比，人的生命是多么的渺小而短暂啊！恰似“寄蜉蝣于天地，渺沧海之一粟”，使人骤生“哀吾生之须臾，羡长江之无穷”之叹。自第三句“人生得意须尽欢，莫使金樽空对月”点酒入题，情绪由“悲感”转为“乐观”。句中虽未着一“酒”字，但诗人用“金樽”“对月”这样的形象语言，更把饮酒行乐诗意化了。李白“悲感”但从不“悲观”，他认为人生若能开怀畅饮，便无所遗憾。他说：“人生达命岂暇愁，且饮美酒登高楼。”（《梁园吟》）难怪有人说“酒、月、诗”乃李白生活中的“三要素”，须臾不可缺，“酒、月”也是在李白诗中出现频率最高的字眼：“举杯邀明月，对影成三人。”（《月下独酌》）“青天明月来几时，我今停杯以问之……唯愿当歌对酒时，月光长照金樽里。”（《把酒问月》）“且就洞庭赊月色，将船买酒白云边。”（《游洞庭五首（其二）》）“巴陵无限酒，醉杀洞庭秋。”（《陪侍郎叔游洞庭醉后三首（其三）》）……李白一生爱酒，故而与善酿的村民也结下了诚挚的友谊，他在《器宣城善酿纪叟》中写道：“纪叟黄泉里，还应酿老春。夜台无李白，沽酒与何人？”寥寥数语，情真意切，令人动容。民间传说李白是醉后“捉月骑鲸”而终，连死都与酒、月有关，多么浪漫而富有诗意的人生。

李白是抱着“奋其智能，愿为辅弼”的宏愿来长安入仕的，但从以上诗句看，李白在政治理想破灭后，好像很安于这种颓废享乐、放浪形骸的生活。这其实是一种假象，是李白借酒来消释自己怀才不遇的苦闷。李白的骨子里是希望积极入世、建功立业的，这也是儒家的一贯主张，但苦于奸臣当道，报国无门。他在《行路难》中哀叹：“大道如青天，我独不得出”“欲渡黄河冰塞川，将登太行雪满山……行路难……”他的人生理想是像范蠡、张良那样“功成拂衣去，归入武陵源”。所以下面笔锋一转唱出了高度自信的千古名句“天生我材必有用，千金散尽还复来”，成为全诗最精彩耀目的亮点，是人生价值的宣言。“有用”且“必”，何等自信，何等乐观，肯定人生，肯定自我。李白这种从不服输、愈挫愈奋的性格，已化为民族的宝贵精神财富，给古今多少逆境中人以不懈奋斗的勇气和力量，具有震古烁今的艺术魅力。李白在《行路难》的最后也坚信：“长风破浪会有时，直挂云帆济沧海。”这才是真正的李白，从貌似消沉中透露出的是坚定向上的信念、渴望用世的乐观精神。李白从没有真正悲观消沉过，心中始终燃烧着建功立业的希望和热情，他说“我本不弃世，世人自弃我”，每每自勉“才力犹可倚，不惭世上英”。即便在他去世前一年，61岁的李白，听说李光弼率军讨伐安史余孽时，仍不顾年高体衰，请求从军，但力不从心，因病中道折回，哀叹“大鹏飞兮振八裔，中天摧兮力不济”（《临终歌》），第二年便病逝，终年62岁。李白的一生是为其理想奋斗的一生，所以读李白的诗篇，不会让人萎靡不振，而是在激愤中涌动着奋进的豪情，有一种痛快淋漓的宣泄感。李白是重事

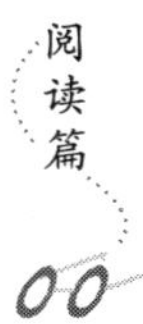

业而视金钱如粪土的人，他对待金钱的态度是挥之即去、招之即来——“千金散尽还复来”。李白曾“游维扬，不愈一年，散金三十余万”。如此超凡脱俗、豪爽洒脱之人，在会客宴饮上自然也与众不同，不是菜一碟酒一壶地浅酌小饮，而是“烹羊宰牛”地大快朵颐，“三百杯”地畅快狂饮。他在《襄阳歌》中也说：“百年三万六千日，一日须顷三百杯。”何等豪放！

“有朋自远方来不亦乐乎”“他乡遇故知”乃人生大喜事，所谓“酒逢知己千杯少”，好友们在一起，推杯换盏，越喝越高兴——“两人对酌山花开，一杯一杯复一杯。”情绪由欢乐渐趋“狂放”。直喝得眼花耳热，得意忘形，使人似乎看到李白醉眼蒙眬、摇头晃脑的醉态，听到他口齿不清、语无伦次地大声劝酒：“岑夫子，丹丘生，将进酒，杯莫停！”语句短促有力，逼肖席上声口，让人几乎忘记诗人是在做诗，醉态跃然纸上，盛宴浮现眼前。诗人兴奋至极，吆三喝四、手舞足蹈尚感不足，正像今人酒酣兴高之时要唱卡拉 OK 一样，诗人兴高采烈地也要高歌一曲，以助酒兴——“白日放歌须纵酒”。这“歌中之歌”是寂寞天才“愤激”的宣泄，是酒后吐露的心曲。“钟鼓馔玉不足贵，但愿长醉不复醒。”既是唱词的核心，也是统摄全诗的中心句，情感矛盾而复杂。“钟鼓馔玉”（贵族之家进餐时鸣钟列鼎，食物精美如玉。《红楼梦》中将贾府称为“钟鸣鼎食之家”），若代指“权贵”，那与《梦游天姥吟留别》中的“安能摧眉折腰事权贵，使我不得开心颜”，所表达的思想情感是一致的，都表达了对“权贵”们的蔑视与否定，所谓“一醉累月轻王侯”，可看作李白真实思想的流露。若“钟鼓馔玉”自指“富贵”，那就不尽是李白的由衷之言了。想李白怀用世之才，本当位列卿相，治国安邦，但却英雄无用武之地，“抱利器而无所施”，而那些碌碌庸俗之辈却窃居高位，安享富贵——“骅骝拳跼不能食，蹇驴得意鸣春风”。心理怎能平衡？“群沙秽明珠，众草凌孤芳”，岂有此理！说富贵“不足贵”，恐非由衷之言，而是忧愤之极的反语。他在《江上吟》中说“功名富贵若长在，江水也应西北流”，都是这种愤愤不平之气的曲折反映。正因为其人生目标不能实现，厌见良莠不分、是非颠倒的污浊的现实，所以他才“但愿长醉不复醒”，借酒麻醉，减轻苦痛。闻一多在其长篇叙事诗《李白之死》中写道：“若不是你们（酒）的爱护，我这生活可不还要百倍地痛苦？啊！可爱的酒！自然赐给伊的骄子——诗人的恩俸！神奇的射愁的弓矢！……”

李白根据自身的境况，联想古今圣贤的遭遇，在沉思中得出一个痛苦的结论：“古来圣贤皆寂寞，唯有饮者留其名。”做济世有为的“圣贤”还不如当堕落颓废的“酒徒”更能“留名”，多么荒唐不可思议的社会现实！历史上“圣贤寂寞，饮者留名”的首推辞官归隐的陶渊明，他在《五柳先生传》中说：“性嗜酒，家贫不能常得……不戚戚于贫贱，不汲汲于富贵。”他经常是“杯尽壶自倾”“悠悠迷所之”，深感“酒中有深味”，陶渊明有《饮酒》诗二十首。魏晋时期的“竹林七贤”大多是隐居山林的好饮名士，其中刘伶尤为典型。据说他乘车外出，必带两样东西：酒坛和铁锹。他告诉别人：“如果我醉死，就挖坑埋掉。”《世说新语》中有“刘伶病酒”的记载。三国时名士郑泉谈其人生理想是：“愿得美酒，满五百斛舡，以四时甘脆置两头，反复以饮之，惫即住，而啖肴膳，酒有斗升，减即随益之，不亦快乎。”晋代毕卓说：“右手持酒杯，左手持蟹螯，拍浮酒船中，便足了一生矣。”杜甫的《饮中八仙歌》是为“饮者”留名的最好明证。历代圣贤之所以“甘做”酒徒，正是其怀才不遇、不满现实的一种极端的表现。而在众多“圣贤”中，李白独提及陈王曹植，绝非偶然，因为李白与曹植有诸多相似之处：同样诗才敏捷、才华横溢，同样遭受排挤打压而命运坎坷，大志难酬而沉溺酒乡。曹植的《名都篇》中有“归来宴平乐，美酒斗十千”的诗句，正所谓“物以类聚，人以群分”。

以下诗句更趋“狂放”。李白不过是元丹丘、岑勋招饮的客人，而他却高踞一席，反客为主，颐指气使，发号施令，责怪主人少钱缺酒，缺乏“千金散尽”的豪气，提议“典裘当马”换取美酒，一醉方休；而且“呼儿”“与尔”口气甚大，放诞无礼，让人简直搞不清谁是“主人”。李白本性狂放洒脱，加之“他乡遇故知”的兴奋和已酩酊大醉，以至“忘形至尔汝”。最主要的是诗人与朋友的关系非同一般，非“尔汝相称”不拘形迹的豪迈知交不能如此。

李白自称“我本楚狂人”，杜甫说他“痛饮狂歌空度日，飞扬跋扈为谁雄”。李白的狂放，一方面是李白追求人格独立、精神自由的本性使然；更主要的是，李白用这种让世俗之人难以理解和接受的“狂放不羁”，表达他对现实的不满和对不合理秩序的蔑视与挑战。他在长安时即以“戏万乘若僚友，视俦列如草芥”“天子呼来不上船，自称臣是酒中仙”等玩世不恭的狂态表达对不被重用的不满。杜甫在怀念李白的《不见》一诗中写道：“不见李生久，佯狂真可哀。世人皆欲杀，吾意独怜才。敏捷诗千首，飘零酒一杯……”只有像杜甫这样的伟大诗人，才能对同样伟大的诗人有如此深刻的理解和怜惜。

诗的最后一句“与尔同销万古愁”，与开篇的“高堂明镜悲白发”：一“悲”一“愁”遥相呼应，余韵深远，强化了整首诗悲愁愤激的氛围。李白本欲借酒浇愁，但“斗酒难消块垒愁”，正像他自己所说“抽刀断水水更流，举杯销愁愁更愁”，无奈之下，只得“人生在世不称意，明朝散发弄扁舟”！

当代著名诗人余光中在《寻李白》一诗中写道：

用一只中了魔咒的小酒壶
把自己藏起来，连太太也寻不到你
怨长安城小而壶中天长
……
酒入豪肠，七分酿成了月光

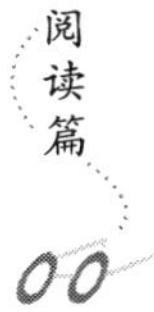

余下的三分啸成剑气
绣口一吐，就半个盛唐
从开元到天宝，从洛阳到咸阳
冠盖满途车骑的嚣闹
不及千年后你的一首
水晶绝句轻叩我额头
当地一弹挑起的回音

纵观《将进酒》全诗，围绕一“酒”字，借题发挥，感情跌宕起伏，一波三折：悲感（1～2 句）→乐观（3～4 句）→狂放（5～6 句）→愤激（7～8 句）→更狂放（9～12 句）→愁苦（13 句）。今天我们重读此诗，依然能强烈地感受到那潜藏在酒话底下的郁怒不平之气，如黄河之水，奔流翻腾，不可阻扼。

《皇帝的新衣》：在审丑中体味蕴含的深意

《皇帝的新衣》是丹麦著名童话作家安徒生的代表作之一，也是深受世界人民喜爱的童话名篇。在中国《皇帝的新衣》与“掩耳盗铃”一样，成为“心照不宣的谎言”“自欺欺人”的代名词。何其芳的“典型共名说”认为：如果一个文学形象，成为口头或书面交往中某一精神现象的代名词，成为家喻户晓的典故，则是文学作品最大的成功。这篇童话最早由鲁迅、周作人兄弟俩在《域外小说集》里介绍到中国。周作人介绍说：“《皇帝的新衣》本见西班牙曼努尔著《卢堪诺尔伯爵》第七章，安徒生然取其事，改作此稿……遂弥觉轻妙可喜。”

梁朝释慧皎撰写的《高僧传》中也有类似的故事：“如昔狂人，令织师绩线，极令细好。织师加意，细若微尘，狂人犹恨其粗。织师大怒，乃指空示曰：‘此是细缕。’狂人曰：‘何以不见？’师曰：‘此缕极细，我工之良匠，犹且不见，况他人耶？’狂人大喜，以付织师。师亦效焉，皆蒙上赏，而实无物。”这可看作原始中国版的《皇帝的新衣》。《高僧传》中的欺骗，是自我迷狂，是一次性自我蒙蔽，不是很自觉；《皇帝的新衣》的自我欺骗，带有相互传染的连锁性，众人自觉不自觉地被掩入自欺欺人的罗网中。

《皇帝的新衣》是一篇童话，一部喜剧、闹剧，更是一出丑剧。文章写了一个愚蠢至极，但又自作聪明、刚愎自用的皇帝，被两个骗子捉弄而出乖露丑的故事。开篇介绍这位皇帝，什么都不喜欢，什么都不关心，唯独喜欢穿着打扮，他几乎每时每刻都在换新衣服。这带有夸张、荒诞的笔法介绍，为后文骗子行骗埋下了伏笔，是骗子行骗的前提和条件。本来爱美之心人皆有之，但过分以致成“癖”，对一个男性皇帝来说似有些“不正常”。可以想见，皇帝的这一“癖好”早已名满天下，四海皆知。而两个骗子也早有耳闻，他们投其所好，预谋已久，精心设计了骗局，说他们“能织出人间最美的布，而且这种布有一种奇怪的特性：任何不称职的或愚蠢得不可救药的人，都看不见这衣服”。骗子骗人，骗一个人容易，骗许多人困难。但有了这一条，就可以使许多人顺理成章地自欺并欺人。狡黠的骗子把人们引入了一个怪圈、一个圈套，使每个人都陷入了矛盾的选择：要么承认自己愚蠢或不称职，要么就用谎言来掩饰，而整个社会都不约而同地选择了用谎言掩饰。骗子的高明在于抓住了人性的弱点——自私与虚荣——不管什么人都不愿承认或不愿被人看作蠢材或不称职，所以也就无人敢点破真相。这是全篇的关键所在，也是骗子精心设计的骗辞，后文的一系列笑话、丑态都由此产生。

更可笑的是，愚蠢的皇帝竟想拿这种衣服做“测智器”和检验别人是否职称的“试金石”，殊不知，有这种想法本身，就证明愚蠢和不称职——真是“尚未衡量别人，先称出了自己的斤两”。

更可悲的是，明明是“愚蠢得不可救药”，自己却意识不到，自我感觉始终过分良好，甚至“自以为聪明”；即使一旦察觉，也不敢、不愿正视，更不要说公开承认。这种主、客观的分离本身，就已经包含了“可笑”的因子。最后又飞来神笔，借小孩的一声高叫“可是他什么衣服也没穿呀!”石破天惊，让所有的“故事中人”，包括皇帝自己，都由“未知”变为“已知”。但滑稽戏并未因百姓和皇帝的“已知”而结束，皇帝为了维护自己的尊严和“面子”，却硬挺着将这出已被戳穿的闹剧继续“演”下去，“演”到底：“他摆出一副更骄傲的神气。他的内臣们跟在他后面走，手中托着一条并不存在的后裙。”如果说以前的“表演”还带有不自觉性，甚至还有某种主观上的“真诚”，现在完全成了自觉的“表演”，自欺欺人。这也说明即便意识到荒谬、虚假和欺骗，也并不意味着马上能改变，要真正改变现实中不合理的事情，还有很长的路要走。这时“人物”（角色）与“读者”（观众）都处于“全知”状态；面对这场被捉弄（甚至是自愿被捉弄）的大闹剧，再想到“被捉弄者”（并且此时正在起劲地表演着）都是些平时道貌岸然的“高贵者”（国王、大臣），而“捉弄者”（也是这场闹剧的导演）竟然是两个其实并不高明的“小骗子”，读者（观众）怎能不发出哄堂大笑。

整篇童话，从头至尾，一个个粉墨登场的人物丑态百出：骗子的狡诈，大臣的奉承，皇帝的昏庸……从游行大典的准备乃至庆典的整个过程，笼罩着混淆是非、颠倒黑白、以丑为美的荒诞无耻的阴霾。在这出丑剧中，始作俑者是骗子，起催化剂作用者是大臣，集愚昧与骄横之大成者是皇帝，荒诞之中道出一句实话的竟是一个小孩——孩子是真、善、美的化身。这里真、善、美与假、丑、恶构成鲜明对比。

与其他名篇一样，《皇帝的新衣》具有强烈的美育功能，它在教人们审美的同时还教人如何审丑。它那精心构思的情节和高度典型化、漫画化的群丑形象是审丑的极好的教材。

生活的确如此，美与丑密不可分，美与丑同时出现。认识丑与认识美具有同样重要的意义，审丑是审美活动的一个不可缺少的组成部分。从某种意义上说，只有学会审丑，才能真正称得上完整而全面的审美。对丑的回避与恐惧，是审美的跛足。

在审丑中我们应透过现象看本质，体味其蕴含的深意——那种具有超越故事本身的某种普遍的象征意味。文中“皇帝”与“新衣”已浑然一体，以至人们提到“皇帝”总是说“皇上在更衣室里”，也就是说，“皇帝”已经异化为“新衣”了。这时，读者才醒悟：这“新衣”已经具有某种象征意义——虚假、欺骗。周作人在译文中称为“美饰”，这是发人深省的，并且能够引发出种种联想：岂止这位“皇帝”，古今中外，又有多少人不在给自己（与现实）穿上种种名目的“美丽的新衣”？将自己“美化”，或者将现实“理想化”，从而把“真相”掩饰起来，这是“美饰”，更是“伪饰”。因此，当两个“骗子”，把这“美丽的布”“理想的衣服”还原为“实无一物”，即“什么东西也没有”时，正是还原了“真实”“真相”。更彻底地说，只有当皇帝“把他所有的衣服都脱下来”，赤裸裸地暴露于大庭广众、光天化日之下时，他才真正地显露了“真相”——一切“真相”都是丑陋的。而“皇帝的新衣”就成了一切掩盖（回避）真实（真相）的“美饰（伪饰）”的象征。

在这个意义上，那两位被称为“骗子”的“外国人”其实并没有骗人。更确切地说，他们虽有“骗钱”的动机，也达到了目的，但他们的行为却于无意中揭露了“真实”。就连他们宣称具有“奇怪特性”的“新衣”也确实起到了“辨别出哪些人是聪明人，哪些人是傻子”的作用。如果说真有“骗子”的话，那穿上“新衣”而洋洋自得的皇帝，以及对着“实无一物”的“皇帝的新衣”赞不绝口的王公大臣和芸芸百姓们才是在那里“骗人”，不过，他们同时也欺骗了自己。这于“可笑”之外，又显出了几分“可悲”，作者对他们是既嘲讽又悲悯的。

这里同时提出了一个多少有些严峻的问题：谁能直面赤裸裸的“真实”并且说出“真相”呢？那两个外国“骗子”自然不会，皇帝本人不愿，众大臣不能——他们都已自觉或不自觉地参与了自欺欺人的“表演”，百姓们不敢——他们虽然没有参与“表演”，但“站在街上和窗子里”，充当了“看客”，并且附和着：“乖乖！皇上的新衣真是漂亮！”在这看似平静的叙述里，读者不难感受到一种深刻的失望：不仅是对于大臣、民众，更是对于所有的具有一定社会经历的成年人的失望。他们或者亲自登台，或者充当“看客”，都对这场“自欺欺人”的闹剧负有干系、责任，他们也就不会、不愿、不能、不敢戳穿骗局，说出真相。

在所有的人中，唯一例外保持理性的竟是一个童稚未开的小孩子。终于有了那振聋发聩的一声：“可是他什么衣服也没有穿呀！”正是这个诚实的愣小子，在人们对皇帝的“新衣”众口一词的赞赏中，大声地告诉人们一个人人都能看到的事实：皇帝其实是光着屁股的。小孩“天真的声音”唤醒了“所有的老百姓”，大家一齐叫了起来：“他实在没有穿什么衣服呀！”这是“画龙点睛”的一笔：唯有未涉人世的、保持着生命本真状态的、纯洁而天真的儿童，才能无私无畏地直面“真实”，说出“真相”。字里行间，成人的愚昧和儿童的纯洁，批判和赞扬，揭露和抒情，反差如此强烈，张力如此之大，但又和谐处于水乳交融之中。这里不仅表现了返归自然、返归人的原初本性的观念，而且表现了周作人所说的安徒生“以小儿之目，观察庶类”的“儿童本位

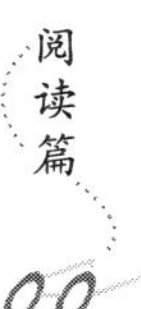

主义”的文学观，显示了“小儿崇拜”的倾向。就像安徒生在生命的最后日子所讲：“除非你变成小孩儿，否则你进不了天堂。”

安徒生安排一个小孩来最后戳穿谎言也寓有深意：首先，谎言并不难识破，只要具备最普通人的感觉就足以认清。其次，谎言并不拥有特殊力量，只要小孩喊一声，它就彻底完蛋了。再次，百姓并不冥顽不化，只要有人——哪怕是一个小孩，带头振臂一呼，就觉醒了。最后，皇帝对真理也没有特别的抵御能力，他立即得知真相，并且“有点发抖”。这就揭示了一个朴素的真理：谎言虽可被盲从，但毕竟是脆弱的，是只不堪一击的“纸老虎”，这比仅揭示盲从和谎言更为深刻。至此，安徒生赋予这个民间故事所蕴含的深意，就得到淋漓尽致的表现。

清静悲凉秋味足

——郁达夫的《故都的秋》新读

秋天，以其特有的魅力，吸引着一代又一代骚人墨客。从古至今，关于“秋”的诗文，可谓汗牛充栋。面对众多的咏秋佳作，不少人望而生畏，欲写止笔。然而郁达夫却以其散文精品《故都的秋》，独领 20 世纪 30 年代咏秋散文的风骚，成为现代散文史上的丰碑。

文贵创新，要有自己独特的审美情趣和视角。郁达夫正是以自己的文化修养和鲜明的个性思想，选择独特的角度，运用与众不同的手法，使《故都的秋》内容与形式有新意、有特色，为咏秋佳作增添了新篇章。

古人多怨秋、悲秋，写秋之悲凉。郁达夫也写秋之悲凉，但情趣与古人不同。古人多把秋之悲凉当作一种人生的愁苦来表现，沉浸在悲愁之中。表现秋愁的诗文是美的，可诗人本身是痛苦哀怨的。郁达夫却认为秋天的悲凉、秋天带来的草木衰亡本身就是美好的，是值得欣赏玩味的。沉浸其中，乐此不疲，并无悲苦——感受秋天草木衰败和死亡，也是对人生境界的提升和审美情趣的拓展。

今人多喜秋、赞秋，写秋之美好，郁达夫也喜秋、赞秋，写秋之美好，但写法角度又与众不同：秋风萧瑟，残荷听雨，可谓秋有声，故欧阳修有《秋声赋》；霜叶黄花，秋草碧水，可谓秋有色，所以峻青有《秋色赋》；天高云淡，望断南飞，可谓秋有形，于是毛泽东有《六盘山》……郁达夫慧心独具，不写“声”，不写“色”，不写“形”，独写“味”。他深情地说：“我的不远千里，要从杭州赶上青岛，更要从青岛赶上北平来的理由，也不过想饱尝一尝这‘秋’，这故都的秋味。”秋有何味？味在何处？还真有点玄妙莫测。然而正是这点“味”体现了秋之“神髓”，使郁达夫魂牵梦绕。这个“味”显示了作者独特的悟性和审美视角，使《故都的秋》在咏秋佳作中独树一帜。

一年一度的秋，究竟让郁达夫品出点什么“味”呢？文中说得明白：“北国的秋，却特别地来得清，来得静，来得悲凉。”这个“清”“静”“悲凉”之味，是郁达夫在写作角度上独到的体悟。

这个“清”“静”“悲凉”之味，在郁达夫看来，不在大都市的繁华喧嚣，不在五

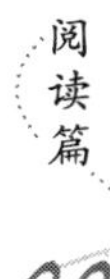

光十色的商场街道，不在人头攒动的公园名胜，也不在艳丽多彩的枫叶菊花……而是在“陶然亭的芦花，钓鱼台的柳影，西山的虫唱，玉泉的夜月，潭柘寺的钟声”，以及在北国常见的“牵牛花、槐蕊、蝉鸣、秋雨、秋枣……”。单看罗列出的这几种景象，好心人恐怕要为郁达夫捏一把汗，生怕从这些简单的景象里写不出什么深意，品不出什么秋味，反而倒了读者的胃口。然而，这种担心是多余的，郁达夫是悟透秋之真谛者，他知道该从这种平常景象落笔，才能捕捉到秋之精髓，从中品尝出绵长不尽的秋味。他看中的芦花，与香山的红叶和中山公园的菊花相比，从形状到色彩都是朴素无华的；他常去的陶然亭，与游人如织的古迹名胜相比，是僻远幽静的；他喜看的钓鱼台的柳影，与奇花异卉相比，是平淡无奇的；他爱听的西山虫唱、潭柘寺的钟声，与华美热闹的音乐戏曲相比，是单调野趣、古韵悠远的；他钟情的玉泉的夜月，与和风丽日相比，是清冷静谧的——这一切无不体现着“清”“静”“悲凉”的“秋味”。

还有再普通不过的“破屋、牵牛花、槐蕊、蝉鸣、秋雨、秋枣……”，这些多数人感到平平常常、索然无味的事物，而郁达夫觉得比之北京闻名遐迩的景观，更具有故都的秋味，更值得玩味品尝。作者通过对这些普通的景观和花草，传达出作者心目中最美好的秋味，就源于北平的角角落落，源于寻常百姓之家，源于自然界那些自生自灭、不被人注意的普通事物——如此写秋，看似平淡无奇，实则秋味更足，意境更深。

作者说：“在北平即使不出门去罢，就是在皇城人海之中，租人家一椽破屋来住着，早晨起来，泡一碗浓茶、向院子一坐，你也能看得到很高很高的碧绿的天色，听得到青天下驯鸽的飞声。从槐树叶底，朝东细数着一丝一丝漏下来的日光，或在破壁腰中，静对着像喇叭似的牵牛花（朝荣）的蓝朵，自然而然地也能够感觉到十分的秋意。说到了牵牛花，我以为以蓝色或白色者为佳，紫黑色次之，淡红色最下。最好，还要在牵牛花底，教长着几根疏疏落落的尖细且长的秋草，使作陪衬。”

“租人家一椽破屋”欣赏风景，为什么要“破屋”？“新屋”不是更舒适美观吗？太新、太舒服了，就只有实用价值，没有历史沧桑感和回味了。千年故都，历史悠久，底蕴深厚，一切（包括秋味）都不在表层，而在深层底里。为什么要“泡一碗浓茶”？浓茶是苦的，但有回味之甘，在悠闲中，要慢慢品味，才能品出秋之滋味，才能越品越有味，才有雅趣的姿态和内涵。缺乏文化修养的人是不能胜任这种欣赏的。

牵牛花是再普通不过的花卉，很少见它登文人的大作。然而一入郁文，喇叭状的花朵仿佛也在无声地向人们叙说秋天的到来。郁达夫没有写牵牛花摇曳参差的藤蔓，也没有写牵牛花扶疏映衬的花叶，而是写牵牛花的色彩。他自信地认定：牵牛花“蓝色或白色者为佳，紫黑色次之，淡红色最下”。这种独特的审美情趣带有鲜明的个性，是郁达夫心灵色彩的折射。蓝色属冷色，红色属暖色。郁达夫是偏爱“清、静、悲凉”冷色调，而厌避红艳热闹的暖色调的。后文写枣子等秋果，也是单单抓住尚未成熟时的形色：“像橄榄又像鸽蛋似的这枣子颗儿，在小椭圆形的细叶中间，显出淡绿微黄的颜色的时候，正是秋的全盛时期……只有这枣子、柿子、葡萄，成熟到八九分的七八月之交，是北国的清秋的佳日，是一年之中最好也没有的Golden Days。”都是突出故都秋之清净，与高阔的蓝天形成和谐的秋之基调，给人总的感觉是“清凉疏朗”。显然，郁达夫极力逃避浓艳，追求一种“淡雅”——因“淡”而“雅”。“淡雅”中常常包含着“高雅”，蕴含着的文人的“雅趣”，超出了平民浓艳的“俗趣”。这需要古典文化的修养和高雅的心灵，否则就会视而不见，感而不觉。

牵牛花的色调已经十分素淡了，但作者似乎还觉得不过瘾，不够味，还要强调：“最好，还要在牵牛花底，教长着几根疏疏落落的尖细且长的秋草，使作陪衬。”加上疏疏落落的枯草作陪衬，为什么就更雅致、更富有诗意呢？青草不是更好吗？青草显示生命的蓬勃，要欣赏不难；枯草表现生命的衰败，难道也值得欣赏吗？这正是郁达夫独有的情趣所在，秋草增加了萧瑟的秋意，是郁达夫特意营造出的一种充满北国情调的清凉氛围：“碧绿的天色”“尖细且长的秋草”加上“牵牛花的蓝朵”，难道不让人感到秋天特有的“清气”扑面而来吗？郁达夫把“清”“静”作为美来欣赏，尚不难理解，也并非郁达夫的首创。而把“悲凉”当作美来欣赏，就令人有些费解了，是郁达夫的独有。秋的悲凉为何是美的呢？在郁达夫看来，凡是属于生命的景象都具有感悟生命的价值：生命的蓬勃，自然可以激起内心欢愉的体验，是一种美的感受；生命的衰败，启示人类沉思生命的周期，引发悲凉沧桑之感，也是一种生命的体验，也具有审美价值。正如印度诗人泰戈尔在《飞鸟集》中所说：“生如夏花之绚烂，死如秋叶之静美。”生命的衰败，在世俗生活中是负价值的，在艺术表现中却可能是正价值的。

槐花本来就是一般人不屑一顾的东西，而郁达夫欣赏的又是快要衰亡的“落蕊”。郁达夫不像一般人那样欣赏欣欣向荣的景观，而是欣赏残败、悲凉的生命。那种无声无息的槐蕊，夜里悄然而落，“早晨起来，会铺得满地”，它使人惊奇，更使人感到秋的“静谧”。文章如果仅写到此，虽然也好，未必足妙。槐花的落蕊，从世俗眼光来看，并不美丽，也不动人。视觉上“像花而又不是花”，形状色彩也不起眼；听觉上“声音也没有”；嗅觉上“气味也没有”；本来一般人是触觉也没有的，但作者“脚踏上去，能感出一点点极微细极柔软的触觉”——只有非常精致，非常文雅的艺术家的心灵，才能对生命的消亡有如此精微、深邃的体察。“一点点”和两个“极”字，使我们眼前浮现出一个特意为寻觅“秋味”而迈动纤步，全神贯注，用心去获取感受的文人雅士的形象。这几乎无法感觉到的、无法言传的触觉，强烈反衬出环境的寂静和心境的恬适。不是万籁俱寂，哪能有如此细微的体验；没有宁静似水的情怀，更不会有这样精微的触觉。后者更关键，所谓“心如朗月连天静，性似寒潭彻底清。”唯有

心境超陈拔俗的“恬静”，屏气宁神，用全身地去感受，用纤细的神经去触摸，方可品尝到深邃无限的秋之醇味。否则，满腹的世俗杂念，心浮气躁，即便满头大汗地跑到西山，面对遍山红叶，夕阳层林，也只能浮光掠影地感受到点滴的物候变化，于秋之精义毫无所得。

郁达夫写秋蝉，也是突出“秋蝉的衰弱的残声”，与“落蕊”一样仍是对生命衰亡情趣的体味，落寞而深沉。寒蝉垂死凄切的“嘶叫”充满整个北平，遍布角角落落，悲切的“啼唱”，是家家户户都能听到。从一个广阔的角度写出群蝉齐唱生命挽歌的悲壮。“无论在什么地方”都能震动人的耳鼓。时时引发人的思绪，叩击人的心扉，萧瑟的气氛笼罩着一切，使你无处躲藏。此情此景，能不让人顿生“悲凉”之感吗？

写得最绝妙的，恐怕莫过于“秋雨图”了。作者说：“北方的秋雨，也似乎比南方的下得奇，下得有味，下得更像样。”背景是“灰沉沉的天底下”，起因是“忽而来了一阵凉风”，“便息列索落地下起雨来了”——可谓“下得奇”。怎样“有味”和“像样”呢？这凉风裹挟的秋雨，透过肌肤，直达肺腑，使人战栗。按说接下来应着力描写下秋雨的情景了，然而并不，雨一会儿就住了，太阳又露出脸来。作者着力表现的是秋雨过后，都市闲人的着装举止、言谈神情。你看他们穿着很厚的青布单衣或夹袄，咬着烟管，拖着缓慢悠闲的声调，用浓重的乡音，有意无意地寒暄应答：“唉，天可真凉了——（这了字念得很高，拖得很长）”“可不是吗？一层秋雨一层凉啦！”秋雨触发了他们苍凉惆怅之情，使读者也受到深深的感染。“秋雨图”是一幅生动浓烈的北国民俗画。我们仿佛可以嗅到秋雨过后，那带有泥土气息的清新空气，耳边仿佛可以听到那悠长悠长，平平仄仄的京腔京韵，一缕乡愁，一缕寂寞的悲凉，不是油然而生吗？这一切多么有味，多么像样！从这些可以感觉到，郁达夫所描写钟情的故都之秋，超越了大都市的喧嚣，具有乡村的宁静和自然的野趣。

郁达夫的恋秋的情结，特别是对“清、静、悲凉”之“秋味”的钟爱，反映出他的思想与情趣。郁达夫是位典型的伤感文人，幼年丧父，从小就体验了生活的艰辛，养成了忧郁、沉寂的性格。成年后又去日本留学，受尽异族的歧视，更增添了苦闷、消沉的心理，所以他的文风有一种特有的伤感灰冷的色调。此文写于1934年“九一八”事变后，北平也即将遭受日寇铁蹄的践踏。郁达夫是怀着最后看一眼故都秋色的心情，重游旧地的。就像一件心爱之物，传家瑰宝，即将遭受暴力的抢劫，而自己又无力抵御一样，那种无奈低沉的心境自然要反映到文章中来。作为伤感文人，郁达夫的心情是低沉了些，作品的基调也灰冷了些，但从历史角度看，还是可以理解接受作者的情趣和心境的。此时在作者看来，这种“悲凉”“落寞”就是一种美，就是他喜爱咀嚼品尝的东西。这有点像鲁迅《病后杂谈》中所描写的“病态美”：“生一点病，的确也是一种福气……秋天薄暮，吐半口血，两个侍儿扶着，恹恹地到阶前去看秋海棠……”这似乎有点“颓废”和“唯美”，也类似日本传统美学中“幽玄美”和“物哀美”。《川端康成小说选》中解释“幽玄美”说：“在人的种种情感中，只有苦闷、忧郁、悲哀——也就是一切不如意的事情，才是使人感受最深的。”川端康成在《不灭的美》中说：“平安朝的物哀成为日本美的源流。”“悲哀这个词同美是相通的。”《日本国语大辞典》解释“物哀美”：“事物引发的内心感动，大多与‘雅美’‘有趣’等理性化的、有华彩的情趣不同，是一种低沉悲愁的情感、情绪。”“把外在的‘物’和情感之本的‘哀’相切和而生成的协调的情趣世界理念化，由自然人生百态触发、引生的关于优美、纤细、哀愁的理念。”

需要强调的是，郁达夫认为“南国之秋”色彩不浓、回味不永、味道不足，比不上“北国的秋”，只是一种主观感受，而非客观比较，所谓“月是故乡明”。这反映了作者对“故都的秋”的钟爱，甚至偏爱。郁达夫把故都秋味表现得如此浓烈，似醇酒，如幽兰，几乎醉倒了每一位读者。然而真正欲醉的，首先是酿酒者自己。他被熏染得痴迷癫狂，如醉如痴。最后深情地哀诉道：“秋天，这北国的秋天，若留得住的话，我愿把寿命的三分之二折去，换得一个三分之一的零头。”爱故都之秋爱得如此深切，“感天地，泣鬼神”。白居易是“常恨春归无觅处”，而郁达夫是“常恨秋归无觅处”。裴多菲有“若为自由故，二者（生命、爱情）皆可抛”的境界，而郁达夫可谓“若为秋之故，二者皆可抛”。正因为郁达夫是在用整个生命去爱秋，用整个身心去拥抱秋，他把自己的血肉溶入墨汁，饱蘸着自己的情爱，去书写秋，用灵魂去品味秋，才有这篇秋味十足的美文。郁达夫是一个真正懂秋、爱秋、懂得生活的人。他在文章中反复称道的“清、静、悲凉”的“秋味”，实际上是他几十年人生旅程中所领悟体验到的人生之味，所谓秋之味，乃是生命之味也！

写作篇

别开生面的阅读与写作

教研写作帮助教师更快成长

“教而不研则浅，研而不教则空。”某些中小学教师认为，从事基础教育的教师，只要上好课就可以了，没必要从事理论研究和撰写教育教学论文——好像理论研究只是大学教师或科研人员的事，这实在是一种偏见。

一、教研写作是当代教师的必备素养

（一）写作是人类特有的技能和发明

首先明确人为什么要写作。写作是人类所特有的技能和发明，是人类作为“万物之灵”的专利。写作可以突破时空的局限，创造并延续文明。作为文明传播者和创造者的教师，能拒绝这种技能和需求吗？叶圣陶说：“从前人以为写文章是几个读书人特有的技能，那种技能奥妙难知，几乎跟方士的画符念咒相仿。这种见解必须打破。……能写文章算不得什么可以夸耀的事儿，不能写文章却是一种缺陷，这种缺陷跟瞎了眼睛聋了耳朵差不多，在生活上有相当大的不利影响。”（《〈文章例话〉序》）写作可以把私人的记忆变成群体共享的身份认同，可以把会流走的过去变成凝固不变的历史。写作会让人变得更精确，更注重细节，更刨根问底，更真切地关注他人。从教育的角度看，对人的教育最根本的就是培养读写能力。在现代社会几乎所有的知识都存在于语言之中，写作以及口头表达是每一个人日常都会用到的一项技能。

（二）写作是“自我实现价值”的重要途径

美国心理学家马斯洛把人类需求分为五个层次，其最高层次是“自我实现的需要”。而写作是提升生活品质、收获成就感、“自我实现”的重要途径。有位哲人说得好：“你不能决定生命的长度，但可以控制它的宽度。”写作不但可以拓展人生的宽度，还可以增强人生的亮度。人生苦短，匆匆如过客。作为教师，与知识相伴的人，一生不发表几篇文章，不出一本书，为社会留下点精神财富和美好记忆，我们短暂的人生不是太狭窄、太暗淡了吗？我们的教师生涯不是太遗憾了吗？教师不能仅做别人作品的“读者”，甘当“两脚书橱”，像沙漠一样，只能吸进水，却喷不出一丝清泉。教师还要争做创造

作品的“作者”，成为一个精神产品的生产者。“写作”应该像阅读一样，成为教师的一种生活常态、生存方式和生活习惯，就像空气和水一样，须臾不可或缺。叶圣陶说：“阅读和写作都是人生的一种行为，凡是行为必须养成了习惯才行。……在不知不觉之间受用它，那才是真正的受用。”（《〈文章例话〉序》）有写作习惯的人都有这样体验，写作有着比阅读更大的惬意和幸福感，一段时间不写作，就会技痒难耐、跃跃欲试。

剑桥大学一学者认为：“语言和写作决定人生发展的潜力。”克林肯博格说：“写作，没有人找得到一种为这种能力定价的方法……但每一个拥有它的人——不论如何，何时获得——都知道，这是一种稀有而珍贵的财富。”调查表明，事业的发展、收入的多少与人的词汇量有很大关系。很多人常常抱怨自己的付出没有得到相应的回报，或者自己的能力没有得到真正的认可，造成这种结果的原因可能很多，但语言使用能力的贫弱往往是其中之一。

（三）写作是创造性的高级生命形态

培根说：“阅读使人充实，写作使人精确。”的确，写作不但使人思维精确，还给予我们无限的想象空间，激发着人们必须去创造。写作是一项创造性活动，是为社会创造精神财富的高级生命形态。德斯蒙德·莫里斯说：“人类最伟大的品质之一便是创造。”高尔基说：“生活的意义在于创造。”爱因斯坦说：“唤起创造性的表现和求知之乐，是为人师者至高无比的秘方。”写作的乐趣是不从事写作和创造性活动的人难以体验的，这种“美妙体验”就是马斯洛所说的“高峰体验”。严羽《沧浪诗话》所说：“故其妙处，透彻玲珑，不可凑泊，如空中之音，相中之色，水中之月，镜中之象，言有尽而意无穷。”

这种体验往往产生多种效应：在情感上，触及灵魂、心醉神迷，产生战栗、兴奋、欣快、满足、超然的情绪体验，犹如站在高山之巅，消魂夺魄，物我两忘，高度自由，感受到人生最大的幸福；在认知上，获得对人生和事物本质的认知和领悟，精神和能力处于最佳状态，产生超乎寻常的理解力和创造力；在人格上，表现出强烈的自我价值实现感，高度自我认同感；在方式上，瞬间随机，来去匆匆，不可捉摸，难以言表，却又是刻骨铭心、永生难忘，极具个性魅力。……总之，这是一种带些“神秘色彩”的人生彻悟，是一种人生难得的“目的体验”“存在体验”和“终极体验”。曹禺说：“创作是非常艰苦的事，但也是一种愉快。”正所谓“辛苦并快乐着”。胡适说：“发表是吸收智识和思想的绝妙方法。”热切追求人生宽度和亮度的教师们，难道不想体验一下写作的乐趣，感受一下这种“高峰体验”吗？

二、我是怎样走上写作之路的

我是怎样开始写作的呢？刚开始教学那几年，虽然教学成绩不俗，但生活一直很单调，颇多迷茫、失落和苦闷——难道就这么站一辈子讲台，当一辈子教书匠吗？后来看到苏霍姆林斯基《给教师的一百条建议》中有“如果你想让教师的劳动带来乐趣，使天天上课不至于变成一种单调乏味的义务，那你就应把每位教师引导到教学研究这条幸福之路上来”的话，心戚戚有感。“教学研究”既然是条“幸福之路”，自己为什么不尝试走一走呢？也许能走出一片新天地，新境界。

在阅读报纸杂志时，我常看到熟悉的作者姓名，有些甚至是自己的同学、好友，心中大受触动。又看到叶圣陶在《语文教育书简》中说：“唯有老师善读善写，乃能导引学生渐进于善读善写。苟非然者，学生即或终臻善读善写，断非老师之功。”我更是心有戚戚焉：叶圣陶、于漪、钱梦龙、苏霍姆林斯基，还有那些发表文章的同学、好友，不都是中学教师吗？他们能发表文章，我为什么不能当“作者”呢？于是我开始尝试教研写作，把自己的一些教学心得形之于文字，又大着胆子投向报刊。记得我发表的第一篇文章是《中学语文教学参考》1995 年第 12 期刊发的《清净悲凉好个秋，慧心品得秋味足——〈故都的秋〉赏析》（此文被教育部人教版教材《中等师范学校阅读和写作第二册教学参考书》采用）。

第一篇文章的发表对我是莫大的鼓舞，点燃了我的写作热情，此后一发不可收。不断写稿、投稿……满怀期待地跑传达室，查看信件。最初写作的那几年，几乎每天都沉浸在兴奋和喜悦之中，不断有刊发“拙作”的报刊和约稿函寄来，变成铅字的东西越来越多，收集自己作品的橱柜也越堆越满。我的文章也渐渐地引起了一些读者的注意，多有书信和电话交流者。我的心态从先前的单调、空虚、苦闷，变得丰富、充实、乐观，人生目标也明朗了，好像先前那些日子全都是毫无意义的“虚度”，到今时才算步入了正途，生活才变得有意义——人一旦认清了目标，就会产生强大不懈的动力，生活也就有了激情、动力和希望。

迄今，我已有近 200 篇论文在《人民教育》《中国教育报》《语文月刊》《中学语文教学》《名作欣赏》《语文教学通讯》等报刊发表；有 16 篇论文收入《人大复印报刊资料》；出版两部专著：《语文教学道与术》和《跬步集：语文教学求索》（专著《别开生面的阅读与写作》即将出版）；辅导学生在《读者》《青年文摘》《语文报》《名作欣赏》等全国各大报刊发表文章 70 多篇；参加教育部人教版教材《高中语文教师教学用书》第三册、第四册，高中新课标教材第三册和《中等师范学校阅读和写作》等的编写，有四篇文章或教学设计被教育部人教版《高中语文教师教学用书》或教材采用。

2002 年，我作为“高层次人才”由山东省引入广州市，并被教育部聘为“全国普通高中学科课程标准实施现状调研”专家团成员，被广东师范学院社会科学部聘为兼职教授、硕士研究生导师，被教育部、语文出版社评聘为“全国语文名师成长大讲堂客座讲师”，2017 年成为“全国语文名师成长大讲堂名师专家工作室”（网址：

http://www.ywk12.com/）“广州市基础教育教师培训教学专家”。多次成为《中学语文教学》《语文教学通讯》《中学语文教学参考》《中学语文》《课程教学研究》等刊物的封面人物或“名师栏目”人物。

青少年时的“舞文弄墨”的梦想似乎变为现实。我觉得，一个人成功与否，关键是能否发现自己的长处和找准自己的位置。所谓“天才”其实就是放对地方的人才。古希腊特尔斐岛的阿波罗神庙里，镌刻着一句著名的“神谕”——“认识你自己!”我想这句“神谕”之所以成为“喻世明言”，被人们传诵、铭记，就在于它蕴含的深邃而伟大的人生哲理。它提醒人们：发现自己的潜能并实现自身的价值，既是重要的，也不是那么轻而易举的，需要付出艰苦的努力。我常想，人的潜能真是无限，若不尝试开发，不知有多少“处女地”被搁置、荒废，那岂不是巨大的浪费和遗憾！歌德说：“一个人怎样才能认识自己呢？绝不是通过思考，而是通过实践。尽力去履行你的职责，那就会立即知道你的价值……可你的职责是什么呢？就是当前的现实要求。”

三、写作、教学相辅相成

（一）写作可以提升教学境界

有人说教师搞科研、写论文影响教学。此言差矣！教学与写作是相辅相成、互为促进的。如果说有影响，那也是积极、正面的影响——“研”能更好地促进“教”。至于某些人所秉持的“论文写得好、课不一定教得好”的怪论，实则是一个伪命题，现实中极少看到这种现象（我从教30余年，尚未见过这种教师）。倒是课教得虽说还可以而论文写不出的教师大有人在。这种教师往往是“经验型”教师，上课跟着感觉走，不善于理论总结，缺乏科学性和理论指导——没有理论指导的教学，往往是盲目、低效的教学，不可能使教学达到较高的境界。

（二）教学和写作是一把尺子的两面

课堂教学是衡量一位教师业务水平的重要尺度，这是毋庸置疑的。但是否善于理论学习和总结，交流分享，减少失误，升华提高，也是衡量教师业务水平的一把重要尺度——这实则不是两把尺子，而是一把尺子的两面，失去任何一面，尺子就不存在了。以本人的经历来说，除教学写作外，多次参加教育部课题组、中国教育电视台、中央教科所、全国中语会举办的全国讲课比赛，获得过“特等奖”“一等奖”和“突出贡献奖”；多节课堂录像光盘出版发行，十几篇教学实录在全国各期刊发表；时常应省内外之邀授课讲学；开设广州市教师继续教育面授和远程课程“课堂教学艺术”“别开生面的阅读和写作”等。我的“课堂教学艺术”被评为“广州市优秀课程”，成为中国教育电视台一套 CETV-1 北师大专场课程。

（三）写作是更重要的“大备课”

教师针对具体教材的备课是微观战术性的“小备课”，而平时的阅读和写作是更有意义的、战略性的“大备课”，对提高教师素养、提高教育教学的水平怎样评估也不过分——“大备课”的成功可以弥补“小备课”的不足，而“小备课”的成功不能弥补“大备课”的不足。

衡量一名教师是否成熟，主要标志有两条：一是看有没有明确一贯的教育思想追求；二是看能否独立备课。教师备课有四层境界：（1）备在备课本上；（2）备在教科书上；（3）备在教师心上；（4）备在论文、著作上。前两者属于“小备课”，后两者属于“大备课”。

苏霍姆林斯基在《给教师的一百条建议》中谈到一个教学案例：一位有三十年教龄的教师上了一节非常出色的公开课。课后，一位听课教师问：“您花了多长时间来备这节课?”那位教师说：“对这节课，我准备了一辈子。而且，总的来说，对每一节课，我都用终生的时间来备课的。不过，对这节课的直接准备，或者说现场准备，只用了大约十五分钟。”这就是“大备课”决定“小备课”的成功范例。

四、善写教师的优势

（1）**善写的教师好读上进，具有源头知识的活水**。这样的教师教育理念必然是与时俱进的，知识信息必然是鲜活、丰富的，知识结构应当是合理扎实的。善写的教师，也必须好读，否则缺少源头活水，写作之河就会枯竭断流，难以为继。

（2）**善写的教师能永葆课堂青春活力**。善写的教师见多识广，博采众家所长，具备先进教育理念，知识丰富鲜活，教学技艺精湛，效率较高。其课堂多一些朝气活力，少一些暮气匠气。

（3）**善写的教师思维敏锐，常有所悟**。善写的教师在日常读书看报、听报告等学习活动中，能有的放矢，对所接受的信息，有更强的敏锐性、目的性、针对性、筛选性，能敏锐感知并捕捉有效信息，有更高的学习效率。他们会时常受到“读”“听”的启发感染，与自己所“写”所“思”的问题碰撞交流，产生思维火花，迸发灵感、顿悟，反过来加深认识，完善写作。所以，“写”与“读”是相辅相成、互为促进的。

（4）**善写的教师往往是研究型、学者型教师**。善写的教师长于深思熟虑，善于发现问题、总结提炼，多有所获，所谓“愚者千虑，必有一得”。善写的教师往往是研究型、学者型教师，其素养也必然是较高的，思维也是清晰、有深度的。凡教育家、学者，没有一个不会写、不善写的。

（5）**善写的教师可以更好地指导学生写作**。教师要传授写作经验和技巧，金针度人，最好如鱼饮水，有切身体验。不善写作的教师指导学生写作，总有隔靴搔痒之感觉，难有说服力。叶圣陶说："希望教师经常练笔，探知作文之甘苦，盖即添本钱之意。""一则自己善读善作，心知其所以然，二则能真知语文教学之为何事。""教师善读善作，深知甘苦，左右逢源，则为学生引路，可以事半功倍。""唯有老师善读善写，乃能导引学生渐进于善读善写。苟非然者，学生即或终臻善读善写，断非老师之功。"（《语文教育书简》）

（6）**写作可以训练人的思维和语言表达能力**。思维是无声的语言，语言是有声的思维，两者密切相关。写作可以使思维更精细、严谨、条理；语言表达更准确、迅捷、简明。无论在课堂还是在生活中，写作都可以提升思维和语言（书面语言和口头语言）的表达品质，增强应变机智。

五、怎样搞好教研、写好论文

（1）**要有写作的强烈意愿和坚定的信念**。不能"把文章看得高不可攀，一辈子不敢跟它亲近"（叶圣陶《〈文章例话〉序》）。写作是一种能力，不单单是知识。知识可以传授，而能力只能在实践中培养。巴金说："只有写，才能会写。"在写作中学会写作，就像在游泳中学会游泳一样。要敢于研究，敢于动笔，敢于投稿。搞研究、写论文并不神秘可怕，高不可攀，并非只有大学教师和科研人员才能做到。

（2）**不能仅为了评职称而写论文**。仅为职称而写论文，这个"目的"本身就存在问题。急功近利，临渴掘井，往往是"有心栽花花不成"，欲速不达。职称评定是促进、鉴定一个教师专业水平的手段，而非目的。写论文应该成为促进教师自我提升的内动力，而非外力所迫。论文写作是为了提高自身教育教学能力，提高自身素养、理论水平，完善自我。果能如此，就会"无心插柳柳成荫"，能力和业绩就会远远超过职称评定的需求，评职称自然是水到渠成，不成问题。

（3）**要写好教学论文，必须大量阅读**。关注本学科的权威报刊及综合期刊，吸收养料，做好储备，这是写作的前提，所谓"操千曲而后晓声，观千剑而后识器"。大量阅读可以掌握前沿理论、热点动态、最新信息；可以拓展视野、活跃思维、触发灵感，借鉴创造；可以提高起点，避免人云亦云，重复论证。应养成剪辑、摘抄、笔记、收集素材的习惯，并注明出处、日期，整理成册等，假以时日，必大受其益。在日常教学和阅读中，要勤于总结反思，及时捕捉思维感悟的闪光点，记录整理下来，集腋成裘。苏轼诗云："作诗火急追亡逋，清景一失后难摹。"论文写作也类似。

（4）**"论题"的选择最为重要，是一个战略环节**。具体写作是战术性的，战略的失误不能用战术弥补，所谓"方向比努力更重要"。论题选得有个性、有新意，论文就成功了一半。反之，如果论题陈旧，过大或过小，观点相似，材料雷同，方法一致，重复论证，缺乏新观点、新材料、新角度、新思考，则南辕北辙，事倍功半，再劳神费力修改，也难有大的起色。

（5）**论文写作过程应由粗到细**。论文写作犹如把一块粗糙的石块逐步雕凿成精美的人像，应遵循从宏观到微观，由粗到细的原则。开始写作时，不要太在意字词句等细节的斟酌，要尽力把能想到的材料先写出来，免得遗忘、缺漏，然后再进行结构调整、语言优化等细节。如果开始过于关注语言，一是会妨碍文思的汹涌流畅，影响文章整体的布局谋篇，因小失大；二是字词、句式的润色，是服务于全篇，如果某段文字最终要删除或调换，过早过多地对字词句的用心，就成了不必要的精力浪费。

（6）**"修改"是论文写作中的重要一环**。修改是一种高级形态的写作，是写作的深化和升华。成熟的作者都很重视文章修改，精益求精，没有止境，没有最好，只有更好。从某种意义上讲，好文章是"改"出来的。越重视修改文章，写出的文章层次就越高，越易出精品，也才算真正会写文章。

修改文章一般有一个"短—长—短"的过程：某篇文章开始思维不周，材料不充分，文章写不长；随着思维的深入，材料的扩充，信息量的增加，文章变得充实，篇幅加长；但这时结构尚不条理严谨，语言尚不准确精练，所以第三步就是调整结构，删繁就简，精练语言，提高信息量，使文章再变短。

（7）**语言是文章的基本要素**。语言与文章其他要素的关系犹如"皮"与"毛"的关系——皮之不存，毛将焉附？若语言文字不过关，其他要素的追求也就失去了依托和意义。论文语言要求准确、简洁、清晰，表达简单、直接，信息量大。论文语言不追求散文化、文学化。辞藻华丽、冗长复杂甚至饱含诗意的句子，是论文语言的大忌，是作者表达流畅、清晰思想的障碍。就像一个人用华丽的外衣遮掩了本色气质一样，分神的花哨，效果适得其反。对一个观点的表达和传递，没有比用简单、清晰的词句更让人赏心悦目和容易理解、接受的了。

语言严谨精练，表达准确到位，认识深刻独到，内容充实条理，看似表现形式的问题，实则涉及人的思想深度和文化内蕴。思维是无声的语言，语言是有声的思维。"没有入木三分的见解，写不出生动感人的语言。"古罗马哲学家朗加纳斯说："美妙的措辞就是思想特有的光辉。""思想宏大的人，语言自然宏达；卓越的语言自然属于卓越的心灵。"要从根本上解决语言准确、简洁的问题，除了磨炼表达的"外功"，更需打造文化底蕴、思想修养的"内功"。

（8）**论文的结构本着"提出问题—分析问题—解决问题"的逻辑思路**。特别是解决问题，应是论文写作的重点所在。有些论文，问题提得尖锐深刻，分析得也头头是道，但怎样解决，则语焉不详。仅"破"不"立"，论文的价值就要打折扣。好论文既要有一定的理论深度，又要联系教学实践。偏执一端的论文，或大而空，或小而

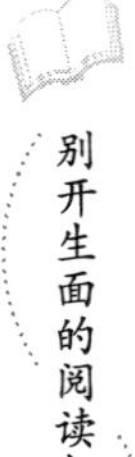

浅，都不足取。而且理论和实践的结合，应是有机联系、水乳交融的，不是机械、简单的相加。

六、努力成为研究型、创新型、学者型教师

蒲松龄曾说："性痴则其志凝，故书痴者文必工，艺痴者技必良。世之落拓而无成者，皆自谓不痴者也。"（《聊斋志异·阿宝》）不管从事什么工作，你如果仅把它当成一种谋生手段，一种职业，那将浑浑噩噩，了无生趣，甚至痛苦不堪。而你一旦把它当一种事业去追求，去探索，去完善，甚至达到痴迷的程度，你就会感到无限乐趣，幸福无比，人生就会有一种感悟和升华，人生的境界就会大不一样。

正如梁启超在《敬业与乐业》中所言："敬业即是责任心，乐业即是趣味……凡做一件事，便忠于一件事，将全副精力集中到这事上头，一点不旁骛，便是敬……凡职业都是有趣味的，只要你肯继续做下去，趣味自然会发生。为什么呢？第一，因为凡一件职业，总有许多层累、曲折，倘能身入其中，看它变化、进展的状态，最为亲切有味。第二，因为每一职业之成就，离不了奋斗；一步一步的奋斗前去，从刻苦中将快乐的分量加增。第三，职业性质，常常要和同业的人比较骈进，好像赛球一般，因竞胜而得快乐。第四，专心做一职业时，把许多游思、妄想杜绝了，省却无限烦恼。孔子说：'知之者不如好知者，好知者不如乐之者。'人生能从自己职业中领略出趣味，生活才有价值。孔子自述生平，说道：'其为人也，发愤忘食，乐以忘忧，不知老之将至云尔。'这种生活，真算得人类理想的生活了。"

美国总统奥巴马在2010年度国家教师奖颁发典礼致辞中说："教学并不是一个有关薪金的工作，而是一种激情和召唤。"拿破仑有句名言："不想当将军的士兵不是好士兵。"同样道理，"不想当教育家的教师不是好教师"（能否实现另当别论）。西方有谚语："向天空中的星星射击，总比向矮树射击打得远些。"教师应把"不当教书匠，要做教育家"当作人生理想和目标，去奋斗，去追求。努力使自己成为一名研究型、创新型、学者型教师，应成为当代教师为之奋斗的目标。

如何使作文语言富有文采

语言是文章的基本要素，语言与文章其他要素的关系犹如“皮”与“毛”的关系——皮之不存，毛将焉附？若语言不过关，其他要素的追求也就失去了依托和意义。近年来高考作文满分卷、高分卷，无一不是首先在语言上颇富文采，受到评卷老师的青睐。高考作文“评分标准”中的“发展等级”，其中就有“语言富有文采”这项要求。

如何使作文语言富有文采呢？“四个力求”“五个结合”可以帮你达到目的。

一、四个力求

（一）力求准确

准确是对语言的最基本的要求。所谓准确，就是“把恰当的词用在恰当的地方”（英国作家乔纳森·斯威夫特）。臧克家说：“我力求谨严，苦心地推敲追求，希望把每个字放在最恰当的地方，螺丝钉似的把它扭得紧紧的。”准确是语言一切魅力的根基。没有准确，谈不上简洁、生动。一篇文章的优劣，不在于用没用、用多少华丽的辞藻，关键是表情达意、遣词造句是否贴切、精当、恰到好处。孔子说“辞达而已”就是这个意思。朱光潜在《谈文学》中说：“一篇文学作品到了手，我第一步就留心它的语文。如果它在这方面有毛病，我对它的情感就冷淡了好些。我并非要求美丽的辞藻，存心装饰的文章令我嫌恶；我所要求的是语文的精彩妥帖，心里所要说的与手里所写出来的完全一致，不含糊也不夸张，最适当的字句安排在最适当的位置。那一句话只有那一个说法，稍加增减更动，便不是那么一回事……这种精确妥帖的语文颇不是易事，它需要尖锐的敏感，极端的谨严和极艰苦的挣扎。一般人只是得过且过，到大致不差时便不再苛求。”

好诗文往往因一个或数个词语特别准确，通篇因之生辉，给人留下深刻的印象。如林嗣环的《口技》中：“两股战战，几欲先走。”“几欲”就是“几乎要”的意思。“几欲先走”，听众“几乎想要夺门而逃”，但毕竟没有逃，听众还没有失去理智，还知道这是“口技”——既表现了口技逼真的效果，又恰到好处，没有夸张失度。如果

改为“夺门先走”，就夸张失度了——这就是准确。

王安石的《游褒禅山记》写作者与众人进山洞探险，“余与四人拥火以入”，一“拥”字，生动、传神，表现出山洞的狭窄，众人簇拥着火把行进的谨慎小心等。改为“拿火”“举火”“秉火”等，都不如“拥”字准确、传神。

鲁迅的《从百草园到三味书屋》中有：“不必说碧绿的菜畦，光滑的石井栏，高大的皂荚树，紫红的桑葚，也不说鸣蝉在树叶里长吟，肥胖的黄蜂伏在菜花上，轻捷的叫天子（云雀）忽然从草丛间直窜向云霄里去了……”鲁迅只用“碧绿”“光滑”“高大”“紫红”“肥胖”“轻捷”等两个字的形容词，就准确地描写出“菜畦”“石井栏”“皂荚树”“桑葚”“黄蜂”“叫天子”等事物的特征。黄蜂是“伏”在菜花上，而不是“趴”在菜花上，表现出黄蜂舞动的轻盈。叫天子是“直窜”向云霄，而不是“直飞”向云霄，表现出云雀受惊后起飞的迅捷、慌乱。

获1984年全国优秀短篇小说头奖的宋学武的《干草》，语言准确传神：“但家乡毕竟没什么好玩的……它甚至没山没水，只不过一岭黄沙，几撮泥房，几缕炊烟罢了。稀稀拉拉的几棵老榆树，歪歪斜斜地立在乡道边。”黄沙是一“岭”，而非一片、一道、一笼、一座等，写出家乡山岭的贫瘠、孤单。泥房是“几撮”，而不是几座、几排、几片等，写出家乡泥房的低矮、简陋、零星。炊烟是“几缕”，而非几股、几道，写出炊烟的微弱、细小。几棵老榆树是“稀稀拉拉”“歪歪斜斜”，“立在乡道边”，而非长在、矗在乡道边，写出老榆树的稀少、病态、垂死。所有这些词语，无不准确地表现出家乡的落后、贫困、闭塞。

以上所举加点的词语，都用得极其准确、精当，使语言增色许多。

中学生作文语言的“常见病”就是“用词不当”。这方面的单项训练，学生做得不少（多是反面选择性练习，如找出句子中使用词语恰当或不恰当的一项），但效果并不理想，行文写作依然病句连篇、词不达意。我总认为，语言的单项选择性训练，特别是反面训练，可以有，但不宜多。因为学生的“语感”尚不成熟，对语言的驾驭力、分辨力不强，灵敏度不高，可塑性很大。正像一个免疫力不强的人，过多地接触病菌、处在污染环境中就容易患病一样，学生过多地接触病句，处于被污染了的语境中也容易患病，“如入鲍鱼之肆，久而不闻其臭”，习以为常，以错为对，把假当真，负面影响过大，事与愿违。再者，单项选择性训练，毕竟缺少真实读写中的完整语境，缺少读写的“真实性”和“实用性”，这也是造成单项训练虽多但效果不佳的原因之一。

提高学生词语准确性和语言敏感度的最好的方法，是加强正面训练，引导学生多读典范的优秀作品，从中感受、咀嚼、玩味语言，积累大量优秀的语言感性材料，体悟词语在通常语境中的规范、习惯用法。所谓“操千曲而后晓声，观千剑而后识器”。最重要的是，要使学生养成勤动笔写作的习惯，闻千曲不如操一曲，光看不练，不实践也不行，“只有写，才能会写”（巴金语），在写作实践中，努力追求语言的准确性，坚持不懈，养成不随随便便滥用词语的习惯。每用一词都反复斟酌，用心揣摩，不用则已，用则求准。苏联作家法捷耶夫说：“力求把你所见的东西，把你意识中结晶了的东西表现得最准确，需要麻烦细腻的劳动。”古人有“为求一字稳，耐得半宵寒”的精神。记得福楼拜曾对莫泊桑说：“无论你所要讲的是什么，真正能够表现它的句子只有一句，真正适用的动词和形容词也只有一个，就是那最准确的一句、最准确的一个动词和形容词。其他类似的却很多。而你必须把这唯一的句子、唯一的动词、唯一的形容词找出来。”这就需要有从大量的语言矿藏中去寻找、提炼的精神和能力。

（二）力求流畅

流畅也是对语言的基本要求。流畅就是句子文从字顺，读来如行云流水，而非磕磕绊绊、滞涩别扭。“准确”是就遣词而言，“流畅”是就造句而言。流畅的语言使人如沐春风；滞涩别扭的语言，使人如夜行山路，苦不堪言，难以卒读。

语言不流畅也是中学生常犯的毛病之一，多表现为逻辑混乱、思路不清、句式杂糅、成分残缺或搭配不当、用词不准、关联词不当，以及标点使用不规范等。这方面的单项训练也不少（如找出有语病或没语病的句子），效果也不佳，一书写成文，语言依然“吃力”。

要解决这个问题，一是在做单项训练时，不能仅让学生满足于找出病句，更重要的是，要把有“病”的句子改得“健康”起来。“诊断”只是手段，“治疗”才是目的，否则题做得再多也枉然。二是教师应多针对学生习作中的病句，有的放矢地诊断治疗，这样效果更好。三是应培养学生努力追求语言流畅的精神和习惯，这是最重要的，努力把话讲明、说顺，感到不舒服的句子就想方设法使之“舒服”起来：或换一种说法，或调整句子结构或词语，或去掉不必要的修饰，或将语意化整为散，缩短句子……如果某句话实在改不好，宁缺毋滥，干脆去掉，也不失为一种修改思路。检验语言是否流畅的方式之一，是把习作大声读出来给别人听，如果自己读着“上口”，别人听着“顺耳”，就流畅；反之，就不流畅。鲁迅说：“我做完之后，总要看两遍，自己觉得拗口的，就增删几个字，一定要它读得顺口。”一般能发表出来的文章，语言都是基本流畅的，与自己的习作比较阅读，会有所体悟。只要坚持不懈地追求语言的流畅，就会见成效。

（三）力求简洁

“准确、流畅”是对语言的基本要求，“简洁”是对语言的较高要求。简洁，就是言少意多，信息量大，是成熟语言的一大特征，是优秀语言的共性。《黄帝内经》说：“知其要者，一言而终；不知其要，流散无穷。”契诃夫把简洁看成天才的姐妹，他认

为："写得好的本领就是删掉写得不好的地方的本领。"

学生语言的"常见病"是拖沓繁冗，欠凝练，行文如同口语，不善"书面化"。应当力求用最经济的笔墨表达最丰富的内涵，即鲁迅说的"可省的处所，决不硬添"。

明代冯梦龙的《古今谭概》中记载：欧阳修在翰林时，常与同院出游。见有一匹飞驰的马踩死了一只狗。欧阳修提议大家分别记叙一下此事。一人率先说道："有黄犬卧于道，马惊，奔逸而来，蹄而死之。"另一人接着说："有犬卧于通衢，逸马蹄而杀之。"第三人说："有马逸于街衢，卧犬遭之而毙。"欧阳修听后笑道："像你们这样修史，一万卷也写不完。"三人请教："那您如何说呢?"欧阳修道："'逸马杀犬于道'，六字足矣!"六个字恰到好处，一字增减不得，其中"逸"和"杀"二字传神。三人深为欧阳修行文的简洁折服。

俄国老编辑家奥里明斯基曾收到一篇报道游行示威的文稿，其中有"在游行的地方，来了当地警察，拘捕了八个游行示威的人"的语句。奥里明斯基认为不简洁，作了如下的分析和处理："比如'当地'二字，难道在某地来的警察不是当地的吗?其次，'在游行的地方来了'云云，难道警察不来可以拘捕吗?至于'警察'云云，除了警察以外，谁还可以捕人呢?最后，'游行示威的人'云云，自然不是母牛，也不是行路的人吧。所以留下排印的仅是'八人被捕'，四个字，这才是所需要的，其余的统统删掉了。"

一句话删去六分之五，读来反而明白，这就是简洁的力量。刘勰说得好："句有可削，足见其疏；字不得减，乃知其密。"郑板桥提倡"删繁就简三秋树"。简洁就是在不害意的前提下，将文字减至不能再减。鲁迅跟青年人谈创作体会时曾说："写完后至少看两遍，将可有可无的字、句、段删去，毫不可惜。"又说："我力避行文的唠叨，只要觉得够将意思传给别人了，就宁可什么陪衬拖带也没有。"(《我怎么做起小说来》)美国作家海明威被人们称为"拿着一把板斧的人"，他总是无情地斩伐作品中的冗词赘句。俄国批评家车尔尼雪夫斯基也强调："无情地删去一切多余的东西——这就是审读已经写成的东西最重的一部分工作。"读、学一些文言文，或学写诗词，都可以培养语言的简洁性。

(四) 力求生动

生动是对语言的最高要求，是语言富有文采的主要体现。生动就是恰当地运用各种修辞手段，把话说得既明白无误，又极具艺术性、感染力，意味隽永，耳目一新，过目难忘，忍不住想再多看一眼，多读一遍，甚至像《红楼梦》中黛玉读《西厢记》那样"自觉词藻警人，余香满口……心内默默记诵"。——这就是生动。准确、流畅的语言不见得生动，但生动的语言都是准确、流畅的。

如宋学武的小说《干草》中："灼热的太阳把草香全都榨出来，浓缩成浓重的苦艾味，然后，微风揉着湿润，再把它稀释、冲淡，沁人心脾，真有舒筋活血甚至净化灵魂之功效。特别是大雪封地的冬天，一切绿色的生命都停止了。如果扒开干草垛，一股熏人欲醉的香气扑面而来，你会发现草叶上仍然泛着淡淡的青绿，仿佛这是从绿的矿石里提炼出来的……偶尔有一阵微风拂过，平静的草原即刻骚动起来，涌起一圈圈绿色的涟漪。不知道风从什么地方扯过一个云块，从太阳面前掠过，于是可以看到一片阴影在草地上奔驰。阴影过后，草甸子更绿了，太阳也更明亮了，就像刚刚用抹布擦过一样。”语言清新，富有个性和灵气。

议论文、杂文中的语言也可以写得很生动。如鲁迅的《战士和苍蝇》一文，针对反动文人对已故革命家孙中山的诋毁，写道：“战士战死了的时候，苍蝇们所首先发见的是他的缺点和伤痕，嘬着，营营地叫着，以为得意，以为比死了的战士更英雄。但是战士已经战死了，不再来挥去他们。于是乎苍蝇们即更其营营地叫，自以为倒是不朽的声音，因为它们的完全，远在战士之上。的确的，谁也没有发见过苍蝇们的缺点和创伤。然而，有缺点的战士终竟是战士，完美的苍蝇也终竟不过是苍蝇。”语言何其辛辣、生动。

在《黄祸》一文中，鲁迅针对某些国人的妄自尊大、无视中国贫弱现状，动则以地大物博、人口众多自满自夸的愚昧无知，以思想家独到的犀利，沉痛地教诲道：“倘是狮子，自夸怎样肥大是不妨事的，但如果是一头猪或一匹羊，肥大倒不是好兆头。”简单比喻，寥寥数语，将国家“强而大”令人敬畏，如果“弱而大”，不仅引人垂涎，还将任人宰割的道理，阐发得深入浅出、触目惊心。——“重量”不等于“力量”，“肥大”不等于“强大”。

有人评价歌手降央卓玛的歌声，语言很是准确、生动：“降央卓玛堪称是天籁之声。她的歌声让人有种大地回声的自如与清新，浑厚醇美的歌声，蓄含着一种洞穿岁月的生命气息，带着草原的辽阔与芬芳，带着现代的磁性与穿透力，让人在歌声中回味草原，追忆着倾慕已久的遥远大草原，如身临其境一般。”

中学生作文中缺少的就是这类生动、漂亮的语言，如果学生习作中能有几处（哪怕一处）形象感人、耐人寻味、有神采、有个性、有创意、有亮色的生动语言，就能给人留下深刻、美好的印象，得到评卷者的青睐，在“发展等级”中获得加分。

生动的语言看似是表达形式的问题，实则涉及人的思想深度和文化内蕴。思维和语言密切相关，思维是无声的语言，语言是有声的思维。“没有入木三分的见解，写不出生动感人的语言”。古罗马哲学家朗加纳斯说：“美妙的措辞就是思想特有的光辉。”“思想宏大的人，语言自然宏达；卓越的语言自然属于卓越的心灵。”要从根本上解决语言生动问题，除了磨炼表达的“外功”，更需打造文化底蕴、思想修养的“内功”。

二、五个结合

只要留心便会发现，一些好文章的语言总是自觉不自觉地具备一结合或几结合。当然，并非所有的好语言都必须“几结合”，但“五结合”不失为使语言富有文采的一种有效手段。

（一）整散结合

“整句”，就是运用对偶、排比、层递、顶针、回环、反复等修辞，使句式、结构较为整齐的句子。所谓“散句”，即没有句式、结构等方面的束缚，随意而写的句子。现代白话文当然应以散句为主，但适当地结合一些“整句”，将使语言既参差活泼，又严谨整饬，读来简洁明快，跌宕多姿，铿锵悦耳，气势充沛，颇富韵味和文采。

整散结合的语言风格，古已有之，如贾谊的《过秦论》：“君臣固守以窥周室，有席卷天下，包举宇内，囊括四海之意，并吞八荒之心……及至始皇，奋六世之余烈，振长策而御宇内，吞二周而亡诸侯……”（对偶）韩愈的《师说》：“嗟乎，师道之不传也久矣，欲人之无惑也难矣！……圣人之所以为圣，愚人之所以为愚，其皆出于此乎？”（对偶）苏轼的《前赤壁赋》：“浩浩乎如冯虚御风，而不知其所止；飘飘乎如遗世独立，羽化而登仙……客有吹洞箫者，倚歌而和之。其声呜呜然，如怨如慕，如泣如诉，余音袅袅，不绝如缕，舞幽壑之潜蛟，泣孤舟之嫠妇。”（排比、对偶）人们常称颂韩愈、苏轼的文章有气势，有文采，以“韩潮苏海”誉之，这在一定程度上得益于其语言的“整散结合”。

有些现代白话文也继承了这种整散结合的语言传统，尤以鲁迅的杂文为胜，如《记念刘和珍君》中：“真的猛士，敢于直面惨淡的人生，敢于正视淋漓的鲜血。这是怎样的哀痛者和幸福者？……惨象，已使我目不忍视了；流言，尤使我耳不忍闻。我还有什么话可说呢？……中国军人的屠戮妇婴的伟绩，八国联军的惩创学生的武功，不幸全被这几缕血痕抹杀了。”（对偶）

不仅议论文，记叙文中“整散结合”的语言现象也屡见不鲜。如朱自清的《绿》：“那醉人的绿呀！我若能裁你以为带，我将赠给那轻盈的舞女，她必能临风飘举了；我若能挹你以为眼，我将赠给那善歌的盲妹，她必明眸善睐了。”（对偶）

又如台湾作家李乐薇的散文《我的空中楼阁》，更是语言整散结合的精美范例：“论‘领空’却又是无限的，足以举目千里，足以俯仰天地。左顾有山外青山，右盼有绿野阡陌。适于心灵散步，眼睛旅行……我外出，小屋是我快乐的起点；我归来，小屋是我幸福的终点……它不再是清晰的小屋，而是烟雾之中、星点之下、月影之侧的空中楼阁！”（对偶、排比）

再如郁达夫的《故都的秋》："南国之秋……譬如廿四桥的名月，钱塘江的秋潮，普陀山的凉雾，荔枝湾的残荷……比起北国的秋来，正像黄酒之于白干，稀饭之于馍馍，鲈鱼之于大蟹，黄犬之于骆驼。"（排比）

整句使语言具有整饬美、音韵美和浓郁的抒情意味。以上数例，足以使我们领略到语言整散结合的巨大魅力。

（二）繁简结合

语言应以简练为胜，但出于行文表意的需要，有时匠心独运地使用"繁笔"，所谓"精致的啰嗦"，能很好地表达一种特殊的意趣，取得独特的效果。鲁迅是使"繁"的高手，如《社戏》中写"我"早年看戏的情景："……于是看小旦唱，看花旦唱，看老生唱，看不知什么角色唱，看一大班人乱打，看两三个人互打，从九点多到十点，从十点到十一点，从十一点到十一点半，从十一点半到十二点，——然而叫天竟还没有来。"

这一段极为啰嗦，鲁迅用笔一向俭省，这里为什么不用简练的笔墨概括说："看不同的角色唱打个没完，从九点多到十二点——然而叫天竟还没有来。"这一段精彩的"繁笔"，细腻传神，让读者感同身受地体会到"我"索然寡味地看一帮无名小卒打唱个没完，耐着性子期盼名角"小叫天"出场时，那种欲看难忍、欲罢不能的焦躁无奈的心情。

又如《祝福》中祥林嫂反复述说阿毛被狼吃掉的故事："'我真傻，真的，'祥林嫂抬起她没有神采的眼睛来，接着说。'我单知道下雪的时候野兽在山墺里没有食吃，会到村里来；我不知道春天也会有。……"同样的"语段"一字不差地反复出现两三次之多，这样不是重复啰嗦吗？一向崇尚简练的鲁迅，后一次为什么不用"祥林嫂又几乎一字不差地向人们描述了阿毛被狼吃掉的故事"这样简练的语言概述之？这是鲁迅特意用的繁笔，是让读者自己切身感受到祥林嫂遭受丧子之痛的打击后，精神已变得异常的情态。小说是艺术，用形象展示才能使读者感受得更直观、真切、深刻，而不是由作者代为直白地告知、说明。

鲁迅的散文《秋夜》开篇："在我的后园，可以看见墙外有两株树，一株是枣树，还有一株也是枣树。"鲁迅为什么不用"简笔"写为"我的后院有两株枣树"，而用啰嗦"繁笔"？其实鲁迅这里用"繁笔"，不仅交代是两株枣树，而且细腻、生动地写出了观察两株枣树的过程：在夜色朦胧中，一眼望见后院有两株树，仔细看其中一株是枣树，视线移动，再仔细看另一棵，也是枣树。鲁迅的《马上支日记》："早晨被一个小蝇子在脸上爬来爬去爬醒，赶开，又来；赶开，又来；而且一定要在脸上的一定的地方爬。"用反复、繁笔等修辞，表现作者烦躁而无奈的心情。

（三）文白结合

现代文自然应以白话为主，但有时出于需要，偶用一下文言词句，能收到幽默、

含蓄、活泼、隽永的效果，增强表现力（并非提倡文白夹杂的文风）。此种语言现象在鲁迅杂文中多见。譬如《文学和出汗》中有："……莫非中国式的历史论，也将沟通了中国人的文学论欤？……这问题倘不先行解决，则在将来文学史上的位置，委实是'岌岌乎殆哉'。"《论"费厄泼赖"应该缓行》中有："……无论其怎样落水，为人也则帮之，为狗也则不管之，为坏狗也则打之。一言以蔽之：'党同伐异'而已矣。"

现代文中使用文言词句，一定要慎重，不可过多过滥，否则易流于文白夹杂的文风。运用恰当，文采斐然，如汤中加味精；运用不当，弄巧成拙，犹水中撒泥沙。

（四）俗雅结合

文章语言当然是尚雅而忌俗（学生语言易犯太白、太俗之病），但看大家的文章，在以"雅语"为主的前提下，常信手拈来缀入一些俗语、口语，诙谐、幽默、生动、活泼，大俗大雅，别具风味。如鲁迅的《古书与白活》："愈是无聊赖，没出息的脚色……愈善于摆臭架子。"《名人和名言》中："因为白话是写给现代的人们看的，并非写给商周秦汉的鬼看的……一到攻击现在的白话，便牛头不对马嘴"。《论"费厄泼赖"应该缓行》中："或者中外的娘儿们上街的时候，脖子上拴了细链子跟在脚后跟……说得苛刻一点，也就是自家掘坑自家埋……刘百昭殴曳女师大学生，《现代评论》上连屁也不放"。

鲁迅不仅杂文善于"俗雅结合"，其诗歌《自嘲》也显示"俗雅结合"的特色："运交华盖欲何求，未敢翻身已碰头。破帽遮颜过闹市，漏船载酒泛中流。横眉冷对千夫指，俯首甘为孺子牛。躲进小楼成一统，管他冬夏与春秋。"其中"破帽"是俗语，"遮颜"是雅语；"漏船"是俗语，"载酒"是雅语；"成一统"是雅语，"碰头""躲进小楼""管他冬夏与春秋"都是俗语。这样俗雅结合，很好地体现了"自嘲"的诙谐幽默。

又如郁达夫的《故都的秋》中："南国之秋……比起北国的秋来，正像是黄酒之与白干，稀饭之与馍馍，鲈鱼之与大蟹，黄犬之与骆驼。秋天，这北国的秋天，若留得住的话，我愿把寿命的三分之二折去，换得一个三分之一的零头。"其中"之与"是文言雅语，其他"白干""稀饭""馍馍""大蟹""骆驼""零头"等俗语，巧妙地点缀在典雅的语言之中，既有古诗文的雅趣，又有白话文的俗趣。大雅与大俗有机结合，和谐统一，使语言颇有情趣。

一些当代杂文也善用"俗雅结合"，如何满子的《未来史家对鲁迅的评价将比今人高》中："鲁迅生前环绕着他的嘀嘀咕咕……死后环绕着他的喊喊喳喳……让那些不是东西之徒因他活着而不舒服。""嘀嘀咕咕""喊喊喳喳""不是东西"是俗语；"之徒"是雅语。又如钱钟书在给自己的研究生回信时说："吾友明通之识，缜密之学，如孙悟空所谓自家会的，老夫何与焉。"（魏邦良《钱钟书的谦逊》）雅俗结合，语言风趣。

又如李壮鹰的《论“池塘生春草”》一文中：“其实关于艺术的赏鉴，最可靠、最不欺心的还是读者自己的阅读感受。而我们试着把‘池塘生春草’这一‘佳句’含在口中，‘咂吧咂吧’，除了觉得比较自然以外，实在‘咂吧’不出它有怎么出奇的地方，既没有‘豁人耳目’之景，也没有‘沁人心脾’之情，它不过是普普通通的一句话而已。”文中俗语“咂吧咂吧”“普普通通的一句话”和雅语“豁人耳目”“沁人心脾”“而已”等交相辉映，妙趣横生。

（五）长短结合

语言要简洁，自然应以短句为上，长则易冗赘拖沓，产生语病。但有时出于表意的严谨周密，或抒发某种深沉、庄重之情，或幽默调侃等特殊的需要，也须用长句。

如鲁迅的《记念刘和珍君》一文中多次使用长句：“中华民国十五年三月二十五日，就是国立北京女子师范大学为十八日在段祺瑞执政府前遇害的刘和珍、杨德群两君开追悼会的那一天，我独在礼堂外徘徊……”“当三个女子从容地转辗于文明人所发明的枪弹的攒射中的时候，这是怎样的一个惊心动魄的伟大呵！”“至于这一回在弹雨中互相救助，虽殒身不恤的事实，则更足为中国女子的勇毅，虽遭阴谋诡计，压抑至数千年，而终于没有消亡的明证了。”

当代杂文《名家令人烦》：“余大教授在这部新著里一本正经地说着一些人所皆知的诸如下雪了要穿棉袄天晴了想吃雪糕之类的所谓真理……”谌容的小说《人到中年》：“夏天的晚上，邻居们在院子里乘凉。香茶，团扇，徐徐的晚风，明亮的星星，有趣的新闻，海阔太空的闲扯，都不能把这对‘书呆子’从闷热的小屋里吸引出来。”

以上这些在大量短句中偶然使用的长句，很好地表达了作者想要表达的思想和情感，使语言错落参差，活泼多变。长句的“长”主要表现为单句中的修饰成分（定、状、补）的增多。运用长句，一是不宜过多，应确实出于需要；二是要注意句子结构的完整和成分搭配的合理、正确，切忌逻辑混乱、句式杂糅和成分残缺。

使语言富有文采的方法、策略很多，各策略之间也并非油水互不相关，只是出于表述的方便，分项来说的。“运用之妙，存乎于心”，“妙”在综合运用时的“活”字，“妙”在恰如其分的“度”字，这要靠“悟性”去揣摩、把握，否则可能弄巧成拙。以上所谈仅是笔者在阅读、写作中的一点体悟，限于视野，在总结规律时也难免管窥蠡测、挂一漏万。要真正解决语言问题，最根本、最彻底的办法乃是让学生通过大量的阅读和写作，不断地积累、体悟、探索、总结。

侧面描写类型探赏

侧面描写，又称间接描写，就是不直接描写对象，而是描写周围与对象有关的事物，间接、含蓄地表现对象的描写方法。这种手法常用于写人、记事、状物等叙事类文体中，长于启发人的想象和思考。运用侧面描写的文章多具有构思精巧、意思新颖、匠心独具的艺术魅力，给人留下深刻印象。

侧面描写常见的有以下几种类型。

一、用环境描写烘托人物性格或心情

一方面是用环境描写烘托人物性格。如鲁迅的《祝福》中描写鲁四老爷的书房陈设，蛰居在这种环境中的鲁四老爷必定是一个迂腐不堪、没落守旧的封建卫道士：

> 壁上挂着朱拓的‘寿’字，陈抟老祖写的；一边的对联已经脱落，松松的卷了放在长桌上，一边的还在，道是‘事理通达心气和平’。我又无聊赖的到窗下的案头去一翻，只见一堆似乎未必完整的《康熙字典》，一部《近思录集注》和一部《四书衬》。

环境描写对人物性格和志趣的刻画，起到了很好的侧面烘托的作用。如《红楼梦》中，用不同人物居所的不同环境特点烘托人物的不同性格。黛玉住所“潇湘馆”是：“翠竹夹路”“苍苔满地”“凤尾森森，龙吟细细”“香烟袅袅，湘帘垂地，阒无人声”。如此高雅清幽的环境，与黛玉的孤高自许、目下无尘、清秀脱俗的性格相映相合。其他如宝玉住的“怡红院”，陈设像大家闺秀的闺房，烘托出宝玉喜爱女性的“爱红”性格。探春住的“秋爽斋”宽大敞亮，烘托出探春豪爽大气的性格。李纨住的“稻香村”一派田园风光，烘托出李纨与世无争、恬淡隐忍的性格等。住处无不与主人的性格情趣相得益彰，很好地烘托了人物的性格。

另一方面是用环境描写烘托人物心情，也即常说的“借景抒情”。一种是“景哀则情哀，景乐则情乐”的正衬手法，如鲁迅的《故乡》开头对冬景的描写：“渐近故乡时，天气又阴晦了，冷风吹进船舱中，呜呜的响，从篷隙向外一望，苍黄的天底下，远近横着几个萧索的荒村，没有一些活气。我的心禁不住悲凉起来了。”如此阴冷萧索的环境很好地衬托了“我”的悲凉心情。另一种是“以乐景写哀，以哀景写乐”的反衬手法，如鲁迅的《祝福》结尾的环境描写：“听得毕毕剥剥的鞭炮，是四叔家正在‘祝福’了；……合成一天音响的浓云，夹着团团飞舞的雪花，拥抱了全市镇。”欢乐祥和的“祝福”气氛，强烈地反衬此时死去的祥林嫂悲惨的命运和“我”悲愤的心情。《红楼梦》写黛玉之死，用宝玉、宝钗成婚之夜的欢庆气氛，反衬黛玉心境的悲苦。

二、与其他人物比较衬托突出对象

此法又分为正衬和反衬。

正衬就是利用同描写的对象相类似的事物来作陪衬，也即“烘云托月”，或曰“水涨船高”之法。如《三国演义》中“三顾茅庐”部分，作者意欲表现孔明超人的智慧和才华，先有徐庶、司马徽的推荐和介绍，后又路遇崔州平、石广元、黄承彦、诸葛均等人，这些人均仙风道骨、才气不凡，多次让刘备误认为是诸葛亮，但所有人都自言比诸葛亮逊色得多。这样孔明尚未出场，其过人的才貌，通过其他人物的比较和衬托，“烘云托月”，“水涨船高”，侧面表现出来，给读者留下了深刻印象。

又如《老残游记》“白妞说书”一段，作者意在突出白妞说书技艺的高超，用琴师和黑妞的出色演艺，来比较和衬托白妞的更为出色。作者先把黑妞的演唱写到叹为观止的地步，好像已词尽意穷，无以复加，读到这儿，不禁使人生疑：作品的主人公不是白妞吗？把黑妞的演唱技艺写得如此绝妙，岂非喧宾夺主？作者借观众之口道出了个中用意，通过文中人物的评价，与黑妞的比较和衬托，白妞虽未亮相，但白妞唱技的高超，通过侧面描写已得到充分展现：

> 其一人低声问那人道：“此想必是白妞了吧？”其一人道：“不是。这人叫黑妞，是白妞的妹子。他的调门儿都是白妞教的，若比白妞，还不晓得差多远呢！他的好处人说得出，白妞的好处人说不出。他的好处人学的到，白妞的好处人学不到。你想，这几年来，好顽耍的谁不学他们的调儿呢？只是顶多有一两句到黑妞的地步，若白妞的好处，从没有一个人能及他十分里的一分的。”

反衬，即从反面衬托，就是利用同描写的主要对象相异或相反的事物来作陪衬，或曰“水落石出”之法。鲁迅说：“优良人物，有时候是要靠别种人来比较衬托的，例如上等与下等，好与坏，雅与俗，小气与大度之类。没有别人即无以显出这一面之优，所谓‘相反而实相成’者。”譬如《三国演义》“失街亭”中，用马谡的骄矜轻敌、狂妄自大、言过其实、纸上谈兵，来反衬诸葛亮在政治、军事、外交上的深谋远

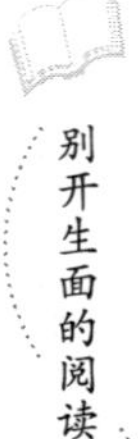

虑、谨慎机智。又如《史记·刺客列传》"荆轲刺秦王"中，"年十二杀人""人不敢与忤视"的秦武阳，见到秦王时，竟吓得"色变振恐"，而荆轲泰然自若"顾笑武阳"，巧妙地掩饰秦武阳的失态。用秦武阳的色厉内荏、徒有虚名，有力地反衬了荆轲超人的胆略和非凡的气质。

三、借助文中人物之口评价介绍对象

钱钟书在《管锥编》中介绍这种侧面描写："不直书甲之运为，而假乙眼中舌端出之。"如鲁迅的《药》中采用"茶馆闲谈'的方式，借康大叔之口，介绍夏瑜怎样被夏三爷出卖被捕，以及夏瑜在狱中的活动斗争。其中主要有三件事：一是"关在牢里，还要劝牢头造反"；二是"说这大清的天下是我们大家的"；三是挨了红眼睛阿义的打还说"可怜可怜哩"。通过侧面描写的三件事，我们可以推想革命者夏瑜顽强的革命精神、民主的进步思想和他不看对象盲目宣传革命道理而碰壁、不被理解的寂寞和悲哀。这样通过暗线侧面表现夏瑜的革命斗争，既没有喧宾夺主地脱离明线——华家的活动，影响表现群众愚昧这一主旨，又兼而表现了革命者的悲哀和寂寞这一题旨，一举两得。

再如《红楼梦》中借小厮兴儿之口，评价和介绍王熙凤：

> 他说一是一，说二是二，没人敢拦他。……估着有好事，他就不等别人去说，他先抓尖儿；或有了不好事或他自己错了，他便一缩头推到别人身上来，他还在旁边拨火儿。……"嘴甜心苦，两面三刀"，"上头一脸笑，脚下使绊子"，"明是一盆火，暗是一把刀"：都占全了。

通过这种侧面介绍，王熙凤那种言行专横、投机取巧、八面玲珑、见风使舵、面善心毒的性格特点都反映了出来。

《祝福》中借卫老婆子之口介绍祥林嫂再嫁和丧夫、丧子的情形，也属于这种侧面描写。

四、借助他人的反应、感受来表现事物

如汉乐府民歌《陌上桑》中，不直接描写秦罗敷的美貌，而是借助旁观者的感受、神态、反应，虚写并烘托罗敷的美艳惊人：

> 行者见罗敷，下担捋髭须。少年见罗敷，脱帽着帩头。耕者忘其犁，锄者忘其锄。来归相怒怨，但坐观罗敷。

作者意欲极写罗敷之美，却未对罗敷的美貌作任何正面描写，而是通过描写行

者、少年、耕者、锄者见到罗敷时的惊叹、赞赏、痴迷等各种反应，把读者的联想向篇外延伸、扩散，从而间接构成了极为活跃的视觉艺术效果。这种“不写之写”的侧面描写法，能充分地调动、激活读者的自由联想和丰富想象，产生一种不定型的、没有限度的“揽之若无，思之则有”的独特审美效果。正如茅盾先生所说：“要考虑到读者必有的想象力，在正面描写以外，还要辅以侧面描写。”“不写罗敷的美貌，而罗敷的绝世美貌跃然纸上，这真是前无古人的艺术描写。”

又如林嗣环的《口技》在正面描写“口技”惟妙惟肖、众妙毕备之后，借听众的反应，侧面表现“口技”的精妙和足以乱真：“满座宾客无不伸颈，侧目，微笑，默叹，以为妙绝。”“于是宾客无不变色离席，奋袖出臂，两股战战，几欲先走。”听众的神色、动作、情感、心理无不毕现纸上。这种惊心动魄的情景，使读者亦感到口技表演真达到了形神兼备的迷人地步，不能不为之拍案叫绝。

再如白居易的《琵琶行》，正面描写音乐“大弦嘈嘈如急雨，小弦切切如私语”之后，又通过听众的反应，侧面表现音乐效果的感人至深：“东船西舫悄无言，唯见江心秋月白。”“凄凄不似向前声，满座重闻皆掩泣。座中泣下谁最多，江州司马青衫湿。”苏轼的《赤壁赋》正面描写音乐“其声呜呜然，如怨如慕，如泣如诉，余音袅袅，不绝如缕”之后，又侧面表现乐声效果惊人：“舞幽壑之潜蛟，泣孤舟之嫠妇。”

五、表面写甲事物，实则写乙事物，以甲物映衬乙物

如柳宗元的《小石潭记》中：“潭中鱼可百许头，皆若空游无所依。日光下澈，影布石上，怡然不动；俶尔远逝，往来翕忽，似与游者相乐。”这段文字表面上写鱼，其实更写了潭水——水清，潭中鱼方可历历可数，日光才能直射潭底，在石上留下清晰的鱼影；水清，潭中鱼才如游于真空之中，无所依凭。只见鱼不见水，正表明了潭水清澈无比。再如苏轼《记承天寺夜游》中：“庭下如积水空明，水中藻荇交横，盖竹柏影也。”表面写“庭院、竹柏影”，实则侧面表现“月色”明亮皎洁，清凉如水，倾泻满院。郦道元的《三峡》一文中描写夏水时写道：“或王命急宣，有时朝发白帝，暮到江陵，其间千二百里，虽乘奔御风，不以疾也。”这是以船行速度之快侧面表现水流速度之快，比直接交代水的流速更生动、更感人。

六、选择独特的角度，运用新异的手法，别致地表现事物

如微型小说《鼾声》，主题是表现共产党人一心为民、心忧天下的高风亮节。但小说并没有采用传统手法正面表现这一点，而是通过新来的“秘书”陪同县委书记下乡视察灾情、晚上睡觉来表现。秘书早就听说书记的呼噜很有水平，“如雷贯耳”，担

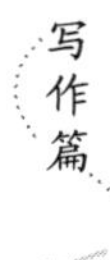

心睡不好觉。第一晚，秘书如临大敌，静候鼾声，可一宿平安；第二晚，也各不相扰。秘书开始怀疑说书记鼾声大是谣传。第三晚，心弛神松，正想安眠一觉，可书记的鼾声顿起，声如雷鸣，果然名不虚传。原来前两夜因为灾情严重，书记心忧民众，无法安眠，故无鼾声；第三夜，灾情缓解，加之几天的劳顿，所以睡得沉、鼾声大。这篇小说就选择了独特的角度——书记的鼾声，运用侧面描写手法新颖别致地表现事物，收到了很好的效果。

又如朱自清的《背影》，选择了一个新颖独特的角度——背影——来表现父爱。一般写人物，多从正面着笔，或肖像，或姿态，或服饰。正面写当然有其好处，然而从一个角度写多了，会使读者产生审美疲劳，觉得呆板、乏味。契诃夫给青年作者的信中告诫说："你忙着描写人的脸……这又是老一套，这样的描写可以省掉的。五张描写得很详细的脸，会使读者注意力疲劳。"《背影》另辟蹊径，选择背面这个特定角度，以饱含深情的笔触，全力书写父亲的背影，令人拍案叫绝。写人物从背影着墨，为数很少。然而"文章有众人不下手而我偏下手者，有众人下手而我不下手者"。姜白石说："人所易言，我寡言之；人所难言，我易言之，自不俗。"选择背影这一独特视角，是朱自清对生活暗示的独特发现，也是表现事物的艺术创造。

七、虚笔暗写对象，"不写之写"的艺术

最典型的莫过于《聊斋志异·宦娘》：书生温如春与葛员外的爱女良工相互爱慕，欲结良缘，但被葛员外因温如春家贫而拒绝。其后发生了一系列不可思议的怪事，终于促成了温如春和良工的美满婚姻。最后才揭示，这一切都是善良多情的女鬼宦娘，为报答温如春的眷顾，暗中策划相助的结果。对宦娘"成人之美"的善行，就是采用了虚笔暗写的手法。又如《水浒传》中"智取生辰纲"，明写杨志押送生辰纲，虚笔暗写晁盖、吴用等人一路跟随，伺机夺取生辰纲的活动。

八、通过动作、表情、语言、比喻等侧面表现心理

如《三国演义》"青梅煮酒论英雄"一段，当曹操说出"今天下英雄，惟使君与操耳!"时，"玄德闻言，吃了一惊，手中所执匙箸，不觉落于地下。时正值天雨将至，雷声大作。玄德乃从容俯首拾箸曰：'一震之威，乃至于此。'操笑曰：'丈夫亦畏雷乎?'玄德曰：'圣人迅雷风烈必变，安得不畏?'"

这一段通过人物的动作、表情、语言等，反映出刘备担心被曹操识破并加害的震惊慌乱和强作镇定、巧妙掩饰的心理。小说《杜十娘怒沉百宝箱》中用"鲤鱼脱却金钩去，摇头摆尾不再来"的比喻，真切地表现出杜十娘脱离苦海后欣喜无比的心情。

《荷花淀》中当水生嫂突然听说水生“明天要到部队去”时，“手指震动了一下，想是叫苇眉子划破了手”，用一个细微的动作传达出她闻讯后心灵的震颤等复杂、微妙的心理活动。

九、通过他人的模仿，间接表现对象

譬如苏联诺达尔·顿巴泽的微型小说《预演》，就采用了“借助他人的模仿，间接表现对象”的侧面描写手法。小说叙述“我”去看望十五年未见面的老同学努格扎尔（当年两人就是同桌捣蛋鬼），想知道老同学“生活安排得好不好，是不是幸福”。结果努格扎尔夫妇都不在，只有他们八岁的女儿和六岁的儿子在家，正玩“爸爸和妈妈的游戏”。两个孩子模仿他们的爸爸、妈妈日常生活中相互吵骂、对打的情景，不堪入耳、入目，使“我”大为震惊。孩子的模仿，使“我”不但间接了解了老同学的生活状况，而且还“预演”了两个孩子因受父母的恶劣影响而导致的“未来家庭生活的丑剧”。

又如谢志强的微型小说《陆地上的船长》，写一个船长遭遇海难，船员全部遇难，只有船长幸免于难。回来后船长精神失常，每逢刮风下雨就发疯犯病，把晒谷场当作在惊涛骇浪中挣扎出没的大船，身临其境般呼喊指挥。大海怎样惊涛骇浪、广阔无边？那场海难怎样惊心动魄，对于没有见过大海、没有经历那场海难的人，不好正面描写表现。可通过“疯子船长”的模仿表演，避开正面描写大海风浪的难处，侧面描写大海，使读者真切地感受到那场风高浪急、惊心动魄、吞没一切的海难。

十、借助听觉描写间接表现事物

钱钟书在《管锥篇》中介绍这种侧面描写：“甲之行事，不假乙之目见，而假乙之耳闻。”如《三国演义》中，描写关云长“温酒斩华雄”一段：“众诸侯听得关外鼓声大振，喊声大举，如天摧地塌，岳撼山崩，众皆失惊。正欲探听，鸾铃响处，马到中军，云长提华雄之头，掷于地上。——其酒尚温。”这种以听觉代视觉，虚写战争场面的手法，也是典型的侧面描写。从表现关羽神勇无敌的角度看，“温酒斩华雄”一段，还采用了“与其他人物比较，衬托突出对象”的侧面描写方法——用华雄的神勇来衬托关羽的更加神勇。

十一、以具体描写抽象

传说宋代画院曾经举行过一次绘画比赛，画题是“踏花归来马蹄香”，众画工挥

毫泼墨，各显其能：有的画骑马人手里拈着一枝花，有的画马蹄上缠绕着一枝花，有的画一匹马站在一片鲜花盛开的草地旁……最后夺魁的却是这样一幅画：一匹骏马奋蹄疾驰，马蹄边飞舞着几只小蜜蜂。真是绝妙的构思啊！画中没有花，但那追逐马儿的小蜜蜂却使人依稀嗅到那浓浓的花香。花香是难以正面描绘的，即使非要从正面描绘，也往往会显得直白、平淡，而以蜜蜂侧面衬花香，则使作品从虚无中见出丰盈，从而取得一种含蓄蕴藉、虚实相生的艺术效果。绘画艺术是这样，文学作品的写作何尝不是如此呢？清代文学家刘熙载说："山之精神写不出，以烟霞写之；春之精神写不出，以草木写之。"讲的就是以具体写抽象的侧面描写手法的妙用。

十二、想象对方思念自己，间接表现自己思念对方

如杜甫的《月夜》："今夜鄜中月，闺中只独看。遥怜小儿女，未解忆长安。香雾云鬟湿，清辉玉臂寒。何时倚虚幌，双照泪痕干。"诗人不正面描写自己怎样思念对方，而是想象并描写对方如何思念自己，把设想中的对方的相思之苦写得越浓重，就越能强烈地渲染出自己的一往情深。又如王维《九月九日忆山东兄弟》："独在异乡为异客，每逢佳节倍思亲。遥知兄弟登高处，遍插茱萸少一人。"再如白居易的《邯郸冬至夜思家》："邯郸驿里逢冬至，抱膝灯前影伴身。想得家中夜深坐，还应说着远行人。"还有李商隐的《无题》(相见时难别亦难)、《巴山夜雨》等。此种不直写甲想念乙，而写乙想念甲，侧面表现甲想念乙的"背面傅粉"之法，"如镜取形，如灯取影"，别具魅力。

十三、不着一字尽现风流

字面上不直接出现被描写表现的事物，但处处描写和被表现对象有关联的事物，处处体现被描写事物的特征，达到"不写之写"的间接描写的艺术效果，可谓"不着一字尽现风流"。如江河的诗歌《液体之火》：

> 让你/若梦若醒/飘飘欲仙/让天地颠倒/让世界旋转/把人类历史/浇灌的跌宕起伏/将琴棋书画/熏染的色彩斑斓。
>
> 醉了刘伶/狂了诗仙/张扬了曹孟德/书写了鸿门宴/湿了清明杏花雨/瘦了海棠李易安/景阳冈上/助武松三拳毙虎/浔阳楼头/纵宋江题诗造反/你啊你/成全了多少英雄豪杰/放倒了多少村夫莽汉。
>
> 歌舞与你相佐/美色与你为伴/催诗情万丈/壮文人斗胆/有人借你发疯/有人借你夺权/有时你只是一个道具/烘托一下谈判桌上的氛围/有时你更像一种暗器/把贪杯的对手麻翻/你呀你/既入朱门豪宅/又进村舍陋院/既流溢皇室的金樽/又

盛满农家的粗碗/愁也要你/喜也要你/跃过龙门的学子/迁徙流放的囚犯/落魄的文人骚客/得志的朝廷大员/都是你的知己/你的伙伴。

因为你/耽误了多少大事/因为你/弄出了多少冤案/因为你/鲜活了多少逸事趣闻/因为你/催生了多少佳作名篇/真的是/成也有你/败也有你/你这浇愁愁更愁的琼浆啊/你这千百年永远燃烧的/液体的火焰!

整首诗没有正面出现一个“酒”字，但围绕酒，落笔处处体现酒的特征和相关联事物，收到了很好的艺术效果。

又如苏轼的《南乡子·梅花词和杨元素》:

寒雀满疏篱，争抱寒柯看玉蕤。忽见客来花下坐，惊飞，蹋散芳英落酒卮。

痛饮又能诗，座客无毡醉不知。花谢酒阑春到也，离离，一点微酸已著枝。

标题“梅花词”，全诗竟不见一个“梅”字，又未尝一笔不写梅，可谓不即不离，妙合无垠。词人不正面描写梅花的姿态、神韵与品格，而采用侧面曲笔烘托的办法表现，显示了高超的艺术技巧，正所谓“不着一字尽现风流”。

侧面描写的手法还有很多，以上是常见的几种。要想真正掌握侧面描写这种别具魅力的手法，还须在大量的阅读、写作实践中，不断地积累和探索。掌握侧面描写的手法类型，对鉴赏能力和写作技艺的提升，都很有指导和借鉴意义。写作中恰当运用一种或几种侧面描写手法，都能使文章产生独特的艺术魅力。

读写教学中培养学生思维的广度与深度

写作，是一种思维活动，也是一种创造性、高层次、高强度的思维活动。特别是议论文，以知识的广度和认知的深度见长，也就是常说的内容充实、见解深刻、独到。思维有无深广度，是衡量议论文优劣的一个重要指标。这与记叙文的构思巧妙、细节生动的衡量标准不同。学生写议论文，弊端往往是知识面狭窄，逻辑思辨能力不强，认识问题肤浅、片面，挂一漏万，不能全面、辩证、深入地思考问题，缺乏认知的广度和深度。要培养知识的广度和认知的深度，方法之一就是多读书看报——见多才能识广，而且要养成摘抄和分类剪藏报刊的读书习惯，以大量储存材料。腹内有了储备，写作时才有可能调出材料，才有广度可言。书读得多的人，作文应当写得好。

南宋的史豪卿说过："读书如销铜，聚铜入炉，大鞴（bèi，古代皮制的鼓风吹火器）扇之，不销不止，极用费力。作文如铸器，铜既销矣，随模铸器，一冶即成，只要识模，全不费力。所谓劳于读书，逸于作文者也。"这段生动的比喻，非常形象地说明了读书和写作的关系：读书就像熔化铜铁，费时耗力；写作就像铸造器物，熔化的铜水，按照模具浇铸器皿，一下就成功了，根本不费力气。这就叫在读书上多用功付出，在作文时就轻松省力。

当然，有了储备，写作时还要善于调动和运用材料。有些学生不能说一点储备也没有，可写作时就是不善于调动运用，造成文章的单薄。所谓"多读，才能会写"。确实，"读"是"写"的前提——只有大量阅读，才能锦心绣口，妙手文章。所谓"腹有诗书气自华""读书破万卷，下笔如有神"，说的就是这个道理。但多读，不等于滥读。中学生功课繁重，时间有限，这就要求有选择地、高效率地读。

一、读什么

毫无疑问，当读一些有品位、有分量、有个性的东西。现在高考全国卷的写作就有意识地考查学生的读书情况，包括阅读广度与阅读品位——"只有个性化阅读，才有个性化写作。"报刊如《读者》《青年文摘》《杂文选刊》《小小说选刊》《中国青年报》以及一些"精美散文集""高考优秀作文选"之类，这些读物短小精悍，文质兼美，常读常新，可模仿，借鉴性较强。当代学生不能“两耳不闻窗外事，一心只读圣贤书”，而应“风声雨声读书声，声声入耳；家事国事天下事，事事关心”，要关心世界风云，时事热点，要读书看报，接受新事物、新思想，与时俱进。一些时文、杂文，特别是鲁迅的杂文，其深邃的思想，新颖的观点，深入的剖析，认识问题的方法和角度，颇能启人心智。

读背一些唐诗宋词，读一点中外名著，如中国的四大名著，鲁迅、郭沫若、茅盾、巴金、老舍、曹禺等人的作品，国外的如莎士比亚、雨果、巴尔扎克、契诃夫、马克·吐温、杰克·伦敦等人的一些作品，对提高人的文化底蕴、文学素养大有裨益。但一定要读原著，像《名著导读》及精简、缩写之类的东西，最好不看或少看。有人担心名著太厚孩子们读不了，就把它缩写了。缩写是一件很困难的事儿，只有驾驭能力很强的极其优秀的作家，才能较好地压缩名著。一般精简、缩写的名著，情节简化了，人物也不丰满了，只是一个干瘪的梗概，有可能减弱阅读兴趣。

武侠和言情小说，尽量少读，甚至不读，许多中学生沉溺此中不能自拔，大多是图个热闹，对写作的功效不大。

学一点必要的哲学、辩证唯物主义、政治经济学、逻辑学知识及论辩劝导艺术等，提高自己的思想理论水平和论辩能力技巧。

二、怎样读

（一）学习和借鉴他人的思维成果和思维方式

要不仅善于吸取他人闪光的思想，更善于学习他人独特的思维方式和观察问题的角度。要对新颖、深刻、独到的新观点、新思想，有一种磁石般的敏锐趋向力。要有意识地锻炼自己的头脑，使之变得缜密、深刻。议论能力说到底是对事物的认知能力，分析和议论的严密、深刻，源于对事物认知的严密、深刻。不能想象，一个对事物缺乏深入思考认知的人，能发出令人耳目一新、见解独特的议论。具备思想深刻的头脑，绝非一朝一夕之功，它涉及人的理论水平、学识修养、思想深度、思维习惯以及思维方式等各个方面。要善于在读书中，学习借鉴他人的思维成果、思维方法和独特的思维角度等，并内化为自己的观点、学识、修养。比如鲁迅在《黄祸》一文中，针对某些国人的妄自尊大、无视中国贫弱现状，动则以地大物博、人口众多自满自夸的愚昧无知，以思想家独到的犀利，沉痛地教诲道：“倘是狮子，自夸怎样肥大是不妨事的，但如果是一头猪或一匹羊，肥大倒不是好兆头。”简单比喻，寥寥数语，就将国家“强而大”令人敬畏，如果“弱而大”，不仅引人垂涎，还将任人宰割的道理，阐发得深入浅出、触目惊心。所谓“重量”不等于“力量”，“肥大”不等于“强大”。

（二）要养成卓尔不群的批判思维习惯

所谓“优秀也是一种习惯”。要善于用自己的脑袋想问题，不迷信盲从，不人云亦云，培养自己独立的批判思维。所谓批判思维，就是拒绝盲从，拒绝复制型思维，独立分析和判断，既不盲目地全盘接受，又以开放的胸襟去伪存真，然后“悟”出自己的思想。保持思维的个性，反传统，不迷信老师，不迷信权威，不迷信书本和媒体，大胆质疑，标新立异，思维发散，大胆发表独到见解，并做到自圆其说。要有比一般人高一层的认识，胜一筹的眼光。一个没有批判性思维的人，其人格是不健全的。尼采说：“一个人必须放弃那种总想和多数人达成一致的不良癖好……凡是共同的东西都是具有极小价值的东西。”马克思喜欢的格言是：“怀疑一切。”诺贝尔奖得主杨振宁说：“在科学上不能搞少数服从多数，科学总是在怀疑推翻前人的理论中前进的。”

戴震，清代思想家、儒学大师，被梁启超、胡适称为中国近代“科学界先驱”，就是一个非常具有个性和批判思维的学者。他自幼养成了独立思考、凡事爱盘根问底的学习习惯。当时学子都要读《四书》《五经》，朱熹为其作注，其中有注云：“右经一章，盖孔子之言，而曾子述之。其传十章，则曾子之意，而门人记之也。”五百多年来，程朱理学作为官方意识形态，占据统治地位，人们对朱熹之“注”未尝有疑，可戴震不以为然。有一天，塾师讲授《大学章句》，至“右经一章”时，戴震问：“此何以知为孔子之言而曾子述之？又何以知为曾子之意而门人记之?”塾师回答：“此朱文公所说。”又问：“朱文公何时人?”回答说：“宋朝人。”“孔子、曾子何时人?”“周朝人。”“周朝、宋朝相去几何时矣?”“几二千年矣。”“然则朱文公何以知然?”塾师无言以对，不禁夸戴震说：“此非常儿也。”

又譬如阅读卢纶的《塞下曲》：“月黑雁飞高，单于夜遁逃。欲将轻骑逐，大雪满弓刀。”对这样一首脍炙人口的佳作，数学家华罗庚却认为有瑕疵，在《人民日报》上发表诗文质疑：“北方大雪时，群雁早南归。月黑天高处，怎得见雁飞?”华罗庚按照生活常识和自己的理解，敢于质疑权威（名家名篇）的精神当然可贵。

可是，当时有一位中学生对同样是权威的华罗庚的“质疑”也写诗提出了质疑：“胡天八月雪，大雁未必归。月黑不见影，寻声知高飞。”该学生认为月黑虽然见不到大雁的身影，但可以通过“寻声”推知大雁在“高飞”。这种不迷信权威、敢于质疑的精神，对于思维能力和创新精神的培养尤为可贵。

如果变换思维角度，不把“月黑雁飞高”看作单于逃跑的那个夜晚的实况描写，而是理解为“比兴”手法，看作对“单于夜遁逃”的比喻、渲染，是否可以这样解读：就像月黑之夜大雁高飞一样，单于逃跑了。这样“月黑雁飞高”作为一种比兴手法，就和“大雪满弓刀”脱开了具体的时空关系，“大雁”和“大雪”不就没有时间与季节矛盾了吗？这种质疑和批判思维，就更加难能可贵了。

又譬如以“逆境与成才”为话题写作。传统的思维，一般先肯定逆境成才的观点，接下来就会列举古今中外诸如司马迁、张海迪、爱迪生、居里夫人等一大堆逆境中成才的典型事例和名人名言证明这一观点，最后得出结论——只有逆境才能成才，呼吁人们接受逆境等。

但对一个有思想、有头脑、善于独立思考的学生，用批判思维重新审视“逆境与成才”这一几成“定论”的观点，就会产生怀疑。进而想到古今中外确有许多在逆境中成才的人，但也有更多的才俊在逆境中夭折。逆境可以激励某些人的意志，但也可以压抑某些人的意志，扼杀某些人的才华。“顺境”中固然有一些人不成才，但有更多的人成才。相对来说，“顺境”应该比“逆境”更容易成才，这就是人们为什么想去条件好的大学就读，因为那里有更适合成才的外在环境。恐怕很少有人会主动要求去条件差、环境糟的地方学习。

正因为“逆境”中成才概率小，唯有那些意志坚强、百折不挠的人才可能成才，凤毛麟角，所以这些人才难能可贵，才成为激励人们发愤图强的典型，被人津津乐道。由此可见，成才与否，根本原因并不在环境的“顺”与“逆”——这仅是外因，是事物变化的条件；而人的主观意志的强弱、努力与否——这些内因才起决定作用，才是事物变化的根本。主观意志强、勤奋努力，在“逆境”中可成才，在“顺境”中更易成才。相反，意志薄弱，在“顺境”中不能成才，在“逆境”中更不可能成才。因此“只有逆境才能成才”这一结论是荒谬可笑的，不仅否定了顺境成才的科学性，而且为人为制造逆境者提供了可怕的理论依据。如此分析、议论问题，自然要比泛泛而谈“逆境可成才”深刻、有力得多，对人的启发、教益也更多。

美国极为重视学生思辨能力的培养和训练，自幼儿园开始，培养这项能力就是教育的重点。老师经常让学生针对某个问题各抒己见或展开辩论，使学生学会思辨，避免被愚弄。思辨能力的培养，使美国学生听到任何话都会怀疑、审视，然后去寻找证据证明这句话在逻辑上、事实上或数据上是否站得住脚。耶鲁大学的办学理念是：“如果学生从耶鲁毕业后……忽视更广泛的做有思辨能力的公民的机会，那将是耶鲁的失败。”（《教育文摘周报》，2009－11－04）

（三）培养纵向、逆向、多向等思维方式

1. 纵向思维

纵向思维就是纵深挖掘，深入本质，层层推进，而非停留于浅层表象。有比一般人高一层的认识、胜一筹的眼光，这是使文章具有深度的重要方法之一。大家知道，鲁迅对问题的看法往往与众不同，比一般人要深刻、有力得多。比如国人都呼唤、渴盼“天才”的出现，鲁迅却透过现象看本质，不是仅停留在众人“不拘一格降人才”的呼吁上，而是抓住有无培育天才产生的环境这个根本问题，在《未有天才之前》的

演讲中生动而精辟地阐述道："天才并不是自生自长在深林荒野里的怪物，是由可以使天才生长的民众产生、长育出来的……所以我想，在要求天才的产生之前，应该先要求可以使天才生长的民众。——譬如想有乔木，想看好花，一定要有好土；没有土，便没有花木了；所以土实在较花木还重要……否则，纵有成千成百的天才，也因为没有泥土，不能发达，要像一碟子绿豆芽。"鲁迅认为，天才犹如"花木"，民众犹如"泥土"，要有"花木"首先要有好"泥土"——有好的民众和环境；否则，即使有天才，那也不能成长壮大。这就抓住了培育天才产生的环境这个本质问题，比单纯论述"天才"的重要性深刻得多。

2. 逆向思维

逆向思维就是采用与众不同的、相反的思维方式，得出"柳暗花明又一村"的新见解。譬如一位驰名海内外的京剧表演艺术家说："我死也要死在舞台上。我离不开我所热爱的京剧艺术。"这种献身事业的精神固然令人敬佩，但《换种方式热爱》一文的作者却认为：热爱不止一种方式，不必非要上台，甚至倒在舞台上。如由台前走到幕后，为京剧事业培养后继新人，那也是热爱的一种方式，甚至是更好的方式。这种逆向思维得出的见解就胜人一筹，令人叹服。这种议论也就有新意，有深度和力度。"出新意，用反思"，就是这个道理。

3. 多向思维

多向思维就是对同一事物，采用不同角度去观察、去思考、去分析，就可以悟出不同道理，得出不同结论。写文章，忌随人后。要有新议论，就要多角度多层次去分析。譬如，以"手的五个指头"为例，角度一：五个手指不一般齐——万事万物有差别，做事不可一刀切；角度二：指指有用——人的才能有专长、有大小，要充分调动大家的积极性；角度三：指指配合——互相合作，才能搞好工作；角度四：五指合拢，形成拳头——团结一心，才有力量……采用多向思维，同一问题也可"横看成岭侧成峰，远近高低各不同"，议论起来自然有新意、有深度。

4. 恰当地运用多种论证方法

除了常用的例证、引证外，还有比喻论证、对比论证、因果论证、类比论证、分层论证、总分论证、引申论证（归谬法）等。在文章中恰当地使用多种论证方法，议论就会充分、深刻、有力。

譬如鲁迅的《拿来主义》就使用喻证法，形象生动地阐发"批判地学习外国文化"这一大道理。又如在《随感录三十九》中，鲁迅运用"归谬法"（欲批判错误观点，先假设其正确，由此引申、归导出荒谬可笑或自相矛盾的结论，使错误观点不攻自破的论证方法），讥讽主张复古的"国粹派"的荒谬可笑："只要从来如此，便是宝贝。即使无名肿毒，倘若生在中国人身上，也便'红肿之处，艳若桃花；溃烂之时，美如乳酪'。国粹所在，妙不可言。"这对"国粹派"是何等痛快淋漓的嘲讽和揭露，对于那些鄙薄白话的复古主义者，鲁迅给予迎头痛击，称之为“现在的屠杀者”。

三、怎样写

写作态度最为重要。每一次作文都要认真地尽最大努力去写好，发挥自己的最高水平，发掘自己的最大潜能，这样才能一篇比一篇有进步、有起色——作文的“量”与“质”相比，“质”更重要（其实任何事物都是“质”重于“量”）。就像跑步或跳高一样，只有每次尽最大努力去跑、去跳，才有可能突破原有的速度和高度，有所进步和提高。否则，平时写作态度敷衍，连自己的最高水平都没有达到或接近，又怎么可能突破自己的原有水平和高度，有所长进呢？可以说没有认真的写作态度作支撑，一切技巧和方法都将是空中楼阁，都像是水中月、镜中花一样，变得虚无缥缈，毫无意义。

古人认为写作“可与之道，不可使之巧”。“道”就是写作原则、规律、知识，老师可以传授；“巧”就是写作技巧、能力，老师不能简单传授，只能在自己的写作实践中体悟、提高。没有知识，一定没有能力；但有了知识，也未必有能力——“懂了”并不等于“会了”。而写作就是一种能力，不单单是知识。要把“知识”转化为“能力”，中间有一个必不可少的环节——那就是训练。只有经过一定数量的高质量的写作训练，才能提高写作能力，才能把“写作知识”转化为“写作能力”。正如巴金说：“只有写，才能会写。”同学们要想写好作文，特别是使议论文具有广度和深度，就要在学习实践中“多读、深思、勤写”。而且写作时要善于把储存的材料联想、调动出来——许多学生作文内容单薄，广度不够，便是因为不仅缺乏材料储存，而且不善于联系、调动。

考场作文如何得高分

对于考场作文，有的学生看到材料或话题，只要有一点想法，就马上动笔，结果写到一两百字就难以为继了——这是没有“构思”好、仓促动笔的结果。写作当然需要激情，但只有激情和冲动是不够的。一篇好作文其实是感性和理性完美结合的产物，需要理性的设计和构思。

构思，刘勰称之为“神思”。构，不仅指结构，更指对文章进行整体谋划和布局；思，以抽象思维为主导，包括形象思维、潜意识思维和灵感思维等心理活动。

构思，是作者在观察和思考的基础上，提炼文章的主题或论点，并选择最佳表现方式，以指导写作实践的创造性的总体思维过程。

“构思”是“动笔”的前提和基础。构思的作用在于指导起草、修改及整体写作的实践过程。构思的成果是提炼中心和选择表达方式。构思是写作活动中承前启后的一个关键环节，对写作成果水平的高低有着重要作用。萧统在《文选》里说：“事出于沉思，义归于翰藻。”首先要“沉思”（构思），然后再用生动的语言（翰藻）把文义表达出来。李渔《闲情偶寄》中说：“故作传奇者，不宜卒急拈毫，袖手于前，始能疾书于后。”说的就是动笔前构思酝酿的重要性。

如果把文章比作一个人，主题是“灵魂”，材料是“血肉”，那么“结构”就是“骨架”。考场作文着重构思以下内容：(1) 审题（很重要，是考场作文成功的关键，具有战略方向的意义）；(2) 文体的选择（材料适合什么文体，你擅长什么文体。叙事类，还是议论、抒情类等）；(3) 起个好标题（也很重要）；(4) 采用什么结构；(5) 运用什么技巧；(6) 使用哪些材料；(7) 设计提纲（考场作文尤其必要）等。

如何在数以万计的中、高考作文中脱颖而出，获得高分呢？审题准确、文体新颖、结构精巧、手法巧妙、材料丰富、论述深刻、标题个性等，都可以使文章卓尔不群，让老师在单调乏味的阅卷审美疲劳中，眼睛为之一亮，给你打出高分。使考场作文出彩并得高分的方法很多，本文着重谈十一个方面的策略。

一、选用恰当、新颖的文体（体裁）

近几年，中、高考取消了文体限制，允许考生自由选择文体，鼓励新文体、新表达、新想象、新形式，为考生发挥写作才能提供了广阔空间。文体上的创新也易给人新鲜感。这就好比做衣服，款式新颖的就招人喜爱。同样道理，文体新颖、精美自会受人青睐。比如小说（微型小说）、书信、日记、戏剧、童话、寓言、广告、演讲、启示、诊断报告、实验报告、法庭审判录、现场演讲、新闻采访、电视节目对话录、主持人节目实录等，鼓励富有个性的表达和特殊的写作才能。

初中生的逻辑思辩和议论能力还不太强，比较适合写记叙类文体。记叙类文体灵活多样，发挥余地较大。当然，如果有的初中生议论能力较强，见多识广，深刻独到，材料蓄积丰厚，也可以选择议论文体。

提倡高中生写议论文，议论文要求思维的深度和材料的广度，体现成熟的逻辑思辨能力。但如果高中生写记叙文得心应手，也可以写记叙文。

范例展示

2001 年全国高考作文题：以“诚信”为话题写一篇文章。其中优秀的作文体裁，丰富多彩，新颖别致，琳琅满目，美不胜收。例如：

(1)《诚信（旧石器时代版）》（小说）；

(2)《患者吴诚信的就诊报告》（诊疗报告）；

(3)《赤兔之死》（文言故事新编）；

(4)《成长大学报名启示录》（招生简章）；

(5)《诚信漂流记》（记叙文）；

(6)《一份社会“诚信度”的调查报告》（调查报告）；

(7)《一个落榜考生的日记》（日记）；

(8)《一路诚信相伴，人生风光无限》（议论文）；

(9)《诚信之花分外香》（议论文）；

(10)《与诚信同行》（抒情散文）。

患者吴诚信的就诊报告（诊疗报告）

四川考生

姓名：吴诚信；性别：男亦可，女亦可；年龄：生于 20 世纪 60 年代或 70 年代；职业：待定；确诊方法：中西结合。

一、望诊。脸色：无甚大碍，就是不会脸红。即使是“落井下石”后，也是脸不变色。眼睛：眼珠缺乏灵活性，只能侧视或者向“钱”看。目光狡黠。鼻子：鼻头上翘，鼻孔变大，嗅觉间歇性失灵。只能闻官气、贵气，而不能闻民气、贫气。舌头：发生变质，发音不准确，舌间形状有变为弹簧的趋势。说“撒谎”（sā huǎng）发音清晰，说“真话”（zhēn huà）则发音含糊，吐字不清。

二、把脉。脉搏沉、快、促、紧、滑、涩……典型的吹牛皮后心悸、早搏导致的心脏衰竭的先兆。

三、透视。1. 肝肺呈现出暗色，甚至变黑。2. 脊椎有弯曲迹象，病情表现为直不起腰。

四、血样采集。患者血色呈暗红色。血色分子结构多种多样，有“才”、有“貌”、有“钱”、有“思”，其中前三者居多，唯独缺“信”“诚”细胞，血小板几乎没有。

五、基因鉴定。经过精密仪器测试，患者的基因已经发生异变。已不能显示系何族子孙，“信、义、忠”结构已被破坏。虽然基因测试确定不出系何族，但其行动都具有浓厚的封建小农意识。表现为见了五斗米就折腰（当然，脊椎已查明有问题），钩心斗角，尔虞我诈，挖人墙脚，落井下石。

六、治疗方法。1. 换血：注入大量“人文”氧气，替换体内有害健康的“拜金主义”二氧化碳。2. 每天早晚一次扪心自问，摸摸自己的良心在否。3. 阅读大量杂文，唤醒其诚信意识。

七、医生建议。此病例不是首次发现，十分具有代表性，望患者注意，切莫相互传染。

医生（签章）

××××年××月××日

【点评】以“诚信”为话题的高考作文《患者吴诚信的就诊报告》，以“诊疗报告”的体裁形式构思全文，别开生面，很有创意和想象力。作者把“吴诚信”谐音拟人化为一个患有“无诚信”的病人，通过“望诊”“把脉”“透视”“血样采集”“基因鉴定”等各种医学手段，描述其从外表到内里的各种病症、病态、病理、病因等，并提出“治疗方法”“医生建议”。语言幽默风趣，辛辣嘲讽了“无诚信”之人的丑态和危害。

成长大学报名启示录（招生简章）

河北考生

一年一度的高考结束了，但考生们和家长们的心还没有放下来，他们还不放心什么呢？报志愿。

“成长大学”作为世界上一流的学府，自然备受瞩目。“成长大学”领导经过研究，为了培养新世纪的人才，把原有的系重新分为七个系，即健康系、美貌系、诚信系、机敏系、才学系、金钱系和荣誉系。

招生简章如下：

> 为了适应社会的发展，为了培养新世纪的人才，为了更好地为人类服务，我校领导决定把原有的系重新组成七个系，望广大考生踊跃报名：
>
> 1. 健康系——健康比什么都好；
> 2. 美貌系——沉鱼落雁，闭月羞花；
> 3. 诚信系——人很重要的品质；
> 4. 机敏系——聪明绝顶，绝顶聪明；
> 5. 才学系——才高八斗，学富五车；
> 6. 金钱系——没什么别没钱；
> 7. 荣誉系——身前身后名。
>
> 本成长大学网址：成长大学.com。

简章登出第一天，“成长大学”网站的访问量突破一百万，其中金钱系21.5%；美貌系20.8%；健康系17%；荣誉系15%；才学系13.2%；机敏系12.5%；诚信系0%。

校领导看到以后，慌了，他们想：怎么报诚信系的一个都没有呢？经过商讨，又发了一份招生简章补充说明：

> 鉴于实际情况，我校经研究，做出以下决定：
>
> 对于报诚信系的同学，录取分数可以降低30分，且不需要缴纳多余钱款，更由蜚名世界的著名教授任教，成绩前30%减免学费，并给予奖学金。其他系则无此待遇。

第二天，满以为报诚信系会多的校长接到电话，诚信系仍无人报名，其他系总数已超过五百万大关，其中金钱系已超过一百万。校长放下电话，想了想，又做出决定，决心撤销诚信系，改为六个系，其中将金钱系的录取分数线比其他系提高50分，不够分者差1分须交1万元。

成长大学的第二篇补充说明又发了出去……

【点评】以“诚信”为话题的高考作文《成长大学报名启示录》，以“成长大学”《招生简章》的体裁形式构思全文，很有想象力和创意，令人耳目一新。“成长大学”下设七个系，其中六个系的报名人数都在百分比的两位数，只有“诚信系”报名人数是0，令人大跌眼镜，最后只好撤销“诚信系”。作文无情地嘲讽了当前社会漠视诚信、缺乏诚信的状况。

二、“总—分—总”结构，加小标题（或每段用领句）

文章采用“总—分—总”的结构。开头先总体概述或提出总论点，总领全篇。主体部分辅以小标题，最好是三个小标题（一两个小标题太少，四五个又太多，三个小标题不多不少、恰到好处），分领三段内容或三个分论点。中国人很喜爱“三”这个数字，认为“三”是个吉祥数，也是个“大数”。凡事“始于一，成于三”。和“三”有关的成语、事物很多，如三顾茅庐、三人成虎、一日三秋、三人行必有我师等。“三”这个数字体现了中国人独特的文化审美情趣。最后再照应开头，总绾全篇。“总—分—总”的结构，使文章思路清晰，结构严谨，容易给评阅者好感。

范例展示

阅读下面的文字，根据要求作文。

“小桥流水人家”是风景，“大漠孤烟直，长河落日圆”是风景，石缝中倔强的小草是风景，高山上参天的松柏是风景，月台上惜别的恋人是风景，夕阳中散步的老年夫妇是风景，热心公益的感人现象是风景，抗洪救灾的宏大场面是风景，晨读的学生、晚归的农人、沉思的学者……风景无处不在，“风景”的内涵广泛而深邃。

请以“风景”为话题写一篇文章。

（1）**正确审题**。“风景”的内涵是：可供人观赏的景观。由此可知，所写“风景”必须具备以下特点：1）所写内容须是给人美感、赏心悦目、积极向上、真善美的景观，而不是假恶丑的、令人厌恶和伤感的负面“景象”，如抢劫、污染、车祸、血腥、不讲文明公德，或流浪乞丐、亲人去世等，这些都不能称为风景。2）所写内容须是具体可感的，能观赏、能看到的，而不能是纯抽象的概念。如将“勤奋、信念、韧性、成功、诚信、奉献”等纯抽象的概念称作风景，就不切题，但如果写体现这些概念的可观可赏的行为、场景，则是切题的。

（2）**合理选材**。一般来说，可实可虚的话题，“虚写”要比“实写”起点深刻，境界高远。譬如以“风景”为话题写作。“风景”有“自然风景”（实写）和“人文风景”（虚写）之别，立意境界上有深浅、高下之分。若实写纯自然风景，虽然扣题，但太实太浅，立意境界自然不高。若虚写人文景观，如相互关爱、见义勇为、义务献血、抗洪救灾等，并称之为“一道亮丽的风景”，立意境界要高于写纯自然的风景。

又如以“秋风”为话题作文，实写自然之秋风，不如虚写的人生、社会之秋风深刻、高远。有人把历代农民起义或革命正义力量比作秋风，对旧王朝政权的摧枯拉朽，如同秋风扫落叶，就深刻、厚重得多。

以“脸”为话题作文，虚写精神的“面子”，要比实写“脸面”起点高，立意深刻。以“母亲”为话题，虚写祖国母亲或黄河母亲，比实写血缘母亲深刻高远。以“河流”为话题，虚写时间河流、历史河流，比实写自然河流深刻、高远。

一般来说，可实可虚的话题，写虚的一般比写实的立意深刻，境界高远。但也要注意由实到虚的过渡、照应，否则，可能显得太突兀。

（3）**巧用蒙太奇画面组合**。蒙太奇是电影术语，原指对镜头的剪辑和组合。作文中的蒙太奇，就是围绕一定主题思想，把不同时间、地点但彼此有一定内在联系的生活片段或画面，巧妙衔接、组合起来，借助读者的联想、想象，前后连贯呼应，使读者在阅读中产生联想和共鸣来表达文意的手法。

“风景”这个话题，适合写“面”的场景，选择独特、新颖的视角，如街头、站台、窗口、相册等，剪取、组合数幅充满诗情画意的、具有积极主题意义的画面、镜头、场景，展现人性美的那一瞬间，应是描写多于叙述，并运用情景交融的写法才切题，中学生也较易驾驭。而不适合写“线”的事件叙述，学生也不易写得生动曲折——这些需要学生以较好的审题悟性来把握。

其实，我国古诗词也常用蒙太奇画面组合法，用名词排列组合（“列锦”修辞），形象生动，想象丰富，凝练含蓄，高度概括。如马致远《天净沙·秋思》：“枯藤老树昏鸦，小桥流水人家。”温庭筠《商山早行》：“鸡声茅店月，人迹板桥霜。”柳永《雨霖铃》：“杨柳岸，晓风残月。”

风景身边最好

广州考生

在一次风景摄影比赛中，一幅看似平常的《母女戏水图》夺得桂冠。其他参赛者大惑不解地说：“为了这次比赛，我们游历了众多的名山大川，搜集了无数奇山异水的图片，而金奖为什么单单给了在游泳池旁拍摄的、看似随便的照片呢?”评委笑笑说：“不只是奇异的才是风景，真正的风景其实就寓于平凡之中——风景身边最好。”（总领全文）

风景不在乎色彩，时间的洗涤能使它更加亮丽。（领句）一位年迈老妇坐在门前的椅子上，布满蛛网般皱纹的手捏着一张发黄的黑白相片，神情专注地端详着，弯起的嘴角挂着喜悦，脸上的皱纹淌着幸福。照片里的四个人：年轻的夫妇和一对洋溢着天真笑意的兄妹。老妇人的目光专注于那有着灿烂恬静笑容的女孩——那是她童年时的倩影，老妇人沉浸在对往事甜美的回忆中，童年的欢乐和无忧无虑，使她如痴如醉，幸福无比。即使照片发黄变旧，但那份美好的记忆在老妇人的心中永远不褪色，像陈年老酒，随着时间的推移反而历久弥新，越发让人回味无穷。对于拥有美好的过去的人来说，回忆才是最美好的风景。

风景不在乎雄伟，美好的情感能使它富有迷人的魅力。（领句）夏夜月光下，一位母亲怀抱着熟睡的婴儿，一边摇晃着拍哄着，一边哼着儿歌，慈爱的目光注视着婴儿那甜美的面庞，看着她轻吮着手指，听着她均匀的呼吸，嗅着她芬芳的气息。在母亲眼里，周围的一切都黯然失色、视而不见，在她眼里、心中，只有她可爱的孩子才是世间最美丽的、久看不厌的风景。

风景不在乎瞬间，期待能使它永存心中。（领句）人们兴冲冲地跑上山顶，为的就是流星雨划过天幕的一瞬间。随着人数的增加，期待的心情也在增加。就在寂静无声的一瞬间，一颗颗璀璨的流星划过夜幕，如天女散花，美不胜收，神秘而奇异。人们为这瞬间的美景而激动，屏气凝神，目不转睛，惊叹不已。然后默默地闭上眼睛，回味着那一瞬间的惊喜。对于拥有向往的人来说，心中的期待才是最美丽的风景。

风景无处不在，“落日照大旗，马鸣风萧萧”的雄浑是风景，“细雨鱼儿出，微风燕子斜”的细腻也是风景，但唯有充满崇高精神的人类活动构成的景观，才是最美的风景。有记忆才有风景，有爱才有风景，有期待才有风景，风景就在身边，愿风景常驻人间。（总括全文）

【点评】“风景”话题作文《风景身边最好》，立意高远，结构严谨。文章采用“总—分—总”的结构，开篇以一个小故事总领。文章主体分三段，剪辑、选取三个人文景观，如三个蒙太奇镜头。三段的首句领起三段。最后以诗性语言总结全文，特别是“唯有充满崇高精神的人类活动构成的景观，才是最美的风景”一语，点题升华全篇。

手上风景

张梦宇

题记：朋友，你可曾留意过我们身边的那一道道亮丽的风景？（总领全文）

两双纯洁无瑕的小手（小标题一）

这是一个阳光明媚的清晨，伴着几丝清凉的微风，两双小手紧握在一起，握住他们最纯真的友谊，在笑声中欢快地跳着、唱着。那充满着童稚的笑容，挂在天真的嘴角边，微微上翘的嘴唇演绎着一幕幕美丽的童话。他们没有猜忌，没有烦恼，没有私心。他们犹如一朵朵初开的粉蕾，散发着令人向往、纯正的香味。正因为有了这两双纯洁无瑕的小手，这个夏天更增添了一丝魅力。

那一刻，我懂得了，人间最美的风景莫过于这两双小手，那最纯洁无瑕的友爱正是最美的一道风景。

一双大手和一双小手（小标题二）

夜幕中，听到那刺骨的风无情地划过这个白雪的冬季。那一圈圈的脚印为这个冬季留下了美丽的痕迹。几点星辰在夜空中回旋，闪闪发亮得如同精灵般的雨点。在静谧的夜色中，一双大手抱着一双小手，不断摩擦出热量，试图用残余的体温驱散着那一层冰凉的气息……他们就这样，一双大手和一双小手相握着，漫步在夜空之下，演绎着一出感人的父女相知图。

在那一刻，我明白了，世间最真挚的情谊莫过于那父女之情，那永远也不会消逝的父爱。

两双布满皱纹的手（小标题三）

美丽的夕阳伴着彩云出现在天边，金色的柳条随着微风轻轻地摆动，在地上划出长长的倩影。在公园的长椅上，两个有些佝偻的熟悉身影并坐一起，两双布满皱纹的手握在一起，任凭秋风吹拂那染霜的白发。他们时而默然望着远方的夕阳，时而低声交谈，回忆着美好坎坷的往事，憧憬着不算长久的未来。他们就这样，沐浴在夕阳下，互相抚摸着崛起皱纹的双手，诉说着往事的点滴，直至消失在迷蒙的雾色中。

那一刻，我知道了，这两双布满皱纹的手，是最美丽的一道风景，那是一种至死不渝的爱情。

后记：生活中的风景无处不在，无时无刻不在感动着我们，让我们做一个美的发现者，去发现更多的风景。（总括全文）

【点评】《手上风景》选择独特的视角——“手”，运用电影“蒙太奇”的手法，剪辑、描绘了三个有关“手”的风景，并以三个小标题领起三个画面，共同表达一个主题——爱的温馨和美好。“题记”引领全文，“后记”总括全文，首尾呼应，与文中三个画面，形成“总—分—总”结构。构思巧妙，手法新奇。

议论文也可以采用“总—分—总”结构，并辅以小标题的结构形式。

范例展示

阅读下面的材料，按要求作文。

弯弯曲曲的小路通往风景优美的地方，这便是“曲径通幽”。它是画家笔下渲染的景致，是摄影爱好者不断寻找的目标，是园林设计师着力创造的效果，也是文人墨客一直崇尚的意境，更是生活中人们处理问题的态度和方法……因为“幽”也许在这“曲径”之中，“美”可能源于这回转之间。

请以“曲径通幽”为话题写一篇文章。

【审题提示】这是个比喻类话题，关键在审题。首先要弄清话题“曲径通幽”的内涵：“幽”比喻成功、目的；“曲径”指为取得成功、实现目的，主动采取的一种迂回、间接的手段、方法；“通”指取得成功、实现目的过程。这个话题的关键是“曲径”中的“主动、迂回、间接”内涵。可以由实写山野园林之美的“曲径通幽”之美，再虚写上升为人生社会的种种“曲径通幽”之妙。

例文5

曲径通幽，奇妙无穷

广州考生

“曲径通幽”四个字，揭示的不仅是山林之美，其中更蕴含着中国文化讲究委婉迂回的处世哲学。“世事洞明皆学问，人情练达即文章”，让我们翻开历史的扉页，一览“曲径通幽”处世哲学的精妙。（概引材料，提出总论点）

“曲径通幽”的劝导之妙（小标题、分论点一）

在《触龙说赵太后》中，危难之际，能劝说赵太后用儿子请来救兵的，不是那些敢于“强谏”的诤臣，而是一垂垂老矣、说话委婉巧妙的触龙。开始他并不直奔主题，而是先从衣食起居谈起，相谈甚欢。当走过一段幽深的“曲径”之后，亮出主题，晓之以“父母之爱子当为之计久远”的爱子之理。使太后心悦诚服地接受触龙的建议，让长安君出使。历史上的邹忌、烛之武、孟子等都是善于“婉讽”之臣，他们深谙“曲径通幽”之妙，善于运用委婉曲折的言语艺术，懂得如何抓住听者的心，比那些犯颜直谏的“诤臣”更能达到目的。

“曲径通幽”是处世之道（小标题、分论点二）

楚、汉相争，先入关中、本当为王的刘邦面对强大的项羽，放下身架，曲意逢迎，委曲求全。是他甘愿如此，胸无大志吗？不是。是他生性懦弱，不敢竞争吗？更不是。在敌强我弱的情况下，他采取的不是“兵来将挡，水来土掩”的蛮勇“直道”——那是自取灭亡，他走了一条通往幽深之美的“曲径”——避其锋芒，保存自我，以求发展壮大，待羽翼丰满，最后“明修栈道，暗度陈仓”，夺得天下。试想如果当初刘邦没有“曲径通幽”的谋略，而是急于关中称王，剑拔弩张、鲁莽直行，“鸡蛋撞石头”，还有后来的高居庙堂吗？同样，当中国革命在力量弱小时不与强敌争夺大中城市，而是走农村包围城市的迂回之路，最终取得了革命成功。红军长征的战略性撤退，毛泽东四渡赤水“不走弓弦走弓背”的用兵之道，中国用小球推动大球的乒乓外交策略……都体现了“曲径通幽”的回转美、委婉美、含蓄美。

“曲径通幽”是为人之理（小标题、分论点三）

与人相处，“退一步海阔天空”，淡然一笑，含蓄委婉，比直截了当更易为人接受。工作中，开始低姿态，随着才华的流露逐步获得上司的赏识，有时比一开始锋芒毕露，更能收到事半功倍的效果。谈情说爱，含蓄暗示，比直白表露，更委婉动人，更合乎中华民族的个性。相互批评，先肯定优点，再指出不足，和风细雨，委婉劝告，比针锋相对，赤裸揭露，面红耳赤，更能解决问题。元首交往，先在农场兜兜风，联络一下感情，再进入谈判桌，更和谐友善……

曲折的山径下，是更甘甜的溪水，迂回的交往中，是更成熟的相待，渐进的发展下，是更稳健的成功。这便是中国人“曲径通幽”的劝导之妙、为人之理、处世之道，是智慧，更是艺术，深深回味，奇妙无穷。（总括全文）

【点评】这是篇优秀的考场议论文。首先，审题准确。其次，采用“总—分—总”的结构。开篇提出总论点，总领全文。三个分论点形成三个小标题，控领三个段落，结构严谨、清晰。最后，以诗化语言总缩全篇，使文章深化升华。

三、给文章起个好标题

很多学生不太重视作文的标题，有些学生理论上也知道标题重要，但实践中要么重视度不够，要么不会起好标题，随便起一个，或用“话题”做标题，不是不行，而是不好，缺乏个性和文采。俗话说“秧好一半谷，题好一半文”。标题就像人的眼睛和面孔，其重要性怎么高估都不过分。面目丑陋、眼睛无光，谁愿意亲近？有的时候，斟酌一个好标题所耗费的精力，是构思整篇文章的三分之一，甚至更多。在标题上多下点功夫，事半功倍。譬如有一位摄影爱好者，拍摄了一幅某少女在树林里撑着伞的镜头，构图、色彩和角度都不错，起名“晨曦”，投向多个杂志，都被退稿。原因就是标题太平庸。后来有人建议把题目换为“有约”，增加了内涵和悬念，结果不但被采用，还获了奖。标题的重要性可见一斑。文章标题也同理，拟订一个新颖别致的标题，不仅能给文章增色，而且能吸引阅卷老师的目光，令人耳目一新，从而直接影响文章的得分。

记叙文和议论文的标题，要求不同，特色不同。这源自人们对记叙文和议论文的阅读期待心理的不同。人们阅读记叙文（小说、散文等），是一种审美娱乐心态，因此，记叙文的标题要求形象、含蓄，有意蕴，有悬念，能引发读者的阅读兴趣，不能看题知尾、一览无余，如《我的空中楼阁》《落棋有声》《最后一片叶子》等。人们阅读议论文，不是娱乐审美，而是学习新思想、新观念，增长新见识或加深对问题的理解认识。所以，人们在阅读议论文时，就想尽快地把握作者对某一问题的观点、看法是否有新意或独到之处，以此来决定是否要读下去。因此，议论文标题要旗帜鲜明地表明论点，起码表明论题，如《反对党八股》《反对自由主义》《民主是个好东西》《实践是检验真理的唯一标准》《谈骨气》《拿来主义》《讲讲实事求是》等。

（一）比较标题的效果

(1)《我爱读书》《书声依旧》《寒门书香》《爱书才会赢》《“家书”抵万金》《非“读”勿扰》《万紫千红总是书》《将阅读进行到底》；

(2)《我爱写作》《用笔耕耘》《笔墨春秋》《与“笔”共舞》；

(3)《无用》《有用和无用》《“无用”之用》《他山之石，可以攻玉》《汝果欲学诗，工夫在诗外》；

（4）《自由》《自由与不自由》《绝对自由与相对自由》《带着枷锁的舞蹈》。

每组的后一个标题，较之前一个标题都要好一些，在表明论点的前提下，更富有文采和文化底蕴。

（二）好题目的基本要求

（1）准确——准确概括材料、文章主旨或论点；

（2）简洁——简洁明快，字数恰当；

（3）新颖——有个性，新鲜不俗，过目不忘；

（4）文采——有文化内涵。

（三）拟题三忌

（1）忌话题。以话题做标题，缺乏个性，大而空。如《位置》《诚信》《父爱》《假如记忆可以移植》等。

（2）忌浅直。标题过于直白，缺乏文采。如《我爱写作》《我爱父亲》《伟大的父爱》《我的位置》等。

（3）忌过长或过短。标题过长，不简洁。如《人生时时处处离不开选择》《无私的选择才是高尚的选择》《读书和写作是我的爱好，我的第二生命》。

议论文的标题一般不能短到一两个字，这样难以体现论点。记叙文的标题有一二个字的，如《绿》《祝福》，但议论文不行。

（四）精彩题目欣赏

《摆渡家风》《掌舵人生》《比梦更美》《逝者如斯》《路不因风改》《叶子的舞蹈》《承受生命之重》《用乐观点亮生命》《带着乐观上路》《转弯处的回头》《冰化了是什么?》《看足球，品人生》《从俗沉浮，与时俯仰》《做片快乐的树叶》《面朝大海，春暖花开》《心灵磁带的 AB 面》《让心河绿水长流》《落红不是无情物》。

（五）拟题的方法技巧

（1）**话题前后添加词语法**（议论文）。这是最简便的拟题方法，例如给话题“生命”拟题：《珍视生命》《尊重生命》《生命的内涵》《点燃生命之“火”》等。给话题“风”拟题：《寒风暖意》《那阵风刮过以后》《假如风有颜色》《我制造了一种风》《我坐在风的尾巴上》等。

（2）**文章观点入题法**（议论文）。如《善待生命》《近墨者黑》《浮生若茶》《网络是把“双刃剑”》《守住心中的明月》《苦难是一笔财富》《起心动念，皆应向善》《站直喽，别趴下》等。

（3）**中心事物入题法**（记叙文）。如《阳光的味道》《绝食的滋味》《最后的水滴》《魂系三棵树》《青天一缕霞》《蓝莹莹的星光》《幸福的黄手绢》《永远的蒲公英》《外婆的丝瓜藤》《祖母门前的樱桃树》等。

（4）**中心人物入题法**（记叙文）。如《祖父与外公》《盲女琴韵》《藏北姑娘》《对面的女孩》《神农箫女》《最后一个船夫》《昆仑采玉人》《梦萦阿诗玛》。

（5）**中心事件入题法**（记叙文）。如《迟到》《变脸》《走边城》《美丽的定格》《春夜听雨》《追寻鹤故乡》《美丽的约定》《为年轻起航》《寻觅生活中的诗意》等。

（6）**巧用修辞格拟题法**。灵活巧妙地使用各种修辞，让文题生动形象、精练紧凑、含蓄隽永。如《钢铁是怎样炼成的》（比喻、象征）；《飞天伏群芳，碧水映明霞》《蓝天碧水间一抹明霞》（嵌名、双关、对偶，报道跳水冠军伏明霞勇夺金牌）；《坐着读书，站着做人》（对比）；《近水楼台先得月》（引用）；《多情的土地》（拟人）；《中国人失掉自信力了吗》（反问）。运用修辞的标题，如美人之目，令人难忘。

1）**比喻拟题，生动形象**。如《生如夏花》《宽容是阳光》《求知如采金》《墙，推倒了就是桥》《语言是沟通的钥匙》《生活中的那阳光》《为感情装上过滤网》《锅碗瓢盆交响曲》《心是一棵会开花的树》《四季，镌刻心灵的石碑》《生命是一朵常开不败的花》。

2）**拟人拟题，增添灵性**。如《放飞想象力》《罗布泊的叹息》《地球的呻吟》《天使在哭泣》《百元假钞的自述》《山与水的对话》《给忙一个深呼吸》。

3）**对比拟题，一目了然**。如《回报与索取》《真实的谎言》《幸福的可怜虫》《阳光下的罪恶》《最成功的失败者》《“清水衙门”有“脏官”》《一头白发，满山青葱》《楼房建起来，干部倒下去》《断送，还是拯救——莫泊桑〈项链〉重读》。

4）**双关拟题，意味深长**。第一，谐音双关：如《圆与缘》《从心做起》《向前看与向钱看》《北京“风”情》《减负不能随意减“副”》。第二，语义双关：如《冬日暖阳》，《花落春仍在》（双关温情），《举世有双——中华二女挺身抓金》（“举世”，双关“举重世界冠军”和“整个世界的冠军”），《我最需要一剂良药》。

5）**反语拟题，幽默风趣**。如《我发现了家中的“贼”》《凡人小事》。

6）**对偶拟题，工整华丽**。如《朋友最真，友情最贵》《读智慧之书，做有用之才》《诚信顶天，善良立地》《理直气不壮　做“贼”心不虚》《寂寞圣贤才，醉发不平歌——李白的〈将进酒〉赏析》《喜看秋绚烂，立志主沉浮——〈沁园春·长沙〉探赏》。

7）**借代拟题，含蓄别致**。如《黑白债》（“黑白”代母亲的黑发和白发），《人生需要掌声》（“掌声”代“鼓励”），《梨花妙曲纸上听——刘鹗的〈明湖居听书〉歌乐描写探赏》（“梨花妙曲”代说唱，“纸”代小说）。

8）**顶真拟题，风趣灵动**。如《读书乐，乐读书》《活读书，书读活》。

9）**呼告拟题，感情真挚**。如《周总理，你在哪里?》《成熟，我期待你来到我身边》《勇气，谢谢你》等。

（7）**引用拟题法**。仿用中外名著名篇、诗词名句、成语俗语、歌名歌词、广告用语等拟题。这些词语本身就有着丰富的文化底蕴和象征意义，用此作标题，一方面可以摆脱拟题俗套之弊，另一方面可以显示出作者深厚的文化修养，是古今常用的一种拟题方法。

1）**引用文学名句**。如《追忆似水流年》（写友谊）；《救救孩子》（写素质教育）；《让暴风雨来得更猛烈些吧》（写生活考验）。

2）**引用成语**。如《尺有所短，寸有所长》《他山之石，可以攻玉》《言必信，行必果》。

3）**引用古诗词名句**。古典诗词大多是经典性的语言，给人底蕴深厚之感。如《在水一方》《道是无情还有情》《长相忆》《夕阳无限好》《感时花溅泪》《横看成岭侧成峰》《谁言寸草心，报得三春晖》《流光容易把人抛》《别时容易见时难》《淡泊以明志，宁静以致远》《海棠依旧，绿肥红瘦》《风景这边独好》等。

4）**引用广告词**。如《远离毒品，珍爱生命》《比拼，一切皆有可能》《生命不息，比拼不已》《大家好，才是真的好》，又如《滴滴香浓，意犹未尽》（写友谊）、《真诚到永远》（写“诚信”）。

5）**引用流行歌词**。流行歌曲歌词，中学生耳熟能详。用歌词、歌曲命题使文章充满时代感和浪漫的诗意。如《自从有了你》《真我的风采》《掀起你的盖头来》《让我们荡起双桨》《世界变得好美丽》《把握生命里的每一分钟》《我想唱歌不敢唱》《最近比较烦，比较烦》《不要“心太软”》《一句话，一辈子》《明明白白我的心》《我的未来不是梦》《借我一双慧眼吧》等。

6）**引用俗语、口语**。如《沧海横流方显本色》《走过、路过，不要错过》《送人玫瑰，手有余香》。

7）**引用名著影视剧**。如《匆匆》《复活》《千年一叹》《千年等一回》《星星知我心》《一个都不能少》《面朝大海，春暖花开》。

（8）**化用拟题法**。把诗词、成语、俗语、歌词、歇后语、广告语等，根据文章内容需要，稍作改动变化拟题，通俗明了，妥帖自然，为大家所喜闻乐见。如《我是服务的小行家》（化用“我是卖报的小行家”）；《读书就是爱自己》（化用广告语“爱你就是爱自己”）；《失信猛于虎》（化用“苛政猛于虎”）；《离开诚信的日子》（化用电影《离开雷锋的日子》）；《浓妆淡抹各相宜——王熙凤、林黛玉肖像描写比较谈》（化用苏轼诗句“欲把西湖比西子，淡妆浓抹总相宜”）；《清静悲凉好个秋——郁达夫的〈故都的秋〉赏析》（化用辛弃疾的词句“却道天凉好个秋”）。还有《不亦忙乎》《何不潇洒“比”一回》《爱是怎样炼成的》《都是“攀比”惹的祸》《都是“情”字惹的祸》《怎一个“亲”字了得》《是对是错总关情》《感情与理智齐飞》《天若有情天亦错》《世间有百媚千红，我独爱诚信一种》《诚信，直叫人生死相许》《若为人生故，诚信不可抛》《女曲，你大胆地往前走》等，都是化用了诗词、名句或歌词等，妙趣横生。

（9）**新奇拟题法。**

1）**违背常理**。拟题打破常规思维，新颖脱俗，看似矛盾、不合常理，实则出奇制胜。如《珍惜痛苦》《真实的谎言》《陌生的朋友》《飘扬的石头》《战胜了不可战胜的对手》《真想做个差生》《痛苦并快乐着》《雷锋“出国”了》《100分我恨你》《没有翅膀的飞翔》《太阳从西边升起》《做“贼”心不虚》《十六岁，老朽了》《爸爸，如果您是我的儿子》《〈皇帝的新衣〉：在审丑中体味蕴涵的深意》等，这些标题新奇脱俗，夺人眼球。

2）**反弹琵琶**。反传统思维而行，逆向立意。如《弄斧就要到班门》《好马也吃回头草》《近朱者未必赤，近墨者未必黑》《狗拿耗子，未必是多管闲事》《常在河边走，就能不湿鞋》《墙头草就是好》等。

（10）**词语并列组合法**。将几个看似无关联的词语，巧妙连在一起，共同揭示文章的主题。如《绿叶·情意》《忙，茫，盲》《红舞鞋·蓝精灵》《幻想·理想·空想》《汽笛·布鞋·红腰带》《胡杨·古道·飞天梦》《白云·夕阳·歌声》《友情·力量·困难》《红与黑》《傲慢与偏见》《那河·那船·那人》等。

（11）**诗情画意拟题法**。运用诗歌和散文的语言，营造一种优美的意境，情景并茂，韵味无穷。如《雨季，我们一起去看海》《风中飞舞的白手绢》《今夜星光灿烂》《恋恋风尘恋恋情》《浪花里飞出欢乐的歌》。语言优美，意蕴深厚，给读者丰富的想象。

（12）**符号拟题法**。运用数学符号或标点符号拟题，简洁明了，意蕴深厚。如《勤劳×高科技＝致富》《诚实＋信用＝财富》《100－1＝0》（产品质量）；《7－1＝0》（诚信）；《1＋1＞2》（团结）；《12345678》（音乐家）；《忍让≠懦弱》《情商＞智商》；《成功＝实力＋创新＋机遇》《开卷：有益？有害?》。

（13）**正副标题法**。正标题一般揭示主旨，富有文采。副标题补充、说明、限制主旨。正副标题结合，相得益彰，丰富标题内涵，也是一种常见的拟题方法。如《喜看稻菽千重浪——记首届国家最高科技奖获得者袁隆平》《东方风来满眼春——邓小平同志在深圳纪实》《忧患开放的意识，跨越时空的主义——〈拿来主义〉深度解读》《恶风袭园群芳残，大厦摇摇势危倾——〈抄检大观园〉探赏》《魂归离恨言未尽——说“宝玉，宝玉，你好……”》《山重水复　风光无限——巴金〈灯〉的三次情感升华》《苦酒微澜显沉浮——鲁迅的〈范爱农〉饮酒细节探赏》。

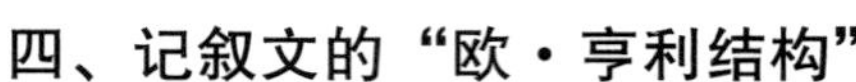

四、记叙文的“欧·亨利结构”

后文将专题阐述。

五、记叙文的“以线串珠”式结构

“线”即线索，一般出现在叙事类作品中。“珠”就是文中精选的材料。“以线串珠”，就是用一条线索把文章的全部材料贯穿成一个有机的整体。线索常是多次强调出现的某个事件、人物，事物或感情的发展，时间的发展，空间的转移等。如《故乡》以回家搬家为线索：回故乡—在故乡—离故乡（或在故乡的所见所闻为线索）。莫泊桑的《项链》全文围绕着“项链”为线索，展开情节：想项链—借项链—丢项链—赔项链—知项链。朱自清的《背影》以“背影”为线索，串起所写内容。

记叙文（散文）以营造画面为主，所以通常采用“以线串珠”结构，就是用一条线索把所要写的材料有机地串联起来。这种结构也叫折扇式结构，以一条线索串起若干依次展开的画面。因此，写作记叙文（散文）的基本功是先具备用文字营造画面的能力，写景当然容易一些，写人物众多的场面可能就难一些了。画面展开的顺序无外乎三个：时间、空间、心理（意识流），或者三者兼用。另外，记叙文（散文）的写作还需要塑造形象（意象），并强化形象，这样又要处理好几个画面之间的同中之异或异中之同。

范例展示

2012 年江苏高考作文题：以“忧与爱”为题，写一篇文章。

当年考场优秀作文《忧与爱之走向考场》，作者借高考说事，以“喝水”为线索，把因考语文要考三小时，于是母亲、老师、好友都因担忧而劝阻他喝水，而监考老师见他口渴难耐又给他一瓶水喝等材料，串联起来。把一个简单的故事演绎得波澜起伏，妙趣横生，且巧妙地扣住了“忧中见爱”的主题。构思精巧，小中见大，富有生活气息。

六、记叙文描述应细腻、生动

记叙文不能仅粗线条叙事，而要求描述细腻生动。有些学生记叙文写不生动，就是把事情过程写得过于粗略，一句话把事情说完，缺乏细节描写。譬如描写打扫学校仓库的卫生，有的学生这样写：“我们推开仓库门进去，费了好大力气把又脏又乱的仓库打扫干净。”一句话把事情就说完了，缺少打扫过程的细腻描写，特别是缺少生动的细节描写。如果改为：“我们‘吱呀呀……’用力推开沉重的仓库大门，一股难闻的陈腐气息扑面而来。仓库里黑咕隆咚的，在里面站了一会儿才看清东西。透过高高的小窗子，射进来几缕笔直的阳光，光线里细细的灰尘在飞舞。靠墙角杂乱地堆积着一些缺胳膊断腿的桌椅，还有一些打扫用具，上面布满了厚厚的灰尘，用手一摸就是一个明显的手印。屋角和屋梁上布满了蜘蛛网，几只老鼠见到我们进来，惊慌失措，吱吱叫着，乱窜乱跳……”修改后，从听觉、嗅觉、视觉、触觉各方面描写脏乱的仓库，描写仓库里面的摆设、蛛网、老鼠等细节，很细腻、生动，这才是记叙文应该有的特色风格。

又如，有学生描写校运会跳高破纪录的瞬间，原本只有几十字的粗略叙述：“只见某某纵身一跳，一下子飞过横杆，新的校运会纪录诞生了！”不够细腻生动，缺少细节。如果加上动作解剖：如何助跑、起跳、翻越、落地；加上联想：往届校运会有人挑战失败，平时如何一次次练习等；加上细节：起跳前如何与同学们进行眼神和动作交流，成功后同学如何向他祝贺；以及加上心理描写：起跳前怎样想，成功后怎样想……自然就生动、丰满得多了。

范例展示

2002 年全国卷高考作文题：以“心灵的选择”为话题写一篇作文。

例文 6

昭君的选择

深深的庭院，明眸的宫女，沉寂的粉蝶，慵懒的梳妆，犹如宫廷的车轮在昭君心里缓缓辗过。进宫有些时日了，却迟迟不见皇帝的踪影。珠钗玉饰金步摇，散落一地，铜镜前再也不是少女明丽的笑靥了，一腔愁绪，两弯娥眉。迷茫的灯光下，一只单薄的幼蛾一头栽在作响的灯焰上，发出“噼里啪啦”的爆鸣声。昭君拔下玉钗，挑弄灯芯，试图将蛾儿救出来。

就在这时，传来和亲的消息。像春日里的第一声惊雷，在死一般的后宫炸开了。“啪”，玉钗落地，断为两截，昭君的手剧烈地颤抖着。处于生死之交的蛾儿在飘转的火焰中狂乱地挣扎着，终于，像离弦的箭一般，冲出火海。烈焰吞噬了她粉嫩的外衣，却没有压垮她不屈的心灵。在生之涯，死之角，幼小的心灵发出对生的呼唤，爆发出无穷的力量，让她从压迫、死亡中振翅飞出。昭君震惊了，若有所思地看着蛾儿，看着她越飞越远，飞出围墙，飞出重重封锁，飞向遥远的自己的天地。

这一夜，昭君无眠。

她想到了宫廷的阴森，想到了和亲的艰险，还想到了异域的清冷，两国永久的安宁。宫廷的猜忌、冷落、倾轧、空虚像阴影死死揪住她的心，让她颤抖；异域的寂寞、无助、排挤、思乡却又像寒流时时侵袭她的心，让她惊骇。和亲的队伍浩浩荡荡，待嫁的少女举目无亲，戍边的将士浴血奋战，无辜的父兄沙场喋血，一幕幕，在昭君脑海里，频频跳动……

天明时，有人奉旨来挑选宫女。一遍遍地述说着皇帝的封赏、嫁妆的豪华、国家的边患、战事的紧张。宫女一个个双眉紧锁，一想到遥远的异域他邦，就舌底打战。官员失望了，哀叹着准备离去，却迎面遇上一位淡妆素衣少女，浅浅地笑着，一如当年的明丽……

昭君出塞，留给后人一座青冢和无尽的遐思……

可是，诗人们都错了。“分明怨恨曲中论”，“公主琵琶幽怨多”，多情的诗人怜惜只身出塞的少女，却错解了昭君当年心灵的选择。生命，不一定濒临死亡才显示深刻，用心去做，用心去选择，谱一曲美丽的生命之歌。

【点评】《昭君的选择》是篇出色的考场记叙文。作者用象征手法，以蛾写人，文笔细腻、生动，细节生动、传神，想象丰富，画面感很强。如：“一只单薄的幼蛾一头栽在作响的灯焰上，发出‘噼里啪啦’的爆鸣声。昭君拔下玉钗，挑弄灯芯，试图将蛾儿救出来。”心理描写更是细腻入微：“烈焰吞噬了她粉嫩的外衣，却没有压垮她不屈的心灵。”“昭君震惊了，若有所思地看着蛾儿，看着她越飞越远，飞出围墙，飞出重重封锁，飞向遥远的自己的天地。”这才是记叙文应该有的特色和风格——细腻生动，如临其境，如见其景，题旨隐含在描述的场景中。

七、记叙文的侧面描写手法

后文将专题阐述。

八、材料议论文的写作思路与步骤

（1）审题：读懂材料，提炼论点；拟订标题，体现论点。

（2）概引材料：体现理解力和概括力。

（3）摆明论点：一句话阐明论点——提出问题。

（4）展开论证：文章主体重点部分——分析问题；知识的广度和认识的深度，是衡量议论文的重要指标。

（5）总结全文：解决问题，强调论点。

范例展示

阅读下面材料，按要求作文：

走进书店，最畅销的全是一些“有用”的书，考试类啊，谋职类啊，营销类啊……读这些书可以直接帮你升学、谋职、盈利……其实读一些看似“无用”的书，做一些“无用”的工，花一些“无用”的时间，都可以在已知之外，获得一个超越自己的机会。不仅读书是这样，世上很多事情又何尝不是如此呢？人生中一些意想不到的变化、成就，很多来自这样的机会。根据以上材料引发的思考，写一篇文章。

做“无用”之事，成大用之人

广州考生

书店里最畅销的往往是考试、营销类的实用书籍，它们助人直接走向成功。做事情目的性强当然无可厚非，但太过功利化、求捷径，可能越走越偏，越走越窄，欲速则不达。（概引材料，提出总论点）

“无用”的未必真无用，它往往起着意想不到的作用。（领句、分论点一）做“无用”之事是一种广泛的、多层次的涉猎学习。培根说：“读史使人明智，读诗使人灵秀，数学使人严密，物理学使人深刻……凡有所学，皆成性格。”在不同的领域学习中，人们的收获是不同的。大范围地接受知识，不知不觉中便收获了许多。《职来职往》的主持人刘同，在他的书中写道：大学时他经常沉浸于CD店，随意挑选那些吸引人的、有个性的歌曲试听。在这过程中，他学会了如何让自己的作品引人注目，为他以后的媒体制作打下了基础，提供了借鉴和启发。刘同在漫无目的的选歌、听歌中，无形中学会了宣传销售法。

“无用”的学习涉猎是感悟世界的桥梁。（领句、分论点二）曾在电视上看过某位名人谈获取“灵感”的方法，说他平时上班、出访多用步行，为的是感受生活中的一切，寻求灵感的来临。《白鹿原》的作者陈忠实也曾说，走出农村后，总会找时间回去看看，久而久之，自然为他写出优秀的农村作品打下了基础。大家或许有这样的体会，在阳台为花草浇水的时候，在人行道观察树干纹理的时候，在仰望蓝天白云的时候，在密林中观察昆虫鸣禽的时候……可能在不知不觉中，收获一份意外的惊喜和感动。英国的达尔文，法国的法布尔，他们的成就，很多得益于这些“无用”之工。

读“无用”的书是塑造大脑的利器。（领句、分论点三）每个人都有独特的思想，因而每本书都有不一般的内涵。过于狭窄地阅读，功利性地做事，往往把自己的思想、行为局限在一个极小的圈子里，趋于同化、僵化。伏尔泰和孟德斯鸠同为启蒙思想家，但他们的主张不尽相同。他们相互研究过对方的学说，他们也在批评对方中完

善自己的学说。可见每个人、每本书都有改造人思想的功能，关键在于你是否将其为自己所用，并使自己的眼光更具洞察力。看似“无用”的学说理论，恰是修补完善自己思想的利器。它让你时刻更新自己，完善自我。

“李白斗酒诗百篇”，借“酒”，李白留下了千古名篇；观赏白鹅，王羲之悟出了书法的真谛；博采众家所长，董仲舒创建了新儒学；酷爱柔道，普京养成了果敢坚韧的品格；钟爱诗词，毛泽东养成了浪漫阔大的胸怀；喜爱桥牌，邓小平形成了缜密严谨的作风……饮酒、观赏、博览、柔道、诗词、桥牌……这些看似与他们的主业无关的“副业”，似乎“无用”，但却在成就他们的事业中，起着不可或缺的作用。

“无用之用”，富含大智慧，它带给我们知识，深刻我们思想，丰富我们情感，拓展我们技能，提高我们素养。而这是所有功利性的行为无法比拟的。“无用”实为大用，做“无用”之事，成大用之人。（总括全文）

【点评】《做“无用”之事，成大用之人》是篇优秀的考场作文，评分 58 分。文章审题准确。开篇概括引用材料，提出总观点：“做事情目的性强当然无可厚非，但太过功利化、求捷径，可能越走越偏，越走越窄，欲速则不达。”本论分三个分论点展开，运用大量典型例证和引证，古今中外，旁征博引。内容充实，论证充分，有广度和深度。最后总缩全篇，重申论点，首尾呼应。全文采用“总—分—总”结构，鲜明有力，是一篇规范的议论文。

汝果欲学诗，工夫在诗外

张超

事物的作用有“直接”和“间接”之分。有些“间接”作用，尽管短期内不明显，甚至看不出来，长期看作用巨大。（概引材料，提出论点）

陆游总结学诗经验时说：“汝果欲学诗，工夫在诗外。”就是说急功近利地为学诗而学诗，往往难以成功。一些看似与学诗“无关”的“诗外”之工，却起着意想不到的作用。所谓“它山之石，可以攻玉”。凡事过于直接地追求，往往欲速则不达，所谓“有心栽花花不开”。换个思路，曲径通幽，反而能取得好效果，所谓“无心插柳柳成荫”。务实之外，不妨务点虚，读点“无用”之书，做些“无用”之工，扩大知识面，寻求别样的途径和灵感，“条条大路通罗马”，出奇制胜。（引证）

早在两千多年前，庄子和惠子就探讨过“有用”“无用”这对概念。庄子的观点是“无用”就是大用，一棵长满疙瘩、弯曲的老树，因无用而不被匠人砍伐，却因此枝繁叶茂，终享天年，给人遮阴避雨，岂非大用？一座房屋，墙壁房顶起支撑遮盖作用，里面的空间似乎无用，但却是最大的用途。人走在山路上，有两尺宽就够用了，其余部分看似多余无用，可如果将其余部分全部挖掉成万丈深渊，只剩下两尺宽的“有用”之路，你还敢走吗？所以，很多事请，看似无用，实则大用，不可或缺。《红楼梦》中宝、黛二人都不爱读当时的“有用”之书——“四书”“五经”，都爱读些“无用”的“闲书”——《楚辞》、《庄子》、诗词、杂剧……凡怡情悦性者，旁学杂收，无不涉猎。因此他们颇具“才情”，具有深厚的文化素养，诗词歌赋无一不通。（例证、喻证、类比、引证）

古今中外很多著名科学家，又多才多艺，涉足一些与其专业看似“无关”的领域。达·芬奇是杰出的工程师、科学家，同时又是伟大的画家；爱因斯坦是出色的小提琴手，他说：“如果不是音乐艺术修养，我将一事无成。”著名物理学家杨振宁，假期补课，不补习数物化，却补习《孟子》。杨振宁说：“物理是什么？物理研究到尽头是哲学，哲学研究到尽头是宗教。”钱学森是物理学家，但他对绘画、音乐、摄影深感兴趣。他多次感慨：“在对一件工作遇到困难而百思不得其解的时候，往往是夫人蒋英的歌声使我豁然开朗，得到启示。”“搞火箭时萌生的一些想法，就是在和艺术家们交谈时产生的。”钱学森晚年所倡导的“大成智慧”（集大成得智慧），其核心理念就是：打破各领域的界限，把科学与艺术结合，把逻辑思维与形象思维结合，把哲学和科学技术结合——无用变有用。（例证、引证、层进）

古人有“道之用”和“器之用”之论。所谓“道之用”，即理论、原则之用，所谓“器之用”，即工具、器物、技术之用。中国人一向务实，这是优点，更是缺点。比较注重具体的、技术操作层面的“器之用”，而忽视抽象的、更高境界的“道之用”。所以中国古代无论是自然科学还是社会科学，都缺少系统的理论探索与总结，缺少科学思维，有的只是一些解决具体问题的具体技术和经验，如“四大发明”之类。对待新生事物，我们往往首先考虑是否有“器之用”，而对更高层面的纯理论探索的“道之用”不感兴趣，探索不够——这也是造成“中国科学落后西方之缘由”。孔子说：“君子不器。”这是说君子不能仅了解技术层面的“器之用”，还要懂深层的“道”。在科学史上，很多“纯科学基础理论”，在诞生之初，就像刚出生的婴儿，看似“无用”，可随着发展，作用巨大。如原子理论，最初看似无用，后来运用其理论制造出原子弹、核电站、核动力等。（例证、层进、对比论证）

一个学生在学校念书，校外的世界似乎对他“无用”。但是如果把这些“无用”之地全都消除的话，他在学校念书又为了什么呢？他原本以为有用的学校至此也变成无用了。可见，有用与无用之间，不可采取二分法断然切割，因为它们是相互为用、互为转化的辩证关系。（层进论证、对比论证）

【点评】《汝果欲学诗，工夫在诗外》是一篇教师下水文。引用陆游诗句做标题，既体现论点，又有文化含量。第一段概引材料，提出论点：“事物的作用有‘直接’和‘间接’之分。有些‘间接’作用，尽管短期内不明显，甚至看不出来，长期看作

用巨大。”本论部分大量运用例证、引证、喻证、类比、层进、对比等论证方法，体现论文的广度、深度和逻辑力量。最后总结全文，强调论点：“有用与无用之间，不可采取二分法断然切割，因为它们是相互为用、互为转化的辩证关系。”

九、议论文的对比结构和多种论证方法

议论文采用对比结构和多种论证方法，可增加深广度。学生思维一般片面、单向，不善于多角度、多方面分析问题。作文局限于单方面的例证（典型事例论证）、引证（名人名言论证），再多的事例、名言也显得片面、肤浅、单调，难以深刻、全面。不妨采用对比结构（对比论证），在正面论证之后，再反面论证。从另一个角度看问题、谈问题，在对比中加强文章的深度和广度。正与反、好与坏、中与外、古与今、大与小、强与弱等都可构成对比。对比可以是两个事物对比——横向对比，也可以是同一事物的不同阶段对比——纵向对比。

其实不仅是对比结构（对比论证），议论文中应该尽可能多地采用多种论证方法，除了常见的例证、引证外，还有对比论证、层进论证、比喻论证、类比论证、因果论证、引申论证（归谬法）等。采用多种论证方法，无形中加强了文章的深度和广度，也能克服篇幅不足的弊端。

范例展示

2014 年上海高考作文题：

根据以下材料，写一篇不少于 800 字的文章。

你可以选择穿越沙漠的道路和方式，所以你是自由的，你必须穿越这片沙漠，所以你又是不自由。

带着枷锁的舞蹈

张超

人生就好比要穿越一片沙漠，你可以选择穿越沙漠的道路和方式，所以你是自由的，所谓“条条大路通罗马”；但你必须穿越这片沙漠，所以你又是不自由的。世界上“绝对的自由”是没有的，我们倡导、追求的“自由”，是以遵纪守法的“不自由”为前提和条件的。（概引材料，提出论点）

孔子说“七十而从心所欲，不逾矩”（引证）就是这个道理。卢梭说：“人生而自由，但无往而不在枷锁之中。”（引证）自由、民主成为当今世界的主流价值观，但“自由、民主”的前提是“法制、道德”的规范和约束。个人追求自由的前提是不能

妨碍他人的自由和权益以及社会的良性运转。没有法治、道德的规范约束，会导致无法无天、天下大乱的混乱无序局面，社会将无法正常运转。人们失去了安全感，所谓“自由”也就失去了意义和价值——“没有规矩，不成方圆”。

正如任何体育竞技比赛都要有一定的规则和场地的限制，在规则和场地之内可以自由发挥，各显神通；失去了规则和场地的限制，就无法比赛，也失去了意义。这好比带着枷锁跳舞，跳得“无拘无束”、优美动人的人，才是真正的“舞林高手”。（正面例证、类比、喻证）

又如艺术，包括书法、文学等，都讲究自由创造，展示个性，所谓“艺无定法”。但这个“无定法”是以“有定法”为前提和基础的。“无定法”，不是“没有法”，更不是“不用法”，而是先学章法，再到不拘成法，灵活地选用不同的方法，这才是“无定法”的真正含义。从“有法”到“无定法”，是一个漫长的境界提升的过程。张旭的狂草书法，看似随心所欲，挥洒自如，无拘无束，其实练习狂草者，都有着扎实的楷书基本功，都要先学习楷书的章法，否则“狂草”也就成了“乱草”，失去了规范、内蕴。（正面例证、类比、喻证）

世界上绝对的自由是没有的，庄子所追求的不依靠任何事物、不凭借任何事物、不受任何限制的“绝对”自由——“逍遥游”，以及所谓的“至人、神人、圣人”，在现实社会和生活中是不存在的，连庄子本人也做不到。如果你让庄子例举出生活中这么一个绝对自由的“至人、神人、圣人”，他举不出来，所以他只能在《逍遥游》的后半部分，靠想象，虚构出这样一个神人：“邈姑射（yè）之山，有神人居焉，肌肤若冰雪，绰约若处子。不食五谷，吸风饮露。乘云气，御飞龙，而游乎四海之外。”（反面例证、引证，对比论证）

大文学家苏东坡很洒脱，追求心灵的恬适、自由，但苏轼离不了那个社会和时代，苏轼有选择不被贬谪的自由吗？没有。儋州尽管不是沙漠，但也是荒蛮的瘴疠之地呀，苏东坡能活着回来都是奇迹。但他在贬谪之地活得很旷达，心是自由的：“短篱寻丈间，寄我无穷境。”正像匈牙利诗人裴多菲所说：“生命诚可贵，爱情价更高，若为自由故，两者皆可抛。”这里的自由，我理解主要是心灵的“自由”。就像一尾鱼，鱼在水中可以自由自在地游来游去，是自由的；可鱼又不能离了水，这又是不自由的。我们追求的正是在自由和不自由之间游刃有余的境界。（例证、引证、喻证）

十、议论文层进论证，增强深广度

议论文一般遵循“提出问题（引论）—分析问题（本论）—解决问题（结论）”的逻辑思路展开。也就是：是什么（论点）—为什么（分析）—怎么办

（措施），这一思路体现了层进式结构或层进论证，能更好地体现议论文的深度和广度。

“提出问题”，也叫“引论”，就是开门见山地提出论点，或提出要论述的问题。“分析问题”，也叫“本论”，一般是文章的主体，就是针对论点展开论证。“解决问题”，也叫“结论”，就是针对问题提出解决方案。

解决问题这一部分很重要，应是论文写作的重点所在。常见有些论文，问题提得尖锐深刻，分析得也头头是道，但怎样解决则语焉不详。仅“破”不“立”，论文的价值就要打折扣。议论文采用层进式结构，就体现在“提出问题—分析问题—解决问题”上，步步深入，结构严谨，思路清晰。

比如针对“人云亦云”展开层进式论证。首先提出问题——不能人云亦云。接着分析问题——人云亦云的表现、危害、本质和思想根源等。最后解决问题——防止人云亦云的方法、措施等。

“提出问题—分析问题—解决问题”这一逻辑思路，仅是层进式结构或层进论证的形式之一，凡是文意逐层加深的，或多角度多方面阐述的，都体现层进式论证，体现论文的深广度。

范例展示

2004 年广东省高考作文题：

阅读下面的寓言，根据要求作文。

古时东瓯（今浙江南部沿海一带）人住的是茅屋，经常发生火灾，为此痛苦不已。有个东瓯商人到晋国去，听说晋国有个叫冯妇的人善于搏虎，凡是他出现之处，就无虎。东瓯商人回去后把这个消息告诉了国君。由于东瓯话“火”和“虎”的读音毫无区别，国君误以为冯妇善于“扑火”，便以隆重的礼节从晋国请来了冯妇。第二天市场上失火了，大家跑去告诉冯妇，冯妇捋起袖子跟着众人跑出去，却找不到虎。大火烧到王宫，大家推着冯妇往火里冲，冯妇被活活烧死。那个商人也因此而获罪。（据《郁离子·冯妇》改编）

上述寓言中的人物由于语言沟通的问题，彼此一再产生误解，以致冯妇葬身火海。由此可见，语言上的沟通成功与否，有时影响巨大。请以“语言与沟通”为话题写一篇文章，可结合个人见闻、感受或学习语言的体会。

用语言的彩虹搭建心灵的桥梁

张超

众多共知，语言在人类沟通生存中起着重要作用。（分论点一）人类在没有形成复杂的语言系统之前，也即鲁迅所说的“吭育吭育”的时候，生存概率和工作效率都是极低的。当人类形成了复杂、高效的语言系统后，才提高了生活质量和工作效率，促进了发展进化，“人猿相揖别”，成为地球的主宰。

即便如此，不仅不同语言的民族、国家间沟通困难，就是同一国家、民族间，由于方言的差异，也给沟通带来障碍。（分论点二，进一层）材料中，古时东瓯国与晋国的语言就不尽相同，“火虎”不分，一字之差，酿成房毁人亡的悲剧。可见语言的统一何等重要，给人们带来的便利何其巨大。就我们国家来说，可见推广普通话的重要性；就世界来说，可见推广世界语的必要性。（例证、引证）

语言在沟通中还要讲究技巧和艺术，这决定了沟通的效率和效果。（分论点三，进一层）俗话说“好言一句三冬暖，恶语伤人六月寒”，《邹忌讽齐王纳谏》里的邹忌，《触龙说赵太后》里的触龙，《烛之武退秦师》里的烛之武，都是语言沟通和劝导大师，值得我们学习借鉴。（例证、引证）

不仅如此，语言更关系到民族的统一和凝聚力。（分论点四，进一层）“使用共同的语言”不仅便于交流和沟通，更是一个民族的重要特征和国家的象征，是国家和民族增强凝聚力、向心力的媒介和联系情感的重要纽带。相反，要想分裂一个民族和国家，最简单、有效的离间方法就是使其语言异域化，并由此产生不同的文化和心态。正如梁启超所言：“欲兴一国必先兴其语言，欲亡一国必先亡其语言。”希腊神话中，人类欲建“巴比通天塔”，上帝恐惧，使人们语言杂乱，不能相互沟通配合，最终阻止了人们建塔。可见语言对一个民族的团结是多么重要。法国作家都德在《最后一课》中借教师韩麦尔之口道出：“亡了国当了奴隶的人民，只要牢牢记住他们的语言，就好像拿着一把打开监狱大门的钥匙。”（例证、引证）

语言虽然是沟通的重要手段，但却不是唯一的手段。（分论点五，进一层）在“沟通”中，人们之间的价值观、志趣、情感、修养等因素，也起着重要作用，所谓“有无共同语言”，绝不是指是否说“同一种语言”，而是指有无相同的价值观和志趣等。所谓“酒逢知己千杯少，话不投机半句多”。人与人之间若心心相印、互相理解、配合默契，有时无需借助语言，一个眼神、表情、动作等就可以起到很好的沟通作用，所谓“心有灵犀一点通”。俄罗斯影片《布谷鸟》反映二战时期三个人——一个苏联少数民族姑娘、一个苏军和一个德军，因战争机缘，在西伯利亚荒原上意外相逢。开始三个人，民族不同，语言不通，充满敌意。“语言”在他们之间，已不是沟通的手段，反而是人性中美好的东西，使三人心灵相通，患难与共，最后化敌为友，成为患难之交。（例证）

当今世界，不同民族、文化、国家间的沟通交流，相互学习、包容，尤其必要。（分论点六，进一层）中美是不同民族、不同文化、不同意识形态和社会制度的两个国家，分属东西方两大阵营：一个是发达的资本主义国家；一个是发展中的社会主义国家，且相距遥远，从语言到世界观、价值观等意识形态各领域都存在巨大差异。但20世纪70年代，双方都有沟通、了解的意愿，并努力尝试沟通，在巨大差异中也找到了沟通方式——乒乓外交，用“小球转动大球”，终于实现了中美之间的“破冰之旅”，打破了阻碍双方沟通的隔膜，实现了两国关系正常化，传为外交史上的美谈。（例证）

现在科技发达，沟通手段便利、快捷、多样化，但人际情感日渐隔膜。（分论点七，进一层）人们可以通过电话、网络、QQ、微信等多种手段沟通，“天涯若比邻”，空间距离似乎拉近了，但人们的情感却隔膜疏远了。如何认识沟通的重要性，加强人们心灵和情感的交流，努力克服阻碍人们情感沟通的种种障碍，增强互相理解和信任，成为当今面临的新课题。（例证、引证）

十一、议论文多角度阐述，增强深广度

议论文需要一定的广度和深度，而要做到这一点，除了要有广博的知识、深刻的思想以外，在写作思路、论证方法上，围绕中心论点或话题，通过多个思路、多个角度、多个方面、多个层次……展开探究论述，比单一角度和单一层次，更容易把问题阐述透彻和全面，也显示出作者发散思维的灵活和多样。

范例展示

2009年广东省高考作文题：

我们生活在常识中，常识与我们同行。有时，常识虽易知而难行，有时常识须推陈而出新……请写一篇文章，谈谈你生活中与“常识”有关的经历或你对“常识”的看法。自拟题目，自定写法，不少于800字。

说古论今话“常识”

张超

“常识”在生活中起着重要作用。（角度一）所谓“常识”，就是大多数人所共知并认可的普通知识。人是社会动物，饮食起居、人际交往、工作学习、道德规范……可以说，一切社会活动都离不开“常识”的规范指导。一个“常识”普遍错乱失效的社会或时代，整个族群就可能走向癫狂。譬如砍掉一个人的脑袋比切断一根黄瓜，心理压力要大得多，这是常识。但如果一个人或一群人变得砍掉一个人的脑袋和切断一根黄瓜的感觉差不多，违背了常识，那么这个人或这群人肯定疯狂了——战争或扭曲

动乱的时代，就可能把人变得疯狂，变得“失常”。

常识易知而难行。（角度二）很多常识性的东西，道理并不艰深，人人都知道，但要真正做到，并不容易，所谓“易知而难行”。譬如“勤奋学习”“诚实守信”“孝敬父母”“遵守规则”“己所不欲勿施于人”等，都是常识。谁人不知？哪个不晓？但并非人人都能做到。冯玉祥给张学良的《做人箴言》说：“要小心，要谨慎，学吃亏，学让人，遇事能忍，生活俭勤；不自夸，不骗人，诚诚实实，厚厚墩墩，乃为根本。”可以说里面每句话都是常识，但真正能做到的又有几人？

常识具有时代性，不断发展变化。（角度三）鲁迅说：“从来如此，便对吗？”司空见惯、从来如此，便不以为怪，不以为错。真理是不断发展的，具有相对性。一个时期的“常识”，另一个阶段也许是“错识”。比如“家天下观”“天圆地方观”“神创论”“地心说”等，历史上都曾经是“常识”，可现在却是“错识”。现在认为是常识的，将来也可能成了“错识”。鲁迅的《药》中，当夏瑜说“这大清的天下是我们大家的”时，当时的民众凭着那时“家天下”的“常识”，义愤填膺地斥责：“这是人话么？”“疯话，简直是发了疯了！”可今天如果某人说“国家是某个人的”，大家肯定又认为是“疯话”了。

囿于常识，可能束缚创新的手脚。（角度四）譬如，苹果熟了落在地上而不是飞向天空，在一般人看来是再自然不过的“常识”，无需大惊小怪。如果有人质疑为什么会这样，习惯于“常识”的人多半认为这人脑子有问题。而牛顿却从这“常识”中发现了“万有引力定律”。所以杨振宁说：“在科学上不能搞少数服从多数，科学总是在怀疑推翻前人的理论中前进的。”这就是说，不能用多数人认可的“常识”为准绳来断定是非对错。

许多被视为“定论”的常识未必正确。（角度五）譬如人们常说的“眼见为实，耳听为虚”。但“眼见”就一定真实吗？很多幻视、错觉、赌博魔术中的障眼法，自然界的一些未解现象，不都是“眼见”吗？可照样骗你没商量。可见“眼见为实”的常识也信不得。如今用过去的“常识”已不能全面、客观地评价一些历史人物的功过是非，如对秦始皇、曾国藩、李鸿章、洪秀全等人的评价。

常识须不断推陈出新。（角度六）这是马克思主义哲学关于真理的基本论断。从亚里士多德到爱因斯坦，人类对自然界的认识在不断深化；从宗教哲学到马克思主义哲学，人们对人类自身和物质世界的认识也在不断地深化之中。这都是“推陈出新”。中国社会的进程，由苏联的“高度集中”模式到如今的“社会主义市场经济”模式；由民主法制不健全，到如今法制比较健全；由过去的闭关自守，到现在的改革开放……哪一次社会的进步，不是对“常识”的发展和扬弃？总之，常识是不断发展变化的，永无止境。（总结全篇）

议论文不可触碰的十条红线

鲁迅在《不应该那么写》里说："在学习者一方面，是必须知道了'不应该那么写'，这才会明白原来'应该这么写'的。"当下的高考作文，能够体现学生对具体问题思辨、分析能力的"议论文"成为考场主流文体。关于考场议论文"应该怎样写"，"前人已述备矣"。但考场议论文"不应该那么写"的"底线"在哪里？出现哪些情况会导致写作必然失败？关于这一点还较少有人总结论及。笔者经验，一篇材料议论文，如果出现以下十种文病中的一种，或称为触碰考场议论文的"十条红线"中的一条，就会导致写作失败，不会得高分——这是对议论文的最低要求。如果触碰了两条以上"红线"，那就失败得更彻底了。

（1）**审题不准**。审题有两层含义：一是对材料内涵的准确理解；二是对写作要求的准确把握。如果审题不准，犯了写作方向战略性错误，南辕北辙，必然失败。所谓"方向比努力更重要"。

（2）**标题不能反映论点**。议论文标题要简明反映论点，否则容易失败。

（3）**开头没有提及材料或者引用材料太多**。不涉及原材料或照抄原材料，两个极端，都可能失败。

（4）**概引材料之后，论点没能用一两句话简明写出**。论点要单独成段，简明扼要。所谓"知其要者，一言而终；不知其要，流散无穷"。论点不能开门见山、简明扼要提出，多致失败。

另外，文章的标题和开头出现病句，多给阅卷老师"语言驾驭力很差"的印象，导致失败。

（5）**论点之后，不是议论分析，而是直接举事例，或例证不简明扼要，而是较多叙述**。缺少思想分析，以事例滥竽充数，造成议论文主体不是"议论"，而是"事例"。议论文应该以"议论"为主，叙述文字过多，当然失败。

（6）**所举事例含义与论点不一致、不能论证论点**。论据与论点游离，关系不密切，似是而非，必然失败。

（7）**通篇不见一处"深刻的思想，闪光的语言"**。整篇文章没有一处深刻、出彩、令人眼睛一亮、忍不住要多看一眼的精辟认识和精彩语言。通篇泛泛而谈、陈词滥调、空话套话、正确的废话，必然失败。

范例展示

阅读下面的材料，根据要求写一篇不少于800字的作文。

近日，某中学生在网上吐槽：“奖学金才一元钱，还不如不去拼搏了。”“就一元钱，我看还不如不发呢。”“每年才几人得，早该取消了。”记者了解到，该校今年奖学金的金额改成了象征性的一元钱，外加一个荣誉证书；该校把取消的奖学金转移到了“扶贫助学基金”的账户上；校方解释，希望同学们好好学习，不应“以获得奖学金多少”作为学习的目标。此事引发了一些网友的关注，经媒体报道后，激起了更大范围、更多角度的讨论。

该校校报的“学生心声”和“向校长建言”栏目就此事展开讨论。请你选择一个栏目投稿，表明你的态度，阐述你的看法。要求综合材料内容及含义，选好角度，确定立意，明确文体，自拟标题；不要套作，不得抄袭。

例文1

“一元奖学金”不可取（标题体现论点）

广州考生

听闻我校拟将“奖学金”改为一元，我的第一反应是：震惊！难以置信！（概引材料）

“奖学金”，顾名思义，“奖学”之“金”也。设立奖学金的初衷，就是以物质奖励激励学生刻苦学习，取得好成绩。改为一元钱，实在不明意义何在，也实在不敢苟同。（论点独立成段）

诚然，从学生角度说，学生不能以获得奖学金作为学习的目标；但从校方角度说，是通过奖学金这种形式，加强奖勤激懒的力度和效果，号召学生向勤奋努力、取得好成绩的学生学习。如把奖学金改为一元，外加一张荣誉证书，学校本意是变物质奖励为精神褒扬。可这样一来，“奖学金”变得徒有虚名，原本很严肃神圣、触及学生心灵的一件事，搞得滑稽可笑、不伦不类，成为学生茶余饭后的笑谈——学习不应为“利”，难不成应该为“名”吗？如此改革，用心良苦却弄巧成拙，还不如干脆取消“奖学金制度”（当然果真取消奖学金，也是不妥的）。既然设立“奖学金”就要有名有实，否则就不要叫“奖学金”，有名无实。身边的同学就吐槽说：“奖学金才一元，不如不去拼搏了！”这当然是一句气话，说这话的学生相信心里也明白学习不是为了奖学金。（议论分析奖学金的“利”和改为一元的“弊”。深刻的思想，闪光的语言，生动、精彩、透辟、让人眼睛一亮）

不可否认，奖学金也是学习动力和热情的重要来源。正如科学上的最高荣誉“诺

贝尔奖”一样，素来以大额奖金著称，通过奖励对人类发展产生重大影响的科学家，“诺贝尔奖”激励着一代又一代科学家艰苦卓绝地攀登科学高峰。我认为，这种有物质奖励而引起热情和动力，不能简单以“贪图金钱”而否定，物质奖励自然有其合理性和独有的魅力。

首先，给优秀的人才奖励体现了贡献大获利大的公平。在自然界中，猴群里最能保护集体安全、贡献最大的成员，往往享有优先进食的权利。人类社会中“多劳多得”更是天经地义之理。著名教育家斯宾塞有言：“学校即社会。”为成绩优秀的学生颁发一定数额的奖学金，有利于我们形成公平竞争、拼搏进取的社会观念。

同时，奖学金作为在校学生靠努力获得的“第一桶金”，可为他们提供更大的发展空间和更多的发展机遇。国外有不少把奖学金用得风生水起的事例，哈佛大学就是用高额奖学金激励帮助学生完成学业，学生毕业后又大力回报学校和社会，形成良性循环。国内曾有五名本科生靠奖学金的帮助，完成了“智能机械臂”的发明。其实我们中学生也不乏富有创意的人才，有时万事俱备，只差一笔资金作为最后的“东风”助推。如果奖学金改为一元钱，许多好的想法、创新的火种，或因无法开展实施而夭折、熄灭。

总之，“一元奖学金”不可取，尽管用心良苦，但副作用很大。不如制定合理的奖学金额，同时教育学生树立正确的财富观、价值观和学习态度，正确看待名与利、学习与金钱的关系。

【点评】一篇考场议论文，导致失败的重要因素之一，就是通篇不见一处“深刻的思想，闪光的语言”——整篇文章没有一处精辟深刻、闪光出彩、令人眼睛一亮的见解和语言；通篇泛泛而谈，陈词滥调，空话套话，必然失败。所以高考议论文要想得高分，必须要有“深刻的思想，闪光的语言”，而且越多越好。2016 年广州市高考一模考场作文《“一元奖学金”不可取》，评分 59 分，接近满分。其成功的因素固然很多，但其中“深刻的思想，闪光的语言”比比皆是，起到了重要作用。譬如：“‘奖学金’变得徒有虚名，原本很严肃神圣、触及学生心灵的一件事，搞得滑稽可笑、不伦不类，成为学生茶余饭后的笑谈——学习不应为‘利’，难不成应该为“名”吗？如此改革，用心良苦却弄巧成拙……”

为“学”不为“金”(标题体现论点)

广州考生

作为本校学生，听闻我校将奖学金的金额改为一元，并且此事在网上引起广泛讨论。我也忍不住沉腕落笔，用几行文字，借“学生心声”栏目，书写我的心声。（概

引材料）

我以为，“奖学金”重在“学”而非“金”，学者大可不必为了“金”而动摇“学”。（论点独立成段，思想深刻）

“奖学金”，顾名思义，奖励学习努力且成绩突出学生的资金。这是一种学生在学习上被肯定的荣誉，而非追名逐利的途径。所谓“山不在高，有仙则名；水不在深，有龙则灵”。奖学金可否也说：“金不在多，有学则成。”正如刘瑜在《送你一颗子弹》中所言：“遍地都是六便士，我却抬头看见了月亮。”对于“奖学金”，同学们可不能只顾低头追逐那“六便士”，却忘了头顶上的“月亮”——学业！难道在浩瀚的学海中，鼓励我们扬帆起航、推动我们逆水行舟的只有“金钱”的风吗？我想答案自然在每个人的心中。（引证，深刻的思想，闪光的语言，生动、精彩、透辟、让人眼睛一亮）

除了奖学金改为一元钱外，我还注意到，那些取消的奖学金被转入了“扶贫助学基金”中。由此看来，校方是真将“奖学金”用到了“学”上。

以一元钱和荣誉证书，给予好学者、学好者以荣誉；以金钱的支持，给予穷学者、困学者以帮助——既鼓励了“优学”，又帮助了“困学”，一举两得，两全其美。学者于娟说：“知识分子是社会的脊梁。”作为学优者，将奖励的金钱转赠给更需要的求学者，何尝不是一种知识分子的大气和境界？余秋雨先生没有因为非议而停止创作，杨绛先生没有因为生活贫困而停止翻译，就连一千多年前的徐霞客，也没有因为没有资金资助而停止考察……诸多大家不曾因为金钱而放弃前进，而作为学生的我们，怎可以因为奖学金变少而动摇求学的热情呢？（深刻的思想，闪光的语言，生动、精彩、透辟、让人眼睛一亮。多个例证排比，精练）

可以说，奖学金给人学习的动力，却不是唯一的动力。在学海中畅游，不在于金钱的多少。亲爱的同学们，千万别再说因为奖学金变少而不再努力学习的话了，我们要懂得“奖学金”的重点在于“学”而非“金”，万万不可为了“金”而丢了“学”。抬头望一下，你就可以看到更美好光明的月亮了！（总结全文，强化论点。深刻的思想，闪光的语言，生动、精彩、透辟、让人眼睛一亮）

【点评】2016 年广州市高考一模考场作文《为“学”不为“金”》，评分 59 分。其成功的因素也是“深刻的思想，闪光的语言”。具体表现在，作者适当地运用文言语句，使作文语言既简练雅致，又文采斐然，这是作文打动评卷者的重要手段之一。如“忍不住沉腕落笔”“‘奖学金’重在‘学’而非‘金’，学者大可不必为了‘金’而动摇‘学’”“以一元钱和荣誉证书，给予好学者、学好者以荣誉；以金钱的支持，给予穷学者、困学者以帮助——既鼓励了‘优学’，又帮助了‘困学’，一举两得，两全其美”等。

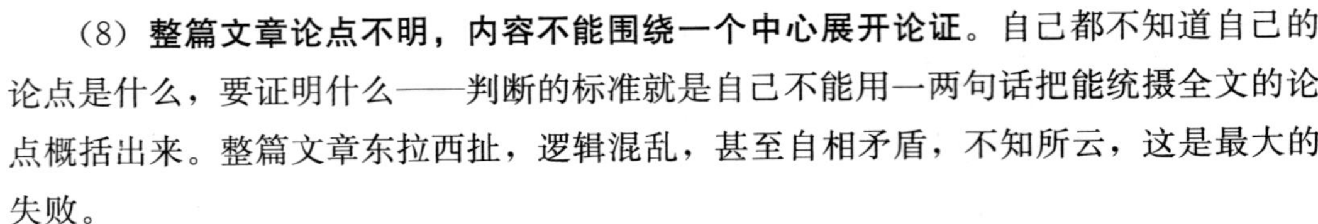

（8）**整篇文章论点不明，内容不能围绕一个中心展开论证**。自己都不知道自己的论点是什么，要证明什么——判断的标准就是自己不能用一两句话把能统摄全文的论点概括出来。整篇文章东拉西扯，逻辑混乱，甚至自相矛盾，不知所云，这是最大的失败。

（9）**字数不够**。这是显而易见的硬伤，不成篇没有结尾或篇幅不足的文章，当然失败。对此阅卷老师最容易或不假思索地判低分。

（10）**书写潦草，难以辨认**。此类文给阅卷老师印象极差，容易失败。作文书写美观当然最好，起码也应做到工整易辨认。

以上导致考场议论写作失败的十种文病——“十条红线”，有些看似老生常谈，并不新奇，但关键是“知易行难”——了解知道并不难，难在写作中确实做到避免触碰。学生可以对照检查自己的议论文习作，看看触碰了哪一条或哪几条“红线”，对症下药，有的放矢，改正提高。

教师以“下水文”为学生写好议论文引路

教师要传授写作经验和技巧，把“金针度人”，最好如鱼饮水，有切身体会，指导更能有的放矢。为了更好地指导学生写作，教授学生如何规范出色地写好材料议论文，特别是如何在议论文中以“深刻的思想，闪光的语言”征服读者，打动阅卷者，争取高分，教师在理论指导学生的同时，最好能写一点“下水文”，以身示范。这样，更有说服力和示范性，效果更好。“身教重于言教”，一个善写、爱动笔的老师，更能以自己的写作热情带动感染学生的写作热情。叶圣陶对教师写作和写作教学非常重视，强调教师应该带头写“下水作文”。叶圣陶说：“教师善读善作，深知甘苦，左右逢源，则为学生引路，可以事半功倍。”“唯有老师善读善写，乃能导引学生渐进于善读善写。苟非然者，学生即或终臻善读善写，断非老师之功。”“希望教师经常练笔，探知作文之甘苦。”如此，对学生的指导才是“最有益的启发，最切用的经验，学生只要用心领会，努力实践，作一回文就有一回的进步”。

范例展示1

阅读下面材料，按要求写一篇议论文：

2017年3月4日，习近平总书记参加全国政协会议时，用了很大篇幅专门谈了知识分子问题，充分肯定我国知识分子为国家和人民所作的历史贡献，精辟论述尊重知识、尊重知识分子的重大意义，对广大知识分子更好地报效祖国、服务人民提出殷切希望和明确要求，为做好新形势下知识分子工作指明了方向，提供了遵循。

作为一名知识分子，您对总书记的讲话有何学习体会？在自己的本职工作中如何贯彻落实讲话精神？民革中央主办的《团结报》，拟在重要版面开设“知识分子大家谈”栏目，欢迎广大知识分子踊跃投稿。字数要求：1 500字左右。

知识分子的“思想”与“脊梁”

张超

习近平总书记最近在全国政协会议上，着重谈到尊重和使用知识分子的问题。广大知识分子备受鼓舞的同时，又需深入思索一些问题：何为知识分子？知识分子的特

征是什么？怎样做一个知识分子？是否有一定学历或学问，就可称之为“知识分子”？我们认为，要成为一名合格的知识分子，起码要具备两个基本要素：一是“思想”，二是“脊梁”。因为没有“思想”就不能发现真理；没有“脊梁”就不能坚持真理。二者相辅相成，构成知识分子全部尊严与价值。

一、知识分子必须具有“思想”

知识分子必须具备独立而深邃的思想，对事物有超出常人的见解和认识。不人云亦云，不随波逐流，不媚上，不从众——这是知识分子区别于普罗大众的一个重要特征。孔子说：“朝闻道，夕死可矣。”只要具备了思想，死而无憾。尼采说：“一个人必须放弃那种总想和多数人达成一致的不良癖好……凡是共同的东西都是具有极小价值的东西。”知识分子若缺乏思想，不仅减少了生命的宽度和厚度，人生的意义也荡然无存。法国思想家帕斯卡尔的名言：“人是有思想的芦苇”“人类全部的尊严，就在于思想。”

可以说知识分子全部价值和尊严就在于有“思想”，并敢于表达“思想”。

古希腊先哲苏格拉底说：“未经思考的人生毫无意义”。叔本华说：“只有我们具备独一无二的思想，才真正具有真理和生命。”巴尔扎克说：“一个能思想的人，才真是一个力量无边的人”。雨果说：“哪里有思想，哪里就有威力。”拿破仑更直白：“世上只有两种力量：利剑和思想，从长而论，利剑总败在思想手下。”可见，思想的力量多么伟大，又多么重要。

思想是生命的“灵魂”，思想是精神的“血液”，思想是信仰的“细胞”，思想是意志的“骨骼”，思想是毅力的“肌肉”，思想是情感的“双眸”，思想是行动的“手足”——“伟大的思想只有付诸行动才能成为壮举”！

思想是人类最宝贵的资源，是最重要的精神财富，是人类文明进步的动力和源泉。人类每一次伟大的变革，都离不开思想的指引；人类每一次文明的进步，都离不开思想的推动。思想的进步，带来社会的进步，促进历史的前行。

人们喜欢用“深”评价知识分子，那么知识分子的“深”表现在哪里呢？

知识分子的“深”首先表现在思想深度。他能从普通现象中看到不普通的人生哲理，或说他能在平凡现象背后看到众人看不到的东西；他能把别人只能意会而难以言传的事情，分析得鞭辟入里，条理清晰，使人茅塞顿开，恍然大悟；他能从别人司空见惯、习以为常的事情中，看出不合理，不正常之处。

知识分子的“深”在于他学识渊博，博览群书，又融会贯通，活学活用。他懂得只有“站在巨人肩膀”上，才可能比巨人看得更远。更懂得“学海无涯”“山外有山”，始终保持虚怀若谷的人生态度。

知识分子的“深”在于他深厚的涵养，尽管他看得准，看得深，但他不轻易表态，他懂得“言未及之而言，谓之躁；言及之而不言，谓之隐；未见颜色而言，谓之瞽。”他要么沉默寡言，要么语惊四座。不但知道何时说，而且知道怎样说。他有真知灼见，他有深邃思想。使人醍醐灌顶，如梦方醒。

知识分子的“深”表现在他对生活的认识，对人性的了解，一般人很难逃脱他犀利的目光。所以有深度的知识分子很难被欺骗迷惑。他是位“智者”，决不轻信传言，更不会散布谣言。

知识分子目光深邃，感情深沉，思想深刻，而这些都不是天生的，是不断学习、思考、历练，甚至是痛苦磨难的结果。

对知识分子发表独特思想的认可程度，体现了社会文明进步的程度。因为知识分子是社会的大脑和灵魂，知识分子“思想”的缺失，也就是整个社会思想的缺失。凡是宽容赞赏知识分子深刻思想的社会，都是文化灿烂、大师辈出的社会，如战国时期，百家争鸣；文艺复兴，大师云集。凡是禁锢摧残知识分子独立思想的社会，都是文化凋敝、思想枯竭、愚昧落后的时代，如秦朝、元朝以及“文化大革命”时期。

二、知识分子必须具有“脊梁”

“脊梁”就是“骨气”，即孟子所说“富贵不能淫，贫贱不能移，威武不能屈。”知识分子任何时候都必须坚持独立人格，坚持真理，不趋炎附势，不屈从强权，不贪慕名利。因为知识识分子是社会的脊梁，一个知识分子不能挺直脊梁的社会，其整个民族的精神脊柱都必将是伛偻弯曲的。

古今中外，“舍生而取义”有脊梁的知识分子不胜枚举，成为人们敬仰崇拜的民族英雄，如屈原、文天祥、苏武、朱自清、马寅初、布鲁诺等，特别是作为“民族魂”的鲁迅，他挺起了民族的脊梁，“鲁迅的骨头是最硬的，他没有丝毫的奴颜和媚骨，这是殖民地半殖民地人民最可宝贵的性格。”（毛泽东《新民主主义论》）鲁迅去世时，郁达夫写道：“没有伟大的人物出现的民族，是世界上最可怜的生物之群；有了伟大的人物，而不知拥护、爱戴、崇仰的国家，是没有希望的奴隶之邦！”

两千多年前，罗马军队攻进希腊一座城市，发现一个老人蹲在沙地上专心研究一个图形，他是著名物理学家阿基米德。当罗马士兵挥剑朝他劈来时，他没有屈尊求命，只淡淡说了句：“不要踩坏我的圆！”在阿基米德看来，他从事的事业，比他的生命更宝贵。他铁骨铮铮，从容面对罗马士兵的屠刀。

征服了欧亚大陆的亚历山大大帝，视察希腊的另一城市，遇到正躺在地上晒太阳的哲学家第欧根尼。当亚历山大问“我能替你做些什么?”时，得到的不是恭维逢迎，而是“请不要挡住我的阳光！”的平静回答。在第欧根尼看来，他在阳光下的沉思的成果，毫不逊色于亚历山大的赫赫战功。

英国作家王尔德到美国入境时，海关官员问他有什么东西要报关，他回答：“除了我的才华，什么也没有。”他引以傲的，不是财物，而是不能用金钱衡量的才华和灵魂。他说：“世间再没有比人的灵魂更宝贵的东西，任何东西都不能跟它相比。”

从这些美谈中，我们看出，优秀知识分子，不慕权贵，不惧暴力，铮铮铁骨，脊

梁坚挺。他们爱思想胜过爱一切，他们有骨气超越惜生命。他们把灵魂和骨气看得比任何外在的事物，包括显赫的权势更加高贵。

相反，也有一些不配称为“知识分子”的缺少脊梁的文人，尽管在专业领域才华横溢，成就卓著，但缺乏独立人格和骨气，为了功名利禄，为了富贵烟云，“为宫室之美，妻妾之奉，所识穷乏者得我”，而“失其本心”，出卖灵魂和人格，丧失原则，丢弃真理，趋炎附势，见风使舵，而被人们蔑视唾弃，成为人生的污点和历史的笑柄。

范例展示2

2017年全国高考语文卷Ⅰ作文题：

据近期一项对来华留学生的调查，他们较为关注的“中国关键词”有：一带一路、大熊猫、广场舞、中华美食、长城、共享单车、京剧、空气污染、美丽乡村、食品安全、高铁、移动支付。

请从中选择两三个关键词来呈现你所认识的中国，写一篇文章帮助外国青年读懂中国。要求选好关键词，使之形成有机的关联；选好角度，明确文体，自拟标题；不要套作，不得抄袭；不少于800字。

中国的昨天、今天、明天

张超

随着中国的改革开放，来华留学生越来越多，你们对中国充满好奇和兴趣，特别急切想对中国有一个全面、深入的了解，特别是对与长城、高铁、一带一路、空气污染、食品安全等“关键词”有关的内容，更是关切。为此，我向你们做简要介绍。

中国的昨天——长城

长城——代表着中国辉煌的昨天。中国历史上是一个创造了灿烂文明、强大先进的国家。但中华民族有着热爱和平的基因和性格，智慧、勤劳、坚韧又善良，信奉“厚德载物”“己所不欲勿施于人”“远人人不服，修文德以求之”的儒家文化。所以中国的“万里长城”，作为世界上最伟大的建筑奇迹之一，既体现了中华民族顽强坚韧和伟大的创造力，又包含着内敛、自卫、和平，而非攻击、扩张、暴虐的民族性格。

中国有着五千多年的文明史，作为世界四大文明古国之一，是迄今世界上唯一文明没有间断，像长城一样绵延发展至今的文明古国。中国在汉、唐、宋等时代曾经是世界上最强大文明的国家，包括政治、经济、文化、教育、科技、军事等各领域，比现在美国在世界上的地位，有过之无不及。唐、宋时期中国的GDP占世界50%以上，政治管理、社会保障、文化教育等体制领先西方几个世纪。唐代中国都城长安（西安）就是人口近百万的大都市，乃世界中心，万国来朝。当时的欧洲，巴黎、伦敦等城市才几万人口。宋代的都城汴梁（今河南开封市），更是人口超百万，城市管理井然有序，许多社会服务保障体系，如贫困、医疗、养老、丧葬等救济，为世界首创且很完善。这在宋代画家张择端的《清明上河图》上有生动反映。从隋唐时期开始的“科举”选官制，比西方早几个世纪，成为日本等东南亚国家和欧洲一些国家学习的楷模，并形成东南亚儒家文化圈。

中国的今天——高铁

高铁——象征中国高速发展的今天，一马当先，引领世界。中国近现代以来落伍于世界，自烟片战争，到抗日战争时期，中国签订了一系列割地赔款、丧权辱国的不平等条约。一部中国的近现代史，就是一部屈辱史。但中国人民，从没有屈服、消沉，始终抗争、探索、奋进。抗日战争的胜利，是中华民族崛起的转折点。新中国成立，毛泽东主席庄严宣布“中国人民从此站起来了!”结束了混乱的分裂局面，基本实现了统一。中国人民在共产党的领导下，用了 30 年的时间，把一个一穷二白、贫困落后的农业国，初步建成了工业化国家，实现了“两弹一星一艇”的高科技突破。人均寿命，由建国初的 30 岁左右，增长到 60 岁以上。

特别是邓小平领导的改革开放以来，中国人“由站起来了，到富起来，到强起来”。高速列车、神舟飞船、嫦娥工程、天宫一号、量子卫星、深海探测、多年蝉联世界算速第一的计算机……体现了中国人民的智慧、能力和对世界的贡献。改革开放不到 40 年，使中国的 GDP，由世界十几位，增长到世界第二位，和美国一起，成为人类历史仅有的两个 GDP 超过 10 万亿美元的国家。工业规模、工业产值世界第一，创造了人类有历史以来最大的工业规模。现在在以习近平总书记为核心的党中央的领导下，更是各行各业全面进入快车道，突飞猛进。

当然，我们在发展中还存在很多不足，有些问题还很严重，如空气污染、食品安全、金钱崇拜、道德滑坡等。我们不回避这些不足，会在进一步发展中努力克服，引导国民树立先进美好的价值观，给人民一个清朗的天空、健康的体魄。

中国的明天——“一带一路”和“中国梦”

“一带一路”和“中国梦”——预示着中国更美好的明天。中国发展到今天，取得了举世瞩目的巨大成就。但我们不是仅“独善其身”，而是“兼济天下”。在全球化的今天，带动世界一起发展，互惠互利、取长补短、合作共赢。我们欢迎世界各国搭乘中国发展的“顺风便车”——世界好，中国才好；中国好，世界更好。中国的“一带一路”“亚投行”等政策，正是体现了这一伟大的发展思路和战略。从汉唐一直到明朝郑和七下西洋，我们就有陆上丝绸之路和海上丝绸之路，与中亚、欧洲、东南亚、非洲等世界各国互通有无，和平贸易。今天我们继承并发扬光大友谊互惠的“丝绸之路”传统，用新时期“一带一路”的友谊纽带，与世界结成“生命共同体”，利用中国超强的工业能力、基础建设能力和资金能力，帮助其他国一起发展，反过来促进中国更大的发展。这正是中国“己欲立而立人，己欲达而达人”的传统美德在当今的生动体现，也是我们中华民族光辉灿烂的“中国梦”的主要内涵！

中外学生作文题目比较探析

如果把中外学生作文题作一番比较探析，或许对我们的语文教学（特别是作文教学）有一些启发和帮助。

一、美国作文题

1. 美国作文一般不定题目而定“场景”，具有开放性，鼓励想象

如“当你乘坐的轮船沉没了，你漂流到一个荒岛上，你将怎样生活?”“描写一场你想象中的音乐会。”“任选一个州，介绍这个州的风土人情。”“场景”一旦限定了，每个人写的内容就基本上是一致的，学生之间的可比性必然很高。这类作文显然必须通过多种渠道收集和整理信息才有可能完成。在荒岛上的生活当然需要想象力，但是有关岛上动植物方面的知识以及生活中可利用的工具或制造某种生活用具等方面的知识，则需要利用有关的工具书或其他信息渠道（如文学作品或互联网）获得。

2. 美国作文题往往比较宏大，但要求很具体细致

如《公民的权利》，要求用3～5页纸，打印出来，双空行，至少有3种资料来源(如网络、书籍、图书馆等)，至少有5句引文。

又如《中国的昨天和今天》，9岁的孩子自己制作，花了几天工夫，打印出一本二十多页的小册子，从九曲黄河到象形文字，从丝绸之路到五星红旗……热热闹闹，分出了章与节，还在文章最后列出了参考书目。

又譬如《我心目中的美国》《我怎样看人类文化》《你认为谁应对“第二次世界大战”负责》《你认为纳粹德国失败的原因是什么》《如果你是杜鲁门总统的高级顾问，你将对美国投原子弹持什么态度》《你是否认为当时只有投放原子弹一个办法去结束战争》《你认为今天避免战争的最好办法是什么》。这些宏大的题目将知识性与趣味性联系起来，能唤起孩子们的好奇心、求知欲，使他们兴致勃勃，跃跃欲试，从而培养自由探索和人文关怀精神。并且鼓励学生通过多种手段、渠道收集资料，在写作过程中可学到更多的知识。最重要的是，学生们在满足心理欲求的过程中自然而然地运用“写作”这一工具。

3. 美国作文鼓励个性、独创和形式多样化

如要求“写一件反映你个性的事，把重点放在心理描写上或全文用心理描写”。又如要求“以书信形式，写一组书信”。“要求写十种不同形式的诗歌”，如“五行诗”（美国的一种诗体）、“重复记号诗”（日本的一种不押韵的抒情诗）、“离合诗”（每一行的第一个字母可以拼成一个单词）、“字母诗”（诗中包含所有 26 个字母）、“有形诗”（每一行用“若是……但是真的……”或“没有人知道”等为开头的诗）、“政治诗”等。

4. 美国作文题目长、字数多，善于联系学生生活，亲切、新鲜、有趣

如“写你生活中经历的一次巨大困难以及你是如何应付它的”，“未解的疑惑——写一件发生在你或你周围人身上的事，是一件让人不敢相信或无法解答的事，但不能是你做的梦”，“给校长的一封信，可以反映出你对学校的不满或肯定，或问一些你一直想问的问题，然后到班里讨论”，“制作你的家谱，写出从高祖父母至你的全部男女亲属的姓名生卒年份”。作文内容、主题被清晰明了地展现出来，所以不会产生歧义、误解。

5. 美国“高考”的作文考查学生说理能力

美国也有“高考”，不过跟中国的高考不可同日而语。美国“高考”叫 SAT，即学术评定测试。考数学、批评性阅读和写作（maths，critical reading，and writing）。一共考 3 个小时，一年有 7 次考试，考到你取得满意的成绩为止。而且，SAT 只作为大学录取的参考标准之一。美国大学录取新生综合考虑以下几个方面：高中成绩、课外活动、义工服务、申请文章、老师推荐等，有的大学甚至都不要求提供 SAT 成绩。

美国 SAT 中的作文题目都是认认真真的议论题，没有缠人思维的“肉豆须”之类的神题。

美国作文考题的格式：先给一段提示（prompt），再给个题目（assignment），要求“用你从阅读、学习、经历或观察所得的例子来论证你的观点”。历年来的作文考题内容包括文学、艺术、运动、政治、技术、科学、历史及时事等，都不需要考生具备专业背景知识。主要考学生的说理能力，即摆出观点并用各种具体论证手段加以支持分析的能力。这是将自己的思维用文字有条理地清晰表述出来的能力，是大学学习必须具备的能力。

SAT 作文不是考言语能力，所以略有语法、用词错误是无伤大雅的。只要不说脏话，“神马浮云”都可以写。弄得巧，还可能因为与时俱进、用词生动而加分。

SAT 作文不是考政治思想，所以任何题目都没有“正确”答案。判卷老师不会去寻找正确的观点。对所给观点，你可以赞同“保持一致”，也可以完全唱反调，不会因为你“不保持一致”而给零分。

对 SAT 作文，美国各大学态度不一。有的根本不看作文分数；有的则用学生的

作文成绩来对照其申请文章，因为SAT作文是当场写作的，可以检测学生的实际水平。若申请文章的水平明显高于SAT作文，大学的审查人员会在该学生的申请材料上加注“DDI”，即“爹爹写的”（Daddy did it）。

美国分几个时区，纽约早上7点考试，那时加州是早上4点，天还没有亮。所以每次考试都有三个作文题目，免得纽约考生向加州的亲戚朋友通报作文题目。

下面是翻译的作文提示与题目。

【作文一】

提示：在任何良好的对话中成为中心，不是看你的嗓子是否比别人大，而是看你能否静听不同的观点。倾听他人的观点，特别是那些你不同意的观点，总是能让你获知更多。花尽可能多的时间去倾听别人必须一吐为快的意见，即使你很确定自己的立场。了解和尊重他人的立场，是说服人们接受你的立场的第一步。

作文题：在你试图说服他人时，“听”是否比“说”更为重要？

【作文二】

提示：忠诚，几乎是我们跟朋友与所爱的人的关系的基础，但我们的忠诚总是无望地纠结、妥协。尽管我们想要为真实信守忠诚，但我们永远无法逃脱对立的忠诚造成的冲突的要求。我们具有的忠诚对不同的人们来说可能是相抵触的；我们对家庭的忠诚与我们对朋友的忠诚可能是相抵触的；我们的个人间的忠诚可能跟爱国职责是难以融合的。

作文题：有没有可能保持双重忠诚？

【作文三】

提示：人们注重实用的教育、能赚钱的工作和有用的产品。他们常常抛弃他们觉得不现实的或不能即刻见效的想法和项目。确实，实用性能带来物质的回报，然而，尽管如此，不讲实用性可能从其他途径使人富足。而且，现今的实用产品和活动可能很快过时，而那些现在看来不现实的东西可能有朝一日证明是很有价值的。

作文题：人们是否过于看重那些现实的想法或活动？

二、法国高考作文题

法国的“高考”又称高中毕业会考，是中学生毕业升学前的唯一考试，相当于将中国的高中毕业考试和高考合二为一，通常每年6月份举行。会考分为文科、理科、社会经济科三类。会考通过后可直接申请法国大学，会考成绩是申请大学的依据。会考是基础教育体制中的重要一环，其历史可以追溯到19世纪初。

参加毕业会考的法国学生第一门考试科目为哲学类考试，每位考生可以在三个备选题目中任选一题，考试时间为4个小时。法国哲学考试的形式类似中国的命题论文。让我们来看看法国历年高考作文题。（题后括号内说明是笔者所加。）

1. 2015年法国高中会考作文题

文科考生试题（三选一）：

（1）尊重所有生命是一种道德义务吗？（哲学与社会学思考）

（2）我是由我过去的经历所塑造的吗？（人生思考）

（3）对法国政治哲学家亚历西斯·德·托克维尔《论美国的民主》中的一段文本做出解读："无论什么时代，或多或少总是存在着专断的信仰。信仰产生的方式不同，其形式和对象也会产生变化；但是完全没有信仰，就是说没有人们不经争论、放心接受的意见，那是不可能的……"（哲学与社会学思考）

社会经济科考生试题（三选一）：

（1）个人意识只是对个人所属社会的反映？（意识存在哲学思考）

（2）艺术家在作品中要给出什么东西让人理解吗？（艺术思考）

3. 对荷兰哲学家斯宾诺莎《神学政治论》中的一段做出解读："在民主国家里，不用担心会有荒谬的命令，因为要在大会上使大多数人接受一个荒谬的意见，这几乎是不可能的……"（社会学思考）

理科考生试题（三选一）：

（1）政治与真理无关？（哲学与社会学思考）

（2）艺术品总包含着一定的意义？（艺术思考）

（3）对古罗马哲学家西塞罗的《论神性》的一段做出解读："任何事件都有能说明其产生的原因或预示其发生的迹象，通过这些原因和迹象，我们就可以对一个事件做出预见。那些通过计算研究天体的人，总是在日食和月食发生很多年前就做出了预告……"（哲学与社会学思考）

2. 2014年法国高中会考作文题

文科考生试题（三选一）：

（1）艺术作品能培养我们的感知力和领悟力吗？（艺术思考）

（2）我们是否应该为获得幸福而穷尽一切手段？（人生哲学思考）

（3）阐释哲学家卡尔·波普尔1972年的著作《客观知识：一个进化论的研究》中的选段。（对科学著作的评述）

社会经济科考生试题（三选一）：

（1）拥有选择权是否就意味着自由？（哲学与社会学思考）

（2）为什么人需要寻求认识自己？（人生思考）

（3）阐释政治理论家汉娜·阿伦特1958年的著作《人的境况》中的选段。（社会与人生思考）

理科考生试题（三选一）：

(1) 人活着是为了幸福吗?(人生哲学思考)

(2) 艺术家是否是他个人作品的主宰者?(艺术思考)

(3) 阐释笛卡尔1628年的著作《指导心智的规则》中的选段。(社会科学阐释)

音乐舞蹈专科试题(三选一):

(1) 文化的多样性是否会阻碍全人类的团结?(文化与人类学思考)

(2) 我们能否对真理漠不关心?(人生哲学思考)

(3) 阐释哲学家康德1795年的著作《道德形而上学》中的选段。(社会科学阐释)

3. 2013年法国高中会考作文题

文科作文题目(三选一):

(1) 语言是否是工具?(语言学思考)

(2) 科学是否只是在确认事实?(科学研究思考)

(3) 评述笛卡尔在1645年与伊丽莎白公主通信中的一段论述。(名人书信评述)

经济社会学科作文题目(三选一):

(1) 我们欠国家什么?(人生哲学思考)

(2) 我们是否在弄不懂的时候才需要去解读?(阅读思考)

(3) 评述中世纪意大利哲学家安瑟伦在《论上帝的预知、预见、恩典同自由意志的和谐》中的一段论述。(社会科学评述)

理科作文题目(三选一):

(1) 工作能否使人自我发现?(人生哲学思考)

(2) 人们能否凭道德行事而不受政治倾向的影响?(社会学与哲学思考)

(3) 评述法国哲学家亨利·柏格森在《思维与虚无》中的一段论述。(对社会科学著作的评述)

法国高考作文题目分文科类、理科类、社会经济科类、音乐舞蹈专科类等。每一类中都有三个备选作文题,考生任选其一。基本都是议论性质的命题或材料作文,但多是以疑问句的形式出现。所要阐述的问题,也没有现成的标准答案。作文题目都极富文化含量,都有相当的思维深度和广度,学生可发挥的空间很大。有些题目,即便是学者教授来论述,也有一定难度。作文题目涉及人生哲学思考、哲学与社会学思考、艺术思考、科学思考、文化与人类学思考,或对课外某一部社会科学或自然科学著作的阐释评述,或对名人书信的评述等(这些书籍大多都是中国人很少接触的)。这样就可以引导学生课外多作个性化阅读,多读书,活读书,而不是只读教材的死读书。而且强调题目的实用性、社会性、哲学性、科学性等,考查学生的理性思维。联系社会实际比较紧密,而不是为作文而作文。

三、中国作文题

中国的作文教学受高考作文题型的影响很大，往往是高考考什么题型，高中和初中就教什么题型。新中国成立后，中国的高考作文题型有一个发展演变的过程，大体经过了“命题作文—材料作文—话题作文—新材料作文（材料可多元审题）—材料加话题或命题作文—任务驱动型作文（完成一个具体的任务活动）”的演变。近几年各地的高考作文题型也万变不离这几种形式，轮流交替使用。总体来看，作文题型和体裁的多样化，比单一体裁的命题作文更开放灵活和人性化一些，更能考查出学生多种作文体裁的写作水平，是一种进步。

但不管哪种题型，中国的作文题似乎都与学生读书多少、思维强度关系不太大。只要掌握了中国作文的套路（有人称为“新八股”），就可以应付考试作文。中国的作文与国外的作文题型相比，开放度还是显得较小，给学生的主动空间不大，总给学生“画地为牢”的被动感。一些命题作文，尽管题目都一样，但各自写的内容会相差甚远，文与文之间常常缺乏可比性。作文题目小而具体，顶多一句话，如《一件小事》《我的老师》，两三个字乃至一个字的题目也不少见，如近几年北京卷和上海卷高考作文题目《变》《包容》《杂》《忙》等。这些笼统而含糊的题目很容易产生歧义，形同猜谜。出题者总习惯于用模棱两可、含糊不清甚至费解难懂的题目来难为学生。难怪学生一写作文就个个愁眉苦脸毫无兴趣。学生生活原本单一，为了写作文只好痛苦地生编硬造，这样的作文过程自然是令人望而却步。

四、从中、美、法三国作文题目受到的启发

比较中、美、法三国的作文题目，不难发现：美国、法国的作文题文化含量比较高，侧重对生活事件和历史事件的评介思考，注重引导学生关心人类命运方面的世界性问题，引导学生展现自我意识、想象力及生存技能；引导学生多读书，活读书，勤思考，有利于培养学生的想象力、创新力和理性思维能力；趣味性更强，知识含量更高。而中国的作文题文化含量较低，侧重人物描写、景物描写及道德问题评判，把注意力放在培养学生的写作技巧和文字表达能力上，为了作文而作文，对写作之外的能力不太关心。

作文考试的目的是考查学生的写作能力，即文字的组织和表现力，要想达到这个目的，题目应当倾向文学化。然而，近两年的高考作文题，其政治、伦理色彩太浓。若深究有的作文题，即使是资深伦理学教授也讲不清楚，而若只进行一般化的浅论，又早已有了公认的社会定论，无论是论点、论据还是写作结构，都没有多少选择、变

化的余地，即使是文字能力强的学生也很难写出灵气来。另外，限于既定的政治观念、道德标准，学生们将不得不说一些言不由衷的假话、空话、套话，在无形中鼓励了一种很坏的文风。

导致中国孩子不爱写作文的原因之一，就是作文题目缺乏趣味性和知识含量，使学生在作文时只能进行文字的排列组合，而不能将知识、经验、兴趣、爱好融入其中。中国多年来各级学校的作文讲评、作文题目设置以及作文考试的评分标准，也都未摆脱八股文的影响。作文考试模式化的评分标准使学生失去了自由发挥、标新立异的可能，这与历史上八股文对考生的思想束缚如出一辙。中国学生创新能力不足，恐怕与我们的作文教学也不无关系吧！

记叙文写作十大技巧

记叙文是小学到初中义务教育阶段主要学习训练的文体，写好记叙文对其他文体的写作有基础意义，这里简介一些写作记叙文的技巧和方法。

一、写外貌不用“有”字

作文如何写外貌？小学生的作文里经常能看到这样的句子：“××可漂亮了，她（有）一头卷卷的黄头发，（有）一双乌黑的葡萄般的大眼睛，（有）一个高高的鼻子，（还有）一张樱桃小嘴。”

如果你试着去掉文中的“有”字，把文字重新润色组织一下，会发现作文通顺增彩了很多：“××可漂亮啦。一头卷卷的黄头发自然地披在肩上。她的眼睛太吸引人了，乌黑乌黑葡萄一般。高高的鼻子，和樱桃小嘴配合起来，有点混血的味道，同学们可喜欢她啦。”是不是读起来舒服多了？

二、写说不出现“说”字

让学生比较以下三句话。

张三说：“……”

张三无可奈何地说：“……”

张三摊了摊手，一副无可奈何的样子：“……”

显然，让人物说话有多种方式，写语言可以不用出现“说”，而是在语言前面加上动作和神态。通过一定的训练掌握这样的技巧，可让孩子的写作水平切实得到提升，让他们学会细节描写，不至于仅干巴巴地写“某某说”。

三、写想不出现“想”字

孩子们描写心理活动，常用“我心想”，如某学生写：“数学老师出了一道难题要带回家写的。我心想：天哪！这该怎么办呢？”

或者是“我脑子里跳出两个小人，一个小人……另一个小人……”之类的话。

如果去掉“我心想”之类的字，“数学老师出了一道难题要带回家写的。天哪！这该怎么办呢？”，是不是更简洁生动些？

四、尽量少用成语，多具体描写

小学生记叙文为什么写不生动？某种程度上是成语惹的祸！写记叙文如果只会滥用些成语，什么天高云淡、风和日丽、桃红柳绿、炯炯有神、心旷神怡，文章细节就没了，还不如让学生真真切切把自己的感受都写出来。比如写春天不用“鸟语花香”之类的成语，而是这样写：

风儿拂过林梢，原本平静的湖面漾起了圈圈涟漪，湖边的柳树轻摇着身姿，我也忍不住张开双臂，任风抚过我的每一寸肌肤，暖暖的，痒痒的。

是不是更生动耐看一些？想办法用具体新鲜的语句替换别人用滥的成语，这是解决学生作文写不长、写不细、写不生动的方法之一。

五、少用介词、介词短语、副词、关联词、时态助词、形容词等

学生作文出现频率较高的字眼包括：

（1）介词：在、从、按照、通过等；

（2）介词短语：在××之后，当××时候等；

（3）副词：很、非常、忽然、突然等；

（4）关联词：如果、那么、因为、所以、不但、而且等；

（5）时态助词：着、了、过等；

（6）形容词：高大、孤单、渺小等。

但在记叙和描写中，要少用、慎用介词、介词短语、副词、关联词、时态助词、形容词等，多用名词、动词，否则有损简洁精练。比如写热，尽量别用“在烈日下”“很热”“非常热”之类，学会用新鲜语言描写表现热。如“太阳像个大烘箱，拼命烘烤着土地，就像烤着一块大面包。没有一丝风，树叶低垂着好像昏迷了，狗儿在树荫下，吐着舌头，拼命地喘着……”，文章自然就生动了。名词适用于对静态事物的描写，动词适用于对动态事物的描写。

好的描写之所以少用甚至不用形容词，是因为形容词一般带有评价的色彩，而评价必然带有概念化特征。概念化总是与具体相冲突的，这也就是大量使用形容词容易

导致描写空泛并且虚假的主要原因。

六、多用名词、动词，最好动词连着动词

好的描写使我们对陌生的事物如亲见亲历，而写作如要产生“如临其境”的效果，通常需要依靠动词和名词，也就是说，描写具体事物主要依靠名词和动词来实现，而不是滥用形容词、副词等。所以，在写作中，如果我们教会学生尽量使用表示具体事物的名词。例如，“小路旁开满野花，一棵树孤零零立在远处”，就不如“小路旁开满野菊花，一株乌桕树孤零零立在远处”具体可感。

对于动态事物的描写，恰当运用动词易于产生好的效果，如《孔乙己》中那句著名的“在柜台上排出九文大钱”的“排”。文章要一波三折才好看，但现在的孩子生活都很平淡，很难写出一波三折的内容，那就让他们学会一波三折地使用动词，最好是要动词连着动词——连续使用动词。如某学生写一场乒乓球赛：

> 他发了一个旋转球，让人看得眼花缭乱。

一句话就把文章给写完了，只有“发”“看”两个抽象的动词，不生动，不细致。学会连用动词，修改为：

> 只见他高高地将球抛起，眼睛死死盯着，球接触球板的一瞬间，他手腕轻轻一抖，脚一跺，球高速旋转着，向这边飞来，让人看得眼花缭乱。

动词一多，文字即刻灵动、丰满起来。

七、极力写细腻，不能仅是粗略叙述

有些学生记叙文写不生动，把事情过程写得太粗略，一句话把事情说完，缺乏细节描写。譬如有学生描写：

> 我们正上着课，只听砰地一声，一只皮球破窗而入。

一句话就把事情交代完了，太粗略，缺少对过程的细腻描写，特别是缺少生动的细节描写。可改为：

> 课室里安静极了，同学们正专心致志地测试，只听得刷刷的书写声和轻微的呼吸声。“砰”地一声，一只皮球破窗而入，大家猛地一怔，一起抬起头查看，还没反应过来，皮球正砸在一女同学的头上，就听一声尖叫和惊呼，接着就是哭闹声。再看皮球，在桌子上起劲地蹦了几下，打着旋，不情愿地滚进桌子下藏了起来。

修改后，从听觉、视觉等各方面描述，细腻生动，如临其境。

八、要让人物活在“真实具体”的环境里

五六年级小学生已学习环境描写。如有的孩子会写：“早上天气还挺好的，放学回家时，却哗哗下起雨来。雨珠在下，泪珠在滴，老天也好像在为我哭泣。”

学生能用环境衬托自己的心情值得肯定。但是很多孩子只要一写环境，多是小花微笑、小草点头、小鸟歌唱、小雨哭泣，成了俗套。难道世界上只有小草、小鸟、小花吗？为什么不能写身边更真实的东西呢？云、雾、桌子，哪怕是电线杆都可以写。提醒孩子不仅要让人活在环境里，还要让人活在真实具体的环境里。

九、一段话里至少出现 6 个标点符号

很多孩子不会用标点符号，习作中经常只有逗号、句号，甚至逗号都没有，把老师读到断气为止。针对这个现象，可以让孩子进行“一段话至少出现 6 种标点符号”的技巧训练。

比如“，”“。”“？”“！”“……”“：”““ ””等，这些标点符号你的作文中都有吗？没有的话请尝试用起来。经过几次训练后，你会发现孩子的惊人变化：意味深长的句子会写了，人物语言会加进去了，心理活动能结合进去了，还会用反问句了，这些句子加进去后，文章当然会生动起来。一位作家就曾用这种方法对自己写不好作文的孩子进行训练，收效明显，进步很快。

十、尽量写短句子，3～5 字

这个技巧就是让学生学习写短句。学了一段时间写作的孩子容易在作文中写长句，而长句把握不好就变成病句。事实上，很多作家也是以写短句见长的，像沈从文、汪曾祺。要提醒孩子注意控制每句话的字数，建议把十几个字、几十个字的长句，改成只有 3～5 个字的短句，孩子会发现这样的作文有语感，读起来会舒服很多。

如某学生的原文：

> 高高的绿绿的草散发着诱人的清香。一根一根都看得那么清楚，很挺拔的样子。

可修改成：

> 草绿了，高了，散发着清香。一根一根，看得清清楚楚，很挺拔的样子。

是不是很有节奏感?

孩子学习写作一般要走过四个阶段：（1）写作并不神秘；（2）写作需要技巧；（3）写作强调个性；（4）写作就是生活。

一些孩子通过大量读写，在老师的帮助下会顺利走到第三阶段，甚至第四阶段；但是也有很大一批孩子无法跨越第二阶段。教师、家长可以运用以上技巧对孩子进行有针对性的训练。而对于那些已经走到第三、第四阶段的孩子，需要做的就是保证他们大量阅读，鼓励他们的个性创作。

记叙文的“欧·亨利式结构”

欧·亨利是美国杰出小说家，一生创作了近三百篇短篇小说，是世界级高产作家。欧·亨利与俄国的契诃夫、法国的莫泊桑并称为“世界短篇小说三大师”。欧·亨利的小说以语言幽默和构思精巧著称，特别是“意料之外，情理之中”的结构结尾方式，蜚声世界，为人称道，被概括为“欧·亨利式结构”。

“欧·亨利式结构”的主要特征，简单说就是“结尾出人意料之外，又在情理之中”。需要强调的是，单纯追求“结尾出人意料”并不太难，难在又必须在情理之中，这就需要前面有很好的伏笔和铺垫。具体来讲，在事件发展的过程中，作者巧妙地埋下隐秘的伏笔，含而不露，在文章结尾时突然让情节发生惊人的变化。或使主人公命运陡然逆转，或出现意想不到的结果。但是读者掩卷深思，结合前边的伏笔仔细回味，就会发现，这个结局是合乎情理的，符合生活和行文逻辑的。由此造成独特的艺术效果，深深打动读者，使读者由衷赞叹作家构思的精巧绝妙。

这种结尾艺术，在欧·亨利的许多作品中有充分的体现，如《麦琪的礼物》《最后一片叶子》《爱的牺牲》《黄雀在后》《女巫的面包》《二十年后》《警察与赞美诗》等。莫泊桑也很擅长这种艺术方式，造诣同样高深。如大家耳熟能详的《项链》《珠宝》《我的叔叔于勒》等名篇，都采用了这种结尾方式。鲁迅十分推崇《项链》，说《项链》“无论从形式、结构，以及表达手法来看，都达到了短篇小说要求具备的高度”。

苏联作家苏曼诺夫曾说：“艺术的打击力量要放在最后。”这是对艺术规律深刻的认识和总结。而“欧·亨利式结构”就很好地体现了这一艺术规律。写记叙文或微型小说，如果能有意识地运用“欧·亨利式结构”结尾，前面埋下伏笔，层层铺垫，最后逆转照应，出人意料，又在情理之中，会给读者以强烈的艺术感染力，从而获得高分。《中外微型小说精选》《微型小说选刊》《小小说选刊》中的作品，一般都会采用“出人意料之外，又在情理之中”的“欧·亨利式结构”结尾方式，可阅读借鉴。

范例展示

一个天真的女孩（高考优秀作文）

浙江考生

雨，淅淅沥沥。

天，昏暗得可怕，仿佛是一卷吸满墨汁的宣纸，只要一挤，墨汁便会流淌下来，染黑了人们的心情。寒风，夹杂着雨滴与湿气，狠狠地抽打过来，将人们的身体抽出一条条“血痕”，痛苦不堪。一颗颗雨珠，从“恶魔”的手中坠落，摔碎在地上，寸寸泯灭。

“该死的鬼天气!”我举起双手，横在头顶，期望用微弱的努力，将我与大雨隔绝。才发现，这举动毫无功用，我只能等在公交车站，默默祈祷老天爷，赶紧让这大雨歇歇。似乎等了很久，我甩了甩淋湿的头发，一股冷风灌进单薄的外套中，不禁打了个寒战，冷得我直跺脚。

“哥哥”，一声甜甜的声音传了过来。

我转过身，看见一张精致的脸蛋，上面有温暖的微笑。这一刻，我好像不再颤抖，寒意也被驱散了好些。“小妹妹，有什么事吗?”我盯着她，她发丝上还残留着雨滴。

“你没带伞吗？我带伞了，我送你回家吧!”说着，甩甩手中的花伞。

看看这天真可爱的孩子，我没有多想，便满口答应。她撑着伞，静静地往前走。我走在她身侧，欣喜地望着前方越来越近的家，心想：“这个姑娘真好!”

冷风依然凄厉地咆哮着，想掀倒所有的行人，所有的大树、房屋。雨一直未停歇，淹没了整个世界。而她，更像一道温暖的墙，为我遮风挡雨。这段路程不远，但这段路又很远。望着近在咫尺的家，我向她挥了挥手：“我家到了，谢谢你送我回来，我的幸运天使!”我便转过身，向家跑去。

“哥哥，等等!”一声疾呼。我微笑地转过身：“什么事啊，小妹妹?”她急忙跑上来，从口袋里拿出一张纸：“哥哥，帮我签个名吧，我要竞选班长，所以出来帮助别人……这么大的雨，多好的机会，哥哥，快签名吧!”

我呆立在那里，看着她，天真又有些急促。我只能默默地接过纸，将我的名字与无奈都写在上面。

雨一直下着，一直凄凉地下着；风也一直刮着，我越来越冷，看着轻快的身影越走越远。

我抬头望望天空，墨云翻飞，天一直在哭泣……

【点评】高考优秀作文《一个天真的女孩》，构思精巧，欲抑先扬。文章前半部分

充分写自己的困窘狼狈——雨中无伞，为下文情节发展铺垫蓄势。在“我”最需要帮助的时刻，小姑娘和雨伞一同出现了，小姑娘的形象光彩照人——简直就是“活雷锋”，“我”对小姑娘充满感激和好感。作者的高明在于，结尾大逆转——小姑娘的雨天助人为乐，原来是出于竞选班长拉选票的功利驱动。这一情节逆转，出人意料，又合乎情理，一下推倒了小姑娘前面留给我们的美好形象，使作者和读者都大失所望，原本温暖阳光的好心情，顿时像雨天一样灰暗凄凉，颇得“欧·亨利结构”的神韵。

范例展示

变脸（小小说）

张梦宇　广州市知用中学

T先生在街上茫然地走着，神情沮丧。经理上午与自己谈话的情景又浮现在眼前：“T先生，你工作还算努力，人也老成厚道，但你知道为什么这么多年你还是个职员吗?”经理盯着一脸迷茫的T先生，苦笑道：“你……你太不会‘笑’了。”

T先生继续走着，一家店铺的玻璃窗映出他那张木讷而痛苦的脸。他尝试着将眼眯起，将嘴角上扬，使脸部肌肉挤成团，并发出“呵呵”的干笑声，那效果连他自己都十二分地不满意。T先生无奈地摇摇头，自语道：“看来，我只能当一辈子的小职员了。”拐过一个墙角，T先生在一面墙上发现了一张不起眼的小广告：

> 如果您对自己的面部表情不满意，我们“如意医院”新增设的“换颜部”可以为您换一张令人满意的脸。
>
> 地址：天堂大街741号如意医院；电话：1234567890；联系人：P先生。

T先生按照广告上的地址七拐八转费了好大的劲，才找到了如意医院。

“我……我想变一张讨人喜欢的脸。”T先生鼓足了勇气对看上去像个大夫的人说。

“啊，欢迎。不过有一点必须告知您，手术有可能达不到预期效果，甚至会失败，您是……”医生盯着T先生，那眼神显然在征询T先生最后的决定。

“手术的成功率是多少?”T先生问。“70%左右。”医生回答。T先生沉思了片刻，喃喃自语道：“好吧，只要能升职，冒点险也是值得的。我这张不讨人喜欢的脸连我自己都厌倦了!”

“那好!”医生兴奋起来，“请看，这是我们的备选脸谱：有大公无私的脸，有和善可亲的脸，有正直果断的脸，有笑容可掬的脸，有老实巴交的脸，有魅力四射的脸，有讨人喜欢的脸……”T先生在琳琅满目的备选脸谱中选中了一张“讨人喜欢的脸”。

…………

手术做完了，T先生满怀期待地从大夫手里接过镜子——镜子里是一张笑容可掬的脸，但那“笑容”看起来似乎有点怪怪的，让人感到不太自然。

但T先生并没有想太多，只要是张笑脸就可以。他耸动着脸上的肌肉：“哈哈，我要升职啦……”

T先生一早来到公司，自信满满地推开经理办公室的门。

“有事吗?”经理抬头问，T先生堆满笑容的脸令经理分外惊诧。

“呃……没什么事，经理，以后需要我效劳的话我一定……”T先生笑容可掬，躬着腰，不停地搓着手。

可是交谈不久，T先生那看起来怪怪的笑脸，令本来微笑倾听的经理渐渐变得烦躁不安起来。

…………

T先生并未得到提升，他还是个小职员。

【点评】小小说《变脸》是一篇中学生的习作，构思颇具匠心，手法巧妙。开篇用插叙手法交代T先生决心换脸的来龙去脉，笔墨经济，结构紧凑。结尾出人意料，又在情理之中。所揭示的主题也有一定积极意义：笑不由衷的谄媚讨好，只能弄巧成拙。

实笔与虚笔

一、实笔与虚笔的内涵

在景物描写中有“实笔”“虚笔”之分。所谓“实笔”，即真实而客观地描摹、再现景物的形状、情态，使人如临其境的笔法。所谓“虚笔”，即在景物描写中运用抒情、议论、想象、情景交融、侧面描写等手法，融入作者的主观感受、认识和情意，使文章空灵多姿，更富感染力的笔法。初学写作者往往多用“实笔”——只重“形”的描绘，写景总是一句接一句地写眼之所见，结结实实，让人有一种密不透气之感；而不善用“虚笔”——注重“神”的传达，融入情感想象，提升景物描写的灵性。

二、实笔与虚笔比较

比较下面两段景物描写的文段，体会虚实手法。

第一段只用实笔：

初夏的江南进入了梅雨季节，整天细雨蒙蒙，衣服总是潮乎乎的，让人不爽，家里的器具常常出现霉点。这时人们开始换装了，有的换上了衬衫和 T 恤，姑娘们的花裙子多了起来，而有些人却还穿着春装甚至冬装。瓜果开始上市，来自粤地的荔枝价格逐年走低，慈溪产的杨梅价廉物美，名叫早春红玉的西瓜也卖得不错。

第二段虚实结合：

初夏，还能看到春天的背影，而街上已被五色彩裙所点缀，春天的女孩，活泼的短裙，像一首轻快的舞曲；端庄的少妇，飘逸的长裙，使城市多了一道温柔的风景。初夏，也是个多雨的季节，所谓“江南烟雨”历来为诗人画家所钟情。氤氲在烟雨中的青山、绿水、寺庙、古镇，自然就有一派诗情画意。不过，这时节的主妇们却毫无欣赏烟雨的雅兴，她们只盼能有个风和日丽的晒洗日。初夏，时令水果成了集市的亮点，绿油油的西瓜，黄澄澄的枇杷，红彤彤的李子都争先恐后地从各地赶来，光是它们艳丽光亮的色泽就足以让人垂涎欲滴，欣然动情。

两段都写了“裙子、梅雨、水果”这些具有初夏时令特征的东西，但比较一下，相信谁都会更喜欢第二段。为什么写了相同的事物而效果迥异呢？这是因为两段文字运用的手法不同：

第一段只用“实笔”，拘泥于眼之所见——“衬衫”“花裙”“春装”“冬装”“水果”，句句皆实地把所见罗列出来，这种过于泥实的文字就显得呆板死结，缺少美感情趣。

第二段虚实结合，既用“实笔”写所见——只写了“彩裙”，其他一概省略，也写了所感（注意画线的抒情、议论句子）——更多地表现自己的审美感受和激情想象，把自己对初夏的主观感受告诉读者，这样有实有虚，文章既扎实又灵动。

体现作者的主观感情和认识，是一切艺术的共性。文章在描写景物、表现生活时，不能只是照相式地冷静客观地实录描摹所见到的一切，否则，即使是毫发毕肖，也毫无生机、灵气可言。而应同时运用抒情、议论、想象、情景交融、侧面表现等多种“虚笔”手法，使山水有感，草木含意，风月融情，使文章摇曳多姿。

三、虚笔的表现形式

景物描写中的“虚笔”大体表现为以下几种手法：

1. 抒情

在写景时以抒情融入“虚笔”，如朱自清的《绿》在写景中抒情：

那醉人的绿呀！我想张开两臂抱住她，但这是怎样一个妄想呀；……那醉人的绿呀！我若能裁你以为带，我将赠给那轻盈的舞女，她必临风飘举了；我若能挹你以为眼，我将赠给那善歌的盲妹，她必明眸善睐了。

2. 议论

在写景时以议论融入“虚笔”，譬如《口技》中，在用“实笔”描写了口技模仿各种声响惟妙惟肖之后，又用议论（虚笔）表现口技仿声的繁杂丰富：

凡所应有，无所不有。虽人有百手，手又百指不能指其一端；人有百口，口有百舌，不能鸣其一处也。于是宾客无不变色离席，奋袖出臂，两股战战，几欲先走。

又如《春》最后的议论抒情：

春天像刚落地的娃娃，从头到脚都是新的，它生长着。春天像小姑娘，花枝

招展的，笑着，走着。春天，像健壮的青年，有铁一般的胳膊和腰脚，领着我们上前去。

抒情与议论两种手法，常常交织运用，很难截然区分。

3. 情景交融

景（实）与情（虚）水乳交融，景中含情，情中有景，即所谓“一切景语皆情语”。如朱自清的《春》，读着那些描写初春的形象生动、热情洋溢的文字，我们能真切地感受到作者那热爱春天、热爱生命、对未来充满信心与憧憬的浓烈情感。

4. 想象

在写景时以想象融入“虚笔”，如曹操的《观沧海》先描写实景“水何澹澹，山岛耸峙，树木丛生，百草丰茂”，继而用神奇瑰丽的想象（虚笔）写“日月之行，若出其中；星汉灿烂，若出其里”，表现大海的雄浑浩瀚，全诗写景由近及远，由实而虚，显示了景物的层次感和意境的深邃。又如余秋雨的《三峡》与刘白羽的《长江三日》相比，几乎没有一笔实写三峡，全用“想象”的虚笔。今天的人们与刘白羽的年代已大不相同，即使没有到过三峡也早从各种媒体上目睹了它的风采，再穷形尽相地实写三峡，一无必要，二也雷同。余秋雨避实就虚，写出了他心中独一无二的独特的三峡，写得神采飞扬，荡气回肠，写出了三峡的魂。

5. 侧面描写

景物描写中“以物衬物”的侧面描写也是一种“虚笔”，表面不写某景物，而写与之相关的事物，被描写得对象好像在文中消失了，然而通读全文，却又能十分真切地感受到它的存在，古人称之为“形遁而神现”“形虚而神凝”。如《小石潭记》表面写潭中游鱼，其实是写潭水清澈：水清，鱼方历历可数，像游于空中，无所依凭；水清，日光才能直射潭底，在石上留下清晰的鱼影，只见鱼不见水，正表明潭水清澈无比。还有李白的《早发白帝城》：“朝辞白帝彩云间，千里江陵一日还。两岸猿声啼不住，轻舟已过万重山。”表面写船快，实则写水急。这种以他物映衬的“虚笔”手法“如镜取形，如灯取影”，别具魅力。

“实笔”与“虚笔”都是景物描写的基本手法，都需认识掌握。在写作中两者要相互结合，虚实相生，疏密有致，方能妙趣无穷。

意味隽永的景物描写收尾法

【范例赏析 1】

> 我抬起头来，幽蓝的天空，辽远而纯净——这是春天的晴空啊！一群又一群鸟儿从远方来了，它们欢叫着，抖动着翅膀，划过透明的春天，飞呵，飞呵，飞……

这是《小鸟，你飞向何方》的结尾。用小鸟隐喻"文化大革命"后渴望求知的年轻人，这样的结尾虚实结合，含蓄隽永，耐人寻味。

【范例赏析 2】

> 床头挂着一串星星，一串蓝色的闪亮的星星，十五颗闪亮的让人感觉静谧的星星。每每在灯光的照耀下它们那夺目的光芒，总会使我想起一个叫"诚实"的字眼儿。
>
> 至今，床头那串星星仍闪着美丽的光亮……

这是《床头，那串闪亮的星星》的开头和结尾，景物描写遥相呼应。这篇作文荣获全国中小学生创意作文大赛初中组二等奖。文章开头写"蓝色的闪亮的星星"时，用"静谧"一词写出了蓝色的纯净给人的感觉。结尾仍旧用景物描写，不仅首尾呼应，而且写出了这件事给小作者的深刻印象，意味深长。

【范例赏析 3】

> 哦，又和父母闹别扭了……风渐渐停了，风筝缓缓地落下来，被一双充满温暖的手捧起来，它回"家"了。云渐渐散了，露出一片湛蓝的天……

这是《风筝》的开头和结尾。"风筝"是贯穿全文的主线，小作者通过对风筝的观察与感受，叙述了自己由"迷惑到明了"由"烦恼到快乐"的经过。文章开头的基调是忧伤的，结尾的景物描写感情昂扬，意境悠远。

通过以上的示例可以看到，景物描写的收尾法均有的放矢，熔铸着作者的感情，表达了某种含义，而且这种含义的表达含蓄隽永，意境悠远，自然成为作文的亮点。注意在写作时不要生硬地用景物描写结尾，而要在开篇以及文中贯穿这种景物，这样结尾才能水到渠成，才能首尾呼应。

【范例赏析 4】

雨一直下着，一直凄凉地下着；风也一直刮着，我越来越冷，看着轻快的身影越走越远。

我抬头望望天空，墨云翻飞，天一直在哭泣……

这是高考优秀作文《一个天真的女孩》的景物描写式结尾。《一个天真的女孩》，前半部分写自己的困窘狼狈——雨中无伞。在“我”最需要帮助的时刻，小姑娘和雨伞一同出现了。小姑娘的形象光彩照人——简直就是“活雷锋”，“我”对小姑娘充满感激和好感。结尾大逆转——小姑娘的雨天助人为乐，原来是出于竞选班长拉选票的功利驱动。作者构思精巧，欲抑先扬，一下推倒了小姑娘前面留给我们的美好形象，使作者和读者都大失所望，原本温暖阳光的好心情，顿时像雨天一样灰暗凄凉。

文章结尾的景物描写，绝不是为了描写而描写，而必须对显示主题、渲染气氛、反映心理等有一定暗示强化作用。可以寄托一种情思，象征一种情态，表达一种含义，形成一种意境，包含一种意蕴等。

文章结尾的恰当景物描写，可以使文章含蓄隽永，意蕴悠长，主题升华，引发联想，富有抒情性和象征性，成为作文的亮点。

透过案例看中美教育的差异

为什么美国无论是科技还是人文创新，都把中国远远甩到后面？为什么美国几乎垄断每年的诺贝尔奖？从培养创新型杰出人才的成效上来看，中国的教育特别是基础教育，毋庸讳言，是落后于美国教育的。中美教育的差异表现在教育理念、教育机制、教育内容、教育方式，特别是教育评价等各方面。现结合具体案例作简要评析。

一、中国“补短式”教育与美国“扬长式”教育的差异

据 2009 年 12 月 23 日《教育文摘周报》中一篇《“中国差生”变“美国天才”与失魂落魄的教育》报道：“在国内他被教成水泥脑袋，到美国他被育成年轻天才，他叫王楠子。8 年前，他是上海某中学一个‘标准的差生’，经常被老师‘重点关照’，无奈之下赴美求学；8 年后，他成了全美动画比赛个人组冠军，并被老师赞为‘天才’。”“中国差生”的王楠子是被中国式教育和考试“淘汰”了的，而“美国天才”的王楠子，是被美国式教育发现、培养起来的。

通过王楠子的案例可以看出，中美教育的差别之一是：美国的教育是“扬长式”教育，发现学生的长处、潜质，并通过教育使之更长，最终发展成为杰出人才。所以美国没有差生，只有各类专长生，从不同的角度看都是优秀生。2010 年 3 月 18 日《南方周末》中《我不是来颠覆中国应试教育的——一个不符合中国国情的美国校长》报道：“美国老师不会根据学习成绩来划分学生，而是根据每个人不同的兴趣与特长进行分层教学。比如数学比较好的学生，就可选择难度系数更大的数学课，与和他水平相当的孩子在同一个课堂。其他课程也如此。你会发现，在美国的中学里，什么样的学生都有，数学特别好的、音乐特别擅长的、社会活动能力特别强的——他们各自的特长都会得到尊重和鼓励。”

2009 年 9 月 8 日，美国公立中小学开学第一天，美国总统奥巴马来到弗吉尼亚州的韦克菲尔德中学，向全美中小学生发表新学期致辞：“你们中的每一个人都会有自己擅长的东西，每一个人都是有用之才，而发现自己的才能是什么，就是你们要对自己担起的责任。教育给你们提供了发现自己才能的机会……”透过美国版的“劝学

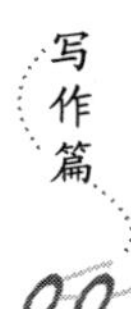

篇”，我们看到，有一个教育理念在美国人的头脑中根深蒂固，那就是：教育的本质不是“改造”而是“发现”，是让学生发现自己的潜质、天分、才能，并通过教育发扬光大。

美国的教育理念尤其是评价体制，引导并鼓励老师将大部分精力放在发掘、支持学生强项的发展上，而并非去弥补学生的弱项。美国的教育主张，在某方面具有明显优势者，远胜过没有明显劣势、各方面均平平者。譬如一个美国学生在体育上成绩突出，即使其他各科成绩不佳，也能进入优秀高中或大学。美国教育把著名心理学家霍华德·加德纳的“多元智能理论”具体落实到了日常教育教学中，特别是“评价体系”中，这正是美国教育最值得肯定和学习的地方。加德纳在《智力的结构》一书中提出的“多元智能理论”认为，人的智能可以分为九种：（1）语言文字智能；（2）数理逻辑智能；（3）视觉空间智能；（4）身体运动智能；（5）音乐旋律智能；（6）人际交往智能；（7）自我认知智能；（8）自然探索智能（加德纳补充）；（9）生存智能（加德纳补充）。我还要补充一种智能——（10）“动手操作智能”。

这十种智能在每个人身上组合和发挥的强度是不同的，通过恰当的教育发掘和引导，每个人都可能成为某一方面的优秀学生和杰出人才。加德纳有一句名言：“每个孩子都是一个潜在的天才儿童，只是经常表现为不同的形式。”这一理论提出后，在美国乃至世界范围内，产生了广泛而深远的影响，已经成为许多国家教育改革的重要指导思想，并具体落实到教育教学和评价体系中。这样学生学得快乐，教师教得也快乐，真正实现了的快乐教学——“得天下英才而教育之乃人生一大快乐也！”

中国的教育理念是典型的“补短式”教育，过多强调“弥补弱项”“不偏科”，而对个人的天赋和兴趣，则关注太少。中国的教育评价体制更是鼓励“补短”，如“平均分制”“总分制”等。因为在平均分和总分面前，优势、长处不易体现，但弱项、短处却极易暴露。中国的考试一般也只能体现人才在数理逻辑和语言文字方面的优势，其他方面的才能无法体现。这就使教育无视甚至压抑学生的长处，拼命发现学生的短处，并试图通过教育教学，硬性要求一些数理逻辑或语言文字智能不强的学生也强起来，千方百计把“短处”补齐、变长。这样教师教得辛苦，学生学得痛苦。其结果是，“短处”补不长，原来的“长处”也变短了。杨振宁说：“美国的教育适合前三分之一的学生，中国的教育适合后三分之一的学生。”“适合前三分之一的学生”的教育是“扬长式”教育，“适合后三分之一的学生”的教育是“补短式”教育。平心而论，“后三分之一”再怎么补其实也极难成为“前三分之一”。所以“短”是难以真正“补”长的，你不可能把一个色盲培养成齐白石、徐悲鸿，不可能把一个小儿麻痹患者培养成刘翔，不可能把所有的人培养成爱因斯坦……

杨振宁在一次演讲中说：“如果某人学习一样东西不快乐，必须硬着头皮‘头悬梁、锥刺股’，那就说明这个学习内容不适合他。”一位中学物理教师像崇拜救世主一样虔诚地请教杨振宁：“有些学生不喜欢物理怎么办?”杨振宁回答得很干脆：“那就不要学了!”此言一出，举座皆惊。因这不符合中国现今的教育理念和要求，我们的教育思维是：学生不管某种智能的强弱，不管擅长否，无论好恶，都必须忍耐，都必须喜欢，必须学好每一门课，否则会影响中考、高考，甚至终身——这些都是“补短式”教育。

通观古今中外各个领域，凡是成功人士，无不是尽量“扬长”的结果，而不是“补短”的结果。一个人贡献和成就的大小、社会地位的高低，关键是其“长处”发挥的程度，而不是其“短处”弥补的程度。一个人成功，关键是发现自己的长处和找准自己的位置。所谓“天才”，就是放对地方的人才；反之，看似“蠢材”，很可能是放错地方的人才。有些科学家连音阶都抓不准，有些画家连一封信都写不好，可他们把自己放对了地方，所以成就非凡业绩。毛泽东的数理化考试成绩不佳，但这并不妨碍他成为杰出的政治家、军事家和诗人，他的长处是行政管理和社会科学，而非自然科学。爱因斯坦是20世纪最伟大的科学家，但他拒绝接受以色列第二任总统的任职邀请。他说：“如果说我对自然还有点了解的话，对人我是一无所知。”在爱因斯坦看来“当总统可不是一件容易的事”，自己缺少必要的人事组织和管理能力。爱因斯坦是清醒、睿智的，他明白他的长处是科学研究而非政治管理。姚明能用到多少数学技巧呢？篮球活动贯穿他的生活。而体育技能对华罗庚又有多重要呢？他只需要卓越的数学才能。斯皮尔伯格中学成绩非常差，没有任何电影科系愿意录取他，可他走进电影工厂，认真学习他需要的技能，今天，他制作了许多评价极高的影片，成为世界闻名的大导演。毕加索年轻时本想做一名诗人，结果他的诗被颇具鉴赏力的丝泰茵夫人评价为一文不值，他才改变初衷，转行学习绘画，最终成为画坛立体派宗师。其实所有的人和事物原本都是美好的，只是所属的地方不适合自己而已。生命的最高境界，就是选对舞台，走出自己的路，然后尽情发挥独特的才华和能力。

每个人都是一座火山，只不过各有各的喷涌之处。当一个孩子出于真心喜欢而不是被迫做某事时，他才能快乐，才能主动探索和追求，才能在这一领域有所创造和成就。就如同地下炽烈的岩浆找到了通向地面的缝隙，它会迫不及待地喷薄而出，形成壮丽的火山。人的天分一旦被唤醒，将是多么强烈和不可抑制！而教育的功能，就是帮助每一座火山找到喷涌之处，并使其尽情喷涌。正如德国教育家雅斯贝尔斯所说：“教育只能根据人的天分和可能性来促使人的发展，教育不能改变人生而具有的本质。但是，人们可能认识不到自己天分中沉睡的部分，因此需要教育来唤醒人所未能意识到的一切。”（《什么是教育》）

正如没有一只家禽可以被按着脑袋进食，没有一座火山能在指定的地方喷涌，也没有一个人能把内心不喜欢的事情真正做好。这或许是人类崇尚自由的高贵本性使然——当一个人不是出于兴趣爱好、自由选择和遵从内心的召唤去学习，而是遵从功

利和硬性要求去学习时，这种学习注定没有什么好的结果——读得越苦的教育，是越坏的教育。学习和创新需要激情，需要积极乐观的人生态度。我们有些文化教育理念是偏失甚至是错误的。我们常教育学生，学习是一件苦差，悬梁刺股、十年寒窗、卧薪尝胆，忍受痛苦的煎熬。似乎牛顿、居里夫人、爱因斯坦等科学大师都是牺牲了个人幸福的生活、克服了巨大的痛苦才取得辉煌成就的。一个人在痛苦的心境下是不可能产生创造的激情和灵感的，事实上，对于伟人来说，思考就是享受，是一种智者的享受，他们的幸福主要是来自于对工作和学习乐趣的享受。

我们周围不是没有优秀学生、杰出人才，只是我们觉得没有，原因是我们的教育体制不擅长发现和造就（更有甚者是扼杀）杰出人才。正如罗丹所说："对于我们的眼睛不是缺少美而是缺少发现。"多一个评价尺度就会多发现一批好学生。"补短式"教育使王楠子这类学生，在中国成为标准的"差生"；"扬长式"教育使王楠子在美国变成天才。所以，中国"补短式"教育扼杀杰出人才，匮乏杰出人才；美国"扬长式"教育造就杰出人才，盛产杰出人才。从根本上说，"中国盛产差生"，不是具体的老师、学校的责任，而是落后的教育理念、教育制度、评价体制造成的。曾是中科大少年班学生、现在是哈佛最年轻的华人教授的尹希在《中国教育最大的问题是什么》一文中说："美国的教育给孩子更多的选择。中国教育的主要问题是没有给学生足够的选择，太多的天赋被埋没了。……这是跟美国教育相比，中国教育最缺乏的地方。"在培养"水泥脑袋"的制度环境里，学生们没有欢乐和幸福，没有率性的自由发展。王楠子之外，还有多少天才被中国式教育所埋没、所扼杀？

"因材施教"本是中国传统教学原则，几千年前孔子就倡导践行之，但今天却在异域他乡得到很好的贯彻和实行，大放异彩，硕果累累。而中国现今的教育却常常将"因材施教"停留在口头上。所以，中美教育的差别，关键不是教育技术、教育方式的差别，而是教育理念、教育体制、评价体系的差别。

二、中国"传授已知型"教育与美国"探索未知型"教育的差异

留美学者黄全愈在《美国"神童"怎么做研究?》一文中写道："比如'研究气象课'，一般的理解是：组织孩子到气象站去学习天气变化的科学知识，并学会运用仪器去预报天气，这已是'登峰造极'的结果！但美国小学四年级教育搞的'气象谚语研究'课，孩子不仅要到老百姓中去收集气象谚语，了解天气变化的科学知识，掌握仪器去预报天气；还要利用掌握的知识和技能去'证实'和'证伪'民间的气象谚语。或用科学知识在当地的报刊电台上对'证实'或'证伪'了的气象谚语进行解说，或选择有争议的气象谚语组成正方和反方进行辩论。美国老师解释道：让孩子理解科学知识，掌握仪器，仅仅是培养'气象员'，掌握的不过是人们已知的东西。当

孩子能够运用所理解的科学知识、所掌握的科学仪器去‘证实’和‘证伪’千百年来流传在民间的似是而非的气象谚语，这就是在培养‘科学家’必备的探索未知世界的批判性思维了。”

美国老师的解释入木三分，做法志存高远。其关注点不是对已知知识的传授，而是对探索未知能力的培养。不是为书本而读书，而是为探索而读书。读书当然要了解已知的，但更重要的是探求未知的。中国的教育是为了掌握已知的世界，而美国的教育是为探求未知的世界，这就是区别，这就是中美文化的差异。如果有一天，中国人不再为掌握已知的世界而教育，而是为探求未知的世界而教育，中国将可能成为最强大的国家。

一个中国高材生在美国留学，老师讲了六点，考试时，他全答对了。老师只给了他最低的等级。他不服气，找老师理论。老师解释说："你答了六点不错。可这六点全是我讲的呀。只不过你记住了，通过考试又原封不动地还给了我。你为什么不能从我讲的六点中形成自己的思考，得出新的见解呢？"① 可见美式教育在知识的传授中更注重对探求能力的培养与开发。这实则是一种比"知识传授型"教育难度更大、要求更高、更富发展眼光和挑战性的教育。

又如对"西安事变"的教学：中国老师要求学生记住"西安事变"的时间、地点、人物、事件等，满足于知识的考试结果。美国老师则是针对"西安事变"提出许多假设性问题：蒋介石不妥协怎么办？张、杨不和共产党合作会怎样？张、杨把蒋处死会怎样？蒋逃出西安怎么办？或让孩子们分成几组，分别制作一份当时各党各派报纸；或者只给几个辩论题，让孩子组成正、反方进行辩论。即便是常规教学，老师也会尽力启发孩子的发散性思维……甚至让学生自己设想发散性思维的问题。总之，调动学生"八仙过海，各显神通"的积极性。无论哪种方式，学生都在收集材料、研究材料、组织观点的过程中培养了"会学"的能力。美国教师对学生的评价多是："很棒，分析得好。"但没有分数，只有 A、B、C 等级，其实这种题目老师没有标准答案，只是要求大家都要思考，重在对能力的培养。

中国"传授已知型"教育，重知识传授，轻能力培养，所以中国各年级的教材虽是全世界最深的，但那只是知识的艰深，对探索能力的要求和培养却并不高。美国的"探索未知型"教育，重能力培养，轻知识传授，所以其教材虽不深，但对探索能力的要求却是很高的。其实知识的多少与能力的高低并没有必然联系，两者并不成正比。不善于运用知识探索和创新的人，知识多了，有时反而会束缚他探索未知的能力。联合国教科文组织在教育问题报告《学会生存》中给人才下的定义是："具备创造精神和创造能力，做出了或正在做出创造性成果的人。"可见人才的本质与知识、

---

① 刘永康．让学生形成自己的思想．教育科学论坛，2009（9）．

学历、地位等无关，只与人的探索创造性相关。

发达国家尤其是美国和日本，近年来高度重视脑科学研究在教育中的应用。从神经科学角度分析，人的任何一种习惯（思维和行为）都有物质基础，这个物质基础就是脑神经网络。不同的学习过程会形成不同的脑神经网络，从而决定了不同的思考与行为习惯。从这个意义上讲，教学过程就是塑造和形成脑神经网络的过程。被动重复式的训练，与主动探究式的学习，所形成的脑神经网络明显不同，从而产生不同的思维和行为习惯。前者提高了知识再现的应试能力，考试容易得高分，代价是强化了定式思维和习惯，失去思维的灵活性和求异性。后者得到的是灵活多变、富于创造性思考的大脑。而一个人的脑神经不可能同时具有两种网络结构。所以，哪一种脑神经网络和思维习惯更有利于民族的创新和发展，我们必须做出选择。

三、中美教育的显著差距始于高中

研究显示，美国和中国教育的显著差距始于高中。（1）学制上的差距：美国大部分高中有四年学习时间。中国的高中虽然是三年，实际学新知识只有两年，高三的主要任务是准备高考。（2）课程数量的差距：美国任何一所普通高中都能开出上百门必修课和选修课，跟一所小型大学差不多。（3）课程质量的差距：美国的高中可以开相当于大学一、二年级的公共课程。（4）师资水平的差距：美国高中因为要开大学的课程，对师资要求很高，很多教师具有硕士、博士学位。而且美国的教师，无论拥有何种学位，即便本科师范生，都要再读两年的教师执照课程，而且要考进考出。（5）社会实践和科研活动的差距：美国的大学、科研机构、医院、政府机构、商业机构，都有专门的部门负责协调高中生的课外社会实践和科研活动。美国的高中生可以到大学上课，拿大学的学分；可以到科研机构，跟科学家一起做研究；可以到各级政府机构去当官员的助理、议员的秘书等。（6）美国有重点高中，甚至有“全国重点高中”，并按照学生的程度来分班。有给能力最高的学生读的“荣誉班”（Honors Class），有天才学生读的“大学预修班”（AP Class），有全球承认的“国际班”（IB Class）等。（7）教学设备的差距：美国高中的教学设备，连一些中国的大学都望尘莫及。比如生物技术的设备，甚至可以检测转基因。①

可见，从高中开始，美国的教育就已经远远领先于中国，到了大学，更是大踏步拉开了距离。这就不难理解，为什么美国的诺贝尔奖得主那么多，为什么美国是世界科技龙头，为什么美国科技那么发达。中美教育的最大差异，是“教育评价”的不

---

① 为何中美教育的差距始于高中．(2015-12-06) [2016-10-15] http://edu.sina.com.cn/a/2015-12-05/doc-ifxmhqaa9994215.shtml.

同。而价值取向、评价体系的变革，才是所有改革的关键点、突破口。评价一变，一切随之改变。否则一切都是纸上谈兵，难以落到实处。

四、中美一流大学的评价机制、录取方式不同

美国顶尖大学究竟是怎样招生的？与国内只看分数的高考比有什么不同？

美国大学录取也看分数成绩，只不过相对于国内高考来说，它们不只看分数，不绝对以成绩论。美国大学录取学生，大致看三大块：一是学习成绩；二是面试交谈，看课外活动有无服务社会的精神和能力；三是学生自己写的申请信（这一块很重要，反映学生的写作能力）。

（一）学习成绩

学习成绩有SAT成绩与ACT成绩，SAT和ACT都被俗称为“美国高考”，但与中国高考有着本质不同。

首先，SAT不是官方主持的选拔性的考试，而是一种水平测试考试。SAT是由非营利性的民间社会服务机构“美国大学委员会”主办、“教育考试服务社”主持的“学术能力评估测试”。因为多年来该考试有相当高的信誉，所以其成绩是世界各国高中生申请美国名校入学资格及奖学金的重要参考。其次，美国SAT测试一年有多次，学生可以在一年中多次报名参加这种考试。再次，这种考试与中国高考的根本不同在于考试内容与方式的不同。SAT总分2 400分，分为阅读、写作和数学三部分。有批判性阅读，有写作能力测试。不仅对语言有要求，而且对独立思考能力也有要求。最后，其成绩只是各校录取学生时的参考材料之一，不像中国的高考成绩起决定性作用。各大学在录取时，对SAT成绩的重视程度各不相同。有的大学很看重，有的大学只作为一般性参考，如哈佛大学只是将SAT成绩作为众多参考因素中的一个，还要看高中4年的平均成绩等；有的大学只对这个成绩设基本门槛，过了这个门槛后，分数只能起30%的作用。

（二）面试交谈，看课外活动能否体现学生服务社会的精神和能力

面试成为申请美国大学越来越重要的一个环节。面试中常见的问题有：介绍一下你自己；介绍一下你曾经就读的学校；你为什么要去美国读大学？你最喜欢的学科是什么？你读完大学后有什么打算？还有一些有创意的问题：你怎么去定义成功或失败？用三个形容词去形容你自己；谁是你心中的英雄？……

面试官想看到的是一个成熟的高中生应有的热情和梦想：你如何关注这个社会？

你未来希望去做些什么？你是如何规划的？把握住这三个问题，面试就成功一大半了。[①]

像哈佛大学这样的名校，要求考生在服务社会过程中显示出自己的杰出才能与独特个性，要证明你的才能与天赋是对人类社会有益的，而且能够证明你愿意将自己的天赋和才能奉献给人类社会，给人类社会造福。这个要通过你自己实质的活动业绩来证明。美国的耶鲁大学曾经录取过一个黑人女孩，这个女孩被录取的最显著的业绩就是在10岁时曾经成功地为社会慈善机构推销过10万美元的童子军饼干。10岁时就能够为社会慈善事业做事，而且能够做出那样大的业绩，证明这样的人既有卓越的天赋才能，又有服务社会的精神，就是未来的社会领袖人才与社会精英，怎么能够不录取呢？

很多被美国大学拒录的中国学生，在面试交谈时没有自己的想法。这些孩子回答问题时，大多三言两语，“差不多”“马马虎虎”“还行吧”，翻来覆去就那么几句，交谈起来特别费劲。问他们为什么想去美国读书，回答基本上就是：那边教育先进，科技发达，学成后再报效祖国；想以后去华尔街当证券分析师；要不就是父母让去的，看别人都去；等等。总之，千篇一律，大同小异，说得很表面化。“看不到他们的灵魂，听不到他们内心的声音。”面试100个学生，有80多个不清楚自己真正想要什么、想干什么。而且在自由时间里，除了功课，没做过什么有助于录取的事。即使有课外活动，也很单一，大多是学校组织或安排的，像军训、去敬老院做义工、当运动会的志愿者，都体现不出学生的个性，也看不出参与者的想法和热情。

但一名在国内高考落榜的男孩小杨，却被美国排名第一的哈佛大学录取并获全额奖学金。小杨出生于银川的一个乡村，长相普通，但给人的印象很阳光，善于表达，聊他的经历，让人感觉很有趣、很兴奋。他跟绝大多数天天备考的高中生不同，小杨花了很多精力去忙一件他喜欢的事：做NGO（非政府组织）。小杨看不惯一些公益组织以慈善之名捞不义之财的做法，但他并不只是发牢骚，而是自己想着去做、去改变，于是他自己创办了一家NGO，这是最可贵的。在中国，想注册一家NGO可不是件容易的事，何况还是个高中生。NGO是不以营利为目的的非政府组织，但必须挂靠在某个政府部门底下才能注册。这是小杨最纠结、最难办到的事。他跑了很多地方，找了许多人，都没办成。最后，当地一家媒体出面，帮他挂靠在一个县级单位下边，才算注册成功。

他知道那些农村孩子需要什么，也懂他们的心理。“西部农村的学生，不仅缺乏物质资源，更缺少精神资源。他们需要资助，我要帮他们，哪怕是很小的帮助。”他

① 董堂荣．和美国大学面试官聊过后，一定不要忘了说这两个字．（2016－09－22）［2016－10－15］．http：//learning. sohu. com/20160922/n468918674. shtml.

曾与同伴募集到5万本图书、15台电脑，分别送给18所农村小学。他还跑到大学征招短期支教的老师，去偏僻地区的小学教英语、电脑、音乐等。他甚至召集到一百多个志愿者。

小杨办的NGO很有创意，是一家整合了当地公益资源的网站。比如，现在有20名可以支教的志愿者，他们的资料都被发布到网上，哪家NGO需要，直接联系就可以了，不用到处现找人。再比如物资，像电脑、书刊、过冬衣物等，都被发布到网上，供大家支配。这个网站，实际上就是NGO资源共享的平台。有200多家NGO成为他们的会员。目前，他们正在做远程教学，想让偏远地区的学生通过网络也能享受到优质的教育资源——对于小杨这段经历，哈佛考官很感兴趣。

小杨的另一段经历更让哈佛考官感兴趣。高中毕业后，小杨一个人去了西藏，在牧区与藏民生活了半年。小杨说："人生就好像旅行，重要的不是你都去了哪里，而是在旅行的过程中，你都遇见了什么人，他们给你带来了怎样的快乐。"

美国一流大学的录取标准，没有定律。如果硬要说有，可以说它们要的是将来可以影响世界的人，或是具有这种潜质的人。要影响世界，首先看你是否影响了周围的环境，你都做过什么。在美国，高中4年什么都不做，天天关起门啃书本，死读书，读死书，肯定不行，一定进不了哈佛等一流名校。

试想，一个说自己有领袖才能的人，却从来没做过领导；一个说自己勇敢的孩子，却从来没冒过险；一个说自己很有创新精神的学生，却从未尝试自己想干的事，那人家怎么能信你呢?

这个姓杨的小伙子就很棒。看不惯环境，他就自己去做一个NGO。这说明他有克难制胜的勇气和能力。旅途中，他能拔刀相助一个素昧平生的人，这说明他很勇敢、很有担当！在牧区生活时，他去小学无偿地教书，帮助当地的穷人，这种服务社会的精神，正是一个优秀的人所必备的品质。在这个20岁的年轻人身上，考官看到了这种品质和潜力。他很有想法，也很有激情，这就是他身上的亮点。

可是，小杨的考试成绩并不理想，SAT分数满分是2 400分，他只考了2 000分多一点，申请哈佛大学能行吗？那可是世界级的竞争啊。据说，2011年哈佛大学的入学申请人数升至史上之最。哈佛大学对小杨的面试地就在北京，谈话结束时，面试官笑着对他说："假如你被录取的话，你将是哈佛大学有史以来录取分数最低的华人学生。"最终，哈佛大学的经济系录取了他，并给予他全额奖学金。

另一位北京高考理科状元，SAT考了2 370分，目标是进哈佛大学或耶鲁大学，可申请了美国11所名校，竟然全部被拒。其实这一点儿都不奇怪，在美国，即使是那些在高中全校排名第一、SAT满分的学生，许多也会被哈佛大学等名校刷掉。中国的SAT培训班，年年都能出几个满分学生，相当于国内的"状元"。但他们中的大部分，最后都进不了美国排名前十的大学。普林斯顿大学拒绝了一半以上SAT成绩接

近满分的申请者。其他美国顶尖大学也都有类似情况。哈佛大学的 SAT 平均录取分数只有 2 250 分；公立大学排名第一的伯克利大学，只有 2 050～2 300分——排名越靠前的学校，挑选人才时，往往越不看重考分，而更看重素质。

要想进入美国一流大学，光成绩好不行，分数达标的学生太多了。这些大学，到底在找什么样的人？答案很简单：让人印象深刻、多才多艺和拥有特殊课外活动的学生。你的梦是什么？你的故事是什么？这些非常重要。

万一有人撒谎怎么办？伪造自己的课外活动，没做过的事却说做过了，那些远在美国的录取官怎么可能发现？考官说："这个简单啊，多问细节。比如，一个学生讲他发明了某种东西，你可以问他：使用何种工具、哪里出产、什么牌子、性能如何等。"哈佛大学在北京面试一个学生的时间，通常为 40～100 分钟。如果根本没做过的事，一个高中生是经不住那些久经沙场、经验老到的面试官追问的，总会露出破绽。

（三）学生自己写的申请信

在美国，到了申请大学的最后阶段，学生们最下功夫的就是写申请信。像哈佛大学，每年的申请者有 2～3 万名，录取的只有 2 000 多人，不足十分之一。面对成千上万封申请信，一所名校的录取官，读一封信的时间很有限。怎样让他们在你的信上多停留一分钟，让他们对你留下深刻的、超越刻板分数的印象，这关乎申请者的命运。申请信的关键就是要写出个性、写出彩。要一下子吸引住录取官，要在不长的篇幅里，强烈地呈现出你的形象和人生理念。这里有人生的精彩，也有写作的精彩。

深圳女孩小陆，申请了哥伦比亚大学。朝思暮盼，等来的却是一纸拒录信。小陆慌了，自己品学兼优，做了不少课外活动，怎么还被拒绝了，哪儿出的问题？留学顾问觉得是申请信出了问题。在信中，小陆着重描述了她打羽毛球的事。如何重写申请信，她与留学顾问进行了一场头脑风暴式的讨论。最后确定重写的内容，是她曾与我国台湾高中生共同组织的一场两岸对话会。这一回，小陆的申请获得了成功，她如愿以偿被宾夕法尼亚大学录取。

有个华裔女孩，父母是开餐馆的，没什么文化，家族中也没有人上过大学。她自己很少参加课外活动，课余时间都在餐馆里帮父母的忙。她的大学申请信，就写她在餐馆里干活儿、在家照顾弟弟的事儿，写得很生动、很具体。结果，她那种积极向上的人生态度打动了哈佛大学的录取官。你的故事不一定很离奇，但一定要让人感动，要与众不同。

有人曾问哈佛大学录取部主任威廉，在年复一年的录取工作中，什么最令他难以忘怀？他毫不迟疑地回答："阅读申请者的人生故事，这些故事是那么真实、动人，你无法伪造。"

考官评价中美两国学生的差异，其中最大的不同，就是中国学生没有梦想，中国教育没有给人梦想的空间。难道高考就是你的梦吗？可它除了分数外，还能看到什么？你是谁，你要什么，你想做什么，你的梦是什么，这些能看到吗？没有梦想，你会成为一个真正的人吗？没有梦想，中国能出乔布斯吗？而美国的教育，从小就教你发现自我，鼓励小孩敢想、敢做。美国的文化也一再告诉人：只要你想到、你做到、你充分努力了，那你一定会得到！教育的重点，就是给人梦想，启发人，发现人，挖掘人的潜力。人在年轻时学到的课本知识，可能会被忘掉，但一个启发、一个感动、一个梦想，可能会影响人一辈子。

（四）证明哈佛大学最适合你

不能因为哈佛大学是世界第一名校就申请这所学校，适合自己的才是最好的。哈佛大学虽然综合起来排名最高，但并非每个专业、每个领域都是最好的。如果你是化学天才，进哈佛大学不如进宾夕法尼亚大学。要证明自己的天赋和特长与哈佛大学的学习环境高度契合，你的个性能够在哈佛大学得到最好的发展。每所大学都有最适合自己的学生，同样，每个学生都有最适合自己的大学。当年苹果公司创立者史蒂夫·乔布斯就没有选择哈佛大学，而是选择了一所在中国人看来名不见经传的俄勒冈州波特兰的里德学院。里德学院成立于1908年，它是俄勒冈州波特兰市东南部的一所私立、自主的文理学院。学院实行四年制寄宿教学，只设有本科教学课程，没有硕士、博士学位，规模一直很小，至今只有不到1 400名学生。一所大学办了一百多年，仍然叫学院，仍然没有硕士、博士点，仍然只是本科教学，仍然只有那么一点学生，但是，这就是里德学院的风格，这就是代表着小规模、高质量的经典本科教育，这是哈佛大学无法取代的。

（五）知名教授或有信誉的社会名流写的推荐信

美国是诚信社会，越是名牌大学的知名教授与社会名流，越不会轻易为别人写推荐信。让这些人来为你写推荐信，包含几层意思：第一是表明他们的话相对普通人更可靠，更有社会信用度；第二是这些人更能够认识真正的天才。世界上的天才，只有另一类天才才能够认识。也就是珍珠只有慧眼才能够识别。把发现人才的权力交给这些已经被证明了有诚信、有才华、有突出贡献的人，这是美国的大学普遍的做法。

综上所述，美国一流大学，都首先把发现一流人才放在首位，而对一流人才的衡量标准，又是以其服务社会的精神与能力为标准的，而不仅仅是以考试为标准。因此，美国一流大学培养的学生不仅在个性、天赋与能力方面是一流的，而且在服务社会、贡献人类方面也是一流的。参观哈佛大学教堂可以发现，哈佛大学从南北战争一直到第二次世界大战，有40%以上的毕业生在历次的为美国的独立与自由的战争中牺

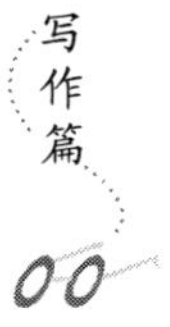

牲了，他们的名字被刻写在教堂里。哈佛大学是为美国培养贵族精神与社会精英的地方。而贵族精神与社会精英除了有卓越的才能之外，更要为社会谋福祉，特别是于危难之时，有一种特别高贵的担当和牺牲精神。

有这种精神与能力的人，即使出身于贫穷的家庭，也不会因为经济问题而从哈佛大学辍学。尽管哈佛大学的学费每年高达 5 万～6 万美元，略接近于美国一个中等收入家庭的年收入，但是，只要你被哈佛大学录取了，你就不用担心无钱读完书。到时学校会想办法完全免除学费，还会为你解决生活费。这也是美国名校捐赠率高的原因之一。学生得到精心培养，然后回报社会，回报母校，二者相得益彰，良性循环，学校名气也就越来越大。①

五、中国应尽快建立并实施“创新教育评价招生体系”

我国“十三五规划”中提出了要建立“创新型国家”的计划。但要“建立创新型国家”，就必须具有“创新型人才”，要培养“创新型人才”，就必须开展“创新教育”，要开展“创新教育”，关键是制定并实施“创新教育评价招生体系”。

所以，“创新教育评价招生体系”⟶创新教育⟶创新人才⟶创新国家。

由此不难看出，“创新教育评价招生体系”是建立“创新国家”的基础和关键，是教育进一步发展的瓶颈。没有做到这一点，后面的“创新人才”“创新城市”“创新国家”等都无从谈起。

因此，开展创新教育的关键，是尽快建立“创新教育评价招生体系”。这是开展创新教育千锤打锣、一锤定音的“一锤”；是纲举目张的“总纲”；是实施创新教育的关键钥匙。否则，用应试教育的评价招生体系，衡量创新教育，本身就是荒唐而徒劳的。

“评价体系”是教育“价值观”的体现，具有指挥棒和最终检验评判的权威功能——说白了，就是你怎样评价教育，教育就怎样开展。没有“创新教育评价招生体系”，想开展“创新教育”，无异于缘木求鱼、水中捞月。“创新教育”就会成为无源之水、无本之木。

我们现在所实行的教育评价招生体系，基本还是“应试教育的评价体系”。用“应试教育的评价体系”，去指导和检验“创新教育”，本身就是自相矛盾的伪命题，是新时代的叶公好龙。

升学率是一个常数，每年全国升学率都有一个定数。甲地区（学校）提高了，乙

① 美国名校招生变革：主要的录取条件竟然是人品．(2016 - 05 - 01) [206 - 10 - 15] http：//learning. sohu. com/20160501/n447105197. shtml.

地区（学校）就会降低，不可能所有地区、所有学校都年年提高。盲目追求升学率，就像盲目追求 GDP 一样，污染了环境，治理起来要付出成倍的代价。中国目前是全球最讲究考分和升学率的国家，也是创新能力最弱的国家之一。2009 年教育发展国际评估组织对世界上 21 个国家的调查显示，中国孩子计算能力世界第一（计算机时代，这种能力还有多少意义?)，而创造力却排名倒数第五。(《教育文摘周报》2009 年 9 月 9 日)。

研究表明：学生的创新能力与抓分数和升学率的强度成反比——也就是说，抓分数和升学率的强度越大，学生创新能力越低。这个结论的理论依据是近年来脑科学研究的成果。发达国家尤其是美国和日本，近来高度重视脑科学研究在教育中的应用。从神经科学角度分析，人的任何一种习惯（思维和行为）都有物质基础，这个物质基础就是脑神经网络。不同的学习过程会形成不同的脑神经网络，从而决定了不同的思考与行为习惯。从这个意义上讲，教学过程就是塑造和形成脑神经网络的过程。被动重复式的训练，与主动探究式的学习，所形成的脑神经网络明显不同，从而产生不同的思维和行为习惯。前者提高了知识再现的应试能力，考试容易得高分，代价是强化了定式思维和习惯，失去思维的灵活性和求异性。后者得到的是善于灵活多变思考的大脑。而一个人的脑神经不可能同时具有两种网络结构。所以，哪一种脑神经网络和思维习惯更有利于民族的创新和发展，我们必须做出选择。

许多领导经常强调的所谓“提高教育质量”，其内涵只是“提高考试分数和升学率”。什么是真正的教育质量？把教育质量仅局限在考试分数和升学率上，实际上做着违背提高教育质量的事，增加学生负担，进行大量机械的重复训练，极大地妨碍了学生创新素质、教育质量的提高。

特别是义务教育阶段，更没有必要把“分数和升学率”看得那么神圣，更需要制定和实施“创新教育评价督导体系”，形成“倒逼机制”，推进创新教育切实实施，培养造就创新人才。

张超论辩机智辑录

阅读和写作可以使思维更严谨、条理、深刻；语言表达更精确、迅捷、简明。无论是课堂教学还是日常生活，都可以增强思维和语言表达的品质及应变机智。以下是笔者教学或生活中的一些论辩应变的片段，辑录于此，供读者参阅。

（1）一位老师开玩笑说："语文不用学，只要学好英语就可以了。"我回应道："'语文不用学'这句话本身使用的就是语文，如果不学语文，你连这句轻蔑语文的话也说不出来——这就像一边站在地球上一边说地球没有用一样可笑。再说，'英语'难道不是语文吗？那是英国的语文！"

（2）有一次在广州参加"苏霍姆林斯基教育思想研讨会"，会议规格很高，有不少专程从俄罗斯、乌克兰和我国北京来的专家。会场四周张贴着苏霍姆林斯基的教育名言，其中有一句大家耳熟能详："没有教不好的学生，只有不会教的老师。"苏霍姆林斯基作为世界级大教育家，我很敬佩他，但对这句话我不敢苟同，因为它明显违背教育规律，把教育功能绝对化、万能化。我怀疑这句话是苏霍姆林斯基在特殊语境下要表达某种特殊意思，可能译文没能精确表达苏霍姆林斯基的本意。即便是本意，也恰好说明，即使名人，也不等于每一句话都是真理；即便是庸人，也不是每一句话都全无道理。

在会议最后的提问交流环节，我得到一个向外国专家提问的机会。我说："会前，我在会场参观，看到墙上张贴着苏霍姆林斯基的一句教育名言，其中有一句：'没有教不好的学生，只有不会教的老师。'我想请问这句话确实是苏霍姆林斯基说的吗？"来自俄罗斯、乌克兰的两位女专家，听完翻译，很兴奋、自豪地转向我回答："是的！"并向我投来赞许的目光——似乎是赞许我对苏霍姆林斯基的钦敬。我继续问："我想请问'教好'的内涵是什么？怎样界定？教到什么程度才算'好'？"两位女专家对这个不是问题的"问题"先是一愣，一时语塞，交头接耳一番后回答："合格的公民！"我想她们一定自以为把"教好"的门槛降得很低了，无懈可击了。我追问："如果把'教好'界定为'合格的公民'，那么就是说教出来的每一个学生都应该是'合格的公民'——我理解'合格的公民'起码要遵纪守法吧？也就是说没有违法乱纪的学生，那社会也就不需要再建公检法、监狱什么的了，只要多建学校不就万事大吉了吗？——因为‘没有教不好的学生’嘛。”来自俄罗斯、乌克兰和我国北京的专家们，方才和蔼自信的笑容不见了，有点慌乱、错愕。他们也许想不到把“教好”的标准降为“合格的公民”这样低的水准，也还是不能自圆其说、逻辑自洽的。我继续追问：“如果‘没有教不好的学生，只有不会教的老师’这句话成立的话，那么是否也可以说：没有治不好的病人，只有不会治的医生？没有破不了的案件，只有不会破的警察？没有上不去的星球，只有不会上的宇航员？……”我继续说：“孔子三千弟子，只有七十二圣贤，‘好学生’比例仅占2.4%。如果按以上逻辑，孔子不要说是大教育家，恐怕连合格的教师都算不上吧？”与会老师们爆发出热烈的掌声，翻译反馈外国专家的慨叹：“中国人真厉害！”

(3) 一次，学校领导反馈一位家长的投诉：“学生问老师问题，老师说：‘去问某某学生。’家长很生气，说这位老师教学不认真，推卸责任。”

座谈时我说：“教育教学是一门很专业、很高深的职业，是不能被人随便指手画脚、说三道四的，就像咱们外行不能对医生的手术指手画脚、说三道四一样。这降低了教育这个行业的科学性、权威性和专业性。学生向老师提问题应该鼓励，但不同的学生在不同的时间提出不同的问题，老师可以有不同的应对方式，这体现了‘因材施教’的原则。如果学生提出的是一个很有深度的探究性问题，老师不但要赞赏学生的钻研精神，还要和学生一起认真研究；如果学生提出的是一个课外的拓展问题，老师也应肯定学生求知的广度，知道的就告诉他，不知道的可以查询后再说；如果学生提出的是一个老师课堂上讲过 N 遍、班上99%以上的学生都会的问题，老师完全可以让其他学生来教会他。这样做至少有三个好处：第一，可以使被请教的学生得到锻炼，他要回顾并梳理知识，并想办法把知识简明地教给同学，教学相长；第二，来自同学的指教会使请教的学生更易接受，更接地气，互帮互学，融洽关系；第三，请教的学生会反思自己的学习态度和方法有何不妥，为什么班里其他同学会了，自己不会，对其以后的学习有促进作用。”

(4) 某人对转发一些有关时事政治的微信文章不满，回复说：“现在是全民娱乐时代，整天那么严肃干嘛？”我回应道：“娱乐没错，但不能娱乐至死。再说是否真的是‘全民’娱乐？总有一些境界高一些的人关心国家兴亡吧？我相信这些有血性、有脊梁的中国人还不是少数。如果真的‘全民娱乐’，那离国家衰亡也就不远了——‘忧劳可以兴国，逸豫可以亡身’！”

(5) 有一次，我暑假乘卧铺快车回家，列车是空调、全封闭的。车上一对夫妇抱着一个小孩儿，小孩儿在车厢过道上大小便。大家对那夫妇投去憎恶的目光。夫妻俩也感觉出大家的不满，一边继续让孩子大小便，一边自言自语解释说：“孩子小不懂事，不愿意去厕所。”言外之意，大家要容忍，不能和小孩儿一般见识。我实在看不下去了，便说：“大家不是责怪小孩子，而是在责怪你们——孩子小不懂事，难道

你们也不懂事吗？你们不带他去厕所，孩子当然不会去厕所！”

（6）一次，我上课讲到分析事物时要一分为二，不能走极端。世上没有绝对的“利”（好事），也没有绝对的“弊”（坏事）。“利”中有“弊”；“弊”中有“利”。如果“利”大于“弊”，基本上是好事。如果“弊”大于“利”，基本上是坏事。

有学生反问：“杀人有什么‘利’?”我说：“那要看杀什么人，如果杀罪大恶极的罪犯，是维护正义，为社会除害，这就是‘利’。如果非要给滥杀无辜找点‘利’，它可以减少人口，也可以提供警示和教训。但滥杀无辜‘弊’大于‘利’，所以是坏事。”

（7）有一次，大家谈论民主问题。一人大放厥词：“中国人的素质太低，不配有民主！”我说：“毛主席教导我们：‘群众是真正的英雄！’看不起群众，说人民素质低的人，其本身素质最低。”

（8）一位朋友笑言我“书生气”。我也笑着回应道：“能当面说别人‘书生气’这种表现本身就很‘书生气’。”我接着很感激地说：“谢谢您赞赏我的‘书生气’，我也很赞赏您的‘书生气’。所谓‘书生意气，指点江山，臧否人物’嘛！不能光让您表扬我，我也要表扬您——来而不往非礼也。其实‘书生气’就是‘专注痴迷气’。蒲松龄说：‘性痴则其志凝，故书痴者文必工，艺痴者技必良。世之落拓而无成者，皆自谓不痴者也。’希望咱们共同努力，把‘书生气’发扬光大好吗?”

（9）有一次，我偶然上网发言，可能大家不熟悉我，有人出言不逊回复了几个字：“又来了个网络小混混！”我故作惊讶并诚恳地说：“您的尊姓大名不是叫×××吗？何时改名‘网络小混混！’了？我觉得您还是叫原来的名字好听一些，不过如果您坚持觉得自己的‘网络小混混！’新名字更好，我也不很反对。”

（10）有一次我去体育中心休闲，讲好30元一小时，结账时，老板偏说35元一小时。争执中，老板语带嘲讽地说：“消费不起就不要消费！”我立即回应道：“这是两个问题——你不要把你们的诚信问题，偷换为客人的消费问题！”

（11）一位领导口无遮拦，在公开场合评说：“××学校素质差，从学生到教师水平都低！”大家为之侧目，我平静地说：“说人家‘学生、老师们水平低’这句话本身水平就不高啊！俗话说‘强将手下无弱兵’，你的兵水平都低，你又能高到哪里?”

（12）一次我转发了一篇微信文章，某人可能不同意其中的观点，回复了两个字“有病！”我回复道：“提醒叫‘有病’的网友，你只署了名，忘了写内容。”

（13）一次我转发了一篇作者自称“农民”的微信文章。某人不同意其中的观点，一语双关地回复道：“真是‘农民思维’，太幼稚！”我回复道：“‘农民’的微信不能当真，一家之言，看看而已。更不要和‘农民’认真争辩，否则就分不清谁是真正的‘农民’。”

（14）一次我与朋友在微信上讨论“天才”问题。朋友认为：“有些天才不懂得

‘地球离开谁都可以转’的道理，幼稚和自负造成了天才性格的悲剧。”

我说：“是啊！天才都有一定的个性，温顺得像绵羊，肯定不是‘千里马’。何为‘伯乐’？就是能识才、容才之人。社会尤其是权力部门对天才个性的包容度，反映一个社会的文明度。天才的夭折是人类文明的悲剧和不可弥补的损失。不错，‘地球离开谁都可以转’——就连一个人都没有，地球也照样转，可那种‘转’还有意义吗？”

朋友又说：“天才因人类而生，人类却不为天才而活。”我说：“是啊，‘人类不为天才而活’。可‘活’与‘活’不一样，天才让人类更有尊严、质量和品位地‘生活’，而不是像动物一样‘存活’。环视四周，我们生活中不可或缺的各种用品，就连现在我们通过手机微信讨论这个话题，不知是靠天才，还是靠你我这样的平常之人实现的？”

（15）房子装修完毕，感觉气味很大，令人恶心不适。可施工方拿出的检验报告各项指标竟然全是“合格”。我提出异议，施工方振振有词：“是相信‘感觉’，还是相信‘数据’？”我回答说：“听说过‘郑人买履’吗？你说买鞋是该相信脚的‘感觉’，还是该相信量脚的‘数据’？”

（16）几位教师讨论教师的发展问题。一位说：“应鼓励教师做教育家。”一位说：“应鼓励教师具备工匠精神。”我插话说：“人各有志，有人愿意成为教育家，有人愿意做工匠——就像有人愿意做大树，有人愿意做小草，各有价值，各取所需。不能因为小草，就抹杀了大树的价值，反之亦然。其实，好的‘匠’也不好做，所谓‘匠心独具’‘颇具匠心’等，都是说‘匠’的可贵。最糟糕的是，什么也做不好、做不成。”

苦酒微澜显沉浮

——鲁迅的《范爱农》饮酒细节探赏

《范爱农》是鲁迅的一篇追怀亡友的散文，选自被鲁迅称为“回忆的记事”的散文集《朝花夕拾》。1912 年 7 月，范爱农的死讯深深扣击了鲁迅的心弦，“夜间独坐在会馆里，十分悲凉”，感慨之余，命笔作“哀范君”诗三首以悼亡魂。诗后“跋”曰：“我于范爱农之死，为之不怡累日，至今未能释然。”范爱农在鲁迅的心中烙下的瘢痕是那样深，以至十几年以后仍萦怀难忘，其情感常常被范爱农牵动，激起阵阵不可阻遏的创作冲动。于是 1926 年 11 月鲁迅又写下了这篇倾注着情感、饱蘸着血泪的散文——《范爱农》。文章“饱含着作家强烈的爱憎，闪烁着社会批判的锋芒，在平淡的叙述中寓有褒贬，在简洁的描写中分清是非，使回忆与感想，抒情与讽刺和谐地结合起来”(唐弢主编《中国现代文学史》)。读《范爱农》有一种被震撼之感，这除了内容上发人深省之外，还应记住“艺术，首先应是艺术，然后才能成为某一时代的社会精神与倾向的表现”(别林斯基语)。《范爱农》艺术上的成就是多方面的，本文拟就其通过细节的描写运用反映深厚重大的社会主题方面，谈一得之见。

细节，是使文章闪光的珍珠，“古今中外优秀作品高和深的决定因素就是细节”。一篇好文章的每个细节，哪怕是看似微不足道的细节，都与主题密切相关，都为突出主题而发挥其特有的作用。好的细节可起到窥斑知豹、一目传神的妙用。鲁迅的这篇回忆性散文，通过范爱农数次“饮酒”的细节描写（六七次），通过范爱农在饮酒态度上的变化，深刻地揭示了人物身世、境遇的沉浮，心情、性格的变化，借小小的酒杯，映射出辛亥革命前后中国社会的状貌及实质，堪称微言大义的典范。

鲁迅笔下的众多人物形象，大都与酒有着密切关系，像《在酒楼上》的吕讳甫，《孤独者》中的魏连殳，最令人难忘的恐数潦倒文人孔乙己了。他以“站着喝酒”出场，以“坐在蒲团上”喝酒而告别人世，那浓苦的酒味，使人心酸。本文的主人公范爱农的出场却与酒没什么缘分，他不仅自己不爱喝酒，而且瞧不起那些浸泡在浊酒中的糊涂虫——“先生小酒人”。站在我们面前的是一个声音钝滞、眼球白多黑少、性情耿介、愤世嫉俗、有着清醒政治头脑的革命知识分子的形象。这时的范爱农不爱喝酒是正常的：血气方刚、满腔热情的他，正从事伟大的爱国运动，他需要火与剑，来拯救苦难的民族，摧毁黑暗如磐的“铁屋”。

然而怀着一腔报国热情的范爱农，回国后面对的却是“故里寒云恶，炎天凛夜长”的黑暗现实。封建恶势力对他“轻蔑、排斥、迫害”，使他“几乎无地可容”，只好“躲在乡下，教着几个小学生糊口”。生活困顿凄苦，于是一个年纪轻轻的知识分子竟过早地“有了白发”。作为一个民主主义知识分子，时代和阶级的局限，使他不可能深入到民众中去汲取力量，他陷入了孤寂苦闷之中。“何以解忧，唯有杜康”。偶然的机会，他在城里与鲁迅重逢，告诉鲁迅“现在爱喝酒”，于是他们便喝酒；之后，每一次进城必邀鲁迅喝酒，醉后“常谈些愚不可及的疯话”。这一细节的变化有着深刻的内涵：它是范爱农境遇、心情恶化的标志。可以说，是黑暗的旧世界迫使他从不屑喝酒，到借酒消愁、醉中论天下。而那些在庸人看来醉后“愚不可及的疯话”，实际上是他们纵论世事、抨击时弊的“阔论”，是“清醒者唤醒铁屋中昏睡者的呐喊”。

然而醉中论天下，毕竟不是范爱农本性所愿，他真正需要的是“行动”而非“高谈”。所以当辛亥革命爆发，绍兴光复的第二天，他就急不可待地来到城里，“那笑容是从来没有见过的”。他对革命发自肺腑地欢迎，对国家的“新生”由衷地高兴，对社会寄予殷切的希望。欢欣鼓舞的他，首先想到的不是开怀畅饮，而是邀鲁迅一同去看光复绍兴的新气象。他一反常态地对鲁迅说：“老迅，我们今天不喝酒了！”简短激动的话语，反映出一个爱国知识分子长期受压迫忽闻解放时难以抑制的喜悦和兴奋，坦露出对革命的无限拥护和忠贞的情怀。一个以酒遣愁、放浪潦倒的范爱农消失了，代之以一个激情满怀、摩拳擦掌、跃马扬戈的革命者的形象。有了用武之地，他便投身其中，革命的成功激发了他的热情和朝气，像蓄久喷发的火山，释放出极大的能量：“他办事，兼教书，实在勤快得可以”，把全部的精力和时间都奉献给了自己理想化了的辛亥革命，“少有工夫谈闲天”，更无暇喝酒。

遗憾的是，残酷的现实欺骗了范爱农的热情。由于旧民主主义革命的不彻底性和封建势力的投机复辟，革命的大好形势如昙花一现。虽然“满眼是白旗”（辛亥革命推翻清政府以后，人们欢庆胜利时打的中间有一个“汉”字的白色旗子——笔者注），表面热闹，但“内骨子是依旧的”，社会依然如故。光复的绍兴，绍兴的光复，实际上只是换了一个旗号而已，致使“狐狸方去穴，桃偶已登场”，旧势力摇身一变，依旧统治着人民。所谓“军政府”，“还是几个旧乡绅”组成，政权掌握在蜕化了的革命党人和钻进革命营垒的封建遗老遗少手里。他们变本加厉地残酷迫害一切追求光明的革命志士，一时间“阴霾之气，遍被华林”。范爱农因而处于更加沉重的压迫之下，一度萌发的希望化为泡影。“世味秋荼苦，人间直道穷”——世态炎凉，真诚的革命者，对革命事业尽职尽力的正直之人，却末路穷途，无容身之地。真的、善的、美的被踩在脚下，恣意作践。而那些丑恶的投机家、阴谋家，甚至双手沾满人民鲜血的刽子手、革命的敌人，却“咸与维新”、趾高气扬，成了“革命者”，挥舞着大棒屠刀，

主宰生杀予夺的大权。“他又成了革命前的爱农”，沉痛的话语蕴含着沉痛的教训。范爱农用自己美好的理想，拥抱亲吻了一个丑陋、冷酷的现实，他彻底绝望了——当支撑一个人生存的希望破灭之后，这个人的生命实际上也就终结了。在这种境况下，他又一次端起了酒杯，“他很困难，但还喝酒”。他需要用酒来浇蚀胸中的块垒，来麻醉滴血的心灵。这时的酒已全然是苦涩不堪的黄水了。苦酒，正是范爱农由失望而绝望，最后陷入痛苦深渊的见证。但苦酒只能使他“微醉”，并不能使他“酩酊”。在举世混浊、众人皆醉中，他仍洁身自好，仍保持着清醒的头脑和铮铮傲骨——“白眼看鸡虫”。社会能使他穷困潦倒，却不能使他屈服、妥协。这从文章的下列描述中可以看出：青年人认为饮酒讲笑话有趣，然而他却决不苟同，仍旧一味饮酒发牢骚。倘使范爱农也能醉生梦死、随波逐流，与“群小”“大蠹”们同流合污，举杯唱颂歌，奉迎拍马讲笑话，他或许能过得好一些。但他不屑为之，“不肯钻营，也不善钻营”。正因为如此，“酩酊”的大寰，愈来愈容不下“微醉”的范爱农。两者的“醉”不仅是“量”上的差别，更有着“质”的不同：一是本不愿醉，似醉实醒；一是本来就醉，无所谓醒。最后“微醉”的范爱农在“风刀霜剑严相逼”中，被“酩酊大寰”吞没——“微醉合沉沦”。他的悲剧不是个人的，而是社会的，而且是必然的。范爱农清醒地认识到这一点，他生前在给鲁迅的信中说道：“如此世界，实何生为？盖我辈生成傲骨，未能随波逐流，唯死而已，端无生理。”终于，在风雨如晦的黑夜，范爱农悲惨地离开人世。他是醉眼蒙胧中失足跌入水中，还是面对醉生梦死的大寰愤而跳水的呢？我们不得而知，也无须深究。作者与读者心照不宣：无论是失足还是自杀，其悲剧的性质都是一样的。与其说是失足落水，毋宁说是自沉而亡更切合他当时的思想实际。而窒息范爱农的既不是苍茫的湖水，更不是醇香的绍酒，而是辛亥革命后黑暗如漆的现实。范爱农是非死不可的（“尸体直立”，照民间的说法简直是屈死）。他甚至等不到他所期盼的鲁迅电报中的那个“明天”——“悲夫悲夫，君子无终，越之不幸也！”

一个热血爱国志士，从“小酒人”到“把酒论天下”又到“无暇喝酒”投身革命，再又回到沉溺杯中，最后以年轻的生命在醉中“独沉清冷水”，范爱农用苦酒浇沥出的人生轨迹，正是对辛亥革命失败的形象的血的注脚，个人悲剧反映的正是时代的大悲剧。

《范爱农》在艺术上正是与我国抒情散文以小见大、以事寓情的可贵传统一脉相承的。整篇文章巧借“酒性”，把零散的材料贯穿起来，层层深入，披显入微，揭示题旨。范爱农在饮酒态度上的变化，实则是社会动荡变化、人生境遇沉浮的形象反映。读着这沉重的文字，嗅着那苦涩的酒味，“深味这非人间浓黑的悲凉”，自然感慨良多，抚今追昔，对旧中国及旧民主主义革命就有了更深一层的认识。这正是：

小小酒杯，容乾坤风云变化，
苦酒微澜，显人生悲欢沉浮。

梨花妙曲纸上听

——刘鹗的《明湖居听书》歌乐描写探赏

歌乐的声音之美，抽象无形，飘忽不定，转瞬即逝，很难真切细腻地描摹传达。我国古代文学史上有关歌乐描写的诗文佳句，脍炙人口，如《论语》中写孔子“闻韶乐，三月不知肉味”。《列子》中写韩娥歌声美妙动听，“余音绕梁，三日不绝”。李贺的《李凭箜篌引》写技艺高超的乐师李凭在秋高气爽之日弹奏精致的箜篌（一种类似竖琴的乐器），奇异缤纷的乐音竟使“空山疑云颓不流，江娥啼竹素女愁”，又使“老鱼跳波瘦蛟舞，吴质不眠倚桂树”。李白的《听蜀僧睿弹琴》中写高妙的琴声使“客心洗流水，遗响入霜钟，不觉碧山暮，秋云暗几重”。杜甫的《赠花卿》中写音乐：“锦城丝管日纷纷，半入江风半入云。此曲只应天上有，人间能得几回闻。”这些描写歌乐的诗文都用侧面烘托的手法极力渲染歌乐效果的动听迷人，但具体是怎样一种歌乐，其演唱过程怎样“动听”，则语焉不详，少见正面描写。侧面渲染固然有其独到之处——唤起想象，启人自悟，但毕竟缺乏正面描写的具体可知。

苏轼的《前赤壁赋》中也写到音乐：“客有吹洞箫者，倚歌而和之，其声呜呜然，如怨、如慕、如泣、如诉，余音袅袅，不绝如缕，舞幽壑之潜蛟，泣孤舟之嫠妇。”有了一些正面描写，但依然较简单，主要还是侧面表现。文学史上正面表现音乐最成功、最细腻出色的当属白居易的《琵琶行》，那透纸而出、灌人双耳的精美比喻，把人们带入一个五光十色、美不胜收的音乐世界。关于《琵琶行》中成功的音乐描写，前人备述，本文不想步尘赘言。笔者只想说明，成功正面描写音乐的除《琵琶行》外，清末刘鹗的谴责小说《老残游记》第二回《历山山下古帝遗踪　明湖湖边美人绝调》中一段描写白妞说唱“梨花大鼓书”的文字（过去高中课本入选时定题为《明湖居听书》，现转入初中新教材定题为《绝唱》），也堪称正面描写歌乐的成功范例。歌乐是“听觉形象”，刘鹗将之转化为语言文字的“视觉形象”，竟能“状难摹之音如在耳边”，似乎又可还原为“听觉形象”，这需要极高的文字功力，更需要丰富的情感和想象。笔者拟就《明湖居听书》中有关歌乐描写的技巧作一粗浅探赏。

白妞历史上确有其人，真名王小玉。凫道人的《旧学庵笔记》中载：“光绪初年，历城有黑妞、白妞姊妹，能唱贾凫西鼓儿词。尝奏技于明湖居，倾动一时，有‘红妆

柳敬亭'之目。"《明湖居听书》中，白妞的出场和演唱是最精彩的部分。回目既为"美人绝调"，先看"美人"如何：在众人的企盼之中，白妞"千呼万唤始出来"，一亮相，果然气度不凡："只觉秀而不媚，清而不寒。"几个简单而精彩的动作："梨花简丁当了几声""鼓捶子轻轻的点两下"，极简单的乐器在白妞手中一摆弄，"便有五音十二律似的"，十分和谐悦耳，真是"未成曲调先有情"。尤其是那夺魂摄魄的"一盼"像磁石一样吸引着人们，观众立即着魔入定。古人赞叹美女有"巧笑倩兮，美目盼兮"的名句。这极富魅力的"一盼"不应是敷衍了事的一瞅，一瞥，更不是"一轮"（《祝福》中写垂死的祥林嫂的眼睛，用的是"间或一轮"，状其沉重呆滞），而应是溢彩流光地深情扫视。白妞的美不是那种"闭月羞花"的容貌美，而是一种神韵美、气质美。这种"神韵气质"最能从其"美目"中透射出来，作者不惜浓墨重彩，用一连串精彩的博喻状其善睐明眸："那双眼睛，如秋水，如寒星，如宝珠，如白水银里头养着两丸黑水银。""秋水"写眼睛清澈纯净；"寒星"喻其明亮有神；"宝珠"状其光彩夺目；"白水银里养着黑水银"不仅写黑白分明，而且"养"字突出眼睛的圆润灵动。鲁迅曾说："要极省俭地画出一个人的特点，最好是画他的眼睛。"白妞顾盼生辉，举手投足，魅力四射，丹唇不启，曲调未成，观众已被她那迷人的艺术家的风采所征服。

俗话说"心明眼亮"，作者用繁笔尽态极妍地描写白妞的善睐明眸，其用意就在于表现白妞的聪慧，富有灵气，为她后面精湛的说唱做了很好的铺垫。正因为白妞秀外慧中，聪明好学，她的说唱艺术才能有如此高的造诣。所以，写"美人"是为写"绝调"，是"绝调"的有机组成。

正面表现"绝调"的文字，是最精彩、最有特色的部分，也是中学课本选入的主要意图。古人云："人言不如人声入人心也。"美妙的歌声音乐，是全人类共同的语言，能沟通人的心灵，使之震颤共鸣。王小玉的说唱过程起伏跌宕，一波三折，大体呈现五个阶段：起始、发展、跌宕、高潮、结束。

"起始"阶段："王小玉便启朱唇，发皓齿，唱了几句书儿。声音初不甚大，只觉入耳有说不出来的妙境：五脏六腑里，像熨斗熨过，无一处不伏贴，三万六千个毛孔，像吃了人参果，无一个毛孔不畅快。"歌声起始低缓悠长，温和悦耳，让人通体舒畅，身心俱泰。作者把歌声入耳后常人难以言传的"妙境"，用他独到的体验、新奇的语言道出，使读者产生"似曾相识"的感觉：五脏六腑像熨斗熨过——像沐浴亲情或恋情一般温暖而舒畅，这是用触觉写听觉；又像吃了人参果，无一个毛孔不畅快，这是用味觉写听觉。不过"人参果"是神话中的仙果，《西游记》中唐僧师徒西去路过五庄观曾有幸品尝，一般凡人是无此口福的。作者以此作比，无非是调动起人们生活中美好的饮食体验，间接地体味出那种飘飘欲仙、妙不可言的感觉。通感、比喻的作用，就在于调动、沟通人的各种感观，用已知（或易知）的事物，去感知未知

（或难知）的事物。

“发展”阶段：“唱了十数句之后，渐渐的越唱越高，忽然拔了一个尖儿，像一线钢丝抛入天际，不禁暗暗叫绝。哪知他于那极高的地方，尚能回环转折；几啭之后，又高一层，接连有三四叠，节节高起。恍如由傲来峰西面攀登泰山的景象：初看傲来峰削壁千仞，以为上与天通；及至翻到傲来峰顶，才见扇子崖更在傲来峰上；及至翻到扇子崖，又见南天门更在扇子崖上。愈翻愈险，愈险愈奇。”歌声越唱越高，逐渐激昂，形成第一次“波峰”。作者施展手段，妙语迭出，用西路登泰山比喻盘旋而上的歌声，为我们描绘了一个“山外青山，风光无限”的音乐境界。尤其是“忽然拔了一个尖儿，像一线钢丝抛入天际”一句，用视觉写听觉，极为生动形象，我们仿佛看到那强劲的钢丝弹向空中，发出尖细、高亢之音。

“跌宕”阶段：“那王小玉唱到极高的三四叠后，陡然一落，又极力聘其千回百折的精神，如一条飞蛇在黄山三十六峰半中腰里盘旋穿插，顷刻之间，周匝数遍。从此以后，愈唱愈低，愈低愈细，那声音渐渐地就听不见了。满园子的人都屏气凝神，不敢少动。”刘鹗是遍历天下的旅行家，对三山五岳非常之熟，所以他常用名山大川来作比。白妞的歌声自高处陡落之后，又千回百折，如飞蛇绕峰，流畅婉转，快速多变。继而越唱越低，以至停歇，形成“波谷”。观众正听得过瘾，白妞此时让歌声低下去，停下来有两三分钟之久，这种“此时无声胜有声”的暂时“休止”，绝不是苍白，而是有意制造的“空白”，营造一种含蓄空灵的氛围，撩人情思，唤起联想想象，让人在无限的遐思中获得丰足的回味。其他艺术形式中也多有这种“空白”形象，如中国画中“计白当黑，无画处皆成妙境”的手法。又如雕塑中的“残缺”，戏剧中的“静场”，电影中的“定格”，书法中的“飞白”等。古人说：“诗在有字句处，诗之妙在无字句处。”“空白、休止”是一切艺术所追求的高层次品位。高明的艺术家都很善于运用这种“空白”的手段，追求一种“大音希声，大象无形”的艺术境界，即所谓“弦外之音，韵外之致”。所以此时的跌宕、休止绝不是可有可无的，而是整首乐曲中必不可少的精彩部分。

“高潮”阶段：“约有两三分钟之久，仿佛有一点声音从地底下发出。这一出之后，忽又扬起，像放那东洋烟火，一个弹子上天，随化作千百道五色火光，纵横散乱。这一声飞起，即有无限声音俱来并发。那弹弦子的亦全用轮指，忽大忽小，同他那声音相和，有如花坞春晓，好鸟乱鸣，耳朵忙不过来，不晓得听那一声的为是。”片刻的休止，歌声遽发，像烟火上天，五彩绚烂，美不胜收。作者又一次用视觉形象写听觉形象，把歌声不仅绘出形，而且着上色。白妞抖擞精神，引吭高歌，无限声音与琴声相和，交织一起，令人耳不暇接，但又繁而不乱，和谐悦耳，把歌乐推向高潮，形成又一次“波峰”。美妙的歌乐，使人的灵魂净化、升华，晶莹剔透，澄清明澈，让人在杳杳冥冥中悟得灵性的奥义。

"结束"阶段：正在耳花"撩乱之际，忽听霍然一声，人弦俱寂"，高潮处戛然而止，令人拍案叫绝，把听众引入"形骸脱而神思飞""曲有尽而意无穷"的"绝唱"化境。

作者运用比喻、通感等手法，把抽象难摹的歌乐，描绘成触之有体、咂之有味、视之见形、听之有声的具象实体，使人如临其境、如闻其声。比喻、通感成为文章中一道亮丽的风景，如果把这些比喻、通感句去掉来读，文脉虽通，但对歌声的表现力逊色不少。尤为奇妙的是，作者还表现了歌声一波三折的变化之美，具体表现为歌声运动中的两次"波峰"，一次"波谷"，以及"高潮"中的戛然而止，也即"起始、发展、跌宕、高潮、结束"五个环节。歌声的这种起伏跌宕的变化形式，在其他描摹声音的篇章中也有不谋而合的展现，如白居易的《琵琶行》：自"转轴拨弦三两声"起始；至"嘈嘈切切错杂弹，大珠小珠落玉盘"，乐曲发展为第一次"波峰"；继而"冰泉冷涩弦凝绝，凝绝不通声暂歇"，乐声跌宕形成"波谷"；"银瓶乍破水浆迸，铁骑突出刀枪鸣"，乐曲以极快的速度和极强的力度迅速展开，达到"高潮"，形成第二次"波峰"；"曲终收拨当心画，四弦一声如裂帛"，高潮中戛然而止：五个阶段层次分明，两次波峰、一次波谷起伏有致。

再看林嗣环的《口技》同样描摹了声音的起伏变化：自"遥闻深巷中犬吠"起始；既而众音繁杂，儿啼声，叱儿声，欠伸声，呓语声……各种声音"一时齐发，众妙毕备"，此时声响虽多，但音量不大，强度不高，是第一次"波峰"；未几，夫鼾声起，拍儿渐止，鼠作索索……渐入"波谷"，这是激动后的喘息，高潮前的跌宕；"忽一人大呼'火起'!"，巨声突变，声音的强度力度增大，哭叫声，呼救声，犬吠声，崩倒声，火爆声，抢夺声，泼水声……"百千齐作""无所不有"，声音达到"高潮"；"忽然抚尺一下，群响毕绝"，高潮中戛然终止：声音的运动变化过程与《明湖居听书》何其相似！

三篇文章虽时代不同（唐代、明代、清代），作者不同（白居易、林嗣环、刘鹗），体裁不同（诗歌、散文、小说），可在描摹声音的运动变化过程上都是一波三折，惊人相似。有道是"文如看山不喜平"，歌乐也不例外，只有曲折变化，才合乎人们的欣赏心理。两次波峰、一次波谷及高潮中的戛然而止，是合乎人们欣赏心理的最基本而完整的声响旋律变化形式：声音从轻徐悠长开始，逐渐发展为众音繁会，形成第一波峰，倘就此上去而无变化，便觉单薄浅直，缺少回环顿挫的韵味，而跌宕后暂时的"休止"，体现"虚实相生"的辩证法则，借以诱发审美联想。美学家克罗齐说得好："艺术家的全部技巧，就是创造引起读者审美联想的刺激物。"跌宕不是终结，须再扬起，但不应成为第一波峰的简单重复，需更激烈，更昂扬，这就形成"高潮"。在人们陶醉其中时，以短促刚劲的音响收曲，余韵袅袅，借助欣赏心理的"惯性"，以显"曲有尽而意无穷"之妙。这种"一波三折"的声响运动形式，足以充分显示声音的丰富多彩、绚烂动人，作为一种艺术规律和表现技巧被艺术家们认识掌握，在古今中外许多歌乐及表现歌乐的篇章中多有体现。

刘鹗把白妞的说唱描摹得如此淋漓尽致、绘声绘色，读罢文字，如同聆听了一段荡气回肠的“梨花大鼓”，真可谓“梨花妙曲纸上听”。这种成功地正面表现歌乐的文字，在文学史上是不多见的。这除了高超的文字表达能力和丰富的想象外，更需要精于音乐和歌唱之道。据载，刘鹗出身音乐世家，刘鹗的母亲朱太夫人“精音律”，刘鹗的二姐能弹古琴，刘鹗的继室郑氏“能度曲”。刘鹗所崇奉的“太谷学派”以学习音乐为修身养性的功课。刘鹗的朋友中精于音律、能琴善曲者更不乏其人。现存刘鹗的《抱残守缺斋日记》中直接记叙刘鹗与音乐有关的文字有三十余处。如光绪壬寅（1902 年）八月初六日：“……午后，赵子衡偕王稷臣来，有周君者，湖北人，号烈卿，即昨日所谈精于琴理者。遍视予藏琴，据云皆佳好。弹数曲，实非凡手所及……”八月十三日：“中秋节，阴。丁仲丹、杨子琛来，晚间赵子衡诸人来，箫笛并举，丝竹齐声，极一时之感，豪则豪矣，余味邈焉。”刘鹗收藏古琴五十余具，庚子年间曾以三千金购古名琴“九霄佩环”，现藏于北京故宫博物院。

刘鹗本人亦善弹奏，从日记中看出他能弹《平沙落雁》《高山流水》《山中忆故人》《良宵引》《耕莘钓渭》等名曲。某夏夜他弹奏《平沙落雁》，其侄刘大钧在旁，只感到“一会儿风声，一会儿水音，一会儿更听见飞鸟落地，两翅扑扑之声……”以至“竟忘却身在园中，仿佛初秋天气，清晨在江边闲步，看见许多雁在空中盘旋……”。由此可见刘鹗琴技高超之一斑。

刘鹗还通乐理。1903 年他出资刊印琴师张瑞珊的《十一弦馆琴谱》，并作序。序言不仅记叙了张瑞珊的师承及其对《广陵散》古琴谱的整理，而且还对张瑞珊创作的琴曲作了卓有见地的评论。古琴家查阜西对刘鹗印行的《十一弦馆琴谱》给予极高评价。

正因为刘鹗精通文字、音乐，特别是他对民间艺术、艺人的热爱和尊敬，才使他能够深刻地理解和把握白妞的说唱，才写出了《明湖居听书》这令人赞叹的篇章。诚如马克思所说：“你要欣赏音乐，必须有一双音乐的耳朵。”那么你要描写音乐，也必须有一支音乐的妙笔。

魂归离恨言未尽

——说“宝玉，宝玉，你好……”

《红楼梦》卓立千古，二百余年来，已是家传户诵——它的作者曹雪芹也就名声遐迩，永垂不朽了。然而，现在我们读到的《红楼梦》全书，后四十回却非曹雪芹手笔，而是高鹗续作（此乃传统观点，近又有新说，认为后四十回也系曹雪芹手笔，则另当别论）。续作虽立意运文不逮前茅，但其功亦有不可没之处。且不说后四十回的情节安排，如黛玉之死、贾母之丧、贾府被抄、宝玉出家等大体与雪芹构想无违，便是一些细微处也迭见生花妙笔，读来令人拍案叫绝。

这里单说第九十六至九十八回（九十六回《瞒消息凤姐设奇谋　泄机关颦儿迷本性》；九十七回《林黛玉焚稿断痴情　薛宝钗出闺成大礼》；九十八回《苦绛珠魂归离恨天　病神瑛泪洒相思地》），林黛玉从傻大姐口中得知贾宝玉将娶薛宝钗为妻，“木石前盟”顿化作红楼一梦，“心里竟是油儿酱儿糖儿醋儿倒在一处的一般，甜苦酸咸，竟说不上什么味儿来了……”颤巍巍拖了似千百斤重身子，挪回潇湘馆来，发病，毁帕，焚稿，“喘成一处……手已经凉了，连目光也都散了。探春紫鹃正哭着叫人端水来给黛玉擦洗……刚擦着，猛听黛玉直声叫道：‘宝玉，宝玉，你好……’说到‘好’字，便浑身冷汗，不作声……身子便渐渐的冷了”。呜呼，香魂一缕随风散，愁绪三更入梦遥！至此，高鹗完成了曹雪芹为之泪尽的这一绝代悲剧的女性典型形象的塑造，以她震撼人心的艺术力量跻身中国和世界文学的画廊。

“宝玉，宝玉，你好……”，这六个字包含了这个不幸女子的多少郁闷，多少悲凉，多少痛苦，多少怨恨，何止千钧分量。台湾易学家陈子斌说：“高明的作者，常常把美的感受留给观赏者自己去揣摩，在脑海里自由自在地酝酿，才能影射出无限的遐思和品位。”“你好……”什么呢？人们可以任凭联想去领悟其中的深意，去感受黛玉的复杂情感。其中既有对宝玉的爱和恋，更有对宝的怨和恨；既有对自己过去痴情的悔恨，更有因宝玉“负心”而聚生的隐痛；……感情之浓，之烈，已非言辞所能表达。此处的省略犹如维纳斯的“断臂”，无论你怎样地“想象”“续接”，都不能尽善尽美，悉如人意，曲尽其妙地传其弦外之音，不能胜过冥想中幻化无穷的“残缺美”。这正是高鹗的高明所在，他以少胜多，以无胜有，以“空白艺术”处理棘手的细节。

空白不是虚无，空白也有内容，正所谓“计白当黑”“虚引处，笔不到意到”。古人论诗有云“言有尽而意无穷”，论画有云“虚实相生，无画处皆成妙境”，赞美音乐有云“凝绝不通声暂歇，此时无声胜有声”。高鹗使林黛玉说到“好”字便不作声了，可谓得艺术之真谛，于不尽言中凝聚了巨大的艺术力量，概括了广阔的生活内容。

这六个字，也非常切合黛玉的性格。林黛玉虽然对宝玉一往情深，但先曾疑心宝玉用情不专，“见了‘姐姐’，就把‘妹妹’忘了”，后来虽然与宝玉达成了心灵的默契，但内心仍对“金玉良缘”怀有极大的恐惧，唯恐宝玉变心，却不曾多虑王夫人、王熙凤等封建阶级代表人物会从中扼杀他们的爱情。所以，一旦听了傻大姐传来的消息，情知这赖以维系全副生命的一线爱情终于被狠心地斩断，她用整个生命和心血构筑起来的爱情之塔被无情摧毁时，不由万念俱灰，燃起满腔怒火，一并迸发到宝玉身上——从《红楼梦》第一回“木石前盟”的神话中可知，绛珠仙草是赖神瑛侍者的甘露灌溉才得以“久延岁月”，暗示林黛玉需靠贾宝玉的爱情之水才得以维生，一旦失去了宝玉的爱情，她也就难以生存了——然而，作为一个大家闺秀，虽然她的爱情是对封建道德的背叛，却没有也不可能彻底摆脱封建意识的束缚，尽管到了弥留之际，她一面恨不成声，一面又不免含恨吞声，不能明白当众说出对宝玉爱极而恨的内容——今天看来，说到“好”便不作声了，正是林黛玉叛逆性格的至高点、光辉处，也是她的局限处。非林黛玉说不出，非如此说不可为林黛玉。而且，人之将死，话不待尽说而亡，既有细节的真实，又给读者留下了发挥想象的广阔天地。可谓合自然要妙之理，入读者向往之情，出神入化，恰到好处。而高鹗的才情功力也就于此充分地显现出来了。

这六个字，深化了宝黛爱情悲剧的意义。试想，傻大姐如明白告知黛玉，是王夫人和王熙凤等人用“掉包计”诳骗宝玉娶薛宝钗，并非宝玉负心，仍是“茜纱窗下公子多情”，那么，林黛玉即使仍发病，却未必只想到毁帕、焚稿；即使死去，却未必迁怒宝玉，很可能把怨恨迁移到贾母等人身上。这样，一切明明白白。抹去了这六个字，或者换成一句别的什么，那么，黛玉虽死，仍会有“人生得一知己”的感觉，就这个性格而言，悲剧的力量就大大减弱了。而且，若王夫人等人的“掉包计”未能最终瞒过黛玉，也不足以彻底暴露这些封建阶级代表人物的伪善与罪恶，这个悲剧批判现实的力量也就大大减弱了。高鹗亦是大手笔，他使林黛玉至死蒙在鼓里，却把封建阶级的“内囊”都抖了出来。

“都云作者痴，谁解其中味。”这六个字凝进了多少艺术匠心啊！《红楼梦》得高鹗续成，雪芹若九泉有知，当破涕一笑矣。

轻视母语是民族的耻辱

一、不尊重母语的现象

近闻，上海四所高校自主招生只考英语、数学，不考语文，母语被逐出门外。高校招办老师振振有词地辩解说："之所以考英语，是因为英语有利于学生的学科发展，英语不好往往没有前途。""不考语文并不意味着不重视语文，是因为考太多科目会给考生带来负担。""如果考了语文，为什么不考历史、地理呢？难道了解我国的悠久历史和辽阔国土，还没有英语重要？"

闻听此讯，我先是惊愕，继之愤怒和悲哀。准确地说，上海四所高校招生不考语文，是不考中国语文（华语中文），而考英国语文（英语英文）。我怀疑，这样的高考内容（英语、数学）是否特意为外国人所设，它更适合外国人报考。在某些人眼里，母语不如洋语时髦、重要，洋语不好没有前途，而母语不好与前途无关。这是一种自我蔑视，自轻自贱到了匪夷所思、走火入魔的地步。愤怒之余，更多的是费解和悲哀。美、俄、法、德、日等国的大学入学考试不考其母语而考别国语文，这能够想象吗？这种自轻自贱精神比阿Q有过之而无不及。说考母语是负担，学好英语有前途，就如同说老母亲是负担，娶洋老婆有前途——还有比这更令人愤慨的荒谬逻辑吗？制定这种政策者的心态，说白了就是不自信的弱者心态。

二、母语与外语的关系

没有人反对学外语，但必须以学好母语为前提、为根基，不能本末倒置。学外语是锦上添花，母语学不好，"锦"之不存，"花"将焉附？学习别国的语言文化，无论再努力，恐怕也很难超越甚至达到母语国家的人。如果别人的语言文化没学好，自己的又丢弃了，势必造成"邯郸学步"的窘态——不伦不类，无所适从，最后落得"爬"着走路的下场。

学习外语，不单单是对外国语言的学习，更是对外国的文化传统、思维方式、世界观、价值观等方方面面的接受和认同。过分强调英语学习的重要，会造成我们培养的人才崇洋媚外，忘恩负义，大量流失国外。我们总是抱怨培养了太多的“不肖子孙”，殊不知正是我们自己的做法酿成的苦果。

要说负担，英语才是负担，消耗大量的人力、物力、财力、精力，学生要拿出50%以上的精力学英语，可走向社会又没有多少时候能用上英语。说“英语不好往往没有前途”纯属谬论，生活在中国，母语不好才真是没有前途。某些人可能会说：“学好英语为出国，不生活在中国。”君不见，全世界都在学华语，华语热席卷全球。那些崇洋媚外的“假洋鬼子”，或许有一天又要把华语当作外语，拼命恶补了。

中国古代没有学外语一说，却创造了灿烂的东方文明：取得了小孔成像理论、指南车、机械人、机械飞鸟、木牛流马、四大发明、浑天仪、地动仪等许多优秀的原创性科研成果，产生了众多杰出的科学技术、政治军事、文学艺术等巨匠大家。一些科技大家，如张衡、戴震等，同时又是国学大师。一代数学大师华罗庚，没听说英语水平多高，却取得了杰出成就。据说爱因斯坦的英语水平也不高，但并不妨碍他成为20世纪最伟大的科学家。现当代的许多学术大家，像辜鸿铭、鲁迅、林语堂、钱钟书、季羡林等，他们的外语很好，但他们成就的取得却根源于他们国学功底的深厚，绝非外语。中国革命的成功，靠的是像毛泽东这样虽不懂外语但熟悉中国国情、有深厚的国学功底、精通中国语文的“土秀才”，而不是靠虽精通洋文、满嘴洋话，却不懂中国国情的李德、博古、王明之类的“洋博士”。英、美等英语国家，科技发达，那也是靠它们自己的母语文化取得的，而不是靠学外语取得的。你学英、美语言，可英、美又学了谁呢？——“求人不如求己！”俄罗斯、法国、德国、日本等国家，它们都很尊重自己的母语，用自己的母语文化创造出举世公认的现代科技文明，它们的科技成就并非依赖英语取得。印度、巴基斯坦、新西兰、澳大利亚等国，英语很好，是官方语言或国语，可它们的科技水平如何？目前全球以英语为官方语言的国家有75个之多，但取得巨大科技成就的也就是美、英等国。

可见英语的有无、好坏和科技的进步、文明成就的取得与否，没有直接关系。语言在科学进步中只能起到一种交流和沟通的作用，它本身与科技无关，绝不是根本作用。要取得科技成就，关键在于一个国家的教育和创新精神。近百年来，中国对科技文明的贡献微小，并非是语言出了问题，而是教育体制、创新精神等出了问题。中国如果不立足于教育改革、自主创新，就算全中国人都用英语讲话，也只不过使模仿变得更方便些罢了，永远不会产生中国自己的牛顿、爱因斯坦，永远不可能走在世界的前列。

不考语文的政策制定者还辩解说：“不考语文并不意味着不重视语文。”中国人相信“听其言观其行”“身教重于言教”——你口头上说重视母语，而行动上蔑视她、排斥她，“言”与“行”自相矛盾，哪一种更能代表你的真实思想？就如同孟子所说

的一面说好客一面又将客人拒之门外一样虚伪。又说："如果考了语文，为什么不考历史、地理呢？难道了解我国的悠久历史和辽阔国土，还没有英语重要？"这纯粹是诡辩之辞。正常思维的人都明白，历史、地理在中学都是小学科，其重要性怎能和语文这样的基础性大学科相提并论？何况历史、地理也都是以母语文化为前提的。

生活中也常听一些无知的人说："语文不用学，学好英语就行了。"英语难道不是语文吗？那是英国的语文。说"语文不用学"这句话本身使用的就是语文，如果不学语文，这句"轻视语文"的话恐怕也难以说出——这就像一面站在地球上一面说地球没有用一样愚昧无知。

三、真正的科学家、教育家如何对待母语

苏步青，国际著名数学家，前复旦大学校长。他认为："语文是成才的第一要素。"他在就职复旦大学校长时说："如果允许复旦大学单独招生，我的意见是第一堂先考语文，考后就判卷子。不合格的，以下的功课就不要考了。语文你都不行，别的是学不通的。"苏步青是享誉世界的数学家，但他把语文放在了最高、最优先的位置上。为什么？我想，只能是因为苏老认识到，语文绝不仅是学几句话、识几个字那么简单，而是关乎语言与思维、文化、想象、创造等博大精深的大学问、大智慧，是民族精神和人文精神最重要的载体和体现。

钱学森，享誉世界的杰出科学家、中国航天导弹之父，"两弹一星"元勋，世界级科技与工程名人，"国家杰出贡献科学家"称号唯一获得者。前总理温家宝经常说："钱学森是大科学家，但很少人知道他是画家。他从小就受艺术的熏陶。钱老曾经亲口对我说，他现在的科学成就和小时候学美术、学音乐、学文学是分不开的。"科学的创造性和文学艺术一样，依赖于想象力、创造能力。而想象力、创造能力的形成都有赖于文学艺术的教育。钱老经常说："科学家不是工匠，科学家的知识结构中应有文艺。"他强调"大科学家尤其要注意'性智'"（钱学森把智慧分为文学艺术的"性智"和科学活动的"量智"）。

钱伟长，享誉世界的杰出科学家，中国力学之父，资深院士，教育家，上海大学校长，被周恩来称为"三钱"（钱学森、钱伟长、钱三强）的中国科技三杰之一。可钱伟长在中学时代属于极度"偏科生"，数理化一塌糊涂，高考时，物理只考了5分，数学、化学共考了20分，英文是0分，但语文、历史却考了满分，作文《梦游清华园》是一篇赋，被阅卷老师判为满分。他先考入清华大学历史系，后来发生"九一八"日本侵华事件，促使钱伟长弃文从理、科技救国——转入物理系。钱伟长英语、理化本来一窍不通，可他具有深厚的语文国学功底（他本可以成为杰出的历史学家），帮助他日后成为伟大的科学家，并取得杰出成就。

杨振宁，著名物理学家，诺贝尔奖获得者。可杨振宁学生时期假期补课，不补数学、物理，却补习语文（《孟子》）。杨振宁说："物理是什么？物理研究到尽头是哲学，哲学研究到尽头是宗教。"——哲学、宗教当然是以语文为基础的。如果杨振宁的语文从青年时起就被"减负"掉了，他能取得今天的成就吗？能说得出这样深刻睿智的话吗？

丁肇中，著名华裔物理学家，诺贝尔奖获得者。1976 年在诺贝尔奖颁奖大会上，丁教授坚持用汉语致辞。2004 年丁肇中参加在上海举办的"第四届全球华人物理学家大会"——那届大会禁止使用中文，从提交的论文到演讲、提问，甚至会场门口的指南，全是英文，说是"国际惯例"——在英美国家开会使用英语，可以理解，是为了方便沟通。可在中国的地界，开"华人物理学家大会"，面对的是华人，却不准使用中文——这一世界上最古老、通用时间最长、使用人数最多、最优秀、最富魅力，也是联合国规定的工作语言，真是岂有此理！俗话说："儿不嫌母丑，狗不嫌家贫。"以母语为耻，以外语为荣，这种国际"洋相"将贻笑天下，令人不齿，也被外国人轻视。

那次会议只有丁肇中教授坚持以汉语做报告，期间没有夹杂任何英文单词，即使提到地名和高校名称也用音译的汉语。丁教授的英语能力毋庸置疑，但他依然那样深情而执着地爱着自己的母语。丁肇中用自己的言行，鲜明而坚定地表达了对上海某些人崇洋媚外的厌恶和反对，不但博得了广大华人的尊敬，也赢得了外国友人的敬重。和丁肇中相比，无论是从学术成就还是到民族尊严气节，那些轻视、排斥自己母语文化的文人政客，不感到汗颜、无地自容吗？

法国作家都德的《最后一课》，所表现出的法国人对自己母语的眷恋呵护，令人动容。法国人对自己的语言充满自豪感，对法语极为重视和尊重，他们警惕英语对法语的侵蚀，为此采取了很多措施：①

（1）立法先行：法国为捍卫法语制定了两部法律。要求所有的公共场所、国家机关、企业、媒体等使用规范的法语。外企的内部文件也必须有法语翻译，否则将处以罚款。

（2）政府主导：总理府成立了法语最高理事会，由总理亲自主持，主要对法语的使用、发展、推广战略进行研究、讨论，制定方针、政策等。同时还在文化部设立新词术语委员会，协同法兰西文学院，定期发布新词的译法。如电子邮件出现后，有一段时间，人们用"E-mail"一词的很多，后经文化部发布禁令，政府各部、官方文件、出版物或网站都不得使用"E-mail"，而必须使用法语"courriel"来表达。

（3）媒体带头：媒体对规范语言有着重要作用，这方面报纸杂志做得较好。而广

① 捍卫母语，法国经验值得借鉴捍．教育文摘周报，2010－06－10.

播、电视节目的一些主持人中往往追求“时尚”，使用一些流行的英语作为其栏目名称。法国最高视听委员会的职责之一，就是监督广电部门使用纯正的法语，一旦发现它们没有遵守，就会勒令纠正。

（4）群众监督：在一次民意调查中，95%的法国人认为法语是国民身份的第一要素，是法兰西民族的共同财富。他们非常重视保持法语的基本特性：清晰、准确。如媒体用语不当或不规范时，他们会通过各种方式向最高视听委员会或有关媒体提出意见。法国民众还成立了各种民间组织进行监督，甚至作为民事方起诉不规范使用法语的有关责任人。

德国语言学家威廉·洪堡特说：“语言是一个民族所必需的‘呼吸’，是民族的灵魂所在，通过一种语言，一个人类群体才得以凝聚成民族，一个民族的特性也只有在自己的语言之中才能获得完整的映照和表达。”一个民族之所以成为一个民族，最主要的特征就是有共同的语言文化，这是民族的生命，是民族的精神与灵魂。语言是文化的载体，是民族产生凝聚力、向心力的纽带。捍卫华语中文的神圣和尊严，是每个中华儿女义不容辞的天职，关系到中华民族的生存和发展。复旦大学 2005 年举办的汉语言文字大赛上，“留学生队”战胜了以华语为母语的“中国大学生队”而夺冠，社会一片哗然，这就是轻视母语造成的恶果之一。难道我们还要在这条错误道路上越走越远吗？科学技术我们比不过人家，难道连祖宗留下来的我们自己的语言文化，我们也要堕落得比不过人家了吗？这样，我们这个民族还有什么存在的价值！还有什么希望！

著名特级教师于漪曾痛心疾首地说道：“如果我们再不珍惜母语，那么我们离‘自毁长城’的日子就不会远了。”不考华语中文，却考英语英文，不仅是自毁长城，简直是自掘坟墓。一个不热爱本民族语言文化的人，是中华民族的不肖子孙，是民族的耻辱，有何颜面自称中国人，生活在中国这块土地上？一个不尊重本民族语言文化的国家，是没有希望的可怜生物之群、奴隶之邦！

如果上海某些高校真想为学生减轻“负担”，我强烈要求其去掉英语考试，改考中文！

侧面描写范文三例

范例展示1

她是谁

梁永欣 （广州市知用中学）

她是谁?

她是喂养我成长的甜美乳汁，是哄我入眠的温馨摇篮，是教我牙牙学语的启蒙老师，是帮我蹒跚学步的真诚朋友；她是呵护我的天使，真善美的化身；她是潺潺流淌的清泉，是吹面不寒的杨柳风，是圣洁的水仙，是火红的玫瑰，是蔚蓝天空上的一抹白云……

她是谁?

从家里光亮整洁的环境中可以看出，她是个爱清洁而有条理的人；暗红色的古朴家具和各式新潮电器，可以看出她是一个既传统又现代的中国女性；幽深的湖蓝色窗帘，洁净而清爽，看得出她是个格调高雅的人；客厅里摆放着各种植物，百合花散发着和她身上一样的气息，温馨又熟悉，看得出她是个热爱生活而又富有情趣的人；书桌和床头柜上摆放着几沓女性读物，那是她知识的小港湾；阳台上晾晒着她刚刚洗过的衣服，仿佛看到她操持劳作的身影……

她是谁?

单位的同事们都说，她是个工作负责而很讲效率的人，忙着做事时，有时连饭都忘记吃。写字台上摆满了文件和整理好的材料，那是她昨晚加班的成果；台历上密密麻麻地写满日志，那是她日常工作的安排；玻璃垫板下夹着一张小姑娘的相片，笑得那样灿烂，旁边还摆放着一个养着小金鱼的玻璃缸：她是一个既能工作又会生活的人。

她是谁?

菜市场的叔叔、阿姨们都认识她，因为她每天下班都要去菜市场逛一逛，与那里的商贩们处得熟，人缘好，又特会讲价，买的肉鱼蔬菜总是价廉物美。她很会挑选新鲜蔬菜和时令瓜果，家里一年四季水果不断。

她是谁？

每次学校家长会，她都会准时出现在课室里，端坐在那里，认真听取老师的评析。本来凌乱不堪的书桌抽屉，她来后总是变得整洁一新，书本摆得整整齐齐。散会后，她总是找各科老师交流谈心，有时长达几小时，夜幕降临，她才最后一个走出校门。家长评语上写满感谢、激励的话语。老师说，她是最关心孩子的人。

她是谁？

她是下雨天帮我撑伞的人，她是冬雪日为我送暖衣的人，她是出门时叮嘱我注意安全的人，她是我生病时细心照料我的人……她慈爱的笑容、细细的皱纹、有些粗糙的双手就已经告诉了你。

她是谁？

也许你早就猜到了，她就是我的母亲——天底下我最亲爱的人！

【点评】 这是篇很有特色的习作。古今中外，表现母亲、赞美母爱的文章，可谓汗牛充栋。可这篇文章却另辟蹊径，手法巧妙，通篇没有正面描写母亲，甚至没有点明是描写母亲，而是以“她是谁”反复设问，设置悬念，采用“环境描写烘托人物性格”和“借助他人之口评价介绍对象”等侧面描写手法，表现母亲的性格品质和对自己的关爱，最后点明悬念，令人耳目一新，效果良好。

范例展示1

温馨夜话

孙华

小时候，我和爷爷奶奶在农村共同生活了好几年。如今，最令我难忘的是爷爷和奶奶夜夜的温馨“闲话”。那时，我和爷爷、奶奶睡在一起，炕头是爷爷，炕尾是奶奶，中间是我。

人常说，人老了觉就少，爷爷也是这样。他很少一觉睡到天明。一般一夜间都要醒个两三次，尤其是冬天。爷爷睡觉时打呼噜，有时，呼声越来越轻，越来越细，最后仿佛爷爷窒息了。然而他却翻个身轻声说：“明天我要到镇上去。”

过一会儿，奶奶的声音：“去呗，手里还有钱吗？”

“没几个了。”爷爷叹口气。

过一会儿，又是奶奶的声音：“东头儿巧儿媳妇真是能人，靠编小柳筐已赚不少钱哩！”

“那媳妇当女娃时手就巧，再加上现在政府又让咱搞这，咋不赚钱哩！”爷爷翻了一个身说。

“那咱孙女，”奶奶又说，“她该上学了吧？”

"该上了，今年秋天就让她上去。咱这辈子斗大字不识几个，可别让咱女娃再当睁眼瞎了。"

爷爷不再说什么，奶奶也不再说什么。仿佛都睡着了。不久话音又起："西头二狗子被人抓起来了。"

"抓起来了？"

"伤天害理呀！好端端的一个后生，咋就不老老实实过活，去偷人家，去抢人家？"

"可怜他爹娘那好人哪！"奶奶叹口气。

"二狗子被派出所的人带走时，他娘哭得像泪人一样，看上去真让人难受。"爷爷叹口气说。

"老头子，要不明天我带几个鸡蛋去看看二狗娘？"

"去呗！乡里乡亲的，再说二狗娘还为咱们当过媒人呢！"

过了好一会儿，爷爷突然说："兰子她爸咋这么长时间不来看看？"

"她爸赚国家钱，咋像咱们这么随便说到哪里，就到哪里。"奶奶应道。

"要不给她爸打封信，让他不要总惦记兰子，好好上班？"爷爷说。

"中！……"奶奶轻声答应。

……

爷爷和奶奶就这么东一句、西一句，高一声、低一声地说着，唠着，直到鸡叫一遍，爷爷才把所有的话一齐打住。屋里才算重新静下来。

别看爷爷、奶奶晚上的话那么多，白天他们的话却很少。一天说的话加起来没有多少句，而且简单、乏味——好像所有该说的话都在夜间说完了似的。他们多半默默地各做各的活计。奶奶腰扎着围裙，颠着一双小脚忙里忙外。倘有重活自己干不来，轻轻喊一声"老头子"，爷爷便应声过来帮忙，仍旧不多说话——他们生活得平和而默契。

到了晚上，爷爷的呼噜声依旧响起，依旧夜间醒来，依旧絮絮叨叨，话音依旧从我的头顶上飘来荡去——连绵不绝，随心所欲，有滋有味。爷爷和奶奶的夜话，就这样年年月月、月月年年地说着，从不间断，从不厌倦。

可是，那年冬大，奶奶病了，病得很重。爷爷为奶奶请医买药，白天守候在奶奶身边，仍旧不多说一句话，但脸上的表情却是苦苦的。不到两个月，奶奶离去了。我和爷爷睡一个炕。奇怪的是爷爷不再打呼噜了，偶尔打一次呼噜倒会把自己惊醒。爷爷也不再说夜话，有时刚说一句话，见没有人回应，爷爷便叹口气，沉默了。而且爷爷也起得晚了，多半天已大亮，才慢慢把衣服穿上，自言自语地不知说些什么。一年以后，爷爷也离开了我。我便回到自己家里，从此和父母一起生活。十几年过去了，如今，我自己拥有了一间小屋、一张小木床。晚上小屋里黑黑的，静静的，躺在小木

床上，常常想起爷爷、奶奶，想起他们连绵不绝的温馨夜话，想起我常常在他们夜话的伴奏下香甜地睡去，一直到天明。

【点评】这是篇朴实自然而深沉感人的文章。字里行间流露着看似平淡实则浓郁的思念深情。作者对自己深爱的爷爷、奶奶没有多作正面描绘，而是采用侧面描写的方法——通过听觉，写爷爷奶奶的温馨夜话，刻画了两位老人平凡、质朴、善良、正直、通情达理的可亲可爱的形象，给人一种深厚而持久的感动。

范例展示3

与众不同的老师

张翼

开学初，学校调来一位男老师来任我们的班主任，同时兼教语文。对于他，我真是很难用一句话来形容，还是听听大家对他的评价吧。

班长：

我第一天见庄老师，就觉得他像自己的大朋友。那天他刚到我们班，向我们做自我介绍，特别强调他姓“庄稼”的“庄”，不是“弓长张”。大家都被他这较真而幽默的话给逗乐了。但都是笑过就算了，谁也没把它放在心上。哪里知道下午快放学时，庄老师突然来教室杀了个“回马枪”，要求我们回家写一篇关于早上他那一段自我介绍的作文。话说完，他就匆匆走了。这下教室里可炸开了锅，有的抓耳挠腮，有的苦思冥想，埋怨声、叹息声混成一片。打那以后，同学们再也不敢忽视庄老师的一言一行了，处处都做个有心人。作文成绩嘛，自然也就像芝麻开花那样，节节都高上去啰！但你要说庄老师布置的作业太多吧，那也不。生字、词汇和语法知识他从不要求我们死记硬背，他的口号是“理解万岁”。在他的带领下，我们班的语文成绩很快就由年级倒数第二爬到了年级第一，这可真要感谢庄老师。

学习委员：

你看庄老师，整天西装革履，文质彬彬。而且通古博今，上晓天文，下知地理，知识渊博，从孔子到巴尔扎克，从鲁迅到莫泊桑，甚至列宁和马克思，他都能讲得头头是道，让人真佩服他的口才。他能和女同学一起讨论琼瑶、席绢；也能和男同学一起畅言金庸、古龙；甚至还会因为范志毅和祁宏的定球脚法跟我们争得面红耳赤。有时候真觉得他不像是我们的老师，更像是我们的大朋友。

宣传委员：

开学的第一天，庄老师这个“新官”就烧了他的第一把火：说要在班里搞一个“成长的足迹，温馨的回忆”活动。要求同学们每人带4至5张不同年龄阶段的照片，钉在教室后墙的“宣传栏”作展览，以便同学之间互相交流、增进感情。“洁白无瑕”

的墙皮被弄得“五颜六色”“千疮百孔”不算，更可气的是，庄老师非但不批评他们，还笑眯眯地夸他们“有创造才能”！要是换了上学期的那位女老师，早就罚他们到办公室“悔过自新”了。听庄老师说以后还要搞什么“标本展览”“剪纸展览”，看着同学们一个个摩拳擦掌、跃跃欲试的样子，我恐怕又得忙乱一阵了。

生活委员：

庄老师真是个怪人。开学第一天他就询问了同学们各自的生日——刚开始我还纳闷呢，他问这些干什么。现在我才知道，原来每到某位同学过生日的这天，他都要用红粉笔在黑板上写几句祝贺他（她）的话。这不，昨天张晓敏过生日，他就写道：“祝张晓敏生日快乐，学习进步！”乐得张晓敏笑了整整一天。庄老师还从第一小队开始，要求每人每天在黑板上抄一句名言警句——同学们都说受益匪浅。

你应该知道我们的庄老师是个怎么样的人了吧？一句话：与众不同。

【点评】文章构思精巧，写与众不同的老师，自然需用与众不同的手法。作者没有用平铺直叙的正面表现手法，而是采用侧面描写方法——让不同的学生来介绍评价庄老师，用明贬暗褒的手法，给我们勾勒出一个深受学生喜爱、知识渊博、平易近人而不乏幽默感和独创性的独具魅力的教师形象。

读写人生（代后记）

我自幼喜爱语文，母亲是我的启蒙。夏夜院井纳凉，冬日围炉夜话，我从做教师的母亲那里听来了许多幽默笑话、名人趣事、对联掌故、诗文游戏、诗词曲文、神鬼传说、妖仙故事……在所接触到的中国古典名著中，我尤其喜爱《聊斋志异》。“文化大革命”“破四旧”，教师出身的母亲从外祖父（听母亲说，外祖父曾是乡里最有学问的私塾先生和老中医）那里承继来的许多书籍被付之一炬（其中许多是珍稀的线装书，想来令人痛惜不已），而唯一被母亲藏匿起来幸免于难的，是一套木刻版本、古色古香、有着生动插图、残破不堪的线装《聊斋志异》。在那个文化匮乏的年代里，这套有幸被母亲保存下来的《聊斋志异》就成了全家唯一可口的精神食粮。

我印象最深的是，每当母亲高兴时，就会为我们绘声绘色地讲述聊斋故事：窗外繁星点点，虫声唧唧，我们盘坐在床上，悄悄地围拢在母亲身边（怕被人发现），母亲一边小心翻阅着已有些残破的《聊斋志异》，一边声情并茂地给我们翻译讲述《种梨》《画皮》《仙人岛》《聂小倩》《崂山道士》《捉鬼射狐》……母亲讲得生动有趣，我们听得津津有味——那是我最神往、最快乐的时刻。那光怪陆离、奇幻美丽的聊斋故事，令我心驰神往，浮想联翩。那种既神秘又兴奋的情景，至今想来温馨惬意，留恋难忘——童年时代的审美体验，往往构成一个人生命的底色，影响终身。我的童年是在物质食粮虽不富足，精神生活还算充实的环境里度过的——我庆幸有一位博学多艺的母亲和语文相伴的童年。

上小学后，我已不满足于仅从母亲那里“听”，就自己动手找书来“看”。《聊斋志异》那艰深的文言和复杂的繁体字，使我如观天书，一筹莫展。于是我对母亲大人更加崇拜——如此古奥艰深的书，从她嘴里讲出来竟如此通俗有趣。发黄的线装书、大部头看不懂，我就找自己爱看的童话寓言、民间故事、神话传说、诗词歌谣、科幻小说……并且养成了读书报、听广播、看电影记录摘抄的习惯，且保持至今。唐宋诗词耳濡目染得多了，又深爱古诗词那典雅蕴藉的意境，有时触景生情，技痒难耐，也信手涂鸦几句。记得曾写过一首《雾游泰山》的小诗，破碎的记忆里似乎有“踏遍青山觅仙踪，云霞升处是丹房?”两句。那时虽不懂平仄、格律、古体、近体，所写现在看来也不免幼稚，但每有所作，母亲都倍加欣赏、珍惜，亲手抄存，并读与亲朋好友听，眉宇间的兴奋自豪之情使我深受鼓舞，写作热情大增。被同学们视作畏途的作文课，是我最神往、最快乐的时刻，因为我的“作品”常常在课堂上被老师当作范文诵读或在校内墙报张贴——这也算是一种发表吧。我那时就希望自己的“作品”将来能变成铅字，当一个舞文弄墨的作家——那时语文已成为我的一个梦，一个令我迷恋的玫瑰色的梦。

上初中时，我已读完了《三国演义》《西游记》《林海雪原》《烈火金刚》《一千零一夜》《希腊神话故事》等名篇名著，并时常以故事的方式讲给同学伙伴们听。他们对我敬佩之至，在他们心目中，我俨然是个“博学多识”的小先生，具有相当的号召力和影响力。这时我学了一些文言知识，又从课本里接触到一些《聊斋志异》的篇章，如《狼》等，经不住诱惑，我再一次拿起《聊斋志异》，尝试阅读。虽然较儿时理解水平有所提高，但依然不甚了了。于是我搬来字典，遇到不认识、难理解的字词就查，并把字音、字义标注在书上，以备阅读其他篇目或再次阅看时省力。开始时很吃力，阅读速度也很慢，一篇文章往往要读两三个小时——那简直不是在读，而是在啃，字字艰难，反复嚼咽。每当我“啃”完了一篇聊斋故事，理解了故事大意后，那种愉悦是难以言传的——我竟然也能看懂“天书”，就像母亲一样神通广大了。就这样，我一边查字典，一边读《聊斋志异》，随着文言知识的积累，阅读速度越来越快，日久天长，我竟通读了《聊斋志异》，文言理解能力也大有长进。

读《聊斋志异》，我发现比听母亲讲述更美妙，不但能更详细地了解故事情节和细节，而且能感受到《聊斋志异》所特有的语言、意境之美。这种美只有在阅读原汁原味的《聊斋志异》时才能体味得到，一旦译成现代文，就所剩无几了。至今我都认为，培养学生文言阅读能力的最好方法，是让他们读《聊斋志异》，既有趣味，又学习了文言，还阅读了文学名著，一举多得。

上高中时，正值“文化大革命”后期，受“读书无用论”影响，我学业一度荒废，而迷恋于绘画，与几个玩伴画友时常出入甚至整日泡在文化馆，学校里倒很少见到我们的身影。恢复高考后，家人和亲朋都劝我报考美术专业，他们好像更希望我成为一个画家。按当时我的高考文化成绩，若报考美术专业，无疑能考上更理想的大学。但我却没有听从母亲的话，毅然选择了中文系，而且我对自己的选择至今无悔。我觉得儿时的学画生涯对我后来的语文教学颇有启发和帮助，譬如我的图型板书、主题板书的设计，板书三原则“实用、简洁、美观”理念的形成等，都得益于我的绘画素养。绘画还培养了我的观察力和对色彩的敏感性，激发了想象力和文艺潜质，而且丰富了业余生活。闲暇时涂抹几笔，生活也平添几分雅趣——人在青少年时期能多学点东西、多涉足些领域是会终生受益的。

大学毕业后，我被分配到山东省新汶市一所普通中学任教，在教学之余，就是读书。学校图书馆、阅览室，最常见的身影就有我，借书最多、最勤的也有我。虽然刚工作薪金微薄，但我依然节衣缩食，省下钱来买书订报刊。容身之斗室，桌上、窗台、床头……堆满了书刊。虽数次搬家，但爱不忍弃，那是我精神的乐土和家园。茶余饭后，别人三五结伴，打牌、下棋、闲聊、看电视……而我“门虽设而常关”，香茗一杯，青灯一盏，残书半卷，或“冥然兀坐”，或“偃仰啸歌”，或“曲肱而枕之”——“乐琴书以消忧”。偶有学生、同事、好友造访，平日宁静的陋室也会荡起欢声笑语。

1986 年我调往山东兖州市一中，执教鲁迅的《文学和出汗》一课，赢得领导和同行的赞赏。课后点评，一位老教研员在肯定我知识丰富、有功底、是“可塑之才”的同时，也对我的课提出了中肯的意见：教师“讲”得太多，学生“活动”太少；新教师和老教师最大的差别在于：新教师总是考虑怎样“讲好”，老教师主要考虑怎样指导学生“学好”。他还建议我多看些专业期刊和教育教学理论方面的书，加强教学研究。

从那以后，我的阅读取向有所变化。去学校图书馆把近二十几年来的《中学语文教学》《语文学习》《中学语文教学参考》《语文教学通讯》等期刊和《名师授课录高中（初中）语文》借出来，认真学习。从理论文章，到教学设计、教学实录等，凡是感到有启发的，或复印或摘录，分类存放，反复研读。我还阅读了《叶圣陶、吕叔湘、张志公语文教育论文选》，钱梦龙的《导读的艺术》《我和语文导读法》《和青年教师谈语文教学》，于漪的《我和语文教学》《于漪语文教育论集》，魏书生的《教学工作漫谈》《魏书生教育思想专著》，苏霍姆林斯基的《给教师的一百条建议》等教育教学类书籍。

功夫不负有心人，我的教学理念和教学技艺都有了大幅提高。参加市、省和全国教学大赛，先后获得一等奖，有四节教学光盘出版发行，十几篇教学实录发表。渐渐地我在教学上有了一些小名气，先后被评为济宁市（地级市）首批教学能手、首批中学语文学科带头人、首批创新型教师等。

每当看到自己的同学和好友的文章发表在专业期刊上，我都很受触动。我为什么不能像他们那样把自己的教学感悟和经验写出来发表，也当“作者”呢？看到叶圣陶在《语文教育书简》中说“唯有老师善读善写，乃能导引学生渐进于善读善写。苟非然者，学生即或终臻善读善写，断非老师之功”，更树立了我教研写作的信念。

不久，学校推荐我去参加一个全国语文研讨会，会议要求与会者提交一篇文章。思之再三，我选择了赏析郁达夫的《故都的秋》，因为之前比赛讲过这一课，对文章有较深入的思考。我又参阅了钱理群的《名作重读》、孙绍振的《名作细读》、王先霈的《文学文本细读讲演录》等。几经修改，最后定篇为《清净悲凉好个秋，慧心品得秋味足——〈故都的秋〉赏析》。想不到拙文被大会评为一等奖，并被《中学语文教学参考》副主编葛宇红老师看中，带回发表在《中学语文教学参考》1995年第12期上，后来又被人教版教材《中等师范学校阅读和写作第二册教学参考》采用。

第一篇文章的发表对我是莫大的鼓舞，点燃了我的写作热情，自此便一发不可收。继续写稿、投稿……满怀期待地跑传达室，查看信件。最初写作的那几年，几乎每天都沉浸在兴奋喜悦之中，不断有刊发"拙作"的报刊和约稿函寄来，变成铅字的东西越来越多，收集自己作品的橱柜也越堆越满。我的文章也渐渐地引起了一些读者的关注，多有书信、电话交流者，我写作的动力更足了。心态也从先前的单调、空虚、苦闷，变得多彩、充实、快乐。教学生活也变得更有意义——人一旦发现自己的潜能，认清目标，就会产生强大不懈的动力，生活也就有了激情、动力和希望。

2002年广州市创建"教育强市"，我作为"高层次人才"从山东省引进广州市知用中学，举家南迁。如今我写作的速度和质量越来越高，写作的范围也越来越广。除了写语文教育教学论文、教学设计、教学实录外，还撰写教育科研论文，特别是创新教育研究，先后撰写并发表了《由"钱学森之问"把脉中国教育》《透过案例看中美教育的差异》《放飞学生的想象力》等。文艺性作品如小说、诗歌、散文、杂感、影评之类也时见报刊。又因为是"广东省参政党理论研究会"成员和政协委员的身份，还不时领命撰写参政议政、政党理论、统一战线等文章，多有获奖。如今我一段时间不写作就技痒难耐，跃跃欲试——写作已成为我的一种生活习惯，一种快乐和享受，一种"高峰体验"！

迄今，我已有200多篇论文在《人民教育》《中学语文教学》等报刊发表，16篇论文收入《人大复印报刊资料》，专著《语文教学道与术》《别开生面的阅读与写作》和《跬步集：语文教学求索》出版发行。参编教育部人教版教材，有四篇文章或教学设计被教育部人教版《高中语文教师教学用书》采用。

我觉得阅读和写作密不可分，如鸿之双翼、车之两轮，互为依存，各有作用："阅读"是吸纳、积累，是语文学习的生命之源，在人生成长、文化积淀、素养形成等方面有基础意义；"写作"是输出、创造，是在阅读基础上的发展提高，对思维认识的深化、语文能力的提高作用巨大，一个真正语文素养较高的人，应该是有较强的驾驭运用语言文字能力的人。

阅读写作，提高了我对文本"细读深究"的能力，解读常有创见和深度。如对《林黛玉进贾府》一课，通过"细读深究"，写成《浓妆淡抹各相宜——王熙凤、林黛玉肖像描写比较谈》一文，发表于《名作欣赏》1996年第3期，后被教育部人教版教材《高中语文第四册教师教学用书》和《普通高中课程标准实验教科书语文必修3教师教学用书》采用。

又如执教巴金的《灯》，通过"细读深究"，我发现《教学参考》将《灯》的文脉

思路归结为："眼前（灯）→回忆（灯）→联想（灯）→眼前（灯）"，这种"平面循环"的线索分析，不符合《灯》的实际行文顺序和逻辑思路。给人的感觉是，作者的思维经过一番活动，绕了一个圈后，又回到了原始出发点。不能真正反映作者思想的发展、境界的提升，没能从"本质"上揭示文章情感脉络的发展变化。我认为《灯》的整体文脉思路是"纵式递进"的：实现了两次由"具象物质的灯"向"抽象精神的灯"的象征性升华：第一次由给"身体"指路的灯，升华为给"心灵"指路的灯；第二次由给"渔人"导航的灯，升华为给"人生"导航的灯。在两次升华中，逐层深入地写了"三类灯"——无意中使人受惠的灯；有意施惠但仅为亲人弟弟和情人而点的灯；不仅有意施惠，而且完全是为救助陌生落水人而点的灯——就如同三个里程碑或三级跳，将作者的思想感情逐步推向高峰。

我将《灯》的教学思路写成《〈灯〉教学设计》，发表在《中学语文教学参考》1997年第8—9期合刊上。人教社新编教材《高中语文第三册教师教学用书》中巴金《灯》一课，从"整体感知""思路分析""鉴赏要点""解题指导""教学建议""过程要点""导语设计""板书设计"等，均采用了我的《〈灯〉教学设计》研究新成果。

叶圣陶说："教师善读善作，深知甘苦，左右逢源，则为学生引路，可以事半功倍。"我的写作体验，对学生的写作指导，更到位、更有说服力。如今我辅导的学生在《读者》《名作欣赏》《中学生》《语文报》《儿童文学》等报刊发表文章70多篇。

我觉得，阅读和写作是宏观战略性的"大备课"，日常具体备课是微观战术性的"小备课"——"大备课"的成功可以弥补"小备课"的不足，而"小备课"的成功不能弥补"大备课"的不足。教师备课有四层境界：（1）备在备课本上；（2）备在教科书上；（3）备在教师心上；（4）备在论文、著作上。前两者属于"小备课"，后两者属于"大备课"。

阅读写作可以使思维更严谨、条理、深刻；语言表达更精确、迅捷、简明。无论是在课堂教学还是在日常生活中，都可以增强思维和语言表达的品质，增强应变机智。

譬如学习《死水》，有学生提出："作者对'死水'的态度为什么不是净化、拯救，而是'多扔些破铜烂铁'，泼'剩菜残羹'，使死水变得更脏臭？"我说：世界上的"水"有多种，人们相应也有不同的情感和态度，一种是极为清澈纯美的水，如九寨沟的水，人们的情感是爱惜，态度是保护；一种是有一定污染的水，如珠江，人的情感是惋惜，态度是拯救净化；一种是极度肮脏腐臭的水，如死水，拯救净化既无可能，也没必要，人的情感是憎恶绝望，态度是诅咒鄙弃——既然"死水"般的旧中国如此黑暗丑恶，让人绝望，倒不如让它更加腐烂发臭，加速它的灭亡，新事物也许能更快地出现生长。

阅读和写作，无论对我的综合素养还是教育教学水平的提升，都起到了潜移默化的巨大影响。耶鲁大学写作课教授艾米丽认为："阅读写作能力是所有教育的基础，也是最难的一种抽象批判性思维。"剑桥大学一学者认为："语言和写作决定人生发展的潜力。"

一个优秀的语文教师，应该像辛勤的"园丁"，用四种播耕方式劳作，才能耕耘好语文教育这个桃李花果园："舌耕"——教学好，收获优质的学生；"目耕"——阅读广，收获渊博的学识；"笔耕"——写作勤，收获丰厚的作品；"足耕"——行路多，收获丰富的阅历，读好生活这部"大书"更有意义。

一路走来，阅读拓展了我的人生宽度，写作增强了我的人生亮度。读写之路，似在山间行走，虽有崎岖坎坷，但风光旖旎，花果满坡，吸引激励着我不断前进，人生不就是一个精彩的旅程吗？——路漫漫其修远兮，吾将上下而求索！

古希腊特尔斐岛的阿波罗神庙里，镌刻着一句著名的"神谕"——"认识你自己！"我想这句"神谕"之所以成为"喻世明言"，被人们传诵铭记，就在于它蕴含的深邃而伟大的人生哲理。它提醒人们：发现自己的潜能并实现自身的价值，既是重要的，也不是那么轻而易举的，需要付出艰苦的努力！歌德说："一个人怎样才能认识自己呢？绝不是通过思考，而是通过实践。尽力去履行你的职责，那就会立即知道你的价值……可你的职责是什么呢？就是当前的现实要求。"我常想，人的潜能真是无限，若不尝试开发，不知有多少"处女地"被搁置荒废，那岂不是巨大的浪费和遗憾！

现在我是广东省技术师范学院兼职教授、硕士研究生导师；被教育部聘为"全国高中新课标调研专家"和"全国语文名师成长大讲堂客座讲师"，成立了"名师专家工作室"；获"全国优秀语文教师""全国首届十佳教改新星""全国教学能手和教研能手""省级学科带头人和骨干教师""山东省十大教育新闻人物"等称号；是广州市基础教育教师培训专家，广州市继续教育项目评审专家，广州市推动科技进步先进个人；多次成为《中学语文教学》《语文教学通讯》《中学语文教学参考》《中学语文》《课程教学研究》等刊物的封面人物或"名师栏目"人物；在广州市和广东省开设远程教育和面授课程"课堂教学艺术""别开生面的阅读与写作"等课程。"课堂教学艺术"成为广州市优秀课程、中国教育电视台 CETV-1 课程、北师大专场课程。

我对阅读和写作有较丰富而独到的感悟和体验。这本《别开生面的阅读与写作》荟萃了我近 30 年的阅读和写作的经验和成果，内容丰富，涉及面广，而又重点突出。之所以冠之"别开生面"，主要是不同于传统的有关"阅读与写作"的书籍，不是面面俱到、老生常谈，而是针对阅读和写作教学中的一些重点、难点、关键点、困惑点、兴趣点等，特别是对长期困扰有一定阅读和写作教学经验的教师的一些难题，有的放矢，在理论和实践上作出了深层次、个性化的思考与探索。本书既有透辟独到的理论阐述，也有精彩纷呈的范例展示；既有深度，又有广度；适合各学科、各层次的

教师读者阅读参考。

亲朋好友多次劝我再次将文章结集出版，我也曾萌生此念。但一则工作繁忙，无暇顾及；二则眼见得“出书难”的阴霾不散，书店里的学术书籍常受冷落，心有余悸，夙愿一直未偿。老实说，鄙人出书，一不为稻粱谋，二不为圆学者专家梦，实在是想效仿村夫野老，把心血换来的收成集拢在一越，或高束焉，庋藏焉，或小批量拿到集市上，为之谋个好顾主。窃以为，读书人，尤其教书人，不爱书、读书、藏书，总是可悲。尚遇知音者，肯将拙著放诸书架，闲暇时“随便翻翻”，感到还有点启发，觉得还有点价值，则所愿足矣。也许在别人看来，拙著算不得什么，但本人却也“敝帚自珍”。它既是本人从事三十余年教学与研究的成果小结，也是新征程的一个起点。

《别开生面的阅读与写作》的出版，承蒙各方师友同人的关爱和帮助。感谢语文界的老前辈、教育家于漪老师，耄耋之年，扶病为拙著作序，其人梯精神，令人感佩动容；感谢广州城市职业学院国学院宋婕院长和广东从化《乡村语文报》总编朱华勇先生的鼎力推荐；感谢中国人民大学出版社的编辑们为本书的付梓所做出的辛勤努力；感谢在我成长、奋斗的道路上曾给予过我帮助的师长、编辑、同学、同人们。特别是编辑老师们慧眼识珠，使我的许多文字得以面世、传播、分享，在此一并致以诚挚的敬意和谢忱，并期冀专家学者、同人对拙著多提宝贵意见。

张超

2016 年 9 月于广州